Diplomatie der Aufarbeitung

Dissertation der Freien Universität Berlin

Impressum

Die Deutsche Nationalbibliothek verzeichnet diese Publikation
in der Deutschen Nationalbibliografie; detaillierte Daten sind im
Internet über https://portal.dnb.de/ abrufbar.

© 2022 Hentrich & Hentrich Verlag Berlin Leipzig
Inh. Dr. Nora Pester
Haus des Buches
Gerichtsweg 28
04103 Leipzig
info@hentrichhentrich.de
http://www.hentrichhentrich.de

Lektorat: Luise Grabolle
Umschlag: Gudrun Hommers
Gestaltung: Michaela Weber
Druck: Winterwork, Borsdorf

1. Auflage 2022
Alle Rechte vorbehalten
Printed in Germany
ISBN 978-3-95565-468-9

Jonathan Kaplan

Diplomatie der Aufarbeitung
Das Ministerium für Auswärtige Angelegenheiten der DDR
und die nationalsozialistische Vergangenheit

HENTRICH
&HENTRICH

Danksagung

Ich möchte mich bei denjenigen bedanken, die das Erscheinen dieses Buches ermöglicht haben:

Professor Martin Lücke aus dem Friedrich-Meinecke-Institut an der Freien Universität Berlin, der mich als Doktorand annahm und betreute und mir die Welt der Didaktik der Geschichte vorstellte. Für seine Bereitschaft, meine Arbeit zu begleiten, danke ich ganz herzlich.

Professor Moshe Zimmermann von der Hebräischen Universität in Jerusalem, meinem zweiten Doktorvater und früherem Mastervater. Sein Wissen, seine Begeisterung und langjährige Begleitung sind für meine Entscheidung, diesen akademischen Weg zu wählen, nicht zu unterschätzen.

Dem Ernst-Ludwig-Ehrlich-Studienwerk für die finanzielle Unterstützung während drei wesentlichen Jahren, die die Archivrecherche für meine Forschung ermöglichte.

Ich danke Bela Raski, Eva Kovacs und die Mitarbeiter*innen und Fellows des Wiener Wiesenthal Instituts für Holocaust-Studien (VWI) für außergewöhnliche neun Monate des Lernens, Schreibens und der Selbstentwicklung in der wunderschönen Stadt Wien. Diese Zeit werde ich nie vergessen.

Ich danke Herrn Rainer Eiselt und Frau Jenni Eckert vom Stasi-Unterlagen-Archiv (damals noch BStU) und Herrn Ulrich Geyer und den Mitarbeiter*innen des Politischen Archivs des Auswärtigen Amtes für die Gelegenheit, die Geschichte der DDR unmittelbar zu entdecken.

Mein außerordentlicher Dank gilt vielen Freundinnen und Freunden, die mir im Laufe der Jahre halfen, mich berieten und mir über die Forschung ihre Meinung mitteilten: Dennis Müller, Avihay Berlin, Iftach Helling, Christoph Jahn, Svetlana Natkowitz, Amit Vrubel, Oz Gore, Heike Wenzel, Rebekka Grossmann, Johannes Czakai, Andreas Opitz, Justyna Majewska, Kate Brackney, sowie Hilde und Robert.

Dem Verlag Hentrich & Hentrich, Frau Dr. Nora Pester, der Lektorin Louise Grabolle und dem Lektor Philipp Hartmann danke ich für ihre Geduld und Zusammenarbeit in der Endphase der Arbeit.

Vor allem, alle Liebe meinen Familien in Israel und in Leipzig.

Und letztlich danke ich meinem Henri Passage.

Inhalt

1. Einleitung

Nach dem Ende des Zweiten Weltkrieges mussten Millionen von Deutschen, die mit nationalsozialistischen Werten sozialisiert worden waren und bis vor kurzem an den Nationalsozialismus glaubten, in den verschiedenen Besatzungszonen ein neues Leben anfangen. In der Sowjetischen Besatzungszone (SBZ) formulierten die Russen zusammen mit den zurückgekehrten deutsch-kommunistischen Exilanten eine Lösung für die sogenannte Umerziehung der Gesellschaft im Geist des Marxismus-Leninismus. Die Notwendigkeit, die Überreste des Nationalsozialismus und des Faschismus in der ostdeutschen Gesellschaft zu beseitigen, unter anderem durch die durchgeführte Entnazifizierung des öffentlichen Dienstes, betraf alle Ebenen des öffentlichen Lebens in der SBZ und in der künftigen Deutschen Demokratischen Republik (DDR). Trotz der daraus folgenden juristischen und politischen Maßnahmen gegen die Nazi- und Kriegsverbrecher und der Entfernung von aktiven Nationalsozialisten aus dem öffentlichen Dienst war schon von Anfang an klar, dass eine vollständige „Säuberung" der Gesellschaft unmöglich war. Teil der Lösung war auch die Integration ehemaliger Nationalsozialisten in das neue politische System. Nur mit entsprechenden politischen und moralischen Anpassungen konnte der Großteil der Deutschen an der neuen ideologischen Ordnung teilnehmen. Die Integration ehemaliger NSDAP-Mitglieder, „kleine Pg's" (Parteigenossen) und parteinahe Personen, war unvermeidbar und diente dem Mythos „Stunde Null" der Nachkriegszeit. Im Gegensatz zu Westdeutschland, wo Nazi- und Kriegsverbrecher führende politische

Positionen bekleideten, waren die ehemaligen Nazis in der DDR-Führung und im politischen Apparat lediglich „kleine Nazis".[1]

Ein Beispiel für die Integration von ehemaligen Nazis in das politische System der DDR ist der Fall von Ferdinand Thun. Thun war seit der Gründung des Ministeriums für Auswärtige Angelegenheiten (MfAA) der DDR im Jahr 1949 bis 1956 Chef des Protokolls. In dieser Position war er mit der Sichtbarkeit und Regelung der diplomatischen Ordnung des neu gegründeten Ministeriums beauftragt. Während der Siebzigerjahre konnte er seine Fähigkeiten im Bereich der diplomatischen Tätigkeiten als Botschafter der DDR im Iran unter Beweis stellen. Vor 1945, bevor er seine außenpolitische Karriere anfing, war Thun Mitglied in unterschiedlichen nationalsozialistischen Organisationen und während des Zweiten Weltkrieges meldete er sich freiwillig bei der Wehrmacht. Überdies stammte Thun aus der Adelsfamilie Thun und Hohenstein. In der DDR, unter den neuen politischen Verhältnissen der Nachkriegszeit, änderte er seinen Nachnamen, um dieses Erbe hinter sich zu lassen. Im Rahmen seiner späteren diplomatischen Tätigkeiten als Leiter der Abteilung Internationale Organisationen im Ministerium für Auswärtige Angelegenheiten initiierte Thun verschiedene propagandistische Aktionen der DDR gegen die Bundesrepublik (BRD), unter anderem bei den Vereinten Nationen (UNO). Ein Ziel dieser Aktionen war die Aufdeckung der nationalsozialistischen Vergangenheit von Personen aus der Wirtschaft, dem Militär, der Politik und insbesondere der Außenpolitik sowie dem öffentlichen Leben in der Bundesrepublik. Thuns Weg in die außenpolitische Elite der DDR ist nicht selbstverständlich für ein Land, das sich vom deutschen Adel distanzierte und in dem das politische Erbe des „Dritten Reiches" Deutschlands, des Faschismus und Militarismus beseitigt werden sollten.

Ein politischer Werdegang wie der von Ferdinand Thun war in der DDR und im Ministerium für Auswärtige Angelegenheiten der DDR (MfAA) trotzdem nicht außergewöhnlich. Neben Thun gab es mehrere Personen im diplomatischen Dienst der DDR, die früher dem nationalsozialistischen Regime in verschiedenen Weisen dienten. Hier erkannte der Historiker Jürgen Danyel ein grundsätzliches Problem, das die DDR-Politik jahrelang prägte. Er erklärte, dass die Integration von ehemaligen Nazis bzw. ehemaligen NSDAP-Mitgliedern und Wehrmachtssoldaten im neuen politischen System „mit den Interessen und

---

1   Für eine bekannte Erwähnung dieses Spruchs vgl.: „Freund der kleinen Nazis". In: *Der Spiegel*, Nr. 12, 1992, S. 101.

Empfindlichkeiten der ehemaligen Verfolgten des nationalsozialistischen Regimes" kollidierte, und zwar mit den Widerstandskämpfern und mit den ehemaligen Opfern des Nationalsozialismus.[2] Auch in der DDR-Außenpolitik und im Apparat des MfAA verkörperte der soziologisch-politische Hintergrund der „kleinen Nazis" einen andauernden ideologischen, moralischen und auch historischen Konflikt und eine Spannung zwischen zwei Arten von „Ehemaligen" in der DDR: „ehemalige Nazis" und ehemalige Opfer.

Neben Diplomaten mit „braunen Flecken" aus der Zeit des „Dritten Reiches" spielten die früheren Hauptopfer des Nationalsozialismus – die Juden – eine entscheidende Rolle in der außenpolitischen Entwicklung der DDR. Politiker jüdischer Abstammung bekleideten hohe Posten in der DDR-Politik und viele trugen zur Formulierung der DDR-Außenpolitik und Auslandspropaganda bei. Auf der diplomatischen Ebene finden wir zum Beispiel den berühmten Schriftsteller Friedrich Wolf, erster DDR-Botschafter in Polen, Gottfried Lessing, Günter Nobel, Kurt Stillmann, Karl Kormes sowie Klaus Gysi. Gysi war im Gegensatz zu anderen kein professioneller Diplomat und wurde als Funktionär der Partei in den Siebzigerjahren zum ersten DDR-Botschafter in Rom ernannt. Andere Persönlichkeiten jüdischer Abstammung, die nicht unbedingt Diplomaten genannt werden können, aber für die DDR-Außenpolitik und -Auslandspropaganda von Bedeutung waren, sind Hermann Axen, Autor mehrerer Bücher zur DDR-Außenpolitik, und Albert Norden, Propagandabeauftragter der DDR und eine der schärfsten Stimmen in den Aktionen gegen Nazi- und Kriegsverbrecher in der Bundesrepublik. Die Lebensgeschichten dieser Politiker und Diplomaten, die Aufarbeitung der NS-Geschichte im MfAA und die Auswirkungen der Geschichte an der diplomatischen Arbeit der DDR werden in der vorliegenden Arbeit dargestellt.

1.1. Fragestellung

Meine Forschungsarbeit orientiert sich an drei Hauptfragen zur Geschichte des MfAA und dessen politischer Entwicklung. Das Problem der „Nazi-Diplomaten" im Auswärtigen Amt der Bundesrepublik trat

---

2 Vgl. Danyel, Jürgen: Die SED und die „kleinen Pg's". Zur politischen Integration der ehemaligen NSDAP-Mitglieder. In: *Helden, Täter und Verräter: Studien zum DDR-Antifaschismus*. Hrsg. von Annette Leo/Peter Reif-Spirek. Berlin 1999a, S. 185.

bereits unmittelbar nach Ende des Krieges zutage. Im Laufe der Jahre berichtete die Weltpresse immer wieder über Nazidiplomaten in der BRD. Viele dieser Berichterstattungen wurden jedoch von breit angelegten Propagandaaktionen der DDR unterstützt und initiiert. Eine Untersuchung der Geschichte des Auswärtigen Amtes der Bundesrepublik – ein Außenministerium, das auf der Basis des alten nationalsozialistischen Außenministeriums gegründet wurde – erfordert die Untersuchung des bisher noch nicht ausreichend erforschten Ministeriums der DDR. Die politisch-ideologischen Bedingungen in der SBZ führten zu ähnlichen Schwierigkeiten im Bereich des öffentlichen Dienstes wie in den westlichen Besatzungszonen. Meine Forschung zeigt, dass auch im MfAA Diplomaten zu finden sind, die bereits im Nazideutschland politische Erfahrungen gemacht hatten, und dies trotz der umfassenden „politischen Säuberung" der Gesellschaft, der Entnazifizierungsprozesse und der marxistisch-leninistischen Weltanschauung, die die ostdeutsche Politik prägte. Ich betrachte die Erfahrungen dieser Diplomaten aus der Zeit vor 1945 als eminent für die Wahrnehmung der NS-Vergangenheit in der DDR. Die Beobachtung, dass es auf beiden Seiten Nazi- und Kriegsverbrecher in politischen Positionen innerhalb der Ministerien gab, dieser Anteil aber auf Seiten der BRD deutlich höher gewesen zu sein schien als in der DDR, verdeutlicht die Notwendigkeit, einen Vergleich zwischen den beiden deutschen Staaten und der Struktur ihrer Ministerien vorzunehmen. Somit lautet meine erste Frage: **Hatte das Ministerium für Auswärtige Angelegenheiten der DDR ein ebenso großes Problem mit „Nazi-Diplomaten" wie das Auswärtige Amt der BRD?**

Die Rolle der Diplomaten jüdischer Herkunft und die Darstellung ihrer ausländischen Aktivitäten sind ebenfalls wesentlich für das Verständnis der Aufarbeitung der NS-Vergangenheitsbewältigung in der DDR. Das bringt mich zu meiner zweiten Frage: **Wie wurden die jüdischen Diplomaten im politischen System der DDR empfangen und welche politische Position nahmen sie ein?**

Die propagandistischen Maßnahmen der DDR gegen ehemalige Nazis in der Bundesrepublik charakterisierten den deutsch-deutschen Konflikt und den entstandenen Wettbewerb um internationale Anerkennung und Akzeptanz. Das Ziel der DDR-Propaganda bestand nicht nur darin, die Bundesrepublik zu delegitimieren, sondern gleichzeitig, und vielleicht hauptsächlich, die DDR zu glorifizieren. Eine Untersuchung dieser Maßnahmen stellt die unterschiedlichen Gesichter der DDR in ihrer eigenen Verarbeitung der NS-Geschichte dar: Auf der einen Seite lässt sich eine Bewältigung der NS-Vergangenheit durch Angriffe gegen Nazis und Kriegsverbrecher in Westdeutschland beobachten, und gleichzeitig findet die Verdrängung der „braunen Flecken", also der DDR-Funktionäre statt. Meine dritte Frage ist eher ein Fragekomplex, zu dem die Teilfragen wie folgt lauten: **Welche Auswirkungen hatte die nationalsozialistische Geschichte auf die DDR-Propaganda gegen die Bundesrepublik im Allgemeinen und im Besonderen gegen das Auswärtige Amt? Welche Rolle spielten die DDR-Diplomaten in der Ausübung dieser Propaganda? Was kann man anhand dieser Maßnahmen über die Beschäftigung der DDR mit den ehemaligen Nationalsozialisten aus ihren Reihen erfahren?**

1.2. Struktur der Arbeit

Anhand von drei historiographischen Themenfeldern werde ich den Bruch zwischen dem alten NS-Regime und dem neuen sozialistischen System in der SBZ/DDR sowie die Art und Weise, auf die das MfAA die nationalsozialistische Vergangenheit aufarbeitete, vorstellen: Das erste Themenfeld betrifft die Beschäftigung von ehemaligen Nationalsozialisten im MfAA, das zweite die Arbeit von Diplomaten mit jüdischem Hintergrund im diplomatischen und außenpolitischen Dienst der DDR und das dritte die propagandistisch-außenpolitischen Maßnahmen des MfAA gegen Nazi- und Kriegsverbrecher in der Bundesrepublik. Auf der theoretischen bzw. geschichtswissenschaftlichen Ebene wurde meine Arbeit von früheren Forschungen inspiriert. Zunächst von Forschungen über das Auswärtige Amt der Bundesrepublik und seine NS-Vergangenheit sowie von weiteren Forschungsarbeiten über die NS-Vergangenheitsbewältigung in West- und Ostdeutschland.

Die Arbeit besteht also aus drei Hauptteilen:

- Der **erste Teil** (Kapitel 2) stellt den historiographischen Forschungsstand zu den obengenannten Hauptthemen dar. Erst stelle ich die unterschiedlichen Definitionen der „NS-Vergangenheitsbewältigung" in der DDR vor. Dann wende ich mich der Haltung der historischen Forschung gegenüber Nazis in der DDR zu und frage: „Wer war ein Nazi in der DDR?" (bzw. „Wer galt für die DDR-Führung als Nazi?"). Das Kapitel endet mit einem historischen Überblick über die Literatur zum MfAA, über die Entwicklung der DDR-Außenpolitik und die Rolle der NS-Geschichte in der Außenpolitik Ostdeutschlands bzw. ihren Einfluss auf diese.

- Der **zweite Teil** (Kapitel 3 und 4) widmet sich den DDR-Diplomaten. In diesem Teil nehme ich eine ausführliche biographische Analyse der DDR-Diplomaten vor. In Kapitel 3 wird der Fokus auf die „Nazidiplomaten" der DDR gelegt. Dieses Kapitel legt die Art und Weise dar, mit der die DDR-Führung die NS-Vergangenheit der Diplomaten wahrnahm. Darüber hinaus werden die persönlichen Perspektiven der Diplomaten auf ihre Vergangenheit beschrieben. Kapitel 4 beleuchtet die DDR-Diplomaten jüdischer Abstammung. Die beachtlichen Leistungen jüdischer Politiker im Rahmen der DDR-Außenpolitik finden in diesem Kapitel Ausdruck. Die Tätigkeiten dieser Personen im Rahmen der Außenpolitik Ostdeutschlands werden auch aus einer israelischen Perspektive dargestellt, unter Verwendung von Berichten der Presse Israels sowie Akten des Außenministeriums Israels.
- Der **dritte und letzte Teil** (Kapitel 5) handelt von der DDR-Propaganda und den außenpolitischen Angriffen auf die BRD. Die Archivrecherche deckte den Umfang der Beschäftigung ehemaliger Nazis im westdeutschen Ministerium auf. Ein wichtiger Teil dieser Maßnahmen war die Zuwendung der DDR-Propagandisten zur jüdischen Öffentlichkeit und die darauffolgende Kontaktaufnahme mit jüdischen Organisationen und Persönlichkeiten, die die gleichen Ziele hatten: die „Nazijagd" und die Entlarvung von Nazi- und Kriegsverbrechern in der Bundesrepublik. In früheren Forschungen wurden diese Kontakte hauptsächlich im Rahmen der Beziehungen zwischen der DDR und den USA wahrgenommen. Ich stelle zum ersten Mal die Rolle dieser Kontakte rund um die DDR-Konfrontation mit der NS-Vergangenheit vor. Das Ziel ist es, zu zeigen, wie einflussreich die Schatten des Nationalsozialismus und des Holocausts auf die Außenpolitik der DDR waren.

1.3. Quellen, Begrifflichkeiten und deren Interpretationen

Die Recherche nach Biographien von DDR-Diplomaten und nach den politischen Aktivitäten des MfAA führte ich in verschiedenen Archiven durch: im Politischen Archiv des Auswärtigen Amts, im Archiv des Bundesbeauftragten für die Unterlagen des Staatssicherheitsdienstes der ehemaligen Deutschen Demokratischen Republik (BStU), inzwischen

„Stasi-Unterlagen-Archiv" (folgend auch als Stasi-Archiv bezeichnet)[3], im Bundesarchiv und in den Israeli State Archives. Unter weiteren primären Quellen finden sich auch politische Veröffentlichungen wie Propagandamaterial, Zeitungsartikel und Berichterstattungen. Große Aufmerksamkeit schenkte ich den persönlichen Texten, die die DDR-Diplomaten selbst schrieben, wie zum Beispiel ihre Lebensläufe. Diese entnahm ich größtenteils den Stasi-Akten. Die „Ich-Perspektive" der betroffenen Personen erachtete ich für das Verständnis ihrer persönlichen Situation und der politischen Atmosphäre in der SBZ/DDR als notwendig. Viele dieser Lebensläufe wurden unmittelbar nach dem Krieg oder während der Fünfzigerjahre geschrieben, als es für neue Diplomaten bzw. politische Einsteiger notwendig war, zu zeigen, inwiefern sie trotz ihrer unumstrittenen Beteiligung im „Dritten Reich" zu einem neuen Regime passen würden. Ähnliche Rechtfertigungen zeigen auch die selbst verfassten Lebensläufe der Diplomaten jüdischer Herkunft, die während der Fünfzigerjahre von der antisemitischen Welle in Osteuropa betroffen waren. In den Fällen, in denen es möglich war, nutzte ich zusätzlich offizielle Biographien bzw. Autobiographien der Diplomaten.

Methodologisch spielen Quellen wie zum Beispiel Vernehmungen der Staatssicherheit, Protokolle oder geheime Untersuchungen eine wichtige Rolle in meiner biographischen Analyse der Lebensläufe der DDR-Diplomaten. Fragen und Zweifel gegenüber Wahrheit und Lüge, Fälschungen und an der Glaubwürdigkeit von Stasi-Akten dürfen und müssen gestellt bzw. erhoben werden. Grundsätzlich gilt, dass Stasi-Akten Quellen sind, die nur unter Vorbehalt verwendet werden sollten. Trotzdem (und auch deswegen) kann man ihre Bedeutung für die politische, ideologische und historische Selbstdarstellung der DDR nicht ignorieren. Nach der Öffnung der Archive der Staatssicherheit, der Schaffung des BStU und der Gesetzgebung des Stasi-Unterlagen-Gesetzes (StUG) wurde die Problematik der Verwendung von Stasi-Unterlagen in historischen Arbeiten in mehreren Forschungsarbeiten und Veröffentlichungen zur Historisierung der DDR diskutiert. Der Historiker Klaus-Dietmar Henke sah bereits im Jahr 1993 den künftigen Trend, dass an die Stasi hauptsächlich wegen ihrer Spionage-, Ausforschungs- und Repressionsmethoden erinnert bzw. diese deshalb

---

3 Nach langjährigen Diskussionen über die Zukunft der BStU wurde die Behörde im Juni 2021 aufgelöst und unter dem Namen „Stasi-Unterlagen-Archiv" in das Bundesarchiv überführt.

verehrt werden wird. Die komplette Erinnerung an die DDR-Geschichte würde davon betroffen sein. Besondere Beachtung finden dabei die Beteiligung der Stasi an allen Bereichen des Lebens der DDR-Bürger und der totalitäre Charakter der DDR.[4]

Auch der deutsche Journalist und Publizist Karl Wilhelm Fricke stellte die Wichtigkeit der Kontextualisierung der Stasi-Akten fest und schlug eine „richtige" historiographische Nutzung vor. Die Erforschung und Analyse der Akten und das Verlassen auf diese Quellen sollen nicht die DDR-Geschichte vereinfachen und nur auf geschriebenen Informationen aus den Stasi-Akten basieren.[5] Eine Kontextualisierung durch eine Verwendung von Akten aus der NS-Zeit in der DDR-Forschung sah Fricke nicht nur für die Auseinandersetzung mit der DDR-Geschichte nach 1989 als wesentlich an. Solche historischen Dokumente bieten auch einen Einblick in die Auseinandersetzungen des DDR-Staates mit seiner eigenen nationalsozialistischen Vergangenheit. Die Stasi-Akten beinhalten einerseits die Methoden, durch die die DDR-Führung die NS-Vergangenheit aufarbeitete, andererseits die angenommenen Defizite dieser Aufarbeitung. Die DDR nutzte die NS-Geschichte demnach, um ihre eigene Existenz zu legitimieren.[6] Die Ideologisierung der historischen Aufarbeitung in Ostdeutschland sehe ich als wichtiges Element in der offiziellen Bewältigung der NS-Vergangenheit in der DDR und sie sollte trotz ihrer Defizite und Lücken nicht zu kurz kommen.

Die Beschäftigung des Ministeriums für Staatssicherheit (MfS) (folgend auch als Staatssicherheit oder Stasi bezeichnet) mit der NS-Geschichte der DDR-Diplomaten beweist auch die Rolle dieser Vergangenheit in allgemeinen operativen Betätigungen dieses Ministeriums. Fricke erwähnt die Versammlung von NS-Akten bei der Stasi und die damalige selektive Freigabe dieser Akten für historische bzw. justizielle

---

4 Vgl. Henke, Klaus-Dietmar: Zu Nutzung und Auswertung der Unterlagen des Staatssicherheitsdienstes der ehemaligen DDR. In: *Vierteljahrshefte für Zeitgeschichte*, Institut für Zeitgeschichte München–Berlin, Jg. 41, Nr. 4, 1993, S. 575–587.

5 Vgl. Fricke, Karl Wilhelm: MfS-Akten und historische Aufarbeitung. In: *1945 bis 2000. Ansichten zur deutschen Geschichte. Zehn Jahre Gedenkstätte Moritzplatz Magdeburg für die Opfer politischer Gewaltherrschaft 1945 bis 1989*. Hrsg. von Annegret Stephan, Landeszentrale für politische Bildung des Landes Sachsen-Anhalt, Magdeburg 2002, S. 33.

6 Vgl. ebenda, S. 34.

Bearbeitungen.[7] Teil der Instrumentalisierung von Dokumenten aus der NS-Zeit in der DDR war die Schaffung der Hauptabteilung IX/11 der Stasi, die mit der Sammlung, Archivierung und den operativen Aktionen gegen Nazi- und Kriegsverbrecher (in West- und Ostdeutschland) beauftragt war.[8] Fricke beurteilt die Beschäftigung der HA IX/11 mit der NS-Vergangenheit nicht nur als Aufklärungsarbeit an den Kriegsverbrechen, sondern: „das MfS entschied auch darüber, welche NS-Akten welchen Historikern überlassen wurden und welche nicht"[9]. Fricke beschäftigte sich auch mit der Glaubwürdigkeit der Stasi-Akten in historischen Forschungen und Gerichtsprozessen: „Natürlich ist unstreitig, dass alle MfS-Akten nach den Maßstäben des Rechtsstaates rechtswidrig zustande gekommen sind. Aus diesem Grunde sind sie vor Gericht wie vor Untersuchungsausschüssen des Parlaments auch als Beweismittel untauglich."[10] Die „Wahrheit" der Akten kann immer hinterfragt werden, aber Fricke behauptet, dass

> „auch die Akten der Staatssicherheit [...] ihre Wahrheit [haben] – wenn auch eine spezifische, die sich aus ihrer Entstehung erklärt. MfS-Akten dienten politisch-operativen Zwecken, sie waren Grundlage operativer Entscheidungen, aber genau deshalb konnten sie im Prinzip nicht auf Unwahrheit basieren"[11].

Auch der Literaturhistoriker Matthias Braun beschäftigt sich mit den Wahrheiten und Unwahrheiten der MfS-Akten. In seiner Forschung untersucht er die Haltung der Stasi gegenüber DDR-Schriftstellern durch die Analyse ihrer Akten. Laut Braun hatte das gesprochene und geschriebene Wort in der DDR eine „vollkommen überzogene Wirkungskraft im gesellschaftlichen Raum. Geradezu jeder Satz wurde beim Wort genommen. Folglich konnte das gedruckte, gesprochene oder auch gesendete Wort ein ‚aufstörendes' Potenzial besitzen."[12] Hier meinte er die literarischen Arbeiten der Schriftsteller. Die Verfolgung

---

7   Vgl. ebenda. Über das NS-Archiv der Stasi schrieb Dagmar Unverhau in: *Das „NS-Archiv" des Ministeriums für Staatssicherheit: Stationen einer Entwicklung.* Münster 1998.

8   Vgl. Hauptabteilung IX/11 (Aufklärung von Nazi- und Kriegsverbrechen). Vgl. https://www.stasi-unterlagen-archiv.de/archiv/bestandsuebersichten/bestaende-und-teilbestaende-des-stasi-unterlagen-archivs/hauptabteilung-ix11-aufklaerung-von-nazi-und-kriegsverbrechen-3/ [abgerufen am 24.11.2021, 15:00 Uhr].

9   Fricke, 2002, S. 34.

10   Ebenda, S. 35.

11   Ebenda, S. 36.

12   Braun, Matthias: Vom Quellenwert der Stasi-Akten für die deutsche Literaturgeschichtsschreibung. In: *Literarische Inszenierungen. Formen der Erinnerungen in*

„verdächtigter" Schriftsteller und die Durchsuchungen der Leben der DDR-Bürger fanden statt, da „das Ministerium für Staatssicherheit seine primäre Aufgabe darin [sah], sämtliche Bereiche des gesellschaftlichen Lebens ausschließlich auf Normenabweichungen als Quelle für potenzielle bzw. bereits existierende Störungen zu durchleuchten"[13]. Brauns Feststellungen über das Verhältnis zwischen der Stasi und den Schriftstellern entspricht auch meiner späteren Analyse der Lebensläufe der DDR-Diplomaten. Die Arbeitsmethoden der Stasi und ihre Untersuchungen zu Publikationen der DDR-Schriftsteller, die Braun beschreibt, könnten auch für die Untersuchungen anderer Personen und „Verdächtiger" angewandt werden, z. B. für die Diplomaten. Ich sehe das gleiche Potenzial sowohl in den geschriebenen Lebensläufen der Diplomaten wie auch in den Berichten der Stasi selbst, wo jedes Wort eine spezifische Bedeutung hatte und folglich eine mögliche operative Auswirkung verkörperte.

Für den Zweck meiner Forschung werden die Stasi-Akten analysiert und kontextualisiert, um deren strukturelle „Nachteile" so weit wie möglich zu umgehen. Für die Akten werden die damaligen politisch-gesellschaftlichen Bedingungen berücksichtigt. So zum Beispiel in den Lebensläufen, die die Diplomaten unmittelbar nach dem Ende des Krieges schrieben, oder in den Stasi-Untersuchungen, die im Rahmen größerer politischer Aktionen stattfanden, wie zum Beispiel während der „politischen Säuberungen" der Fünfzigerjahre. In mehreren Fällen bestätigt die Sekundärliteratur die historischen Darstellungen aus den Quellen.

1.3.1. Wer war ein Nazi? Begrifflichkeit und geschichtswissenschaftliche Interpretationen

In den letzten Jahren richtete sich die historische Aufmerksamkeit auf die Geschichte verschiedener Ministerien der Bundesrepublik und der DDR und deren Umgang mit der nationalsozialsozialistischen Vergangenheit. Der Anfang dieser Tendenz kann mit der Initiative des deutschen Außenministers Joschka Fischer markiert werden, der im Jahr 2005 eine Historikerkommission gründete, die sich mit der Geschichte des Auswärtigen Amts befassen sollte. Ihre Ergebnisse veröffentlichte

---

der deutschsprachigen Literatur nach 1945 und 1989. Hrsg. von Manuel Maldonado-Alemán/Carsten Gansel. Wiesbaden 2018, S. 313.

13 Ebenda, S. 314.

die Historikerkommission im Buch *Das Amt und die Vergangenheit. Deutsche Diplomaten im Dritten Reich und in der Bundesrepublik* (folgend als *Das Amt* bezeichnet) im Jahr 2010.[14] Den resultierenden wissenschaftlich-historiographischen Trend fassten die Historiker des Instituts für Zeitgeschichte München–Berlin (IfZ) und des Zentrums für Zeithistorische Forschung Potsdam (ZZF) in einem Bericht über den Forschungsstand zum Thema nationalsozialistische Geschichte der deutschen Ministerien und Behörden nach der Bitte der Beauftragten der Bundesregierung für Kultur und Medien (BKM) zusammen.[15] Das Forschungsteam teilte seinen Überblick nach Werken über west- und/oder ostdeutsche Ministerien sowie nach Forschungen, die behördlich unterstützt werden, und solche, die unabhängig geschrieben werden (wie die vorliegende), ein.[16]

In den zahlreichen Forschungen zur Geschichte der deutschen Ministerien und Behörden setzten sich die Forscher und Forscherinnen auch mit verschiedenen Begrifflichkeiten der „NS-Belastung" auseinander. Da sich jede Forschung auf ein anderes Ministerium bzw. eine andere Behörde konzentriert und weil die politischen, gesellschaftlichen und beruflichen Bedingungen in jedem Institut unterschiedlich waren, werden in jedem Forschungsprojekt andere Definitionen für die gleichen Phänomene verwendet. Christian Mentel und Niels Weise finden im Rahmen ihres Abrisses der historischen Forschungsprojekte eine philologische Lösung für die unterschiedliche methodologische, ideologische, rechtlich-materielle, formale, zeitliche und ortsgebundene Komplexität der Begrifflichkeit „NS-Belastung", und zwar mit dem Begriff „NS-Bezüge".[17] Hierbei handelt es sich um einen Begriff, der die „Belastung" einer politischen Tätigkeit aus der NS-Zeit versachlicht.

Ein jüngeres Beispiel für ein komparatives Forschungswerk aus dem Jahr 2018, das sich mit ähnlichen Fragen zur „NS-Belastung" in deutschen Ministerien auseinandersetzt, ist *Hüter der Ordnung: Die Innenministerien in Bonn und Ost-Berlin nach dem Nationalsozialismus*

---

14   Vgl. Conze, Eckart/Frei, Norbert/Hayes, Peter/Zimmermann, Moshe: *Das Amt und die Vergangenheit. Deutsche Diplomaten im Dritten Reich und in der Bundesrepublik.* München 2010.

15   Vgl. Mentel, Christian/Weise, Niels: *Die zentralen deutschen Behörden und der Nationalsozialismus. Stand und Perspektiven der Forschung.* Hrsg. von Frank Bösch/Martin Sabrow/Andreas Wirsching, Institut für Zeitgeschichte München–Berlin, Zentrum für zeithistorische Forschung Potsdam, München/Potsdam 2016.

16   Vgl. ebenda, S. 78.

17   Vgl. ebenda, S. 11.

(folgend als *Hüter der Ordnung* bezeichnet) über die Vergangenheit des Bundesministeriums des Innern (BMI) – das diese Forschung finanzierte – und des Ministeriums des Innern der DDR (MdI).[18] Neben einer Darlegung des strukturellen Aufbaus beschäftigt sich diese Forschungsarbeit unter anderem auch mit der Personalkontinuität in den beiden Ministerien. In diesem Zusammenhang wird über Mitarbeiter der ost- und westdeutschen Innenministerien, die Mitglieder der NSDAP oder anderer nationalsozialistischer Organisationen waren, sowie über solche, die vor 1945 Mitarbeiter des alten Reichsministeriums waren, diskutiert. Der vergleichende Ansatz von *Hüter der Ordnung* beabsichtigt zu zeigen, wie die zwei Ministerien zwei unterschiedliche bürokratische parallele Neuanfänge nach dem Nationalsozialismus verkörperten.[19] Auf der einen Seite die Bundesrepublik, deren Innenministerium mit höheren Zahlen von ehemaligen Nazis konfrontiert war, und das MdI der DDR, das Kompromisse mit der NS-Vergangenheit von Teilen seines Personals einging und sie akzeptierte, obwohl sie Nazis waren.

Sowohl im Auswärtigen Amt als auch an der Spitze des Bundesinnenministeriums gab es zahlreiche bekannte Fälle von prominenten Figuren, die „Alt-Nazis" waren. Das berühmteste Beispiel ist Gerhard Schröder, CDU-Politiker und Bundesinnenminister zwischen 1953 und 1961.[20] Während die Suche nach „fachlich ausreichend qualifizierte[m] und erfahrene[m] Personal" ohne politische Erfahrung aus der NS-Zeit für die Arbeit im BMI schwierig war,[21] war das Innenministerium der DDR mit diesem Problem nicht konfrontiert: Zumindest in den Anfangsjahren nach 1945 bestand die Mehrheit der Mitarbeiter an der Spitze des MdI aus der altkommunistischen Elite und aus Personen, die aus dem Moskauer Exil in die SBZ/DDR zurückkehrten.[22] In den Fünfzigerjahren war demzufolge der Anteil von Personen mit

18 Bösch, Frank/Wirsching, Andreas (Hg.): *Hüter der Ordnung. Die Innenministerien in Bonn und Ost-Berlin nach dem Nationalsozialismus.* Göttingen 2018.
19 Vgl. Bösch, Frank/Wirsching, Andreas: Einleitung. In: *Hüter der Ordnung. Die Innenministerien in Bonn und Ost-Berlin nach dem Nationalsozialismus.* Hrsg. von Frank Bösch/Andreas Wirsching. Göttingen 2018, S. 16.
20 Vgl. Stange, Irina: Das Bundesministerium des Innern und seine leitenden Beamten. In: *Hüter der Ordnung. Die Innenministerien in Bonn und Ost-Berlin nach dem Nationalsozialismus.* Hrsg. von Frank Bösch/Andreas Wirsching. Göttingen 2018, S. 97 ff.
21 Vgl. ebenda, S. 67.
22 Vgl. Kuschel, Franziska/Maeke, Lutz: Ein Neubeginn. Das Innenministerium der DDR und sein Führungspersonal. In: *Hüter der Ordnung. Die Innenministerien in Bonn und Ost-Berlin nach dem Nationalsozialismus.* Hrsg. von Frank Bösch/Andreas Wirsching. Göttingen 2018, S. 186 ff.

„Belastungen durch frühere NSDAP Mitgliedschaften" im MdI relativ niedrig.[23]

Trotz der Versuche, sich von der Bundesrepublik politisch-ideologisch und moralisch zu differenzieren, stellte auch das Innenministerium der DDR neben den treuen Kommunisten Mitarbeiter als „Experten" ein, die politische bzw. berufliche Erfahrungen in dem alten Regime gemacht hatten. Diese „Experten" nahmen an der zivilen Verwaltung des Ministeriums teil, die für die DDR „als politisch weniger sensibel galten" und das „im Unterschied zu den Ämtern der ‚bewaffneten Organe'".[24] Das war ein Kompromiss der DDR-Führung. Für diese galten die genannten Personen als wissenschaftliches Personal, das im Ministerium des Inneren Aufgaben zum Wiederaufbauprozess des neuen sozialistischen Deutschlands übernehmen konnte.[25] Im Innenministerium der DDR – und, wie ich in meiner Forschung zeige, auch im MfAA – waren Personalüberprüfungen ein wesentliches Mittel des DDR-Regimes, um sich über die politische Vergangenheit (bzw. Zuverlässigkeit) der Mitarbeiter zu informieren.[26] Im Fall der ehemaligen Nazis waren solche Maßnahmen erforderlich und verständlich, doch waren auch Personen aus dem kommunistischen Milieu, unter anderem Deutsche jüdischer Abstammung, von solchen Personalüberprüfungen betroffen. Die Herausgeber von *Hüter der Ordnung* erklären, dass im Unterschied zu den Fällen der ostdeutschen „Nazi-Diplomaten" viele Mitarbeiter der Innenministerien sowohl im Osten als auch im Westen die Mitgliedschaft in einer nationalsozialistischen Organisationen verweigerten.[27] Im Gegensatz zur Lage in den Innenministerien setzten die Diplomaten, deren Biographien ich in dieser Forschung analysiere, sich mit deren Vergangenheit auseinander.[28]

---

23 Vgl. Kuschel, Franziska/Maeke, Lutz: Konsolidierung und Wandel: Die Personalpolitik des MdI bis 1969. In: *Hüter der Ordnung. Die Innenministerien in Bonn und Ost-Berlin nach dem Nationalsozialismus.* Hrsg. von Frank Bösch/Andreas Wirsching. Göttingen 2018, S. 250.

24 Vgl. Kuschel/Maeke, Ein Neubeginn, 2018, S. 203.

25 Ebenda.

26 Vgl. Kuschel/Maeke, Konsolidierung und Wandel, 2018, S. 250.

27 Vgl. Bösch, Frank/Wirsching, Andreas: Die deutschen Innenministerien nach dem Nationalsozialismus. Eine Bilanz. In: *Hüter der Ordnung. Die Innenministerien in Bonn und Ost-Berlin nach dem Nationalsozialismus.* Hrsg. von Frank Bösch/Andreas Wirsching. Göttingen 2018, S. 740.

28 Leider gibt es eine traurige Gemeinsamkeit zwischen den Außen- und den Innenministerien, und zwar, dass sie kaum Frauen als Diplomatinnen beschäftigten. Das ist auch der Grund dafür, warum ich in meiner Arbeit kaum Diplomatinnen erwähne. Vgl. ebenda, S. 742.

Sowohl die Verfasser von *Das Amt* als auch die von *Hüter der Ordnung* definieren eine „nationalsozialistische Vergangenheit" der Diplomaten bzw. Mitarbeiter der entsprechenden Ministerien als eine Mitgliedschaft in der NSDAP oder in anderen NS-Organisationen, die Mitarbeit an den alten Reichsministerien oder die aktive Beteiligung an Kriegsverbrechen. Die biographische Analyse der ehemaligen Nazis zeigt unterschiedliche „Belastungsniveaus" der Diplomaten des MfAA im Vergleich zu westdeutschen Diplomaten, deren Lebensgeschichten *Das Amt* erzählt: Im Auswärtigen Amt betätigten sich mehrere Diplomaten des früheren Außenministeriums, die Kriegsverbrecher waren. Die DDR-Diplomaten auf der anderen Seite stehen für eine andere Art von Nazismus. In meiner Forschung waren die „Nazi-Diplomaten" des MfAA hauptsächlich nominelle NSDAP-Mitglieder, Mitglieder der Hitlerjugend (HJ), Soldaten und Offiziere der Wehrmacht oder einfach „kleine Nazis". Nur in wenigen Fällen kann eine erdrückende Beschäftigung und Beteiligung an der Nazi-Politik nachgewiesen werden. Aber auch dann sind der Umfang und die Heftigkeit ihrer „Verbrechen" bzw. „Belastung" nicht mit denen der Nazi-Diplomaten des Westens zu vergleichen, wie ich an mehreren Stellen der Arbeit diskutieren werde. Wegen der Unterschiede zwischen dem Ministerium für Auswärtige Angelegenheiten, dem Auswärtigen Amt und den anderen deutschen Ministerien und Behörden, werden meine Definitionen und das Verständnis der NS-Vergangenheit anders festgelegt. Eine „nationalsozialistische Vergangenheit" im Fall der Diplomaten der DDR ist eine Mitgliedschaft an der NSDAP, Familienverbindungen zu nationalsozialistischen Organisationen und Militärdienst während des Zweiten Weltkriegs. Ich bevorzuge also Mentels und Weises Definition der „NS-Bezüge" gegenüber dem Begriff der „NS-Belastung".

1.3.2. Israelische Quellen und ihre Bedeutung

Während der ersten Jahrzehnte nach der Gründung des Staates Israel im Jahr 1948 waren die Traumata des Holocausts und die Auswirkung des Zweiten Weltkriegs in der israelischen Gesellschaft deutlich präsent und prägten die politische Haltung des jungen Staates. Der politische Streit um die Wiedergutmachungsabkommen mit der Bundesrepublik, mit der Israel damals noch keine offiziellen diplomatischen Beziehungen hatte, war nur eine Erscheinung der komplexen Verhältnisse zwischen den beiden Ländern. Die historischen deutsch-jüdischen Beziehungen aus der Zeit vor dem Krieg spiegeln sich also in der Entwicklung der deutsch-israelischen Beziehungen seit 1948 wider. Damit diese Komplexität in meiner Forschung repräsentiert werden kann, sind Berichterstattungen und Kolumnen aus der israelischen Presse wichtige Quellen, die ich an verschiedenen Stellen der Arbeit anbringe.[29]

Bis in die frühen Neunzigerjahre und bis zur Liberalisierung der Wirtschaft prägten politische Kräfte die Presse in Israel. Fast jede politische Partei besaß ihre eigene Tageszeitung, damit sie ihre Weltanschauung unter der allgemeinen und parteilichen Leserschaft verbreiten konnte. Die größten Debatten in Israel fanden zwischen politischen Zeitungen statt, bis diese insolvent gingen. Neben den parteilichen Zeitungen wurden auch weitverbreitete unabhängige bürgerliche Tageszeitungen veröffentlicht, die nicht parteinah waren, sich aber durch klare politisch-gesellschaftliche Richtlinien voneinander unterschieden. Die Nationalbibliothek Israels bietet eine äußerst umfassende digitale Sammlung von israelischen und jüdischen Zeitungen und Zeitschriften aus verschiedenen Ländern, Zeiten und auf unterschiedlichen Sprachen auf der Website *Historical Jewish Press* an.[30] Für meinen Zweck waren hauptsächlich Zeitungen von Bedeutung, die in dem Gebiet unter britischem Mandat in Palästina nach 1945 und in Israel nach 1948 veröffentlicht wurden. Leider enthält die Sammlung nicht alle Zeitungen Israels, aber die größten parteilichen Zeitungen und die damals meistverbreitete Zeitung (*Ma'ariv*) sind auf der Website verfügbar. Außerdem werden auch US-amerikanisch-jüdische Zeitungen aus dieser Sammlung sowie DDR- und BRD-Zeitungen aus anderen Datenbanken zitiert.

Meine Darstellung von Berichterstattungen israelischer Zeitungen öffnet einerseits einen Blick in die Öffentlichkeitsmeinung der israelischen Gesellschaft der Zeit, auf der anderen Seite stelle ich auch die Stimme des offiziellen Israels dar, indem ich die Akten des israelischen Außenministeriums verwende. Dieses Archivmaterial gewährt außerdem einen Einblick in die Haltung der israelischen Regierung zum erforschten Thema. In diesem Fall konzentrierte ich mich hauptsächlich auf Akten, die sich spezifisch mit der Beteiligung von ehemaligen Nazis im DDR-System und mit der Rolle jüdischer Persönlichkeiten in

---

29 Die hebräischen Originaltexte wurden von dem Autor der vorliegenden Arbeit selbstständig ins Deutsche übersetzt.

30 Israelische Nationalbibliothek: *Historical Jewish Press*, www.jpress.org.il. Diese Website wird unterstützt von Tel Aviv University.

der DDR-Politik befassen. In mehreren Fällen werden die politischen und diplomatischen Tätigkeiten Israels gegen ehemalige Nazis in der DDR geschildert. Eine vergleichende Analyse zwischen der Haltung Israels gegenüber der Bundesrepublik und der DDR könnte in einer künftigen Forschung vorgenommen werden. Die israelische Sichtweise meiner historischen Analyse ist hochrelevant für eine multiperspektivische Darstellung der deutsch-jüdischen Beziehungen in der Nachkriegszeit und schlägt eine neue und außergewöhnliche Interpretation der DDR-Geschichte vor.

1.4. Die NS-Vergangenheitsbewältigung der DDR aus israelischer Sicht – Gesellschaft und Politik

Die jüngste deutsche Geschichte und die Kontakte und Verhandlungen zwischen Israel und Deutschland in den Fünfzigerjahren verursachten dramatische Auseinandersetzungen innerhalb der israelischen Gesellschaft. Die Beschäftigung Israels mit den deutschen Verbrechen im Zweiten Weltkrieg und mit den Unterschieden zwischen der NS-Vergangenheitsbewältigung der Bundesrepublik und der der DDR führt zu Überlegungen die eigene NS-Vergangenheitsbewältigung betreffend. Da es sich hier um gegenwärtige politische Entwicklungen handelt, kann man die Interpretation Klaus-Dietmar Henkes der „Vergangenheitsbewältigung" adaptieren und sagen, dass es sich hier um die Gegenwartsbewältigung Israels handelt. Die Untersuchung der Berichterstattungen israelischer Zeitungen zum Thema „Deutschland" zeigt erstens das große israelische Interesse an der Vergangenheitspolitik Deutschlands, zweitens die inneren politischen Diskussionen Israels über die deutsch-israelische (und deutsch-jüdische) Beziehung und drittens den Umfang der internationalen Berichterstattungen über Nazis in Nachkriegsdeutschland, da viele Berichte aus fremdsprachigen Zeitungen stammten und für die israelische Leserschaft ins Hebräischen übersetzt wurden. Ein anderes wesentliches Merkmal, das die Berichtserstattungen im Israel der Nachkriegszeit beeinflusste, war der Anteil der „Jeckes" (Deutsche jüdischer Abstammung) in der lokalen Presse. Jüdische Immigranten aus dem deutschsprachigen Raum prägten die israelische journalistische Sprache für Jahrzehnte und spielte eine bedeutsame Rolle bei der Gründung und Entwicklung der Presse-Industrie im britischen Mandatsgebiet Palästina und später in Israel. Wegen ihres biographischen Hintergrunds waren die deutsch-jüdischen Journalisten auch bei Themen wie der deutsch-israelischen Beziehung persönlich involviert und sogar zerrissen zwischen den zwei Heimatländern.[31] Ähnliche biographische Verhältnisse finden wir auch im diplomatischen Apparat Israels: Viele israelische Diplomaten der ersten Generation stammten aus deutschen Familien und verhandelten mit der Bundesrepublik um Wiedergutmachung. Kurz gesagt: Die israelische Perspektive in meiner Forschung ist erstens eine jüdische Perspektive auf die deutsche Aufarbeitung der nationalsozialistischen Geschichte und zweitens repräsentiert sie die internationale Beschäftigung mit dieser Thematik unter den politischen Bedingungen des Kalten Krieges.

1.4.1. Die Presse in Israel und die Nazis in Nachkriegsdeutschland

Die Berichterstattungen der Presse über die Personalkontinuität in den deutschen Außenministerien spiegeln den Unterschied zwischen den kaderpolitischen Lagen im Auswärtigen Amt und im MfAA sowie die internationale Wahrnehmung der Probleme beider Ministerien wider. Vergleicht man die Aufmerksamkeit, mit der die internationale Presse auf das MfAA einerseits und das Auswärtige Amt der BRD andererseits blickt, entdeckt man, wie tief verwurzelt – und gleichzeitig geleugnet – die Beteiligung der Nazi- und Kriegsverbrecher in der Bundesrepublik war. Dass Nazi-Diplomaten im deutschen außenpolitischen Dienst (in Ost- und Westdeutschland) erneut eingesetzt wurden, war unmittelbar nach Ende des Krieges weltweit bekannt. Eine Überprüfung der hebräischen Presse aus den ersten Jahren nach dem Ende des Zweiten Weltkrieges, die sich der Beschäftigung ehemaliger Nazis im Nachkriegsdeutschland widmete, zeigte eine differenzierte Haltung in den Berichten über Nazis in Ost- und in Westdeutschland. Während sich die Kommentare gegenüber Nazis in der DDR eher mit Einzelfällen und weniger mit einer allgemeinen Vergangenheitsbewältigung der DDR beschäftigten,[32] war die

---

31 Der israelische Journalist und Historiker David Witzthum schrieb über die Rolle der Jeckes in der Entwicklung der israelischen Presse. Vgl. Witzthum, David: Jeckes Journalismus auf Hebräisch – Drei Revolutionen und ihre Bedeutung. In: *Zwischen zwei Heimatländern: die „Jeckes"*. Hrsg. von Moshe Zimmermann/Yotam Hotam. Jerusalem 2005, S. 270–276. [Originaltitel auf Hebräisch: Bên ham-môlādôt: hay-Yēqîm be-mahḥazôtêhem.]

32 Für Berichte und Kommentare über die Integration von ehemaligen Nazis in der DDR vgl. Ginusar, Schlomo: Eine Forschung aus Jerusalem beweist: Ehemalige

Aufmerksamkeit, die Westdeutschland und vor allem dem Auswärtigen Amt zuteilwurde, viel größer. Diese Berichte betonten nicht nur die Problematik der erneuten Beschäftigung von Kriegsverbrechern im deutschen öffentlichen Dienst. Da sie auf aktuellen israelischen innerpolitischen Auseinandersetzungen beruhten, beeinflussten und verbreiteten sie die öffentlich-politischen Diskussionen in Israel und drückten die öffentliche Meinung gegenüber den deutschen Staaten aus.

Für den Zeitraum von ungefähr 20 Jahren, also ab Ende der Vierzigerjahre bis Ende der Sechzigerjahre, lassen sich drei Schlüsselthemen, die die Berichte über die Nazidiplomaten kennzeichnen, ausmachen. Eine erste große Welle von Reportagen war unmittelbar nach der Gründung der Bundesrepublik zu beobachten, als bekannt wurde, dass Nazi- und Kriegsverbrecher als Diplomaten in Westdeutschland arbeiten. Viele Berichte zitierten ausländische (aber auch deutsche) Quellen, die die verbrecherische Geschichte prominenter und wichtiger westdeutscher Diplomaten aufdeckten. Über das Scheitern der Entnazifizierung und die Beteiligung von ehemaligen Nazis im öffentlichen Leben wurde schon am Ende der Vierzigerjahre und Anfang der Fünfzigerjahre ausführlich berichtet.[33] Sowohl die Berichte der allgemeinen Presse wie auch der parteilichen Presse über die Nazidiplomaten im westdeutschen Auswärtigen Amt waren zuerst relativ sachlich. Sie machten neue Entdeckungen aus dem Außenministerium bekannt und listeten die ehemaligen Nazi-Diplomaten auf.[34] Die Reaktion der

---

Nazis – in wichtigen Posten in Ostdeutschland. In: *Davar*, 6.1.1967, S. 2 und M. D.: Die koscheren Nazis des Ostens. In: *Davar*, 8.1.1967, S. 2.

33 Vgl. Die Entnazifizierung ist völlig gescheitert. In: *Davar*, 13.4.1949, S. 11; Borden, G.: Die Entnazifizierung der amerikanischen Besatzungszone in Deutschland – eine Täuschung. In: *Kol Ha'am*, 18.5.1949, S. 2; Der deutsche Ministerpräsident verkündete: Die Entnazifizierung ist vorbei – bald Verjährung. In: *HaBoker*, 21.9.1949, S. 1; Die Nazis übernehmen Deutschland. In: *Ha'Zofe*, 21.11.1948, S. 2; Die Nazis sind wieder an der Macht in Deutschland. In: *Ma'ariv*, 23.3.1950, S. 2; 53 ehemalige Nazis sitzen im westdeutschen Parlament. In: *Kol Ha'am*, 10.5.1950, S. 1.

34 Vgl. Hitleristische Mörder als Diplomaten. In: *Davar* 6.5.1951, S. 2; Viele von den wichtigsten ehemaligen Nazis auf wichtigen Posten in Bonner Regierung. In: *Al HaMishmar*, 14.8.1951, S. 4; Geffen, Raphael: Die neuen Diplomaten Westdeutschlands. In: *Al HaMishmar*, 8.10.1951, S. 2; Nazis im deutschen Außenministerium. In: *Sche'arim*, 18.10.1951, S. 2; Adenauer wurde gezwungen zu bekennen: Das westdeutsche Außenministerium wird von Nazis verwaltet. In: *Kol Ha'am*, 18.10.1851, S. 1; Nazis im westdeutschen Außenministerium. In: *HaBoker*, 13.11.1951, S. 2; Untersuchung: Das deutsche Außenministerium ist voll mit Nazis. In: *Ma'ariv*, 19.12.1951, S. 1; Nazis wimmeln im Außenministerium in Bonn. In: *HaBoker*, 20.12.1951, S. 1; Das Bonner Außenministerium ist vollgestopft mit Nazis. In:

Bundesrepublik auf die Vorwürfe gegen ihre Diplomaten, die Äußerungen Adenauers, dass es keine andere Möglichkeit gab außer die Wiederbeschäftigung der Nazis im Auswärtigen Dienst,[35] und die Versuche der Bundesrepublik, den Schaden dieser Veröffentlichungen zu verringern, erreichten auch das israelische Publikum.[36]

Ein zweites Thema, das die Berichterstattungen kennzeichnete, bilden die Verhandlungen der israelischen Regierung mit der Regierung der Bundesrepublik über die Wiedergutmachungsabkommen und den politischen Streit in Israel. Diese Verhandlungen verschärften den Ton der Berichte während der Fünfzigerjahre und spiegeln den Disput innerhalb der Gesellschaft und des politischen Systems in Israel wider. Ein Blick in die Kommentare, die neben den regelmäßigen Berichten veröffentlicht wurden, zeigt die politische, moralische und ideologische Kritik der israelischen Journalisten an Deutschland und der ihrer Meinung nach gescheiterten Vergangenheitspolitik. Alle Zeitungen kritisierten Deutschland, die politischen und die allgemeinzentristischen Zeitungen. Die Zeitung der linken Seite (*Davar*, hebr. ~*Wort*), die Zeitung der israelischen Gewerkschaften (*Histadrut*), die nah an MAPAI („Partei der Arbeiter in *Eretz Israel*", später die Arbeitspartei) anzusiedeln ist, *Kol Ha'am* (hebr. *Die Stimme des Volkes*), die Zeitung der Kommunistischen Partei, *Al HaMishmar* (hebr. *Der Wächter*) und die Zeitung der Vereinigten Arbeitspartei (*MAPAM – Mifleget Poalim Meuchedet*) kritisierten, jede in anderer Betonung, die Deutschen im Allgemeinen und die Verhandlungen mit den Deutschen um die Wiedergutmachung. Mehrmals beschrieb die sozialistische Presse das Geschehen in der Bundesrepublik im Stil der Presse der Kameraden aus der DDR: Die Führungseliten und die deutschen Diplomaten,

---

Al HaMishmar, 7.1.1952, S. 2; Lenmann, L.: „Nur" 65 % der Beamten im Bonner Außenministerium sind Nazis. In: *HaBoker*, 11.4.1952, S. 8; Hill, Russel: Die ehemaligen Nazis in Adenauers Außenministerium. In: *HaBoker* 25.4.1952, S. 5; Ribbentrops Bande kontrolliert Bonn. In: *Al HaMishmar*, 12.12.1952, S. 4; Nazis im Bonner Außenministerium. In: *Kol Ha'am*, 16.12.1852, S. 2; Sie dienten Hitler – und jetzt dienen sie Adenauer. In: *Kol Ha'am*, 23.6.1959, S. 1; Pekler, Hermann: Die neue Wilhelmstrasse. In: *Cherut*, 8.4.1952, S. 2.

35 Vgl. Adenauer: Es ist unmöglich, ohne die Nazis zu arbeiten. In: *HaBoker*, 26.10.1952, S. 2.

36 Vgl. Säuberung von Nazis im deutschen Außenministerium. In: *She'arim*, 30.3.1952, S. 4; Hill, Rusel: Bonn überprüft die Loyalität der Nazis. In: *Cherut*, 25.4.1952, S. 2; Jemand im Hause. In: *Der Spiegel*, Nr. 14, 1971, S. 50–57, eine Übersetzung des Artikels über einen internen Bericht des Auswärtigen Amtes über die Vergangenheit seiner Diplomaten wurde in *Davar* veröffentlicht: Die halbe Wahrheit aus einem internen Bericht Bonns. In: *Davar* 7.4.1971, S. 7.

mit denen die israelischen Diplomaten verhandelten, wurden sogar als „Nazis" oder „Neonazis" bezeichnet.[37]

Über die großen Massendemonstrationen in Tel Aviv und Jerusalem gegen die Wiedergutmachungsabkommen, die unter anderem von den Rechtsparteien Israels organisiert wurden, wurde ausführlich in der Presse berichtet. Neben der geäußerten Kritik aus dem linken Spektrum sprach auch die Rechtspresse ihren Widerstand aus, z. B. in *Ha'Zofe* (hebr. *Der Beobachter*), in der Zeitung der Nationalreligiösen Partei (*HaMafdal*) und in der Zeitung der Freiheitsbewegung (*Cherut*, hebr. *Freiheit*).[38] Gleichartige Äußerungen wurden auch unter den bürgerlichen, aber eher zentristischen Zeitungen veröffentlicht, zum Beispiel in der unabhängigen Zeitung *Ma'ariv* (hebr. *Abendzeitung*) sowie in *HaBoker* (hebr. *Der Morgen*), die Zeitung der Allgemeinen Zionisten.[39] Sowohl die Rechtspresse als auch die linksradikale Presse lehnten die Verhandlungen mit der Bundesrepublik ab und nutzten diese Gelegenheit, um die israelische Regierung und den israelischen Ministerpräsident Ben Gurion anzugreifen, entweder wegen der Verhandlung mit ehemaligen Nazis oder wegen des Annehmens von deutschem Geld.

Die Berichte über die Verbrechen der westdeutschen Diplomaten und anderen Beamten des öffentlichen Dienstes der Bundesrepublik setzten sich in den Sechzigerjahren fort.[40] Gleichzeitig löste der Eich-

---

37 Vgl. ein Bericht über das Auswärtige Amt: M. S.: Die Neonazis folgen den Nazis. In: *Davar*, 21.4.1952, S. 3; Der Außenminister drängt auf die Weiterführung der Verhandlungen mit den Nazis. In: *Kol Ha'am*, 14.4.1952, S. 1. Kritik über Nachum Goldmann, den Vorsitzenden der *Jewish Agency* in den USA vgl. Dr. N. Goldmann predigt für die Entstehung von diplomatischen Kontakten zwischen Israel und Neonazi Deutschlands. In: *Kol Ha'am*, 25.12.1953, S. 1; Mit denen Verhandeln sie! In: *Kol Ha'am*, 1.7.1952, S. 1; Oren, Mordechai: Wir werden Asmodäus nicht versöhnen. In: *Al HaMishmar*, 4.11.1951, S. 2; M. K. H.: Für die Verstärkung des Kampfes gegen die Verhandlung mit den Nazis! In: *Kol Ha'am*, 19.6.1952, S. 1; del Vayo, Álvarez: Die Wiederbelebung der Nazistischen Internationalen. In: *Al HaMishmar*, 8.6.1952, S. 2; DDR: Waffen von den Neonazis wurden schon nach Israel geliefert. In: *Kol Ha'am*, 30.12.1957, S. 2.

38 Für einen Bericht über die Vergangenheit eines Delegierten aus dem Auswärtigen Amt beim Wiedergutmachungskomitee vgl. Ohne den Nazi werden die Verhandlungen nicht weitergeführt. In: *Cherut*, 2.7.1952, S. 1; Abrahams, A.: Deutschland verändert sein Gesicht nicht. In: *Cherut*, 3.2.1952, S. 2. Zur Kritik an den Deutschen und Ben Gurion bezüglich der Verhandlungen um die Wiedergutmachung vgl. Pekler, Hermann: Deutschland und die Juden. In: *Cherut*. 11.4.1952, S. 2; Mit ihnen sitzen die Delegierten Israels. In: *Cherut* 25.3.1952, S. 1.

39 Gurdus, Nati: Das Aufstehen des Vierten Reichs. In: *HaBoker*, 11.1.1952, S. 2.

40 Vgl. Daily Worker – London: Nazis in hohen Posten. In: *Kol Ha'am*, 15.1.1960, S. 3; Alte Nazis – im Bonner Dienst. In: *Ma'ariv*, 13.1.1960, S. 2.

mann-Prozess eine weitere Welle von Veröffentlichung über die Beschäftigung des nationalsozialistischen Außenministeriums mit dem Massenmord in Europa und mit der „Endlösung der Judenfrage" aus.[41] Einzelfälle, über die in der Presse diskutiert wurde, wie die von Herbert Müller-Roschach (BRD-Botschafter in Portugal),[42] Walter Bargatzky (Abteilungsleiter im Auswärtigen Amt)[43] oder Gerhard Schröder (CDU-Politiker und Außenminister zwischen 1961 und 1966),[44] zeigten, wie prominent und wesentlich die Nazi-Diplomaten für die neue westdeutsche Außenpolitik waren. Die Schaffung der diplomatischen Beziehungen zwischen Israel und der Bundesrepublik im Jahr 1965 öffnete erneut die Wunden der Vergangenheit und veranschaulicht das dritte Schlüsselthema dieser Zeitungsberichte. Die Presse nutzte die Biographien der deutschen Diplomaten, mit denen die israelischen Diplomaten verhandelten und zusammenarbeiteten, um das „braune Problem" der westdeutschen Gesellschaft hervorzuheben. So zum Beispiel wurde der Fall von Dr. Alexander Török, neuer stellvertretender Botschafter der Bundesrepublik in Tel Aviv, in der israelischen Presse täglich behandelt und in der ganzen Problematik der NS-Geschichte des Auswärtigen Amtes wahrgenommen.[45]

Berichterstattungen, unabhängige Veröffentlichungen und Forschungen über die Nazi-Diplomaten endeten weder nach der Entstehung von diplomatischen Beziehungen zwischen West- und Ostdeutschland noch nach der deutschen Wiedervereinigung. Erst 50 Jahre nach Kriegsende wurden mit *Das Amt* die Vorwürfe gegen die

---

41 Vgl. Im Eichmann-Prozess wurde offenbar gemacht: Der Vorgesetzte für „jüdische Angelegenheiten" im Hitler-Auswärtigen-Amt läuft in Westdeutschland frei herum. In: *Kol Ha'am*, 27.4.1961, S. 1.

42 Vgl. Der westdeutsche Botschafter in Portugal – Kriegsverbrecher. In: *Ha'Zofe*, 21.7.1968, S. 1.

43 Ginusar, Schlomo: Ein Nazi Verbrecher von den Männern von Ribbentrop wird als Abteilungsleiter im Bonner Außenministerium ernannt. In: *Al HaMishmar*, 15.2.1963, S. 1.

44 Vgl. Schröder – Der Aufstieg des deutschen Außenministers, der treu zu seiner Nazi-Vergangenheit blieb. In: *Cherut*, 11.3.1965, S. 2. In diesem Bericht werden Namen von anderen Nazi-Diplomaten erwähnt wie Walter Weber (Botschafter in Kairo), Sigismund von Braun (Delegierter der BRD bei der UNO), und andere.

45 Vgl. Charif, Joseph: Das Außenministerium wird die Untersuchung über die Vergangenheit des deutschen Diplomaten Dr. Török erneuern. In: *Ma'ariv*, 2.8.1965, S. 1; Dr. Török bestreitet die Vorwürfe eines Historikers, dass er Mitglied einer faschistischen Partei war. In: *Davar*, 9.11.1965, S. 2; Deutschkron, Inge: Török Affäre – Das Ende. In: *Ma'ariv*, 24.2.1967, S. 6.

Bundesrepublik, gegen Adenauer und seine Nachfolger und gegen das Außenministerium aufgeklärt.

2. Die DDR-Vergangenheitsbewältigung im Licht der Außenpolitik: Historiographischer Forschungsstand

Zwei zentrale Perspektiven, der Blick in die Geschichtsschreibung und in die personelle Struktur des MfAA, stehen im Fokus des folgenden historiographischen Überblicks. **Im ersten Teilkapitel** wird der Begriff „Vergangenheitsbewältigung" im Diskurs der DDR-Geschichte erörtert. Ich zeige seine Erscheinungen in der Geschichtswissenschaft im Allgemeinen und im Rahmen der DDR-Geschichtsschreibung. Dazu verwende ich auch Literatur zu Nazis in der DDR und zum jüdischen Leben in Ostdeutschland. Diese Texte beschäftigen sich mit der Aufarbeitung der NS-Geschichte in der DDR und deren verschiedenen sozialpolitischen Konsequenzen. Meine Auffassung der NS-Vergangenheitsbewältigung der DDR deckt sich mit den Ergebnissen dieser Forschungen.

Im zweiten Teilkapitel liegt der Fokus auf dem Ministerium für Auswärtige Angelegenheiten. Die Untersuchung der NS-Vergangenheit des MfAA und dessen Aufarbeitung der nationalsozialistischen Geschichte erörtere ich in diesem Teilkapitel im Rahmen des historiographischen Streits um das deutsche Außenministerium, d. h. aufbauend auf den früheren Forschungen zum Auswärtigen Amt der BRD. Ich werde die politisch-ideologischen und strukturellen Unterschiede zwischen den beiden Ministerien darstellen. Daran schließt eine zusammengefasste Schilderung der Gründung des MfAA und der ersten Schritte in der ostdeutschen Außenpolitik an. Unter anderem wird über Generationen in der DDR, über die ersten Probleme der Schaffung eines diplomatischen Kaders und über die deutsch-deutsche Beziehung diskutiert.

2.1. Deutsche Geschichtswissenschaft, DDR-Politik und NS-Vergangenheitsbewältigung

Sowohl in der DDR als auch in der Bundesrepublik spielte die politische Indoktrination eine wichtige Rolle bei der jeweiligen ideologischen Abgrenzung. In den beiden deutschen Staaten prägte die Ideologie die Wahrnehmung und die Interpretation der Geschichte, insbesondere der Geschichte des Nationalsozialismus. Im Westen akzeptierte die Führung der Bundesrepublik die politische Belastung des „Dritten Reiches" und übernahm die Verantwortung für die NS-Verbrechen durch die Unterzeichnung eines Wiedergutmachungsabkommens mit Israel.[46] Im Osten propagierten die Führungseliten der KPD (Kommunistische Partei Deutschlands) mit der Gründung der DDR einen radikalen Neustart für das deutsche Volk in Ostdeutschland, der die Beschäftigung mit der Vergangenheit und damit die Anerkennung dieser grundsätzlich ausschloss. Für die DDR-Führung war ihr Staat der rechtmäßige und moralische Repräsentant des deutschen Volkes, das Gegenstück zur kapitalistischen Bundesrepublik.[47] Neben den unmittelbaren politischen und außenpolitischen Auswirkungen der NS-Vergangenheit auf beide deutschen Staaten, die in der vorliegenden Arbeit diskutiert werden sollen, spielte die Konfrontation mit der NS-Vergangenheit auch eine wesentliche Rolle in der Entwicklung der zwei deutschen Geschichtswissenschaften.

Der Historikerstreit der Achtzigerjahre markiert einen Wendepunkt im historischen Denken in der Bundesrepublik. Fragen über die Singularität des Holocausts und die Debatte über die Interpretationen der NS-Vergangenheitsbewältigung bildeten zentrale Elemente dieses Streits, der sich mit den dunkelsten Seiten der deutschen Geschichte

---

46 Eine praktische Zusammenfassung der Verhandlungen über die Wiedergutmachung zwischen der Bundesrepublik und Israel bietet Reichel, Peter: *Vergangenheitsbewältigung in Deutschland: Die Auseinandersetzung mit der NS-Diktatur in Politik und Justiz*. München 2017, S. 73 ff.

47 Vgl. ebenda, S. 13 ff.

auseinandersetzte. In der Deutschen Demokratischen Republik hingegen entwickelte sich die historische Forschung zur NS-Geschichte und zum Holocaust in andere Richtungen als in der BRD und kam zu anderen Ergebnissen als die Diskussionen in Westdeutschland. Dies soll jedoch kein Vorwurf gegen die DDR sein, lediglich eine Feststellung. Obwohl es in Ostdeutschland nicht zu einem vergleichbaren Streit wie in der BRD kam, konnte ich im Zuge meiner Forschungsarbeit politische und historiographische Elemente finden, die als eine „DDR-Version der Vergangenheitsbewältigung" bezeichnet werden können. Meine These lautet, dass die gesamte DDR-Historiographie, aber zumindest die, die sich mit dem Geschehen des „Dritten Reiches", mit dem Zweiten Weltkrieg, mit dem Holocaust und mit dem Nazismus auseinandersetzte, in einer spezifischen Sprache und gezielten Rhetorik der „Vergangenheitsbewältigung" erfolgte.

Ich erkenne drei Gruppen von Texten, die das historiographische Korpus der NS-Vergangenheitsbewältigung in der DDR konstruieren: erstens die DDR-Geschichtsschreibung, zweitens die parallelen historischen Texte aus der Bundesrepublik und drittens Forschungen aus der Zeit nach 1989. Die von mir mit der vorliegenden Arbeit vorgeschlagene Analyse und Interpretation der DDR-Vergangenheitsbewältigung, also die historiographische und politische Verwendung des Begriffs in der DDR, bezieht zwei Perspektiven mit ein: die „westliche" Version und die „DDR-Version".

Leitfragen für das folgende Kapitel sind also: **Wie bewältigte die DDR-Geschichtswissenschaft das historiographische Konzept „NS-Vergangenheitsbewältigung", wo sind die Unterschiede zwischen der DDR und der westdeutschen Vergangenheitsbewältigungen und welchen Einfluss hatten diese historischen Auseinandersetzungen auf die DDR-Außenpolitik?**

2.1.1. NS-Vergangenheitsbewältigung: Definition und Bedeutung

Die Online-Ausgabe des Rechtschreibwörterbuchs Duden versteht unter dem Begriff „Vergangenheitsbewältigung" eine „Auseinandersetzung einer Nation mit einem problematischen Abschnitt ihrer jüngeren Geschichte, in Deutschland besonders mit dem Nationalsozialismus"[48]. Diese objektive, aber eher allgemeine Bedeutung entwickelten die

---

48 „Vergangenheitsbewältigung" auf Duden online. URL: https://www.duden.de/node/194130/revision/194166 [abgerufen am 14.09.2021, 11:56 Uhr].

Autoren des *Wörterbuches der „Vergangenheitsbewältigung"* weiter und richteten ihren Blick insbesondere auf die Bedeutung des Begriffs im deutschen Kontext: Die NS-Vergangenheitsbewältigung (oder die Bewältigung der Vergangenheit, unbewältigte Vergangenheit und Auseinandersetzung mit bzw. Aufarbeitung der Vergangenheit) wird von verschiedenen historischen und soziologischen Disziplinen geprägt, wie „die juristische Auseinandersetzung mit den Tätern, die Fragen nach Rehabilitation und Entschädigung der Opfer, die Etablierung einer Erinnerungs- und Gedächtniskultur sowie die verfassungs- wie strafrechtliche Verhinderung von erneuter Gewaltherrschaft"[49]. Das heißt, die Vergangenheitsbewältigung tritt in unterschiedlichen Feldern auf: juristischen, moralischen, politischen, kulturellen und historischen.[50] Die Nürnberger Prozesse, die Auschwitzprozesse der Sechzigerjahre, die westdeutschen Wiedergutmachungsabkommen mit Israel, die Errichtung zahlreicher Denkmäler und Museen, die jüdischen Opfern gewidmet waren, und die politischen und juristischen Diskussionen über die Teilnahme neonazistischer und nationalistischer Parteien im politischen System Deutschlands: All dies sind Elemente der deutschen NS-Vergangenheitsbewältigung. Diese Erklärung stellt ein vollständiges und allgemeines Verständnis der Vergangenheitsbewältigung der deutschen Geschichte dar und kann ohne Differenzierung zwischen Ost und West verstanden werden. Im Gegensatz dazu bietet das *Lexikon der „Vergangenheitsbewältigung"* eine rein westdeutsche Deutung des Begriffs. Die DDR wird lediglich im Abschnitt über eine „doppelte Vergangenheitsbewältigung" erwähnt, wenn es um den Vergleich zwischen der NS- und DDR-Vergangenheitsbewältigung nach 1989 geht.[51]

---

49   Stichwort „Vergangenheitsbewältigung" in Eitz, Thorsten/Stötzel, Georg (Hg.): *Wörterbuch der „Vergangenheitsbewältigung"*. Hildesheim 2007, S. 601; vgl. Zitat von Benz, Wolfgang (Hg.): *Legenden, Lügen, Vorurteile: Ein Wörterbuch zur Zeitgeschichte*. München 1992, S. 197 ff.

50   Christa Hoffmann benannte drei wesentliche Dimensionen der Vergangenheitsbewältigung: die strafrechtliche oder justizielle, die personalpolitische und die historische. Vgl. Hoffmann, Christa: *Stunden Null? Vergangenheitsbewältigung in Deutschland 1945 und 1989*. Bonn 1992, S. 26.

51   Vgl. „Doppelte Vergangenheitsbewältigung" in Fischer, Torben/Lorenz, Matthias N. (Hg.): *Lexikon der „Vergangenheitsbewältigung" in Deutschland: Debatten- und Diskursgeschichte des Nationalsozialismus nach 1945*. Bielefeld 2015, S. 275–279.

2.1.2. DDR- und NS-Vergangenheitsbewältigung

Auch der Historiker Klaus-Dietmar Henke beschäftigt sich mit der Vergangenheitsbewältigung und bietet eine eher philosophische Interpretation dieses Begriffs an. In seiner Darstellung der Aufarbeitung der DDR-Geschichte bzw. der historisch-wissenschaftlichen Nutzung von Stasi-Akten versteht Henke die Forschung zur Vergangenheitsbewältigung als eine Angelegenheit, die sich auch mit der Gegenwart und nicht nur mit der Vergangenheit auseinandersetzt. Für ihn ist die „Auseinandersetzung mit der Vergangenheit [...] zunächst und vor allem Gegenwartsbewältigung"[52]. Jede „Vergangenheitsbewältigung" ist eine „Gegenwartsbewältigung" und demnach können die Geschichte und die Vergangenheit nicht von der Gegenwart getrennt werden. Henkes Interpretation der DDR-Gegenwartsbewältigung wird durch das Ansteigen von neonazistischen Kräften in Ostdeutschland Anfang der Neunzigerjahre kontextualisiert. Die gesellschaftlichen Entwicklungen in Deutschland nach 1990 bewertete Henke als „einfacher" im Vergleich zu osteuropäischen Nachbarländern wegen der politischen und historischen Aufarbeitung des „Dritten Reiches" in der Bundesrepublik.[53] Gleichzeitig hat die DDR diese Vergangenheit bearbeitet, was Henke als die „deutsche Sondersituation"[54] bezeichnet. Damit gemeint ist, dass „die Haltung im Umgang mit der ‚ersten Vergangenheit' seit 1945"[55] in den beiden deutschen Staaten sich in den justiziellen Vorbereitungen der DDR-Volkskammer und des Bundestages gemäß der Erarbeitung von Stasi-Unterlagen im neuen Stasi-Unterlagen-Gesetz vom 1991 ausdrückte. Eine gesellschaftlich-politische Bereitschaft in der zerfallenden DDR, sich mit dem Geschehen ihrer 40-jährigen Existenz zu befassen, bot laut Henke einen guten Einstieg für eine historische Bewältigung.

2.1.3. Historiographische Überlegungen zur NS-Vergangenheitsbewältigung in der DDR

Die verschiedenen Elemente der NS-Vergangenheitsbewältigung und deren politische und gesellschaftliche Auswirkungen tauchen in zahlreichen Forschungswerken auf. Der Diskurs der Vergangenheits-

---

52 Henke, 1993, S. 575.
53 Vgl. ebenda.
54 Ebenda, S. 576.
55 Ebenda.

bewältigung und die entsprechenden Forschungen konzentrieren sich hauptsächlich auf die Geschichte der Bundesrepublik, d. h. das westlich-liberal-demokratische Verständnis dieses Begriffs. Die westlich orientierte Literatur zur Vergangenheitsbewältigung legt keinen Fokus auf das Geschehen auf der anderen Seite der deutsch-deutschen Grenze. In Fällen, in denen die ostdeutsche Geschichte nicht ignoriert wurde, sperrte die westdeutsche Historiographie die DDR im spezifischen Rahmen der gescheiterten marxistisch-leninistischen Geschichtsschreibung aus.[56]

Da die unterschiedlichen fachübergreifenden Interpretationen des Begriffs im Mittelpunkt der Geschichtsschreibung Westdeutschlands in der Nachkriegszeit stehen, kann nach dieser Wahrnehmung zweifellos angegeben werden, dass die Auffassung der „Vergangenheitsbewältigung" eine völlig westdeutsche ist. Der obengenannte Historikerstreit der Achtzigerjahre war ein bedeutsamer Teil und gilt ebenfalls als der Höhepunkt der Auseinandersetzung zur Aufarbeitung der NS-Vergangenheit in der Geschichtsschreibung der Bundesrepublik. Folglich stelle ich die Frage: Impliziert die westdeutsche Orientierung des Begriffes „Vergangenheitsbewältigung", dass dessen Bedeutungen und Auswertungen in der DDR-Forschung nicht angewendet werden können? Meine Antwort ist: nicht unbedingt.

Der Soziologe und Historiker Jürgen Danyel befasste sich mit dem Umgang der DDR mit der NS-Vergangenheit und mit der Schuldfrage dieses Landes. Seine Gliederung der ostdeutschen Vergangenheitsbewältigung dreht sich um die gleichen Themen der westdeutschen Vergangenheitsbewältigung, aber aus einer ostdeutschen Sicht. Danyel erwähnt die Bereitschaft der DDR, eine historische Verantwortung für die in der NS-Zeit begangenen Verbrechen zu übernehmen. Hinweise auf dieses Verantwortungsbewusstsein sind der Umgang mit den ehemaligen Mitläufern des NS-Regimes, das Verhältnis zum Holocaust, zur „jüdischen Frage" und zu Israel sowie das Verhältnis der

---

56 Einen breiteren Blick in die DDR-Geschichtswissenschaft bietet Sabrow, Martin: *Das Diktat des Konsenses: Geschichtswissenschaft in der DDR 1949–1969.* München 2001. Ein anderes wichtiges und früheres Werk zum Thema ist Riesenberger, Dieter: *Geschichte und Geschichtsunterricht in der DDR: Aspekte und Tendenzen.* Göttingen 1973. Eine eher kritische Sicht auf die marxistisch-leninistische Geschichtsschreibung in der DDR bieten Fischer, Alexander/Heydemann, Günther (Hg.): *Geschichtswissenschaft in der DDR.* Band II: Vor- und Frühgeschichte bis Neueste Geschichte. Berlin 1990 (= Schriftenreihe der Gesellschaft für Deutschlandforschung; Bd. 25).

DDR-Historiographie zum Nationalsozialismus und die marxistische Faschismustheorie.[57]

Eine der wichtigsten Stimmen in der Debatte über die Vergangenheitsbewältigung ist der Historiker Norbert Frei.[58] Frei setzte sich in mehreren Angelegenheiten mit den historischen und gesellschaftlichen Bedeutungen der Vergangenheitsbewältigung und Vergangenheitspolitik auseinander. Er bemerkt, dass die Bezeichnung „Vergangenheitspolitik" präziser als „Vergangenheitsbewältigung" ist, da sie sich mit *allen* politischen Aspekten der Aufarbeitung der NS-Vergangenheit beschäftigt. Die Vergangenheitspolitik in der Bundesrepublik gemäß Frei ist ein „politische[r] Prozess, der sich ungefähr über eine halbe Dekade erstreckte und durch hohe gesellschaftliche Akzeptanz gekennzeichnet war"[59]. Bei der Vergangenheitspolitik handelt es sich um politische Maßnahmen, die direkt mit der Vergangenheit zu tun hatten, wie zum Beispiel Gesetzgebungen gegen Nazi- und Kriegsverbrecher und anschließende juristische Prozesse, aber auch Integrationsleistungen von ehemaligen Parteigenossen.[60] Die Vergangenheitsbewältigung war folglich existent, jedoch muss man hinzufügen, dass darüber nicht offen gesprochen wurde.

In seiner Untersuchung der deutschen Historiographie bietet Frei zwei Erklärungen an, wie er die Abwesenheit einer konkreten Begrifflichkeit und Thematisierung von „Vergangenheitsbewältigung" in der (westdeutschen) Geschichtswissenschaft versteht: zunächst die primäre Rolle der klassischen Institutions- und Ereignisgeschichte und deren Verbindung zur „Zeitgeschichte" seit den Siebzigerjahren und als zweites die Unabgeschlossenheit des Themas und die Vorbehalte der Forscher, sich mit den politischen Bedeutungen solcher Forschung auseinanderzusetzen.[61] Nach Frei resultierten die „Bewältigungsdefizite" in Westdeutschland aus der Dominanz der ideologischen

---

57 Vgl. Danyel, Jürgen: Vom schwierigen Umgang mit der Schuld. Die Deutschen in der DDR und der Nationalsozialismus. In: *Zeitschrift für Geschichtswissenschaft.* Berlin, Jg. 40, Nr. 10, 1992, S. 918.

58 Zwei wichtige Beispiele sind die Werke: Frei, Norbert: *Vergangenheitspolitik: Die Anfänge der Bundesrepublik und die NS-Vergangenheit.* München 1996 und Frei, Norbert: *1945 und Wir: Das Dritte Reich im Bewußtsein der Deutschen.* München 2005.

59 Frei, 1996, S. 13 ff.

60 Vgl. ebenda.

61 Vgl. Ebenda, S. 7.

Auseinandersetzung mit dem Kommunismus[62] bzw. mit der DDR, die selbst eine seriöse Auseinandersetzung mit der eigenen deutschen Vergangenheit vermied. Frei erkennt eine Selbstkritik gegenüber der entwickelten „unbewältigten Vergangenheit" innerhalb der Bundesrepublik nach 1949 (allerdings eher in einem religiösen Kontext).[63] In der DDR wurde auch über die „unbewältigte Vergangenheit" diskutiert, aber in einem anderen Sinne, der im folgenden Teilkapitel erläutert wird.

Freis Analyse der Vergangenheitsbewältigung in der Bundesrepublik kann man auf den parallelen Prozess in der DDR projizieren. Einen Teil seiner umfangreichen historischen Forschung widmet Frei den Unterschieden und Gemeinsamkeiten der Vergangenheitsbewältigung im Bereich Politik und Historiographie beider deutschen Staaten. Dass es ein Kontinuitätsproblem (damit ist die Personalkontinuität zwischen der Elite des „Dritten Reiches" und der der Nachkriegszeit gemeint) gab, war eine bekannte Tatsache in beiden deutschen Republiken und wurde dennoch verschwiegen, sogar im Feld der Geschichtswissenschaft.[64] Einer der großen Unterschiede zwischen der DDR und der Bundesrepublik bei der Frage des Kontinuitätsproblems war an den Zahlen der mitverantwortlichen Angehörigen der nationalsozialistischen Funktionselite, die ihre zweite Chance erhielt, zu beobachten. Während es sich um Hunderttausende in der Bundesrepublik handelte, war ihre Zahl in der DDR viel kleiner. In der DDR scheint die erste Linie des Parteikaders von treuen Kommunisten besetzt worden zu sein.[65] Das Kontinuitätsproblem war nach innen bekannt, blieb aber mehr oder weniger unerwähnt.[66] In beiden deutschen Staaten war eine Selbstkritik oder die Auseinandersetzung mit den Vorwürfen gegen die Rolle ehemaliger Nazis nicht existent und kam erst nach externem Druck ins Spiel: im Fall der Bundesrepublik erst nach zahlreichen Veröffentlichungen aus der DDR, die in verschiedenen Themenfeldern wie Regierung, Wirtschaft, Militär usw. über Nationalsozialisten in der

---

62 Vgl. Ebenda, S. 8. Ein Gegenbild entwickelte sich in der DDR, in der der Antifaschismus den Bedarf, die Vergangenheit aufzuarbeiten, ersetzte. Vgl. Timm, Angelika: *Hammer, Zirkel, Davidstern: Das gestörte Verhältnis der DDR zu Zionismus und Staat Israel.* Bonn 1997, S. 385.

63 Vgl. ebenda, S. 9 ff., Fußnote 11.

64 Vgl. Frei, Norbert: Hitlers Eliten nach 1945 – eine Bilanz. In: *Hitlers Eliten nach 1945.* Hrsg. von Norbert Frei. München 2003, S. 269.

65 Vgl. Fischer, Thomas: Vorwort. In: *Hitlers Eliten nach 1945.* Hrsg. von Norbert Frei. München 2003, S. 9.

66 Vgl. Frei, 2003, S. 269.

BRD berichteten. Bezüglich der Eliten der DDR beachtete Frei, dass es einen Mangel in der Forschung über den Funktionswechsel und über die entsprechende Kontinuität auf der Verwaltungsebene in diesem Staat gab.[67]

2.1.4. Ostdeutsche Vergangenheitsbewältigung: Zwischen Theorie und Praxis

Während eine lange und umstrittene Debatte über die Aufarbeitung der NS-Geschichte selbst und über deren Bedeutung in der Bundesrepublik stattfand, konnte eine ähnlich öffentliche bzw. wissenschaftliche Diskussion in der DDR nicht erfolgen.[68] Es taucht die Frage auf, ob das Lesen des historiographischen Konzepts „Vergangenheitsbewältigung" unter „ostdeutschen Bedingungen" als anachronistisch und methodologisch falsch betrachtet werden kann. Um diesen „Anachronismus" zu überwinden, müssen die singulären historischen und politischen Verhältnisse der DDR berücksichtigt werden. Nach meiner Interpretation der ostdeutschen Texte kann eindeutig festgelegt werden, dass die DDR ihr eigenes Konzept der „Vergangenheitsbewältigung" formulierte.

Trotz des inneren und äußeren politischen Drucks und der klaren undemokratischen Zustände in der SBZ/DDR verkörperte die offizielle ostdeutsche Selbstbestimmung als antifaschistisches Land einen Ersatz für die Prozesse, die in der Bundesrepublik stattfanden. Folglich kann die antifaschistische Prägung der DDR als Teil der DDR-Version der Vergangenheitsbewältigung gelten. Auch in anderen osteuropäischen Ländern war der antifaschistische Diskurs ein wichtiges Element der Selbstbestimmung und ihrer historisch-politischen Haltung gegenüber dem Holocaust, dem Antisemitismus und den nationalsozialistischen Verbrechen.[69] Die „Belastung der deutschen Geschichte" war ein weiteres besonderes Merkmal der DDR im Vergleich mit den anderen osteuropäischen Ländern und der gemeinsamen antifaschistischen Weltanschauung. In seiner Darstellung der

---

67 Vgl. ebenda, S. 271.
68 Vgl. Mertens, Lothar: Die SED und die NS-Vergangenheit. In *Schwieriges Erbe. Der Umgang mit Nationalsozialismus und Antisemitismus in Österreich, der DDR und der Bundesrepublik Deutschland*. Hrsg. von Werner Bergmann/Rainer Erb/Albert Lichtbau. Frankfurt am Main 1995, S. 195.
69 Vgl. Fox, Thomas C.: The Holocaust under Communism. In: *The Historiography of the Holocaust*. Hrsg. von Dan Stone. London 2004, S. 420–439.

Vergangenheitsbewältigung in der DDR legt Manfred Hantke die Ideologisierung der Vergangenheit als Teil der Aufarbeitung der NS-Geschichte in der DDR fest. Die Entwicklung von neuen Begriffen und Beschreibungen, um das Wort „Nazismus" zu ersetzen, war eine dieser Strategien.[70] Die KPD/SED-Führung verstand die Gründung der Deutschen Demokratischen Republik als den Höhepunkt im Kampf des Sozialismus (bzw. Marxismus-Leninismus oder Kommunismus) gegen den Nationalsozialismus (bzw. Faschismus, Kapitalismus oder Imperialismus). Der neue Staat symbolisierte ein positives patriotisches Geschichtsbild, das die „guten Traditionen" der deutschen Arbeiterbewegung und der Kommunistischen Partei verkörperte.[71] Die ideale Lösung für die problematische Geschichte des deutschen Volkes konnte nach dieser Auffassung nur mit der Gründung eines sozialistischen Staates gefunden werden. Für die ostdeutsche Führung bedeutete die Gründung der Deutschen Demokratischen Republik eine absolute (politische und historische) Trennung vom „Dritten Reich" und dessen Erbe. Die ersten Jahre nach Kriegsende und der Mythos der „Stunde Null" bezeichneten die Zeit „zwischen Bruch und Kontinuität sowie zwischen positiver und negativer emotionalen Besetzung dieser Pole"[72] und funktionierten im Fall der DDR als ein grundsätzlicher Bestandteil ihres Gründungsmythos. Es war ein historisches, ideologisches und auch sprachliches Spiel der DDR-Führung, das die Lücke zwischen der Theorie und Praxis eines neuen Staates, der aus den Ruinen des „Dritten Reiches" auferstanden war, überwinden sollte. Die deutschen Kommunisten äußerten, dass der „reaktionäre Schutt aus der Vergangenheit [...] gründlich hinweggeräumt werden" und der „Neubau Deutschland[s] auf solider Grundlage erfolgen [müsse], damit eine dritte Wiederholung der imperialistischen Katastrophenpolitik unmöglich wird".[73] Die Gründung der Bundesrepublik als ein Resultat der Niederlage Nazideutschlands und die Entstehung der

---

70 Vgl. Hantke, Manfred: *Zur Bewältigung der NS-Zeit in der DDR: Defizite und Neubewertungen.* Bonn 1989, S. 11.

71 Vgl. Blänsdorf, Agnes: „Die Einordnung der NS-Zeit in das Bild der eigenen Geschichte. Österreich, die DDR und die Bundesrepublik Deutschland im Vergleich". In: *Schwieriges Erbe: Der Umgang mit Nationalsozialismus und Antisemitismus in Österreich, der DDR und der Bundesrepublik Deutschland.* Hrsg. von Werner Bergmann/Rainer Erb/Albert Lichtbau. Frankfurt am Main 1995, S. 28.

72 „Mythos ‚Stunde Null'" in Fischer/Lorenz, 2015, S. 44.

73 Vgl. Aufruf der Kommunistischen Partei Deutschlands, 11. Juni 1945 in Ulbricht, Walter: *Zur Geschichte der neuesten Zeit: die Niederlage Hitlerdeutschlands und die Schaffung der antifaschistisch-demokratischen Ordnung.* Berlin 1955, S. 375.

DDR als das Ergebnis der Befreiung des deutschen Volkes vom Faschismus symbolisierten einen neuen Anfang mit einer ideologisch unterschiedlich geprägten Terminologie für das Ende des Krieges.

Kurz gefasst basierte die NS-Vergangenheitsbewältigung in der DDR auf dem Mythos eines Neuanfangs und auf ideologischen Grundlagen des Antifaschismus. Wie ich in dieser Arbeit zeige, bewirkte die Abgrenzung von der Vergangenheit die unvermeidliche politische Diskussion, die sich exakt mit diesem Prozess des Abgrenzens auseinandersetzte.

„Die unbewältigte Vergangenheit"

Die Geschichtswissenschaft und die Geschichtsschreibung waren eine der wichtigsten propagandistischen Organe der Deutschen Demokratischen Republik, die eine gesellschaftliche und politische Botschaft vermitteln wollte, um „Emotionen zu wecken, Zorn auf imperialistische und faschistische Brutalitäten und auf andere Machenschaften hervorzurufen"[74]. Das bedeutet, dass das versuchte „Umschreiben" der Geschichte zwei grundsätzliche Hauptziele hatte: erstens das innenpolitische Ziel, die Bestätigung der ostdeutschen Bevölkerung für die Legitimation der DDR zu erhalten, und zweitens das außenpolitische Ziel, die historisch-politische Legitimation der BRD zu schwächen. Wenn die historische Diskussion den politischen Zwecken der Partei diente, wurde diese Diskussion zu einer politischen, auch im Fall der Vergangenheitspolitik. Jedoch fand der Begriff „Vergangenheitsbewältigung" unter DDR-Wissenschaftlern und -Historikern nicht so häufig Verwendung wie unter deren westdeutschen Kollegen. Und wie schon erwähnt gab es keinen Historikerstreit in der DDR. Wurde die Vergangenheitsbewältigung unter westdeutschen Historikern durch verschiedene Themen sowie durch vielfältige historische und kulturelle Debatten thematisiert, beschränkte sich die „Vergangenheitsbewältigung" in der DDR-Geschichtsschreibung auf ein Thema: Die Pflicht einer Vergangenheitsbewältigung lag in den Händen der Westdeutschen, die der Historiographie der DDR zufolge dieser Aufgabe defizitär nachgingen.

---

74 Hörnig, Hannes: Sozialismus und ideologischer Kampf. Zu den Aufgaben der Geschichtswissenschaft. In: *Zeitschrift für Geschichtswissenschaft*, Bd. 32, Nr. 8, 1984; zitiert in: Hantke, 1989, S. 7.

Ein Vorbild für diese geschichtswissenschaftliche Taktik findet man in einer Veröffentlichung von 1970 von Gerhard Lozek, Helmut Meier, Heinz Heitzner, Walter Schmidt und Werner Berthold mit dem Titel *Unbewältigte Vergangenheit: Handbuch zur Auseinandersetzung mit der westdeutschen bürgerlichen Geschichtsschreibung*.[75] In ihrer Publikation, deren Cover die grafische Entwicklung des deutschen Adlers visualisiert, zeigen die Verfasser die Kontinuität der deutschen bürgerlichen Geschichte vom Mittelalter bis in die Bundesrepublik Deutschlands der Siebzigerjahre. Die „unbewältigte Vergangenheit" der BRD ist also in diesem Buch nicht spezifisch mit der Nazi-Vergangenheit und mit den NS-Verbrechen verbunden, sondern liegt in der Geschichte des deutschen Bürgertums begründet, das selbst schon viel länger, laut den DDR-Historikern in hohem Maße verbrecherisch war. Das bedeutet, dass die Verbrechen des Nationalsozialismus eine Weiterentwicklung der Verbrechen der Vergangenheit waren, und dass das Bürgertum, die Kapitalisten und die Imperialisten ihrerseits den Nazis dienten und von ihnen profitierten. Die wirtschaftliche Interpretation des Nationalsozialismus mit marxistisch-leninistischem Vokabular war in kommunistischer Literatur und Propaganda schon vor dem Krieg weit verbreitet, bspw. wenn Hitler und die NSDAP als Agenten der „Monopolherren von Stahl, Chemie und Kohle" beschrieben werden.[76] Dieses Beispiel, das in der Propaganda der DDR und in historiographischen Veröffentlichungen geschildert wird, demonstriert, wie ein ideologischer Kampf zwischen der DDR und der Bundesrepublik den Kampf der DDR mit ihrer NS-Vergangenheit ersetzte. Die politischen Richtlinien der DDR können als die Weiterführung der Richtlinien des kommunistischen Kampfes der Dreißiger- und Vierzigerjahre gelten.

Im Vorwort der Herausgeber von *Unbewältigte Vergangenheit* werden die Ziele des Buches erklärt. Unter anderem wird der „un-

---

75 Lozek, Gerhard/Meier, Helmut/Schmidt, Walter/Berthold, Werner (Hg.): *Unbewältigte Vergangenheit: Handbuch zur Auseinandersetzung mit der westdeutschen bürgerlichen Geschichtsschreibung*. Berlin 1970. Aktualisierte Ausgaben sind auch 1971 und 1977 erschienen.

76 Ein Zitat von Alexander Abusch in Blänsdorf, 1995, 27 ff. Mehr über die Erforschung der DDR und die Reduktion des Nationalsozialismus auf ökonomische Interessenlagen in der Literatur, Wissenschaft und Politik der DDR findet man in Gerber, Jan: Sieger der Geschichte. Auschwitz im Spiegel der Geschichtswissenschaft und Geschichtspolitik der DDR. In: *Trotz und wegen Auschwitz. Antisemitismus und nationale Identität nach 1945*. Hrsg. von AG Anifa/Antira im StuRa der Uni Halle. Münster 2004, S. 29–47.

versöhnliche [...] Kampf gegen die bürgerliche Ideologie"[77] unterstrichen und von den „Marxisten-Leninisten in der Deutschen Demokratischen Republik und in der Bundesrepublik verlangt dies vor allem, die Auseinandersetzung mit der Ideologie des westdeutschen Imperialismus [...] bedeutend zu verstärken"[78]. Um die grundsätzliche methodologische Problematik der reaktionären Geschichtsschreibung in Westdeutschland zu lösen, erwähnen die Autoren „die Verbesserung der Forschung und Lehre in der Geschichtswissenschaft der DDR"[79], ein Beschluss, der bereits 1955 vom Zentralkomitee (ZK) der SED verabschiedet wurde. Hierbei handelt es sich um eine außergewöhnliche (und langjährige) Politik der DDR, die die westdeutsche Geschichtsschreibung in eine korrekte Richtung lenken sollte. Auf diese Weise konnten die Autoren von *Unbewältigte Vergangenheit* ihre politischen Argumentationen auf historischen Gründen aufbauen.

Das Buch handelt von verschiedenen Fragen zur westdeutschen Geschichtsschreibung, die die „unbewältigte Vergangenheit" der Bundesrepublik aufwirft. Unter anderem zeigt das Buch die „politische bzw. historisch-politische Konzeption auf die geschichtsphilosophischen und soziologischen Grundlagen und zentralen Kategorien der westdeutschen Geschichtsschreibung sowie [...] ihr Verhältnis zu anderen Wissenschaften"[80]. Die Rhetorik der Verfasser, d. h. ihre Beschuldigung des Westens, ist typisch für die Geschichtsschreibung und Propaganda der DDR und entspricht der wissenschaftlichen Sprache der DDR.[81] Die ausführlichen Argumentationen des Buches zeugen davon, dass die DDR-Forscher die inneren westdeutschen Diskussionen zur NS-Vergangenheit berücksichtigten. Sie nutzten den historischen und gesellschaftlichen Streit innerhalb der Bundesrepublik für die ideologischen Zwecke der DDR aus. Das Buch erläutert und veranschaulicht die historiographische Weise, mit der die DDR ihre Vergangenheit verarbeitete: eine Bewältigung der Bewältigung der „unbewältigten" bürgerlichen bzw. nationalsozialistischen Vergangenheit Westdeutschlands.

---

77 Zitiert vom Hauptdokument der Internationalen Beratung der kommunistischen und Arbeiterparteien in Moskau 1969.
78 Lozek/Meier/Schmidt/Berthold, 1970, S. IX. Zitiert in dem Hauptdokument der Internationalen Beratung der Kommunistischen und Arbeiterparteien in Moskau 1969.
79 Ebenda, Seite X.
80 Ebenda.
81 Vgl. Blänsdorf, 1995, S. 28.

2.1.5. Eine gesamtdeutsche Vergangenheitsbewältigung?

Eine westdeutsche Sicht in die DDR-Vergangenheitsbewältigung (aus den letzten Tagen der DDR) bietet Manfred Hantke, dessen Werk ich bereits erwähnte. Hantke stellt ein vielseitiges Bild der NS-Vergangenheitsbewältigung in der DDR dar und setzt aus allen Schlüsselthemen ein Konzept zusammen, das zeigt, wie die Aufarbeitung der NS-Geschichte in der Literatur und im Film erfolgte und wie sich die Beziehung der DDR zu Israel gestaltete. Große Beachtung schenkt er der Durchführung der Entnazifizierungsprozesse und deren Erfolge in den ersten Jahren nach der DDR-Gründung.[82] Hantkes vorgeschlagene Skizze der Vergangenheitsbewältigung der DDR weist große Ähnlichkeiten mit den historisch-politischen Strukturen der Vergangenheitsbewältigung in der Bundesrepublik auf.

Der Historiker Jürgen Danyel liefert einen Versuch, die DDR-Vergangenheitsbewältigung bewusst mithilfe der westdeutschen Kategorien zu analysieren und hierdurch die westdeutschen und ostdeutschen Historien in einem gesamtdeutschen Rahmen zu erörtern. Danyel argumentiert, dass die Trennung Deutschlands und die zwei verschiedenen politischen und ideologischen Systeme unvermeidlich zu den gleichen politischen bzw. historischen Prozessen führten, die parallel und gleichmäßig untersucht werden können.[83] Die gleichzeitigen Gründungen der Bundesrepublik und der Deutschen Demokratischen Republik im Jahr 1949 und die gleichzeitigen politischen Prozesse und Entwicklungen der zwei „Vergangenheitsbewältigungen" bieten optimale Voraussetzungen für einen Vergleich der beiden deutschen Staaten, so Danyel. Seine Interpretation einer gemeinsamen deutschen Geschichte zwischen 1945 und 1989 rückt die Ereignisse der Wiedervereinigung in den Mittelpunkt, die die politischen, wissenschaftlichen und gesellschaftlichen Bedingungen für Danyels Stellungnahme ermöglichten.

Danyel erkennt ähnliche Strategien und Phänomene in der DDR- und der BRD-Politik, die trotz der großen hervorgehobenen Unterschiede zwischen beiden auszumachen sind. Im Unterschied zu anderen früheren Forschungen stellt er die historische Entwicklung

---

82 Vgl. Hantke, 1989, S. 34 ff.

83 Vgl. Danyel, Jürgen: Die beiden deutschen Staaten und ihre nationalsozialistische Vergangenheit. Elitenwechsel und Vergangenheitspolitik. In: *Deutsche Vergangenheiten – eine gemeinsame Herausforderung: Der schwierige Umgang mit der doppelten Nachkriegsgeschichte.* Hrsg. von Christoph Kleßmann/Hans Misselwitz/Günter Wichert. Berlin 1999b, S. 129.

der DDR auf die gleiche Ebene wie die Geschichte Westdeutschlands. In verschiedenen Beispielen wiederholt Danyel die „klassischen" Kategorien der Vergangenheitsbewältigung in der BRD (Entnazifizierung, Wiedergutmachung usw.). Die politischen und historischen Prozesse der DDR, die Danyel heranzieht, beweisen die Gemeinsamkeiten im Umgang mit der Vergangenheit in Ost- und Westdeutschland. So werden zum Beispiel die parallelen „Transformationsprozesse" im Bereich der „Erinnerung an die NS-Vergangenheit" in der SBZ/DDR und in den westlichen Besatzungszonen/BRD Ende der Vierzigerjahre bzw. Anfang der Fünfzigerjahre genannt. Diese Entwicklungen führten gemäß Danyel zu ähnlichen Erscheinungen auf beiden Seiten der Grenze: eine Erinnerungskultur an die Opfer des Nationalsozialismus, an den Widerstand gegen den NS-Staat und an die rückkehrenden Emigranten.[84] Auch auf der politischen Ebene nutzten die DDR und die BRD ähnliche Ansätze, indem jeder deutsche Staat das andere Deutschland zum Feindbild erklärte: Für die DDR war die Bundesrepublik antikommunistisch, während die DDR für Westdeutschland antikapitalistisch und zum Teil stalinistisch war. Zugleich wurde der Nationalsozialismus in beiden Staaten delegitimiert, nicht nur durch die Entnazifizierung, sondern auch durch die Formulierung der Nachkriegsideologien. Die Geschichtsschreibung in den beiden Ländern stützte sich auf diese politisch-ideologischen Aussagen: Während in Ostdeutschland die Rolle der Kommunisten in ihrem Kampf gegen den Nazismus und als dessen Hauptopfer – auf Kosten der anderen „Volksfeinde", der Sozialdemokraten und der Juden – betont wurde, wurde in der BRD-Geschichtsschreibung die Rolle der Kommunisten im Kampf gegen Hitler abgeschwächt.[85] Daran kann man erkennen, wie ideologisiert die historische Debatte war und welche schwerwiegenden Auswirkungen die Ideologisierung auf eine offene Diskussion über die Vergangenheit in den beiden deutschen Staaten hatte.

Neben dem Umgang mit rechtsradikalen Gruppen und politischen Parteien in der Bundesrepublik und in der DDR nennt Danyel die

---

84 Vgl. ebenda, S. 134.
85 Vgl. ebenda. Über die Rolle der Juden in der Gedächtniskultur der DDR siehe auch Mertens, 1995, S. 195 ff. Trotz des Konsens über die Ablehnung des jüdischen Opfers in der DDR-Geschichtsschreibung bezeichnete Angelika Timm die Zeit während des Eichmann-Prozesses als bedeutend für eine historiographische und politische Beschäftigung mit der nationalsozialistischen und antisemitischen Vergangenheit Deutschlands und zählte mehrere Publikationen auf, die in der DDR zu diesem Thema veröffentlicht wurden. Vgl. Timm, 1979, S. 165 ff.

Integration von ehemaligen Nazis als einen weiteren Schwerpunkt, der bei einem Vergleich der Vergangenheitsbewältigungen der deutschen Staaten beachtet werden muss.[86] Während in der Bundesrepublik die DDR als zweite deutsche Diktatur bezeichnet wurde, sah die DDR Westdeutschland als ein Hort ehemaliger Nazis. Trotz dieser Vorurteile mussten die beiden deutschen Staaten Kompromisse zwischen ihren propagandistischen und politischen Zwecken und dem unmittelbaren Bedarf an neuen professionellen Arbeitskräften für die politische Verwaltung eingehen. Tatsache ist, dass in der Bundesrepublik bedeutend mehr Nazis und Kriegsverbrecher ihre alten und neuen Karrieren weiterführten.[87] Aber auch in der DDR verschwanden die Nazis nicht. Die ehemaligen Nazis und ihre Funktionen auf jeder Seite der deutsch-deutschen Grenze spielten eine wichtige Rolle in der jeweiligen Propaganda der DDR und der BRD.[88] Diese Bemühungen werden sowohl in diesem Kapitel diskutiert als auch im Kapitel zu ehemaligen Nazis im MfAA und im Kapitel zur Propaganda gegen Nazi-Diplomaten der Bundesrepublik.

2.1.6.   Wer war ein Nazi in der DDR?

Das Schicksal der Nazi- und Kriegsverbrecher nach dem Ende des Zweiten Weltkrieges ist ein wichtiges Element in der Aufarbeitung der NS-Geschichte. Die Beteiligung von ehemaligen Nazis am gesellschaftlichen Leben der Nachkriegszeit wurde sowohl zum Problem als auch zum propagandistischen Instrument in beiden deutschen Staaten. In der Bundesrepublik beschäftigten sich Historiker, Soziologen und Politikwissenschaftler mit dem Auftreten der ehemaligen Nazis im politischen Leben der DDR und andersherum beschäftigte sich die DDR in einem nahezu gleichen Maße mit den ehemaligen Nazis in der BRD. Offizielle Untersuchungen und private Initiativen aus Westdeutschland deckten die „braunen Flecken" der DDR und die zwiespältige

---

86   Vgl. Danyel, 1999b, S. 136. In den beiden Republiken wurden nach 1945 rechtsradikale Gruppen und Parteien gegründet. In der BRD wurden solche Parteien delegitimiert und bis heute finden juristische und öffentliche Debatten über ein Verbot der Parteien statt. In der DDR wurden solche Debatten unterdrückt, da gar nicht davon ausgegangen wurde, dass solche Gruppen existieren könnten. Die National-Demokratische Partei Deutschlands (NDPD) als „die Partei der ehemaligen Nazis", die ein Teil der SED-Blockparteien war, kann nach meiner Ansicht trotzdem nicht als rechtsradikale Partei oder als Hort von Rechtsradikalismus bezeichnet werden.
87   Vgl. Hoffmann, 1992, S. 28.
88   Vgl. Danyel, 1999b, S. 137.

Beziehung dieses Staates zur NS-Vergangenheit auf. Vonseiten der DDR wurde der Standpunkt der ostdeutschen Führung gegenüber der gesellschaftlichen Rolle von ehemaligen Nazis in verschiedenen Angelegenheiten erläutert. Die DDR differenzierte jeweils zwischen den Nazis in West- und Ostdeutschland. Unmittelbar nach dem Ende des Krieges beschrieb der berühmte Aufruf der KPD die verschiedenen Ebenen der Schuld und Verantwortung des deutschen Volkes für die Naziverbrechen. Auch spätere Äußerungen der SBZ/DDR-Spitzen betreffen dieses Thema: mit selbstbewussten Bemerkungen zu den in Ostdeutschland lebenden Nazis und ihrer angeblich unvermeidlichen Integration in die ostdeutsche Gesellschaft.

Da ein zentraler Teil der vorliegenden Forschung den Biographien der DDR-Diplomaten gewidmet ist, vor allem den Diplomaten mit einer nationalsozialistischen Vergangenheit, sehe ich es als notwendig an, den Begriff eines „Nazis" zu erläutern. Um die Frage „Wer war ein Nazi?" beantworten zu können, nutze ich verschiedene Quellen, die sich mit ehemaligen Nazis in der DDR beschäftigen. Diese Quellen beinhalten neben einer sachlichen Erklärung des „Naziseins" auch einen moralischen Blick auf die Konfrontation der Deutschen mit den ehemaligen Nazis. Ich beginne mit der westlichen und westdeutschen Beschäftigung mit den Nazis, die unmittelbar nach Kriegsende begann. Daraufhin wende ich mich dem Nazi-Begriff der DDR zu und nutze dafür das *Braunbuch. Kriegs- und Naziverbrecher in der Bundesrepublik*, das im Jahr 1965 in der DDR veröffentlicht wurde (folgend als *Braunbuch* bezeichnet). Das *Braunbuch* ist ein zentrales Standardwerk zur Veranschaulichung des DDR-Standpunkts bezüglich der Auseinandersetzung mit Kriegsverbrechern und thematisiert die erforderliche gesellschaftlich-politische Integration von ehemaligen Nazis.

2.1.6.1 Der Anfang: Die Definition der Alliierten unmittelbar nach 1945

Die Nazis waren immer da. Nach der deutschen Kapitulation mussten sich die Siegermächte entscheiden, was mit den Millionen Parteimitgliedern passieren sollte. In der sowjetischen Besatzungsmacht war die Mitgliedschaft in NS-Organisationen strafbar.[89] Diese Nazis, unter denen sich aktive Nationalsozialisten, Kriegsverbrecher und Mitglieder aus Repressionsorganen befanden, sollten aus der deutschen

---

89   Laut dem Befehl Nr. 00315 der NKWD.

Gesellschaft entfernt werden.[90] Um die Frage „Wer war ein Nazi?"
zu beantworten und als Teil der ersten Bemühungen der Alliierten bei den Entnazifizierungsprozessen, verfasste in der amerikanischen Besatzungszone das *Office of Military Government for Germany
(OMGUS)* die Broschüre *Who was a Nazi? Facts about the Membership
Procedure of the Nazi Party.*[91] Die amerikanische Veröffentlichung von
1947 beinhaltet die Analyse und Bewertung von Informationen aus
den NSDAP-Archiven und der NSDAP-Zentralkartei und zeugt von den
ersten Schwierigkeiten der Alliierten bei dem Umgang mit der noch
nicht entnazifizierten deutschen Gesellschaft.

Der Broschüre kann man entnehmen, dass die Amerikaner mit
derselben keine vorwurfsvolle Veröffentlichung im Sinn hatten. Das
Handbuch behandelt das Thema „Nazis" sachlich, aus einer relativ
neutralen Sicht und versteht sich als Handbuch für die Nutzung der
Nazi-Archive durch amerikanische Kräfte, die die Entnazifizierungsmaßnahmen durchführten.[92] Neben den Beschreibungen der Arbeitsmethoden bei der Archivierung der Zentralkartei wird unter anderem
auch der Beitrittsprozess in die Partei geschildert. Nach diesen Bei-
trittsprozessen können die unterschiedlichen Ebenen von „Nazismus" unterschieden werden. Für die vorliegende Arbeit sind diese
Kategorien und die in der Veröffentlichung beschriebenen Partei-Bei-
trittsarten – zum Beispiel über einen automatischen Transfer oder
über eine dritte Seite – von großer Relevanz. Die Verfasser der Broschüre erwähnen die häufigsten Aussagen bzw. Ausreden ehemaliger
NSDAP-Mitglieder, dass sie gar nicht in die Partei wollten, oder dass
sie aufgenommen wurden, nur weil sie Mitglieder einer anderen Nazi-
Organisation waren.[93] Diese Aussage wurde häufig von Mitgliedern
der Hitlerjugend beansprucht. Die US-Amerikaner beschrieben, wie
viele HJ-Mitglieder sagten, sie hätten nicht gewusst, dass sie NSDAP-
Mitglieder geworden waren. Die Broschüre betont auch, dass die Par-
teimitgliedschaft zu der Zeit, als die Personen eintraten, eine Ehre war

---

90 Für eine Gliederung dieser verschiedenen Gruppen, die von den sowjetischen
    Besetzern verurteilt und verhaftet wurden vgl. Weigelt, Andreas: *Vorwurf: Aktiver
    Nazi, Werwolf oder Agent: Die Verhaftungspraxis sowjetischer Geheimdienste in und
    um Bad Freienwalde 1945–1955.* Berlin 2018, S. 35 ff.
91 Vgl. Office of Military Government for Germany (U. S.): *Who was a Nazi? Facts about
    the Membership Procedure of the Nazi Party.* Compiled by 7771 Document Center
    OMGUS, 1947.
92 Vgl. ebenda, S. 5.
93 Vgl. ebenda, S. 10.

und alle Bewerber, die der Partei beitraten, eine Umfrage durchführen und unterschiedliche Dokumente unterschreiben mussten. Solche Ausreden wurden von den westlichen Behörden abgelehnt, da Mitgliedschaften in Organisationen laut der US-Amerikaner niemals automatisch von der NSDAP übernommen wurden.[94] Die Angaben, dass die Personen von einer Mitgliedschaft angeblich nichts wussten, sollte mit Vorsicht aufgenommen werden.[95] Mehrere Fälle wie diese tauchen in der vorliegenden Arbeit auch in der biographischen Analyse der DDR-Diplomaten auf.

Wer war also in den Augen US-Amerikaner ein Nazi? Die Definition eines Nazis war eigentlich sehr eindeutig: Ein Nazi war jeder, der Mitglied der Nazipartei NSDAP oder einer anderen NS-Organisation war. An dieser Stelle möchte ich noch einmal betonen, dass es sich dabei um keine belastende oder eine moralisch verurteilende Bezeichnung handelte, sondern als ein sachlich bewerteter Bestandteil eines Lebenslaufs galt.

2.1.6.2 „Der Untersuchungsausschuss freiheitlicher Juristen" – Der Kampf der Bundesrepublik gegen Nazis in der DDR

Eine systematische Zählung aktiver Nazis in der DDR war eine der Arbeitsmethoden der Westdeutschen gegen das sozialistische Regime im Osten. Die ersten westdeutschen Publikationen zum Thema Nazis in der SBZ/DDR wurden vom Untersuchungsausschuss freiheitlicher Juristen (UfJ) während der Fünfziger- und Sechzigerjahre veröffentlicht. Sie enthalten unter anderem Broschüren und Lexika, ähnlich dem Format der ostdeutschen Propaganda. Die Veröffentlichungen dieses Untersuchungsausschusses wurden vom deutschen Bundesministerium für gesamtdeutsche Fragen herausgegeben[96] und gleichzeitig wurde der UfJ von den USA gemäß DDR-Einschätzungen finanziert. Jedoch, nach der Selbstbeurteilung des UfJ, wurde er „nicht auf Grund einer westlichen Initiative" gegründet und es hatte „ihn auch niemand eingesetzt, um politische Ziele zu erreichen".[97] Zwei Beispiele für die Arbeitsweisen des Ausschusses sind in der *Vergleichenden*

---

94 Vgl. ebenda.
95 Vgl. ebenda, S. 10–11.
96 Das Bundesministerium für Gesamtdeutsche Fragen gab die Veröffentlichung des Untersuchungsausschusses heraus.
97 Vgl. Untersuchungsausschuss Freiheitlicher Juristen (Hg.): *Untersuchungsausschuss Freiheitlicher Juristen. Zielsetzung und Arbeitsweise.* Berlin-Zehlendorf 1959, S. 5. Joseph Detlef bemerkt, dass der UfJ von dem amerikanischen Geheimdienst

Dokumentation über den nationalsozialistischen und kommunistischen Rechtsmissbrauch in Deutschland 1933–1963 und in dem kleinen Buch *Ehemalige Nationalsozialisten in Pankows Diensten* zu finden. Beide Publikationen verwenden eine provokatorische Sprache gegen die „sogenannte" Deutsche Demokratische Republik. Der UfJ argumentierte, dass die DDR-Behauptungen über die Besetzung alter Nazis in allen Schlüsselpositionen der Bundesrepublik falsch waren. Die Vorwürfe der DDR, dass für „Frieden kämpfende Menschen in diesem Staat [in der BRD] mit Gestapo-Methoden verfolgt und von ‚Nazi-Blutrichtern' erbarmungslos abgeurteilt würden", enthalten „Mixturen von Lügen, Halbwahrheiten und [sie waren] in der Bundesrepublik längst bekannte[] und diskutierte[] Wahrheiten".[98] Ein zweites Argument war, dass selbst in der DDR „ehemalige Nationalsozialisten auf wichtige Schlüsselstellungen"[99] gesetzt wurden. Weiterhin wandten sich die Autoren der beiden genannten Publikationen antikommunistischen Argumentationen zu und verglichen die „paramilitärischen Jugenderziehung" der Hitlerjugend mit der Freien Deutschen Jugend (FDJ).[100] Sogar der UfJ behauptete, dass „[j]eder, der die Verhältnisse in der Sowjetzone kennt, weiß, dass die Unterdrückungsmethoden des kommunistischen Regimes um keinen Deut besser sind als die des verflossenen nationalsozialistischen Regimes"[101]. Infolgedessen war ein Hauptziel des UfJ die Diffamierung der deutschen Kommunisten und ein Vergleich mit den Nazis. Die Texte des Untersuchungsausschusses, genau wie die Propaganda der DDR, verkörperten einen Versuch, den anderen deutschen Staat durch einen Vergleich mit dem „Dritten Reich" zu delegitimieren sowie eine Ähnlichkeit mit dem alten Regime nachzuweisen.

Die Taktik des UfJ, die DDR mit dem „Dritten Reich" zu vergleichen, setzte sich auch im Lexikon des Untersuchungsausschusses über die ehemaligen Nazis „in Pankows Diensten" fort. Dennoch wurde hier auch der einzige Unterschied zwischen den beiden totalitären Diktaturen angedeutet, der nach einem zynischen Kompliment klingt:

CIA gegründet, finanziert und gesteuert wurde. Vgl. Joseph, Detlef: *Nazis in Der DDR. Die deutschen Staatsdiener nach 1945 – woher kamen sie?* Berlin 2002, S. 106.

98 Vgl. Bundesministerium für Gesamtdeutsche Fragen (Hg.): *Partei-Justiz: Eine vergleichende Dokumentation über den nationalsozialistischen und kommunistischen Rechtsmißbrauch in Deutschland; 1933–1963.* Bonn/Berlin 1964, S. 5.

99 Ebenda.

100 Vgl. ebenda.

101 Untersuchungsausschuss Freiheitlicher Juristen (Hg.): *Ehemalige Nationalsozialisten in Pankows Diensten*, Berlin (West) ca. 1965, S. 4.

„[E]in besonderes Charakteristikum des Dritten Reiches [war] die un-
menschliche Verfolgung von Menschen aus rassischen Gründen, während
auf der anderen Seite das kommunistische Regime auf vielen Gebieten
ungleich konsequenter vorgeht und manche totalitäre Methoden viel per-
fekter handhabt als die Nationalsozialisten."[102]

Das UfJ-Lexikon bietet eine lange Liste und biographische Darstellungen von DDR-Persönlichkeiten, inklusive ihrer Tätigkeiten vor und
nach 1945. Der UfJ zählte 53 ehemalige Mitglieder der NSDAP, die später
Abgeordnete der Volkskammer der DDR waren oder andere politische
bzw. gesellschaftliche Rollen in der DDR bekleideten. Der Untersuchungsausschuss fügte die moralischen Vorwürfe hinzu, die von der
früheren US-Publikation bereits ausgesprochen wurden. Solche Veröffentlichung und Berichte in der westdeutschen Presse über die ehemaligen Nazis in der DDR zwangen die DDR, sich selbst zu beurteilen.[103]
Jürgen Danyel deutet an, dass das Problem der DDR mit den „Ehemaligen" nicht unbedingt die Integration in die sozialistische Gesellschaft
war, sondern eher die Fälle, in denen Parteigenossen der SED ihre
nationalsozialistischen Vergangenheit verschwiegen oder verdrängt
hatten.[104] Auf die Veröffentlichung der BRD reagierte die DDR mit hef-
tiger Offensive. Die Zahl der darauf folgenden Veröffentlichungen in
der DDR gegen Nazis in Westdeutschland ist nicht mit den Publikationen in der Bundesrepublik vergleichbar. Die bekannteste und verbrei-
tetste Veröffentlichung war das bereits erwähnte *Braunbuch*.

2.1.6.3 Die Selbstbeurteilung der politischen DDR-Führung
Laut einer vergleichenden Analyse der Bundesrepublik, der DDR und
Österreichs von Agnes Blänsdorf wurde in der Bundesrepublik die
Schuld an den Verbrechen des „Dritten Reiches" mit einem „stillen
Gewissen" oder einer „vitalen Vergesslichkeit" verarbeitet. Das Konzept der „Stunde Null" stand im Zentrum dieser Verweigerung. Auf
der anderen Seite nutzte auch die DDR dieses Konzept für ihren nationalen Neubeginn und für die Schuldverdrängung und Versäumnis-
se.[105] Trotz dieser Verdrängung waren die traditionellen Positionen
der kommunistischen Parteien von der Zeit vor und nach dem Krieg
über die Schuldfrage der Deutschen im Prinzip gar keine Fragen, denn

---

102 Ebenda.
103 Vgl. Danyel, 1999a, S. 177–178.
104 Vgl. ebenda.
105 Vgl. Blänsdorf, 1995, S. 31.

die Antwort darauf war klar. Die Schuldtragenden für das verbrecherische Geschehen waren die Nationalsozialisten und eine bestimmte gesellschaftliche und wirtschaftliche Schicht des deutschen Volkes. Die Zeit nach 1945 war sowohl von Euphorie als auch von Hoffnung auf eine künftige Gründung des „ersten Arbeiter- und Bauernstaat[s] auf deutschem Boden" geprägt. Jedoch konnten die zwölf Jahre des nationalsozialistischen Regimes nicht ignoriert werden und folglich entwickelten sich lebendige Diskussionen in der Sowjetischen Besatzungszone über die Schuldfrage und über die Verbrechen des Nationalsozialismus sowie deren Bewältigung. Die Äußerungen mehrerer der wichtigsten Figuren der KPD-Führung zeigten eine vielseitigere Weltanschauung als die des späteren DDR-Geschichtsbildes. Die deutsch-kommunistische Führung in der SBZ versuchte in verschiedenen Aktionen und Aufrufen die Themen NS-Vergangenheit, Schuld und Verantwortung aufzuarbeiten. Ein berühmtes Beispiel ist der Aufruf der KPD vom 11. Juni 1945. In diesem Aufruf wurden die Nazis, „Hitler, Göring, Himmler, Goebbels, die aktiven Anhänger und Helfer der Nazipartei [...] die Träger des reaktionären Militarismus, die Keitel, Jodl und Konsorten [...] die imperialistischen Auftraggeber der Nazipartei, die Herren der Großbanken und Konzerne, die Krupp und Röchling, Poensgen und Siemens"[106] und die ganze deutsche Bevölkerung beschuldigt.

„In jedem deutschen Menschen [muß] das Bewußtsein und die Scham brennen, daß das deutsche Volk einen bedeutenden Teil Mitschuld und Mitverantwortung für den Krieg und seine Folgen trägt. [...] Nicht nur Hitler ist schuld an den Verbrechen, die an der Menschheit begangen wurden! Ihr Teil Schuld tragen auch die zehn Millionen Deutschen, die 1932 bei freien Wahlen für Hitler stimmten. [...] Ihr Teil Schuld tragen alle jene deutschen Männer und Frauen, die willenlos und widerstandslos zusahen, wie Hitler die Macht an sich riß, wie er alle demokratischen Organisationen, vor allem die Arbeiterorganisationen, zerschlug und die besten Deutschen einsperren, martern und köpfen ließ. [...] Unser Unglück war, daß Millionen und aber Millionen Deutsche der Nazidemagogie verfielen, daß das Gift der tierischen Rassenlehre, des ‚Kampfes um Lebensraum' den Organismus des Volkes verseuchen konnte"[107],

---

106 *Aufruf der Kommunistischen Partei Deutschlands*, 11.6.1945. Der Text des Aufrufs ist in mehreren Veröffentlichungen zu finden. Eine der ersten ist in der *Berliner Zeitung*. Vgl. Demokratie in Wirkung. In: *Berliner Zeitung*, 14.6.1945, S. 2–3.
107 Ebenda.

so der Aufruf. Die Altkommunisten, die den Aufruf schrieben und die einige Kriegsjahre im Moskauer Exil verbracht hatten, erwarteten, dass das „größte und verhängnisvollste Kriegsverbrechen"[108], der Krieg gegen die Sowjetunion, aber auch die Ermordung von Millionen Unschuldigen nicht verschwiegen wird.

Nach dem Historiker Jeffrey Herf wurden die grundsätzlichen Begriffe „(Mit-)Schuld" und „(Mit-)Verantwortung", die die Literatur der Vergangenheitsbewältigung charakterisieren, mit dem Aufruf der KPD laut ausgesprochen. Der Text bzw. seine Autoren klagen das deutsche Volk an und stellen gleichzeitig eine ernste Primärbewältigung der Generation der Altkommunisten mit den Kriegsgeschehen dar. Neben der Beschuldigung der NSDAP-Wähler und Mitläufer, die in Deutschland während der zwölf Jahre des „Dritten Reiches" blieben und Hitler unterstützten, fügte der Aufruf ebenfalls das selbstkritische Bekenntnis der KPD-Führung über ihre Fehler, die Hitler an die Macht gebracht hatten, hinzu.[109] Die vorgeschlagene Antwort des Aufrufs für die Problematik der Nachkriegsrealität findet sich in der grundsätzlichen Lösung der KPD für Nachkriegsdeutschland: die Errichtung eines „antifaschistische[n], demokratische[n] Regime[s], eine[r] parlamentarisch-demokratische[n] Republik mit allen demokratischen Rechten und Freiheiten für das Volk"[110]. Dazu kamen auch die obengenannten erforderlichen juristischen und politischen Maßnahmen, die man ebenso in der späteren westdeutschen Vergangenheitsbewältigungs-Analyse findet:

„die vollständige Liquidierung der Überreste des Hitlerregimes und der Hitlerpartei[,] restlose Säuberung aller öffentlichen Ämter von den aktiven Nazisten [...] [und] strengste Bestrafung durch deutsche Gerichte aller jener Nazis, die sich krimineller Verbrechen und der Teilnahme an Hitlers Volksverrat schuldig gemacht haben."[111]

Parallel zu den moralischen Diskussionen der KPD/SED wurden die politischen Maßnahmen unter der Leitung der westlichen Siegermächte und der Sowjetunion fortgesetzt. Nach den Beschlüssen der Konferenz von Jalta (Februar 1945) und der Potsdamer Konferenz (Juli–August 1945) wurden die Entnazifizierungsmaßnahmen in allen Besatzungszonen bekräftigt. Sie folgten der Errichtung eines

---

108 Ebenda.
109 Vgl. Herf, Jeffrey: East German Communists and the Jewish Question: The Case of Paul Merker. In: *Journal of Contemporary History*. Bd. 29, Nr. 4, 1994, S. 40 ff.
110 *Aufruf der Kommunistischen Partei Deutschlands*, 13.6.1945, S. 2–3.
111 Ebenda.

internationalen Militärtribunals und dem Verbot nationalsozialistischer Gesetze, Organisationen, Symbole und Schriften.[112] Schon zu diesem früheren Zeitpunkt wird die Doppelsprache der SBZ/DDR-Führung erkennbar: Auf der einen Seite wurde der negative Einfluss von ehemaligen Nazis geäußert und auf der anderen Seite wurden diese „Ehemaligen", nachdem sie die neuen politischen Bedingungen akzeptierten, entnazifiziert und als Sozialisten anerkannt. Die Sowjetunion, Frankreich, Großbritannien und die USA verstanden oder wussten schon im Voraus, dass sie für einen Wiederaufbau Deutschlands mit ehemaligen Nazis kooperieren müssen, trotz ihrer Verpflichtung, sich an die Entnazifizierungsprozesse zu halten. Die unvermeidbare Integration von ehemaligen Nazis und die hohe Zahl an „nominellen" ehemaligen NSDAP-Mitgliedern und Wehrmachtsoldaten in den westlichen und östlichen Besatzungszonen spiegelte die Spannung beim Neuaufbau der deutschen Gesellschaft wider. Diese Menschen, die ehemaligen Parteifunktionäre, Wehrmachtsoffiziere, Juristen und Diplomaten, und in mehreren Fällen auch Kriegsverbrecher, hatten die professionelle Fähigkeit (und auch den Wunsch), das Land zu verwalten.[113]

Der Historiker Alexander von Plato erklärt, dass die Generation des Jahrgangs 1919 in der Potsdamer Konferenz als der Retter der unmittelbaren Zukunft Deutschlands galt. Als sie noch junge Männer und Frauen waren und vermeintlich noch keine Kriegsverbrechen begangen hatten, wurden sie als professionelle Hilfskräfte für den Aufbau Deutschlands angesehen: Sie waren „nur Techniker", „nur Ökonomen" oder „nur Handwerker".[114] Diese sogenannte „Hitler-Jugend Generation"[115] (zu der auch die Mädchen des Bundes Deutscher Mädel [BDM] gehörten) fand ihren alten und neuen Platz in den neuen

---

112 Vgl. „Entnazifizierung" in Fischer/Lorenz, 2015, S. 18–19.

113 Vgl. Danyel, 1992, S. 920 und vgl. Boldorf, Marcel: Brüche oder Kontinuität? Von der Entnazifizierung zur Stalinisierung in der SBZ/DDR (1945–1952). In: *Historische Zeitschrift*. Oldenburg, Bd. 289, Nr. 2, 2009, S. 287–323.

114 Vgl. Plato, Alexander von: Eine zweite „Entnazifizierung"? Zur Verarbeitung politischer Umwälzungen in Deutschland 1945 und 1989. In: *Wendezeiten – Zeitenwende. Zur „Entnazifizierung" und „Entstalinisierung"*. Hrsg. von Rainer Eckert/Alexander von Plato/Jörn Schütrumpf. Hamburg 1991, S. 10.

115 Eine gute Erklärung des Begriffes und anderer Generationen in der DDR-Gesellschaft bieten Rainer Gries und Thomas Ahbe. Vgl. Ahbe, Thomas/Gries, Rainer: Gesellschaftsgeschichte als Generationengeschichte. Theoretisch und Methodologische Überlegungen am Beispiel DDR. In: *Die DDR aus generationengeschichtlicher Perspektive: Eine Inventur*. Hrsg. von Annegret Schüle/Thomas Ahbe. Leipzig 2006, S. 455–474.

Staatsordnungen in West- und Ostdeutschland. Trotz der Auswande-
rung bzw. der Flucht von Millionen Ostdeutschen, unter denen auch
viele Nazis waren, die die Konsequenzen und die Gefahr eines Verbleibs
in der von der Sowjetunion kontrollierten Ostzone spürten, in Richtung
Westen, brauchten und nutzten die Sowjetische Militäradministration in Deutschland (SMAD) und die KPD-Führung ehemalige Nazis für
ihre neugegründete Verwaltung. Die Beziehung zwischen der antifaschistischen Elite, also der KPD- und späteren SED-Führung, und den
ehemaligen Nazis wurde von von Plato als ein „heimliche[s] konser-
vative[s] Bündnis"[116] bezeichnet. Die „Aufsteiger"[117], die ihre Lebens-
umstände verbessern wollten, hofften auf eine bessere Zukunft für
sich und ihre Familien, da die politische Führung sie brauchte, um das
neue politische System zu bauen. Sowohl die KPD/SED-Führung als
auch die ehemaligen NSDAP-Mitglieder nutzten diesen Notstand, um
die „braune Vergangenheit" zu überwinden.

In einem Rundfunk-Interview, dessen Transkription in der KPD-Zei-
tung *Deutsche Volkzeitung* veröffentlicht wurde, wies Wilhelm Pieck,
der künftige Präsident der DDR, auf seine Vorstellungen der Integration von ehemaligen Nazis hin. Im Interview setzte sich Pieck mit den
Sorgen des Fragestellers Werner Klein über die Gefahren von nazistischen Elementen in dem neuen antifaschistischen und demokratischen Regime auseinander. Pieck formulierte seine Stellungnahme
zu den „kleinen Nazis" bzw. den Mitläufern, „denen die Möglichkeit
gegeben werden soll, sich in der antifaschistischen demokratischen
Kampffront zu betätigen, um sich dadurch von der Schande, Nazimit-
glied gewesen zu sein, zu befreien und sich wieder Vertrauen bei den
Antifaschisten zu erwerben"[118]. Pieck sah die Situation ganz einfach:
„[Beim Wiederaufbau Deutschlands] können wir unmöglich auf die
Millionenmassen verzichten, die der Hitlerfaschismus, sei es durch
Druck oder andere Mittel, in seine Partei hineingebracht hat."[119] Mit
diesen Äußerungen bot Pieck eine einfache Formel, um die Vergangen-
heit zu vergessen und um zu vergeben.

Auf dem Höhepunkt der Propagandakampagne der DDR gegen
Nazis in der Bundesrepublik veröffentlichte der Nationalrat der Nationalen Front der DDR im Jahr 1965 das *Braunbuch*. Wie bezeichnete

---

116 Von Plato, 1991, S. 14.
117 Ebenda.
118 Die nichtaktiven Nazis. In: *Deutsche Volkszeitung*, 6.2.1946 [Seitenzahlen nicht
    lesbar].
119 Ebenda.

das *Braunbuch* Nazi-Verbrecher und was kann man an dieser Haltung gegenüber den „kleinen Nazis" in der DDR erkennen? Für die Verfasser des *Braunbuchs* war klar, auf welche Personen die Aufmerksamkeit im Buch gelegt werden sollte. Die NS- und Kriegsverbrecher, die vorgestellt wurden, waren „zum Synonym für Völkermord, Barbarei und Sadismus geworden"[120]. Im *Braunbuch* wird festgelegt, mit welchen Personen es sich genau beschäftigt:

> „Dieses Braunbuch enthält ausschließlich die Namen solcher Personen, die durch ihre führende Tätigkeit bei der Vorbereitung und Durchführung der nazistischen Verbrechen und Aggressionsakte tatsächlich belastet sind beziehungsweise unmittelbar an Massenmorden teilgenommen [...] haben."[121]

Demnach waren die Nazis im *Braunbuch* ohne Zweifel Kriegsverbrecher und ihre Beteiligung am öffentlichen Leben der Bundesrepublik durfte nicht toleriert werden.

Um die Unterschiede zwischen der Haltung der DDR und der Bundesrepublik gegenüber ehemaligen Nazis zu belegen, setzte sich das *Braunbuch* auch mit den damaligen gesellschaftlichen Voraussetzungen und mit dem Auftreten von nominellen NSDAP-Mitgliedern in der DDR auseinander. Im Unterschied zur Haltung gegenüber den westdeutschen Nazis und zur Darstellung der KPD/SED-Führung bezüglich der Schuld des deutschen Volkes an den Kriegsverbrechen, die zum Beispiel der Aufruf der KPD von 1945 zeigte, führt das *Braunbuch* eine tolerantere Haltung zu „einfachen" NSDAP-Mitgliedern ein. Die Herausgeber des *Braunbuchs* erwähnten, dass die DDR „immer konsequent zwischen der Millionenzahl ehemaliger Mitglieder der Naziorganisationen unterschieden [hatte], die selber irregeführt und betrogen wurden"[122]. Deswegen enthält das *Braunbuch* „selbstverständlich" keine Namen nomineller NSDAP-Mitglieder. Die Mitgliedschaft in der NSDAP bzw. eine angeblich erzwungene Kooperation mit den Nazis wurde als „politischer Irrtum" bzw. als ein Fehler bezeichnet.[123] Zudem sollte den Personen, die ihre „Fehler erkannt und einen neuen Weg beschritten"

---

120 Nationalrat der Nationalen Front des Demokratischen Deutschland, Dokumentationszentrum der Staatlichen Archivverwaltung der DDR (Hg.): *Braunbuch: Kriegs- und Naziverbrecher in der Bundesrepublik. Staat, Wirtschaft, Armee, Verwaltung, Justiz, Wissenschaft.* Berlin 1965, S. 7.

121 Ebenda, S. 10.

122 Ebenda.

123 Vgl. ebenda.

hatten, aus ihren Vergangenheiten keinen Vorwurf gemacht werden.[124] Nicht überraschend ist die Tatsache, dass die Arbeit der Staatssicherheit gegenüber diesen nominellen Nazis im *Braunbuch* nicht erwähnt wird. Das kann eine plausible Erklärung für die Haltung der Stasi und anderer Organisationen der DDR gegenüber den Nazidiplomaten des MfAA sein, die ich im folgenden Kapitel beschreibe.

Dem *Braunbuch* gemäß sind Nazis also Personen, die im „Dritten Reich" aktiv und Mitglieder der NSDAP oder anderer Nazi-Organisationen waren. Jedoch: Laut der DDR hatten Nazi- und Kriegsverbrecher natürlich keinen Platz im öffentlichen Leben der DDR.

2.1.6.4 Die NDPD und die ehemaligen Nazis in der DDR

Die im Jahr 1948 gegründete National-Demokratische Partei Deutschlands (NDPD) veranschaulicht die obengenannte Doppelhaltung der SED gegenüber ehemaligen NSDAP-Mitgliedern, aber im offiziellen politischen System. Die Rehabilitation der ehemaligen Nazis wurde von den Spitzen der SED einigermaßen tolerant akzeptiert und resultierte aus dem Willen der SBZ/DDR-Führung, eine neue politische Ausrichtung für ehemalige NSDAP-Mitglieder in den neuen Blockparteien der SED anzubieten.[125] Über die Notwendigkeit einer politischen Integration der ehemaligen Nazis äußerte sich Wilhelm Pieck Anfang 1946:

„Man muß denen, die zwar Mitglieder der Nazipartei waren, sich aber an ihren Verbrechen nicht beteiligten, und die entschlossen sind, aktiv an der Ausrottung des Nazismus und bei der Durchführung unserer demokratischen Aufgaben mitzuwirken, die Hand reichen."[126]

---

124 Ebenda, S. 8.

125 Norbert Frei verglich die NDPD mit der westdeutschen Deutschen Partei (DP) und mit dem Bund der Heimatvertriebenen und Entrechteten (BHE) und deren Mitgliedern aus der ehemaligen NSDAP. Vgl. Frei, 2003, S. 278.

126 Antwort an die Frau eines Nominellen. In: *Neues Deutschland*, 28.2.1947, S. 1. Im *Braunbuch DDR* zitiert Olaf Kappelt Lothar Bolz, NDPD-Parteivorsitzender zwischen 1948 und 1972 und Minister für auswärtige Angelegenheiten zwischen 1953 und 1965, und sagt, dass Bolz die NDPD-Mitglieder als „vaterländische gesinnte Menschen aus dem Volke" beschrieb. Vgl. Kappelt, Olaf: *Braunbuch DDR. Nazis in der DDR*. Berlin 2009, S. 128, zitiert nach: Gleiche Rechte für alle Deutschen guten Willens. In: *National-Demokratische Hefte*, Nr. 4, Berlin o. D., S. 11. Nach meiner Recherche erschienen die gleichen Zitate in einem Befehl des obersten Chefs der Sowjetischen Militärverwaltung und des Oberbefehlshabers der Sowjetischen Beratungsgruppen in Deutschland, W. Sokolowkij, und hatten mit Bolz nichts zu tun. Vgl. Entnazifizierungskommissionen werden aufgelöst. In: *Neues Deutschland*, 27.2.1948, S. 1–2.

Im Beschluss des Zentralkomitees (ZK) der SED vom gleichen Jahr wurden die Verhältnisse der SED zu den ehemaligen Nazis und zum Integrationsprozess bestätigt, und zwar indem eine Lösung zur „Einbeziehung der ehemaligen einfachen Mitglieder und Mitläufer der Nazipartei in den demokratischen Aufbau" gefunden werden sollte.[127] Das bedeutet, dass die ehemaligen NSDAP-Mitglieder und damaligen NDPD-Mitglieder keine Gefahr für einen Neuanfang im sozialistischen Ostdeutschland darstellten. Solche Begründungen und Erklärungen für die Arbeit mit ehemaligen Mitgliedern der Nazipartei öffneten die Tür für ihren späteren Einsatz im Ministerium für Auswärtige Angelegenheiten.

2.1.6.5 Das Braunbuch DDR und die wissenschaftliche Konfrontation mit Nationalsozialisten in der DDR

Die westdeutsche vergleichbare Antwort auf das ostdeutsche *Braunbuch* aus den Sechzigerjahren kam zuerst im Jahr 1981 mit der Veröffentlichung des *Braunbuchs DDR – Nazis in der DDR* (folgend als *Braunbuch DDR* bezeichnet).[128] Im Gegensatz zum originalen *Braunbuch* war das *Braunbuch DDR* keine offizielle Initiative der Bundesregierung, sondern ein privates Projekt vom Verfasser Olaf Kappelt. Während das *Braunbuch* aus der DDR Teil einer breiteren internationalen Kampagne gegen die Bundesrepublik und deren politisch-moralischen Existenz war, zielte Kappelts *Braunbuch DDR* darauf, die parallelen Heucheleien der DDR aus westdeutscher Sicht aufzudecken. Das *Braunbuch DDR* listet hunderte Namen von ehemaligen Nazis aus verschiedenen Kreisen und Ebenen des öffentlichen Lebens der DDR auf. Kappelt fragt, wer in der DDR (und für die DDR-Führung) als Nazi galt. Von seiner Erklärung kann man auch auf seine Kritik an der DDR schließen. Laut Kappelt war „[j]eder einzelne Bürger [...] im Nationalsozialismus und auch im DDR-Sozialismus eingebunden in den Kollektivismus der Massen, die Massenorganisationen erzogen die Menschen systematisch und prägten sie entsprechend systemnah"[129]. Das bedeutet, dass man seinem Schicksal als Nazi nicht entgehen konnte. Kappelt, der selbst in der DDR geboren ist, stellt eine wichtige Überlegung zur Begrifflichkeit des „Naziseins" vor, die auch in anderen

---

127 Vgl. SED und nominelle Pgs. In: Sozialistische Einheitspartei Deutschlands: Dokumente der Sozialistischen Einheitspartei Deutschlands, Bd. 1. Berlin 1948, S. 51.
128 Die zweite Ausgabe des *Braunbuch DDR*, die für diese Forschungsarbeit benutzt wird, wurde im Jahr 2009 veröffentlicht.
129 Kappelt, 2009, S. 20.

Quellen auftaucht: die Frage über die Inkriminierung bzw. Belastung der NSDAP-Mitgliedschaft. Beispielsweise erwähnt Kappelt, dass das Eintrittsdatum keine unwichtige Rolle für viele ehemalige Mitglieder der Partei spielte, die nach 1945 ihre politische Überzeugung überprüfen lassen mussten. Sollten Personen, die später in die NSDAP eingetreten sind, weniger Schuld haben als solche, die schon im Jahr 1933 NSDAP-Mitglieder waren?[130] Waren sie deswegen weniger Nazis?

Um zu entscheiden, welche Personen in seinem Buch erwähnt werden sollten, suchte Kappelt objektive Kriterien, nach denen er die Nazis in der DDR sortieren konnte. Er stellte eigene Begrifflichkeiten der DDR infrage: In Ostdeutschland galt jeder, der in die SED eintrat, nicht als Alt-Nazi.[131] Trotz dieses eigenen fragwürdigen Vorgehens nutzte die DDR nominelle NSDAP-Mitglieder in der Bundesrepublik, um den „gegnerischen" Staat politisch zu delegitimieren. Trotz seiner Kritik und vielleicht auch gerade wegen dieser, enthält Kappelts Lexikon neben Fällen von bekannten belasteten Nazis[132] Namen von Personen, die „nur" nominelle Parteimitglieder oder Mitglieder anderer Nazi-Organisationen waren.

Der DDR-interne Diskurs über das Braunbuch DDR und die westdeutsche Reaktion darauf

Mit Kappelts Buch beschäftigte sich die Hauptabteilung XXII der Staatssicherheit.[133] Die Stasi bezeichnet das Buch als eine „persönliche Initiative"[134] Kappelts, der berühmt-berüchtige „militante Antikommunist und Provokateur"[135]. Die Nachforschung der Stasi zeigte, dass Kappelt seinen Text aus politischen Gründen und mit der Hilfe von verschiedenen Institutionen verfasste. Die Stasi vermutete, dass Kappelt

---

130 Vgl. ebenda, S. 11.

131 Vgl. ebenda, S. 18.

132 In seiner einleitenden Diskussion führt Kappelt prominente Fälle von ehemaligen Nazis in der DDR aus Justiz, Politik, Industrie, Journalismus, Literatur, Kunst und Medizin auf, die nach seiner Recherche Rassenideologen, Soldaten und Offiziere bei der Wehrmacht, SA und SS waren. Vgl. ebenda, S. 24 ff.

133 Hauptabteilung XXII („Terrorabwehr"/HA XXII): Stasi Unterlagen Archiv, Bundesarchiv, https://www.stasi-unterlagen-archiv.de/mfs-lexikon/detail/hauptabteilung-xxii-terrorabwehrha-xxii/ [abgerufen am 29.10.2021, 14:23 Uhr].

134 MfS Sekr. Neiber Nr. 596. „Operativ-Information zu Hintergründen des Erscheinens des sog. ‚Braunbuch DDR', verfasst durch den Geschäftsführer des ‚Brüsewitz-Zentrums' KAPPELT", 12.12.1981.

135 MfS HA VII 2086, Brief vom Generalmajor Irmler, Leiter der Zentralen Auswertungs- und Informationsgruppe im MfS an den Leiter der Diensteinheiten, 20.5.1982. Siehe auch MfS HA XVIII 28960, 2.6.1982.

die Unterstützung des Berliner U.S.-Archivs, des Springer-Archivs und eines gewissen Jonathan Hooks aus der *Society for Religion Studies under Communism* sowie mehrerer Bundestagsmitglieder und Journalisten bekam.[136] Um die möglichen beschädigenden Auswirkungen des *Braunbuchs DDR* zu vermindern, wurde von den DDR-Behörden vorgeschlagen, die Propagandamaßnahmen gegen diese Veröffentlichung zu erweitern.[137]

Den Offiziellen der Staatssicherheit machte die Herausgabe des *Braunbuchs DDR* große Sorgen und zwang sie zu einer inhaltlichen Überprüfung dieses „hetzerischen Machwerks"[138]. Die Biographien der in dem Buch genannten Personen sollten dahingehend überprüft werden, ob diese Personen damals noch am aktiven beruflichen bzw. gesellschaftlichen Leben teilnahmen, ob es Hinweise auf mögliche Manipulationen zur Verschleierung ihrer Personalunterlagen gab, ob es möglich war, dass diese Personen keine Kenntnis von ihrer angeblichen NSDAP-Mitgliedschaft hatten, und ob weitere politische operative Probleme geklärt werden müssten.[139] Die Überprüfung betraf prominente Persönlichkeiten der DDR und deswegen war die Untersuchung „streng intern durchzuführen", das heißt, die betroffenen Personen durften von den Untersuchungen nichts wissen.[140] Die MfS-Nachrecherche ergab, dass die Zahl der neuen Quellen, die von Kappelt benutzt worden waren, gering war. In mehreren Fällen fanden die Stasi-Mitarbeiter heraus, dass Kappelt sich auf die schon bekannten UfJ-Broschüren der Fünfziger- und Sechzigerjahre stützte. Auf Grund dieses beschränkten Quellenmaterials wurden viele Personen aus dem Buch als „Naziverbrecher" bezeichnet, während sie in der DDR nur als „nominelle" NSDAP-Mitglieder galten. Nach der Stasi benötigten lediglich 200 „neue" Namen, die im *Braunbuch DDR* erschienen, eine weitere Überprüfung.[141] Unter diesen „neuen" Namen fanden sich „führende Diplomaten der DDR, leitende Angehörige des Außenhandels, Spitzenfunktionäre der Freundschaftsgesellschaften,

---

136 MfS Sekr. Neiber Nr. 596. „Operativ-Information zu Hintergründen des Erscheinens des sog. ‚Braunbuch DDR', verfaßt durch den Geschäftsführer des ‚Brüsewitz-Zentrums' KAPPELT", 12.12.1981.

137 Vgl. MfS ZAIG 27507, Entwurf, 9.11.1982.

138 Ebenda.

139 Vgl. MfS HA XVIII 28960, Anlage, 2.6.1982.

140 Vgl. MfS HA VII 2086, Brief vom Generalmajor Irmler, Leiter der Zentralen Auswertungs- und Informationsgruppe im MfS an den Leiter der Diensteinheiten, 20.5.1982. Siehe auch. MfS HA XVIII 28960, 2.6.1982.

141 Vgl. MfS ZAIG 27507 Entwurf, 9.11.1982.

d. h. insgesamt Personen, die stark im internationalen Blickpunkt stehen."[142]

Die Untersuchung der Stasi bestätigte die grundsätzlichen Aussagen Kappelts, aber rechtfertigte gleichzeitig die Mitbeteiligung dieser „Ehemaligen" an der DDR-Gesellschaft. Die Ergebnisse der Überprüfung zeigten, dass 90 Personen von den 200 neuen „Verdächtigten", „die bis 1942 Mitglied der NSDAP wurden [...] diese Mitgliedschaft in ihren Personalunterlagen verschwiegen (bzw. [dass] deren Personalunterlagen als Nomenklaturkader des ZK dem MfS nicht zugänglich waren)"[143]. Es konnte auch vorausgesetzt werden, „daß diese Personen – auch bei einer Einziehung zur faschistischen Wehrmacht – um ihre Mitgliedschaft in der NSDAP gewußt haben, und daß eine Nichtangabe nach 1945 in der Regel ein bewußtes Verschweigen darstellt"[144]. Die Vernachlässigung der NS-Vergangenheit war also vermutlich kein Mittel, um Personen zu decken oder zu schützen. Der Bericht zeigt, dass die NS-Vergangenheit nicht unbedingt als bedeutungsvoll bewertet wurde.

Unter den Stasi-Akten finden wir auch Hinweise für die Beschäftigung der Behörden in der Bundesrepublik mit dem *Braunbuch DDR*, die von einer eher zurückhaltenden Sicht auf das Buch und dessen Autor zeugen. In einem Briefaustausch zwischen dem Bundesministerium für innerdeutsche Beziehungen (BMiB) und Günther Buch, Leiter des Referats „Pressespiegel/Archiv" in der Westberliner Abteilung IV des Gesamtdeutschen Institutes Bundesanstalt für gesamtdeutsche Aufgaben (BfgA), distanziert sich Herr Buch vom *Braunbuch DDR*. Buch ordnete das Buch für die Zwecke des BMiB als „völlig unbrauchbar"[145] ein. Kappelts Werk wurde vom BMiB auch auf der wissenschaftlichen Ebene scharf kritisiert, weil er in mehreren Fällen einfache Mitglieder der NSDAP als „Gestapoagenten" darstellte. Günther Buch vermutet, dass Kappelt nicht „über die notwendigen Voraussetzungen für die Beschäftigung mit dem gewählten Thema verfügt"[146]. Demzufolge beschäftigten sich auch die BRD-Behörden mit den Fragen, wer ein Nazi war und wer in der DDR als Nazi galt.

---

142 MfS HA IX/11 SV 3/82 Bd. 1a, „Braunbuch DDR – Nazis in der DDR", Anhang zum Aktenvermerk der Hauptabteilung IX/11, 15.1.1982.
143 MfS ZAIG 27507 Entwurf, 9.11.1982 (Unterstreichung i. O.).
144 Ebenda.
145 MfS HA II 25702. Information A/15924/15708/83, Dezember 1983.
146 Ebenda.

An dieser Stelle sei ein kurzer Blick in die gegenwärtige Biographie Kappelts erlaubt: Ende 2019 ist Olaf Kappelt ein bekanntes Mitglied der rechtspopulistischen Partei Alternative für Deutschland (AfD) im Berliner Bezirk Reinickendorf und sitzt im Vorstand der Christen in der AfD.[147] Zumindest können die Leser die Ironie sehen, dass ein Jäger der DDR-Nazis nun ein stolzes Mitglied der AfD ist.

„Nazis in der DDR" nach der Wende

Nicht alle Veröffentlichungen zu Nazis in der DDR enthalten die anschuldigenden Töne Kappelts. Nach der Wende befasste sich der ostdeutsche Jurist Detlef Joseph mit den Nazis in der DDR, und Joseph war von der früheren DDR-Politik überzeugt. In seinem Buch *Nazis in der DDR. Woher kamen sie?* beschäftigt sich Joseph mit unterschiedlichen Weisungen der historischen und politischen Auseinandersetzung zu Nazis in Ostdeutschland. Merkwürdigerweise scheint es so, dass sich Joseph hauptsächlich mit den westdeutschen Nazis beschäftigte und weniger mit denen, die der Titel des Buches meint. Im Buch stellt sich Joseph den westdeutschen Vorwürfen der angeblichen Beteiligung von ehemaligen Nazis in wichtigen Posten der DDR-Führung. Sein Hauptargument ist, dass es im Gegensatz zur politischen Lage in der Bundesrepublik keine Nazis in der DDR gab. Nazis waren, so Josephs Beobachtung, „von der Teilhabe an der gesellschaftlichen Macht definitiv ausgeschlossen"[148]. Das bedeutet, dass die DDR-Führung demnach eigentlich nur von Sozialisten, Kommunisten und antifaschistischen Widerstandskämpfern gebildet wurde. Joseph kritisiert alle wichtigen westdeutschen Veröffentlichungen zu Nazis in der DDR[149] wie die vom UfJ und frühere Publikationen von Simon Wiesenthal, aber hauptsächlich das *Braunbuch DDR*.[150] Er schließt nicht aus, dass mehrere Personen, die im *Braunbuch DDR* erwähnt werden, in der Tat Mitglieder der NSDAP oder anderer nationalsozialistischer Organisationen waren. Er sagt lediglich, dass diese Personen nicht

---

147 Vgl. AfD Brandenburg: Facebook, Status vom 22. September 2017, https://www.facebook.com/afd.brandenburg/photos/bundesvereinigung-christen-in-der-alternative-f%C3%BCr-deutschlandregionalverband-nor/765512123636392/ [abgerufen am 29.10.2021, 14:30 Uhr].
148 Joseph, 2002, S. 8.
149 Joseph nennt sie „Dokumentationen" mit Anführungszeichen. Vgl. ebenda, S. 7.
150 Dazu erwähnt Joseph auch die Veröffentlichung von Dornberg, John: *Deutschlands andere Hälfte: Profil und Charakter der DDR*. München 1969, vgl. S. 106.

als Nazi- und Kriegsverbrecher gelten können.[151] Im *Braunbuch DDR* erklärt Kappelt, dass die gelisteten Nazis erheblichen Einfluss auf die DDR-Politik hatten. Joseph lehnte diese Behauptung ab, widerspricht Kappelt und beschuldigte ihn, dass er keine Beweise für irgendeine verbrecherische Tätigkeit der entsprechenden Personen erbringen könnte.[152] Laut Joseph waren die Personen mit einer NS-Vergangenheit weit davon entfernt, die antifaschistischen Führungsspitzen der DDR zu besetzen.[153] Joseph sagte aber *nicht*, dass die ehemaligen Nazis von der Besetzung der Führungsspitzen weit entfernt waren, *weil* sie ehemalige Nazis waren. Die Vorwürfe und Taktik Kappelts bezeichnet Joseph einfach als Demagogie.[154]

Detlef Joseph stellt mehrere Erklärungen bzw. Ausreden für die Beteiligung ehemaliger Nazis im öffentlichen Leben der DDR bereit. Sie erläutern die Unterschiede zwischen Mitläufern, die der Nazi-Propaganda unterlegen waren, und NSDAP-Mitgliedern, die keine aktiven Nationalsozialisten waren, sowie den Anhängern Hitlers. Diese Differenzierung rechtfertigt er mit der Bezeichnung von Nazis aus dem Potsdamer Abkommen, in denen als „Nazis" nur Nazi- und Kriegsverbrecher galten.[155] Schließlich erklärt er, dass es im Nachkriegsdeutschland keine andere Möglichkeit gab, außer diese „Mitläufer und Mitmacher" in die Gesellschaft zu integrieren.[156]

Ein weiteres Buch vom anderen Rand des politischen Spektrums, diesmal vom Anfang der Neunzigerjahre, bietet einen biographischen Blick in das Leben DDR-Prominenter, die „mit Lügen und Legenden"[157] aufräumten. Im Unterschied zum *Braunbuch DDR* stehen nicht nur die Vergangenheit und Taten der ehemaligen Nazis in der DDR im Mittelpunkt, sondern die der gesamten ostdeutschen politischen Führung. Der verstorbene rechtsradikale Politiker Gerhard Frey, der das Buch *Prominente ohne Maske* verfasste, deutet hier die Ähnlichkeiten zwischen der DDR und Nazideutschland an. Wie ein „guter" rechtsradikaler Deutscher fokussiert er hauptsächlich die antijüdische Politik der beiden Staaten. Gleichzeitig weist Frey auch auf seine eigene

---

151 Vgl. Joseph, 2002, S. 30.
152 Vgl. ebenda, S. 110.
153 Vgl. ebenda, S. 107.
154 Vgl. ebenda, S. 109.
155 Vgl. ebenda, S. 45.
156 Vgl. ebenda, S. 101.
157 Frey, Gerhard (Hg.): *Prominente ohne Maske DDR*. München 1991. Vorwort des Herausgebers, o. S.

antisemitische Weltanschauung hin, wenn er den großen Anteil jüdischer Politiker in der DDR-Führung und die (nach seiner Interpretation) Unterstützung der jüdischen Gemeinde dem „verbrecherischen" SED-Regime zuordnet.[158] Zwischen den Zeilen kann gelesen werden, dass Frey meint, dass die DDR-Juden mit den DDR-Nazis bereitwillig zusammenarbeiteten.

Außer dem *Braunbuch DDR* gab es auch Veröffentlichungen in lexikalischer Form zum Thema „Nazis in der DDR". Eine wichtige Publikation aus den letzten Jahren ist ein Lexikon über ehemalige NS-Funktionäre in der SBZ/DDR, verfasst von Harry Waibel.[159] Die Hauptthese dieser Arbeit ist, dass nicht nur die Heuchelei der DDR in der Einstellung von Nazis in politischen Positionen stattfand, sondern auch eine Verbindung zwischen dieser Politik und dem Ansteigen von antisemitischen, neonazistischen und neofaschistischen Kräften in Ostdeutschland besteht, und dies bereits vor der Wende.

2.2. Das Ministerium für Auswärtige Angelegenheiten und die DDR-Außenpolitik

In diesem Teilkapitel beschäftige ich mich mit der Gründung und Entwicklung des Ministeriums für Auswärtigen Angelegenheiten aus der Sicht der Geschichtsschreibung. Die Hauptfrage, die zum Thema gestellt wird, lautet: **In welcher Form konfrontiert und erzählt die Geschichtsschreibung die Geschichte des Ministeriums und die der NS-Vergangenheitsbewältigung im MfAA?** Zunächst lege ich die zeitgenössische historisch-wissenschaftliche Basis für meine Forschung dar. In diesem Zusammenhang stelle ich die wissenschaftlichen und politischen Auseinandersetzungen vor, die vor und nach der Veröffentlichung von *Das Amt* durch die von Joschka Fischer gegründete Historikerkommission aufkamen. Die NS-Belastung westdeutscher Diplomaten und die Weigerung des Auswärtigen Amtes, sich mit dieser Geschichte zu beschäftigen, bildeten die Motivation für die Arbeit der Historikerkommission und die Veröffentlichung von *Das Amt* im

---

158 Vgl. ebenda.

159 Vgl. Waibel, Harry: *Diener vieler Herren: Ehemalige NS-Funktionäre in der SBZ/DDR*. Frankfurt am Main 2011. Weitere Veröffentlichungen von Waibel zu den Spuren des Nationalsozialismus in der DDR vgl. Waibel, Harry: *Der gescheiterte Anti-Faschismus der SED: Rassismus in der DDR*. Frankfurt am Main 2014 und Waibel, Harry: *Die braune Saat: Antisemitismus und Neonazismus in der DDR*. Stuttgart 2017.

Jahr 2010. Das zweiteilige Buch konzentriert sich auf die politische Rolle und die auswärtigen Tätigkeiten des Auswärtigen Amtes in der Zeit des Nationalsozialismus, seinen Beitrag zur „Endlösung der jüdischen Frage" und auf die spätere Verleugnung der verbrecherischen Geschichte des Amtes in der Bundesrepublik. Die Arbeit der Historiker Eckart Conze, Norbert Frei, Peter Hayes und Moshe Zimmermann markiert eine neue Ära in der kritischen Auseinandersetzung mit diesem Thema in der zeitgeschichtlichen Forschung.[160] Die Wirkung und der Einfluss dieser Forschungsarbeit waren sowohl in den neuen Tendenzen des historisch-methodologischen Diskurses als auch in der deutschen politischen Diskussion spürbar. *Das Amt* setzt sich mit dem Mythos eines „sauberen" Auswärtigen Amtes auseinander.[161] Nach diesem Mythos war das Auswärtige Amt während des „Dritten Reiches" nicht an Kriegsverbrechen beteiligt, es war vielmehr ein „Hort des Widerstands" gegen Hitler und die Nazis.[162]

Ziel ist es, die Relevanz des Streits um das Auswärtige Amt und dessen NS-Vergangenheit zur Erforschung der DDR-Geschichte und des MfAA zu zeigen. Danach wende ich mich der historiographischen Literatur zu und beginne mit der historischen Entwicklung der deutschen Außenpolitik. Meine Darstellung versteht die Gründung des MfAA im Unterschied zu früheren Werken zur Geschichte der DDR und der DDR-Außenpolitik als integralen Bestandteil der außenpolitischen Entwicklung im Deutschland des zwanzigsten Jahrhunderts. Der zweite Teil des Kapitels handelt vom MfAA selbst und einem historiographischen Blick in die DDR-Außenpolitik und den außenpolitischen Apparat, unter anderem aus generationsgeschichtlicher Perspektive.

---

160 Vgl. Sabrow, Martin/Mentel, Christian (Hg.): *Das Auswärtige Amt und seine umstrittene Vergangenheit. Eine deutsche Debatte.* Frankfurt am Main 2014, S. 9.

161 Über den Mythos vgl. Conze/Frei/Hayes/Zimmermann, 2010, S. 12 und 401 ff.

162 Vgl. *Das Auswärtige Amt und seine umstrittene Vergangenheit. Eine deutsche Debatte.* Hrsg. von Martin Sabrow/Christian Mentel. Frankfurt am Main 2014, S. 10. Parallel zur Veröffentlichung von *Das Amt* veröffentlichte im Jahr 2010 das Auswärtige Amt eine Broschüre mit den Biographien deutscher Diplomaten, die sich aktiv gegen das nationalsozialistische Regime betätigten. Diese Veröffentlichung gibt zu, dass das Ministerium „kein Hort des Widerstands war", vgl. Auswärtiges Amt (Hg.): *Zum Gedenken.* Auswärtiges Amt, Berlin 2010, S. 2 (verfügbar online auf der Webseite des Auswärtigen Amtes www.auswaertiges-amt.de). Adenauer bezeichnete Diplomaten des nationalsozialistischen Auswärtigen Amtes als „Männer echten Widerstands". Vgl. Reichel, 2017, S. 64.

2.2.1. Ein Streit auf zwei Ebenen: politisch und historiographisch

Die Distanzierung und Abgrenzung des Außenministers Joschka Fischers von den ehemaligen Nazidiplomanten seines Ministeriums, deren Nachkommen und dem folgenden „Aufstand der Mumien"[163] in der deutschen Presse, führte zu seiner Entscheidung, eine unabhängige Kommission von Historikern für die Erforschung der NS-Vergangenheit des Auswärtigen Amtes zu gründen. Mit seiner Initiative setzte sich der grüne Politiker gegen starke Kräfte innerhalb des Außenministeriums, die die Erforschung ihrer eigenen Vergangenheit (oder die Erforschung der Vergangenheit ihrer Verwandten) verhindern wollten, sowie gegen eine generelle politische Verweigerungsatmosphäre gegenüber der Versöhnung mit der NS-Vergangenheit des Auswärtigen Amtes bzw. der deutschen Diplomaten, zur Wehr.

Die Beteiligung der westdeutschen Diplomaten und des gesamten Auswärtigen Amtes als Organ des nationalsozialistischen Regimes an Kriegsverbrechen war schon unmittelbar nach dem Ende des Zweiten Weltkrieges bekannt und wurde in den internationalen Medien berichtet. Trotz dieser sehr früh durch die Presse verbreiteten Erkenntnisse, zusammen mit verschiedenen Veröffentlichungen über die Beteiligung des Ministeriums am Holocaust, von denen viele aus der DDR stammten, herrschte in Bonn der obengenannte Mythos eines „sauberen" Auswärtigen Amtes, das seine Arbeit unabhängig von der Hitlerpolitik durchführte.[164] Die öffentliche Meinung in der Bundesrepublik wurde von diesem Mythos beeinflusst, was die westdeutschen Diplomaten und Politiker wiederum befürworten, denn sie hatten ein großes Interesse daran, den Mythos aufrechtzuhalten. Jedoch konnte die durch ebendiese Politiker und Diplomaten ausgeübte Kritik an Fischers Initiative und der Historikerkommission die historischen Nachbeben der bisher umfangreichsten Zusammenfassung der NS-Vergangenheit des Bundesministeriums in *Das Amt* nicht verhindern.

Neben der politischen Auseinandersetzung mit der NS-Vergangenheit des Außenministeriums löste der Streit um *Das Amt* auch eine methodologische Diskussion im historischen Milieu aus. Dabei ging es vor allem um zwei Streitpunkte bzw. Fragen – eine grundsätzliche und eine methodologische. Erstens, ob einzelne Nazi-Diplomaten, die

---

163 Mehr über den „Aufstand der Mumien" siehe Sabrow/Mentel, 2014, S. 17 ff.
164 Vgl. Schulte, Jan Erik/Wala, Michael: Gegen den Strom. Diplomaten gegen Hitler. In: *Widerstand und Auswärtiges Amt. Diplomaten gegen Hitler.* Hrsg. von Jan Erik Schulte/Michael Wala. München 2013, S. 7.

Kriegsverbrechen begangen hatten, als Repräsentanten für das gesamte Ministerium gelten konnten, also ob die Verbrechen Einzelner die ganze deutsche Außenpolitik in Ungnade bringen würden, und zweitens fragten die Kritiker, ob die Erkenntnisse und Feststellungen der Historikerkommission, die sie aus den historischen Quellen ableiteten, überhaupt richtig sein konnten, weil die Historiker letztlich gar nicht alle relevanten Akten vom politischen Archiv des Auswärtigen Amtes zur Ansicht vorgelegt bekamen.[165] Zwei zentrale Publikationen setzen sich mit den Ergebnissen und Auswirkungen von *Das Amt* auseinander und insbesondere mit den obengenannten Ebenen des Streits: mit der Rolle der Diplomaten innerhalb der Kriegsverbrechen und mit der vermeintlich nachträglichen historiographisch-methodologischen Schwäche des Buches und den politischen Folgen der Debatte. In *Widerstand und Auswärtiges Amt – Diplomaten gegen Hitler*[166] werden die Porträts von Widerstandskämpfern aus den Reihen des nationalsozialistischen diplomatischen Dienstes beschrieben.[167] Die Biographien und Lebensgeschichten der oppositionellen Diplomaten zeigen ihre unterschiedlichen Motive für die Widersetzung der Anweisungen des Nazi-Regimes.[168] Ein Schwerpunkt dieses Buches ist ein Gegenentwurf zu den Thesen aus *Das Amt*. Aus einem Ministerium, das laut *Das Amt* eine große Rolle bei den Kriegsverbrechen und der Vernichtung der Juden spielte, wird im Buch *Widerstand und Auswärtiges Amt* eine politische Instanz, die gegen das Regime kämpfte. Diese Gegendarstellung und weitere Aspekte der Debatte um *Das Amt* dominieren auch die Arbeit von Martin Sabrow und Christian Mentel: *Das Auswärtige Amt und seine umstrittene Vergangenheit*. Die Arbeit der beiden Forscher des ZZF in Potsdam beabsichtigt laut ihren eigenen Angaben

---

165 Vgl. Sabrow/Mentel, 2014, S. 11 ff. Jens Kuhlemann kritisierte die Historikerkommission und deren Ignorierung bzw. Vernachlässigung von Stasi-Akten, die umfangreiche Information zur Haltung der DDR bzw. der Stasi gegenüber den westdeutschen Nazi-Diplomaten verbergen. Vgl. Kuhlemann, Jens: „Das Amt" blendet die Rolle der Stasi aus. In: *Frankfurter Allgemeine Zeitung*, 5.11.2010, S. 9.

166 Vgl. Schulte, Jan Erik/Wala, Michael (Hg.): *Widerstand und Auswärtiges Amt. Diplomaten gegen Hitler*. München 2013.

167 Die Namen, Biographien und Widerstandsaktivitäten während des „Dritten Reiches" fast aller Diplomaten aus der Broschüre des Auswärtigen Amtes erschienen auch in *Widerstand und Auswärtigen Amt* von Schulte/Wala. Vgl. Auswärtiges Amt (Hg.): *Zum Gedenken*. Auswärtiges Amt, Berlin 2010.

168 Vgl. Keil, Lars-Broder: Diplomaten hatten es schwer, Hitler-Gegner zu sein. In: *Die Welt*, 23.11.2013, https://www.welt.de/geschichte/zweiter-weltkrieg/article122173256/Diplomaten-hatten-es-schwer-Hitler-Gegner-zu-sein.html [abgerufen am 29.10.2021, 14:33 Uhr].

keine Interpretation von *Das Amt* oder eine moralische Auswertung der Forschung bzw. der entsprechenden folgenden Debatten, sondern eine „Einordnung wichtiger Hintergründe und Kontexte", und sollte „Vorschläge, wie die Debatte innerhalb der politischen Kultur und des Faches verortet werden könnte", liefern.[169]

In ihrem Buch dokumentieren Sabrow und Mentel die öffentliche historiographisch-politische Debatte und fassen insgesamt fünf Themenkomplexe zusammen, die die verschiedenen Aspekte der Kritik gegen *Das Amt* prägten. Zwei dieser Komplexe sind die „Überlastung" der Diplomatiegeschichte der Historikerkommission und die Vernachlässigung des Fokus auf die Verfolgungs- und Vernichtungspolitik des Ministeriums, die aus Fehlern bei der Interpretation der Quellen resultierte. Weitere Kritikpunkte sind der Zweifel an der politischen Unabhängigkeit der Kommission und am Einfluss Joschka Fischers sowie der Mangel an neuen Erkenntnissen der Forschung.[170]

Diese zwei Veröffentlichungen, die mit *Das Amt* relativ kritisch umgehen, weisen auf die Wichtigkeit einer öffentlichen Auseinandersetzung mit den früheren und zeitgenössischen Aufarbeitungen der nationalsozialistischen Geschichte hin. Vor allem verdeutlichen sie, dass die Erforschung der Geschichte des ostdeutschen Außenministeriums und die Erörterung im deutschen historischen Diskurs stark vernachlässigt wurden. Während die Historikerkommission gegründet wurde, um die bereits bekannte verbrecherische Geschichte des westdeutschen Außenministeriums historisch offiziell zu bestätigen und um den Mythos des Auswärtigen Amtes zu widerlegen, bleibt die Geschichte der NS-Vergangenheit des ostdeutschen Außenministeriums in *Das Amt* und in der folgenden Debatte unberührt. Da das MfAA im Zuge der Gründung der DDR als ein neues Ministerium gegründet wurde, hatten auch die „neuen" ostdeutschen Diplomaten mit dem alten Regime nichts zu tun. Die „Feststellung", dass die DDR-Diplomaten treue Sozialisten waren, erübrigte die Notwendigkeit eines offiziellen parallelen „Mythos" wie in der BRD. Die historische Forschung und die Äußerungen der Ministeriumsspitzen offenbaren jedoch das gewünschte Profil des DDR-Ministeriums. Dieses Profil entspricht dem

---

169 Vgl. Sabrow/Mentel, 2014, S. 13.
170 Vgl. ebenda, S. 28. Ein wissenschaftlicher Versuch, diese Debatte zu bewältigen, fand in einer Konferenz des Instituts für Zeitgeschichte München–Berlin und der Akademie für Politische Bildung Tutzing im Frühsommer 2013 statt. Daraufhin wurde Hürter, Johannes/Mayer, Michael (Hg.): *Das Auswärtige Amt in der NS-Diktatur.* Eldenburg 2014 veröffentlicht.

generell sehr präsenten Gründungsmythos der DDR, sodass das MfAA keinen „eigenen Mythos" benötigte. Die Positionen des MfAA gegenüber der NS-Geschichte wurden von den Gründungsmythen der DDR dominiert: der Mythos des neuen Anfangs, des Antifaschismus und der Abgrenzung von der NS-Vergangenheit. Der von der SBZ/DDR verkündete Erfolg der Entnazifizierungsmaßnahmen verkörperte einen Teil der Verfestigung dieses Mythos. Er beanspruchte, dass Ostdeutschland frei von Nazis war. Die Deutsche Demokratische Republik sah sich selbst als ein Vorbild für einen deutschen Staat, der sich – im Unterschied zur Bundesrepublik – ausreichend mit seiner Vergangenheit auseinandersetzte. So konnte die DDR im Gegensatz zu Westdeutschland als „besserer" politischer Nachfolger des „Dritten Reiches" angesehen werden. Entsprechend wurde im Rahmen der propagandistischen Maßnahmen der DDR bekannt gemacht, dass die Deutsche Demokratische Republik „die Nazis aus ihren Stellungen entfernt [hat] [...] und dass ein Nazi in der DDR zu keiner wichtigen Position gelangen kann", während in Westdeutschland die alten Nazis weiterhin ihre alten Stellen besetzten.[171] Wie diese Äußerungen mit der Realität vereinbart wurden, wird in den nächsten Kapiteln diskutiert.

2.2.2. Historiographische und fachliche (Dis-)Kontinuitäten in der deutschen Außenpolitik zwischen Ost und West

In der Schlussfolgerung zu seinem Buch *Außenpolitik in engen Grenzen. Die DDR im internationalen System 1949–1989* stellt der Historiker Hermann Wentker fest, dass die große Frage, mit der sich die deutsche Außenpolitik seit 1871 beschäftigte, nämlich die nach der „Vereinbarkeit einer deutschen Großmacht", keine Rolle für die Außenpolitik der Nachkriegszeit sowohl in der Bundesrepublik als auch in der DDR spielte.[172] Diese Schlussfolgerung bestätigt das Konzept von „Stunde Null": Ab 1945 gab es in Ost- und Westdeutschland neue außenpolitische Ziele. Bedeutet das aber auch, dass sich die beiden Außenministerien ebenfalls gänzlich neu strukturierten oder kann man vielmehr davon ausgehen, dass sie kontinuierlich an das Vergangene anschlossen und die „neue" Außenpolitik der beiden deutschen Staaten eine politisch-historische Weiterentwicklung der deutschen Außenpolitik

---

171 Vgl. Blänsdorf, 1995, S. 29.
172 Vgl. Wentker, Hermann: *Außenpolitik in engen Grenzen. Die DDR im internationalen System 1949–1989*. München 2007, S. 555.

war? Die internationale entscheidende Funktion des deutschen Außenministeriums in den verschiedenen Phasen der deutschen nationalen Entwicklung sehe ich als wesentlich an, um diese Fragen zu beantworten. Vom deutschen Kaiserreich mit seinen Kolonien über die Weimarer Republik und das „Dritte Reich" bis zur Niederlage im Zweiten Weltkrieg und der Transformation zu zwei Ministerien in der Bundesrepublik und der DDR war die politische Rolle des Außenministeriums zentral für die Wahrnehmung Deutschlands auf der internationalen Ebene. Diese Bedeutsamkeit für die deutsche Außenpolitik und für das Konsularwesen wurde in mehreren Handbüchern, die seit dem 19. Jahrhundert erschienen sind, beobachtet und analysiert. Jede Version dieser Handbücher schlägt eine Systematik der grundsätzlichen juristischen und praktischen Aufgaben der deutschen Diplomaten vor, abhängig von den wechselnden zeitgenössischen politischen und geopolitischen Zuständen. Es ist auffällig, dass das Erbe des preußischen Außenministeriums im deutschen Kaiserreich sowie die elementare Struktur der verschiedenen Abteilungen des Ministeriums in allen nachfolgenden „westlichen"[173] Ausgaben eines solchen Handbuchs erwähnt werden. Demgegenüber werden die Handbücher zur Außenpolitik in der DDR anders gegliedert. Ziel des folgenden Überblicks über die historiographische Entwicklung der deutschen Außenpolitik Ende des 19. Jahrhunderts bis Anfang des 20. Jahrhunderts ist, die DDR-Außenpolitik als organischen Teil dieser Entwicklung zu zeigen und somit die DDR im Kontext der nationalen Geschichte Deutschlands zu erörtern.

Von Preußen in die Bundesrepublik
Das Modell für die späteren außenpolitischen Handbücher wurde in der ersten Ausgabe des *Handbuchs des deutschen Konsularwesens* formuliert. Das Handbuch von 1878 von Bernhard von König enthält

„das Allgemeine über Stellung, Recht und Pflichten der kaiserlichen Konsuln, [...] die Zuständigkeit dieser Konsuln im Einzelnen [...] [und] Formulare und Beispiele in Bezug auf die wichtigeren Seiten der konsularischen Thätigkeit"[174].

---

173 Damit gemeint sind Veröffentlichungen aus dem „bürgerlich-kapitalistischen" Deutschland, also im Kaiserreich, in der Weimarer Republik, im „Dritten Reich" und in der Bundesrepublik.
174 König, Bernhard W. von: Vorwort. In: König, Bernhard W. von: *Handbuch des deutschen Konsularwesens*, 2. Ausgabe, Berlin 1878. Eine frühere Ausgabe wurde schon im Jahr 1875 veröffentlicht.

Ähnliche Beschreibungen sind in der Arbeit von Hermann Meyer aus dem Jahr 1920 zu finden, in der die Entwicklung und die Struktur des Ministeriums und der diplomatischen Arbeit dargestellt werden. Außerdem wird die Grundlage des Preußischen Ministeriums der Auswärtigen Angelegenheiten und des „Department der Auswärtigen Affären" des Königs Friedrich Wilhelm bis zur Gründung des neuen deutschen Reiches beschrieben.[175]

In ähnlicher Form basiert auch *Das Handbuch des Auswärtigen Dienstes* von Erich Kraske aus 1939 auf früheren Arbeiten, wie z.B. auf der Arbeit von Königs, welche sich laut Kraske bereits vor dem Ersten Weltkrieg als brauchbares Instrument der Diplomatie erwiesen hatte.[176] Nach Kraskes Schilderung befasst sich sein Handbuch „nicht mit Außenpolitik und mit den besonderen Fragen der diplomatischen Tätigkeit"[177]. Auf diese Weise konnte sich der Verfasser thematisch und politisch von der Politik der nationalsozialistischen Regierung distanzieren. Trotzdem ist das Handbuch von 1939 in keiner Weise ein objektiver Ratgeber, sondern ist eindeutig das Gedankengut des nationalsozialistischen Regimes. Die rassistische volksgemeinschaftliche Weltanschauung steht nämlich im Mittelpunkt der diplomatischen Arbeit des nationalsozialistischen Außenministeriums. Darüber hinaus ist auch die Beschreibung der gewünschten diplomatischen Tätigkeit der Beamten keine reine Zusammenstellung eines „normalen" Konsulargesetzes, da sie sich aktiv mit den verschiedenen Bereichen und Fragen der nationalsozialistischen außenpolitischen Agenda befassten.[178] Da ein Ziel der Diplomatie des deutschen Auswärtigen Amtes eine neue, stärkere Verbindung zwischen den Deutschen im Ausland und deren Heimat war,[179] waren beispielsweise die Nürnberger Gesetze und ihre praktische Folgen von besonderer Wichtigkeit in der Formulierung der Grundlinien der diplomatischen Arbeit und der Regelungen des Amtes. So werden in Kraskes Buch die standesamtlichen Befugnisse der Konsulate im Falle von Eheschließungen

---

175 Vgl. Meyer, Hermann: *Das politische Schriftwesen im deutschen auswärtigen Dienst: Ein Leitfaden zum Verständnis diplomatischer Dokumente.* Tübingen 1920, S. 5 ff.

176 Vgl. Kraske, Erich: *Handbuch des Auswärtigen Dienstes.* Halle (Saale) 1939. Kraske war Mitarbeiter des deutschen Auswärtigen Amtes und leitete nach dem Krieg das Max-Planck-Institut für Ausländisches Öffentliches Recht und Völkerrecht. Vgl. Conze/Frei/Hayes/Zimmermann, 2010, S. 435.

177 Kraske, 1939, S. V.

178 Vgl. ebenda, S. VI.

179 Vgl. ebenda.

zwischen Juden und „Staatsangehörigen deutschen oder artverwandten Blutes"[180] aktualisiert. In dem Kapitel über die „Staatsangehörigkeit, Reichsbürgerrecht, Paß- und Sichtvermerksbefugnisse" wird die Stellung der Juden im Deutschen Reich als Beispiel für jene Bürger genannt, die nicht als „Staatsangehörige [...] deutschen oder artverwandten Blutes" galten und die „beim Inkrafttreten des Reichsbürgergesetzes das Wahlrecht zum deutschen Reichstag [nicht] besessen" hatten.[181]

Im Jahr 1957, drei Jahre nach Kraskes Tod, wurde eine neue überarbeitete Ausgabe seines Handbuchs herausgegeben,[182] von der man annehmen kann, dass sie mit entsprechenden Veränderungen und Auslassungen auch für die Nachkriegszeit von Wert ist. Im Handbuch wird erläutert, dass das Auswärtige Amt „zu den Gebieten der staatlichen Tätigkeit [gehörte], die durch den Zusammenbruch im Jahre 1945 am schwersten betroffen wurden",[183] und von Grund auf neu errichtet werden musste. Ohnehin sollte das Grundgesetz der Bundesrepublik als „wesentlichste Grundlage für den deutschen Auswärtigen Dienst"[184] dienen. Strukturell ist die Ausgabe von 1957 identisch mit der Ausgabe von 1939. Nur die rassistischen Artikel fehlen. Somit stellt das Handbuch das Auswärtige Amt der Bundesrepublik als neues, „sauberes" Außenministerium dar und gleichzeitig als ein Ministerium mit einer langen und bedeutsamen Tradition in der deutschen Geschichte.

Von Preußen in die DDR?

Im Gegensatz zum Auswärtigen Amt lehnte das Ministerium für Auswärtige Angelegenheiten die Basis und die Traditionen des alten Außenministeriums ab.[185] Trotz des Bruches mit der deutschen nationalen Geschichte wurde mit der Gründung der DDR „ein neues Kapitel deutscher Außenpolitik [...] aufgeschlagen"[186]. Diese Gegendarstellung zur bekannten strukturellen Kontinuität im Bonner Auswärtigen Amt,

---

180 Ebenda, S. 257.

181 Vgl. ebenda, S. 258.

182 Vgl. Kraske, Erich: *Handbuch des Auswärtigen Dienstes*. Auf Veranlassung des Auswärtigen Amtes völlig umgearbeitet von Wilhelm Nöldeke. Tübingen 1957.

183 Ebenda, S. 2.

184 Ebenda, S. 1 ff.

185 Vgl. Staatsrat der Deutschen Demokratischen Republik (Hg.): *Beiträge zu Fragen der Außenpolitik der Deutschen Demokratischen Republik*. Schriftenreihe des Staatsrates der Deutschen Demokratischen Republik. Nr. 3, 1961. Berlin 1961, S. 7 ff.

186 Hänisch, Werner/Krüger, Joachim/Vogl, Dieter: *Geschichte der Außenpolitik der DDR. Abriß*. Berlin 1985, S. 23.

seiner methodologischen, gesetzlichen und moralischen Grundlinien sowie seines diplomatischen Kaders wurde sogar in der DDR zum Hauptthema und als propagandistisches Instrument gegen die Bundesrepublik verwendet. Da das MfAA nach dem Vorbild des sowjetischen Außenministeriums gegründet wurde, präsentierten die ostdeutschen Handbücher für Außenpolitik ganz neue Richtlinien im Feld der deutschen Außenpolitik.

Eines der Handbücher widmet sich dem „Standardwerk der sowjetischen Völkerrechtswissenschaft", der sowjetischen Auslandspolitik und folglich auch der diplomatischen Arbeit der DDR und wurde 1966 nach einer deutsch-russischen Kooperation veröffentlicht.[187] Ziel der Verfasser war die Herausgabe eines Buches, das sich nicht nur an die Diplomaten selbst richtet bzw. die grundsätzlichen Richtlinien der Diplomatie beinhaltet, sondern auch Aspekte, die sich an die Öffentlichkeit wenden, an Personen, die „mit dem Diplomaten- und Konsularrecht informativ [...]" vertraut gemacht werden sollten. *Das Diplomaten- und Konsularrecht* behauptet, dass die inhaltlichen Regelungen und Interpretation der sozialistischen Außenpolitik nur in „eine[r] marxistische[n] Analyse und Systematisierung dieser Materie vorgenommen" werden können.[188] Der Autor des Vorworts, Karlfried Hofmann, besteht darauf, dass eine solche marxistische Analyse die „Praxis unserer auswärtigen Beziehungen in vielfältiger Weise befruchten und auch für den wissenschaftlichen Meinungsstreit eine Reihe von Ansatzpunkten geben"[189] könne. Wie in den „westlichen" Vor- und Nachkriegsversionen der Handbücher werden in der DDR-Ausgabe die grundsätzlichen Begriffe des Diplomaten- und Konsularrechts sowie die Rolle der Diplomaten und der Botschaften in verschiedenen diplomatischen Missionen und Tätigkeiten detailliert beschrieben.[190]

Die außenpolitischen Handbücher, die nach dem Krieg veröffentlicht wurden, zeigen demnach zwei parallele Entwicklungen, die der deutschen Teilung entsprechen: eine Weiterführung des Arbeitswesens der deutschen Diplomaten nach der Regelung des alten Außenministeriums in der Bundesrepublik und ein neues sozialistisches Denken nach dem Entwurf der Sowjetunion in der Deutschen Demokratischen

---

187 Vgl. Blischtschenko, Igor P./Durdenewski, W. N.: *Das Diplomaten- und Konsularrecht*. Berlin 1966.

188 Vgl. Hofmann, Karlfried: „Zur Einführung", In: ebd. o. S.

189 Ebenda.

190 Zum Beispiel im Kapitel IV, „Auslandsorgane für auswärtige Beziehungen". Vgl. ebenda, S. 143 ff.

Republik. Die Kontinuität und Diskontinuität lassen sich nicht nur auf der theoretischen Ebene der diplomatischen Arbeit beobachten. Sie können auch als Hinweise auf den Umgang mit Personalkontinuitäten in den beiden Außenministerien verstanden werden.

2.2.3. Die Gründung des MfAA, die sozialistische Außenpolitik und die Schaffung eines neuen außenpolitischen Apparats

Das Ministerium für Auswärtige Angelegenheiten wurde zugleich mit der Deutschen Demokratischen Republik am 7. Oktober 1949 gegründet. Ursprünglich wurde das MfAA nach der administrativen Struktur des Auswärtigen Amtes der Weimarer Republik gebildet und erst Anfang der Fünfzigerjahre wurde die Organisation des Ministeriums in eine sowjetische Richtung umgewandelt.[191] Am 21. Oktober 1949 ernannte der Präsident der zwei Wochen alten DDR, Wilhelm Pieck, die ersten Leiter der neuen diplomatischen Missionen im Ausland.[192] Diese erste Reihe von Diplomaten stammte aus der Generation der „Altkommunisten" und wurde nach sozialen und politischen Kriterien ausgewählt, absichtlich ohne offizielle fachliche Erfahrung der Ausgewählten im Bereich der Außenpolitik. Wichtiger war es, dass diese Diplomaten namentlich keine „hochqualifizierten ehemaligen Beamten des Auswärtigen Amtes aus der Zeit vor 1945"[193] waren. Sie selbst waren unsicher, ob sie sich zu den hochgeschätzten „Diplomaten" zählen durften. Pieck versuchte, sie zu motivieren und sagte, sie sollten „keine Diplomaten alten bürgerlichen Stils sein", sondern Diplomaten sozialistischer Art.[194] Die Ausbildung der nächsten Generationen der DDR-Diplomaten und deren Anpassung an die sozialistische Außenpolitik fand durch verschiedene Professionalisierungsmaßnahmen statt: Ab den Sechzigerjahren wurden die DDR-Diplomaten im Institut für Internationale Beziehungen in Potsdam-Babelsberg oder in Moskau ausgebildet.[195]

Die DDR-Außenpolitik und das Ministerium für Auswärtige Angelegenheiten interessierten Forscher auf beiden Seiten der deutsch-deutschen Grenze. Mehrere Texte beschäftigen sich mit historischen

---

191 Vgl. Wentker, 2007, S. 37 ff.
192 Vgl. Muth, Ingrid: *Die DDR-Außenpolitik 1949–1972: Inhalte, Strukturen, Mechanismen*. Berlin 2000, S. 147.
193 Wentker, 2007, S. 44.
194 Vgl. ebenda.
195 Vgl. Scholtyseck, Joachim: *Die Aussenpolitik der DDR*. München 2003, S. 71–72.

und politischen Aspekten der DDR-Außenpolitik, hauptsächlich mit der Entwicklung der diplomatischen Beziehungen der DDR mit anderen Staaten, aber auch mit Personal- und Kaderfragen. Zwischen den historiographischen Quellen aus der BRD und aus dem Osten liegen große Unterschiede: Im Osten war die fachliche Literatur zur DDR-Außenpolitik hauptsächlich Propaganda und die Analysen der westdeutschen Literatur basierten auf genau dieser Propaganda.[196] Wobei im Rahmen des Kalten Krieges beide Arten von Quellen als Propaganda bezeichnet werden dürften. Sowohl die geringe Menge an Texten über die Herkunft der DDR-Diplomaten und über den institutionellen Wiederaufbau des Ministeriums als auch die umfangreiche Beschäftigung mit der praktischen Außenpolitik der DDR können mit der damaligen Unzugänglichkeit der Archivmaterialien aus Ostdeutschland begründet werden. Auf den nächsten Seiten werde ich mich mit diesen verschiedenen Texten aus der DDR und der BRD vor und nach 1989 beschäftigen.

2.2.3.1 Zwischen Propaganda, Moral und Außenpolitik

Zwischen den Zeilen der repetitiven ideologisch-propagandistischen Argumentationen der Fachliteratur aus der DDR tauchen auch die Grundlagen der ausgeübten DDR-Außenpolitik auf.[197] Nach der Sowjetisierung bzw. Stalinisierung der SBZ/DDR und auch nach dem Tod Stalins im Jahr 1953 sowie der darauffolgenden De-Stalinisierung des sozialistischen Raumes orientierte sich die Außenpolitik der DDR wieder an den Urvätern des Sozialismus und Kommunismus. Diese waren natürlich tief mit der deutschen Geschichte verwurzelt. Dieser Umstand und die Souveränitätserklärung der DDR von 1955 bedeuteten nicht, dass die Durchführung der Außenpolitik in der DDR von nun an vom sowjetischen Einfluss befreit war,[198] trotzdem verschob sich der Fokus der außenpolitischen Argumentationen. Die Außenpolitik der DDR wurde nicht mehr nur als Beispiel einer „sozialistischen Außenpolitik" gesehen, sondern als eine *unabhängige* Außenpolitik bezeichnet,

---

196 Wentker erwähnt sogar einen „Quellenmangel" westdeutscher Forschung über das MfAA, Vgl. Wentker, 2007, S. 10 ff.

197 Wentker sieht die Geschichtsschreibung in der DDR für die heutige Forschung als „generell von äußerst eingeschränktem Wert" wegen der deutlichen propagandistischen und ideologischen Ziele dieser Literatur. Vgl. ebenda.

198 Ein gutes Beispiel ist die obenerwähnte deutsch-russische Veröffentlichung von Blischtschenko/Durdenewski, 1966.

die auf den Lehren von Karl Marx und Friedrich Engels basierte.[199] Die DDR-Außenpolitik war von nun an eine deutsche Außenpolitik, eine Außenpolitik des „ersten deutschen Arbeiter-und-Bauern-Staates" und damit eindeutig von der westdeutschen Außenpolitik abgegrenzt. Die DDR-Außenpolitik verkörperte eine neue deutsch-nationale Außenpolitik, die ihre Grundprinzipien aus dem *Kommunistischen Manifest* bezog, mitsamt seiner „Kritik des Wesens der kapitalistischen Innen- und Außenpolitik, [...] die durch den Sozialismus und den proletarischen Internationalismus gekennzeichnet ist"[200]. Auf der Grundlage der Lehren von Karl Marx formulierte man also die zeitgenössischen und zukünftigen Verhältnisse der DDR zum „sozialistischen Internationalismus", zur Demokratie und Selbstbestimmung, zum Kolonialismus, zur nationalen Befreiung und zu Krieg und Frieden neu, d. h. zu allen wichtigen Themen der außenpolitischen Auseinandersetzungen der Zeit. Diese Prinzipien standen im Mittelpunkt der DDR-Politik und -Außenpolitik seit der Mitte der Sechzigerjahre. In mehreren Publikationen wurden damals die gleichen vier Hauptziele der Außenpolitik genannt:

1) „die günstigsten internationalen Bedingungen für den umfassenden Aufbau des Sozialismus in der DDR zu schaffen, [...] um den ‚Arbeiter-und-Bauern-Staat' zu sichern und zu stärken",

2) „die Einheit und Geschlossenheit der sozialistischen Länder [...] auf der Grundlage des sozialistischen Internationalismus ständig zu stärken",

3) „die um ihre Befreiung vom imperialistischen Kolonialjoch kämpfenden Völker zu unterstützen", und

4) „normale Beziehungen mit den europäischen und außereuropäischen kapitalistischen Staaten herzustellen, [...] auf der Grundlage der friedlichen Koexistenz, der Achtung der Souveränität und der Nicht-Einmischung."[201]

Otto Winzer, DDR-Außenminister zwischen 1965 und 1975 und Beauftragter für die Ausarbeitung der Geschichte der Entwicklung der DDR-Außenpolitik, verfasste unter anderem im Jahr 1969 das Buch *Deutsche*

---

199 Wie Titel und Inhalt des Buches von Außenminister Otto Winzer zeigen. Vgl. Winzer, Otto: *Die Außenpolitik der DDR im Lichte der Lehren von Karl Marx. Vortrag auf einer wissenschaftlichen Konferenz am 19. Juni 1968 in Berlin anlässlich des 150. Geburtstages von Karl Marx*. Berlin 1968.

200 Ebenda, S. 5 ff.

201 Vgl. Winzer, Otto: *Deutsche Außenpolitik des Friedens und des Sozialismus*. Berlin 1969, S. 22. Ähnliche Ziele beschrieb Winzer in seiner Rede vor dem ZK der SED, vgl. Winzer, Otto: *Konstruktive deutsche Friedenspolitik. Bericht über Fragen der Außenpolitik der DDR auf der 12. Tagung des ZK der SED, 27./ 28. April 1966*. Berlin 1966.

Außenpolitik des Friedens und des Sozialismus. Schon der Titel seines Buches weist auf die grundsätzlichen Prinzipien der Außenpolitik der DDR hin. Die deutsche Außenpolitik wird von zwei Klassenlinien geprägt: zum einen von der preußisch-militärischen Linie und zum anderen von der Linie der Arbeiterklasse.[202] Zudem kritisiert Winzer die Zielsetzung der westdeutschen Bundesrepublik. Er bezeichnet die westdeutsche Außenpolitik als eine „militaristische Politik, [...] die die Völker Europas und der ganzen Welt [...] schon zweimal in furchtbare Weltkriege gestürzt hat"[203]. Dagegen prägte „[d]er Kampf der deutschen Arbeitsklasse um eine auswärtige Politik, die den Frieden, die Selbstbestimmung und die Freundschaft der Völker und den gesellschaftlichen Fortschritt aller Nationen zum Inhalt hat"[204], die Außenpolitik der DDR. Dies war laut Winzer in der DDR zur „Staatspolitik" geworden.[205] Trotz der historischen Schwierigkeiten gelang es der DDR, eine auswärtige Friedenspolitik auf der Grundlage einer „marxistisch-leninistischen Analyse" zu schaffen, die gleichzeitig von „Beweglichkeit" und „Elastizität" zeugte.[206] Diese „Beweglichkeit und Elastizität" erlangte die DDR mit ihrer Haltung gegenüber der wechselnden Politik Westdeutschlands und der damaligen „revanchistischen Außenpolitik" des „deutschen Militarismus" in der Bundesrepublik. Während Winzer die Politik der DDR im Zuge der vermeintlichen politischen Veränderungen in Westdeutschland als „aktiv" und „initiierend" beschreibt, klingen „Beweglichkeit und Elastizität" meiner Meinung nach eher passiv und reagierend.[207]

2.2.3.2 Stabilisierung und Veränderungen in Ost und West

Werner Hänisch war einer der prominenten Experten für internationale Beziehungen in der DDR. In seiner Rolle als Professor und stellvertretender Direktor am Institut für Internationale Beziehungen der DDR veröffentlichte er mehrere Publikationen zum Thema DDR-Außenpolitik.[208] Seine Sicht zur DDR-Außenpolitik aus der Zeit vor

---

202 Vgl. Winzer, 1969, S. 16.
203 Ebenda.
204 Ebenda.
205 Vgl. ebenda.
206 Vgl. ebenda.
207 Vgl. ebenda.
208 Vgl. z. B. Hänisch/Krüger/Vogl, 1985; Hänisch, Werner/Krüger, Joachim: *Europa auf dem Wege zu Frieden, Sicherheit und Zusammenarbeit*. Berlin 1972. Über seine wissenschaftlichen Tätigkeiten vgl. Crome, Erhard: In Memoriam Werner Hänisch. In: Rosa-Luxemburg-Stiftung Webseite, 22.1.2017, https://brandenburg.rosalux.de/

1989 bietet eine pragmatische Version des damaligen DDR-Verhältnisses zu außenpolitischen Fragen. Hänisch bestätigt die Bedeutung der Außenpolitik der DDR und deren internationale Beziehungen für die Verwirklichung der sozialistischen Ideologie: Er behauptet, dass die Außenpolitik der DDR auf außenpolitischen Quellen basiert, die sich „im Kampf der Arbeiterklasse und ihrer Verbündeten unter Führung der Sozialistischen Einheitspartei Deutschlands, um die Schaffung und Entwicklung der sozialistischen Gesellschaft" bemüht.[209] Auf diese Weise stimmten die klaren Ziele der Außenpolitik mit denen der Errichtung des deutschen sozialistischen Staates, also der „Ausrottung" der Ursachen von Krieg und Aggression und dem Kampf um Frieden und Sicherheit in Europa, überein.[210]

Als eine der wesentlichen Aufgaben der DDR bzw. der Außenpolitik der DDR nennt Hänisch die Zusammenarbeit mit den Staaten der sozialistischen Gemeinschaft und natürlich primär mit der Sowjetunion. Unter anderem kämpften sie alle um Solidarität und Befreiung aller Völker mit dem Ziel des sozialistischen Fortschritts.[211] Die Aufgabe der DDR war in diesem Fall, diese Prinzipien durch die „Zerschlagung der ökonomischen und politischen Grundlagen der Macht des Monopolkapitals, der Grundbesitzer und des Militarismus"[212] durchzusetzen. In seiner Darstellung der historischen Entwicklung der Außenpolitik der DDR vergisst Hänisch die propagandistischen Ziele seiner Arbeit nicht und greift die westdeutsche Geschichtswissenschaft und ihre Haltung gegenüber der DDR an. Während in den ersten Jahren nach der Gründung der beiden deutschen Staaten die außenpolitischen Entwicklungen in der DDR von den „bürgerlichen Historikern und Politologen" aus der BRD ignoriert wurden, identifiziert Hänisch eine Wende in der westdeutschen historiographischen Haltung während der Sechzigerjahre gegenüber den politischen Ereignissen in der DDR. Die ignorante Haltung des Westens wechselte in Angriffe über: Die SED wurde als „Instrument" oder als „Satellit Moskaus" bezeichnet. Hänisch erklärt,

news/id/14587/in-memoriam-werner-haenisch [abgerufen am 29.10.2021, 14:35 Uhr].

209 Vgl. Hänisch, Werner: *Außenpolitik und internationale Beziehungen der DDR. Band 1. 1949–1955.* Berlin 1972, S. 5.

210 Vgl. ebenda, S. 6.

211 Vgl. ebenda.

212 Ebenda, S. 25.

dass solche Formulierungen den westdeutschen antisowjetischen und antikommunistischen Charakter bestätigten.[213]

Die Arbeit der westdeutschen Historikerin Anita Dasbach Mallinckrodt *Wer macht die Außenpolitik der DDR? Apparat, Methoden, Ziele* aus dem Jahr 1972 schlägt eine Methode vor, wie sich die westdeutsche Wissenschaft mit der Außenpolitik der DDR auseinandersetzen könnte.[214] Ihre Feststellungen wurden von den politischen Entwicklungen und Ereignissen Anfang der Siebzigerjahre beeinflusst, hauptsächlich von der Schaffung der diplomatischen Beziehungen und der folgenden gegenseitigen Anerkennung der Bundesrepublik und der DDR. Dieser historische Wandel änderte auch die Sprache, in der die westdeutsche Forschung die DDR beschrieb und definierte: vom „zuverlässigsten Satelliten der Sowjets" ist die DDR „nur" zum „Juniorpartner der UdSSR" geworden.[215] Der Tonwechsel gegenüber der DDR sieht einerseits nach einer westdeutschen Bestrebung aus, die DDR-Außenpolitik unter den neuen Bedingungen der diplomatischen Anerkennung zu verstehen und zu legitimieren. Andererseits differenziert die neue Forschung der Siebzigerjahre deutlich zwischen den Entscheidungsprozessen in der demokratischen Bundesrepublik und den sowjetisch geprägten in der DDR.

Ein Wechsel der historischen wissenschaftlichen Sprache entwickelte sich auch in der DDR. Die methodologische, historiographische und kulturelle Wende in der DDR der Siebziger- und Achtzigerjahre, durchgeführt von der SED-Politik „Erbe und Tradition", brachte eine bedeutende Veränderung in der Selbstbestimmung der Außenpolitik der DDR mit. Mit „Erbe und Tradition" besann sich die DDR der nationalen Entwicklung Deutschlands vor 1933, die sie in den ersten Jahren vernachlässigte, um nun eine Kontinuität der deutschen Geschichte bis zur der Gründung der DDR aufzuzeigen.[216] Diese Politik kann also

---

213 Vgl. ebenda, S. 12–13.
214 Vgl. Dasbach Mallinckrodt, Anita: *Wer macht die Außenpolitik der DDR? Apparat, Methoden, Ziele.* Düsseldorf 1972.
215 Vgl. ebenda, S. 9.
216 Einen umfassenden Überblick zur These „Erbe und Tradition" bietet Nauhäusser-Wespy, Ulrich: Erbe und Tradition in der DDR. Zum gewandelten Geschichtsbild der SED. In: *Geschichtswissenschaft in der DDR.* Hrsg. von Alexander Fischer u. a. Bd. 1, Berlin 1988, S. 129–153. Siehe auch Bensing, Manfred: Erbe und Tradition in der Geschichte der Deutschen Demokratischen Republik. In: *Zeitschrift für Geschichtswissenschaft.* Bd. 32, Nr. 10, 1984, S. 883–893; Aßmann, Astrid/Hübner, Peter: Erbe und Tradition in der Geschichte der DDR. In: *Zeitschrift für Geschichtswissenschaft.* Bd. 32, Nr. 9, 1984, S. 796.

als eine Umkehr von der Ablehnung der Vergangenheit der Anfangs-
jahre gesehen werden. Folglich bekam der deutsch-nationale Bestandteil innerhalb der DDR-Selbstbestimmung ein größeres Gewicht in der
Politik, Geschichtsschreibung und Kultur. Im Bereich der Außenpolitik ist sie zur „sozialistischen deutschen Außenpolitik" geworden, die
als „Erbe und Fortsetzer alles Guten, Fortschrittlichen, Humanen und
Demokratischen" galt, „das im jahrhundertelangen Kampf des deutschen Volkes entstanden" war und wofür es „große Opfer gebracht"
hatte.[217] Wichtige Figuren der deutschen Geschichte und Kultur wie
Goethe, Lessing und Kant und ihre Leistungen zur „Friedenssicherung
und Völkerfreundschaft fanden in der Außenpolitik der DDR ebenso ihre Fortsetzung und Verwirklichung"[218]. Die Revolution von 1848,
die bis dahin als Teil der historischen Entwicklung und des kapitalistischen Erbes galt, passte sich nun den „neuen" Zielen der sozialistischen bzw. kommunistischen Revolution an.[219]

Obwohl das Konzept „Erbe und Tradition" grundsätzlich auch im
außenpolitischen Gebiet Gültigkeit beanspruchte und die DDR-Außenpolitik als „die tiefste Wende in der deutschen Geschichte" bezeichnet
werden kann, bei der „ein neues Kapitel der deutschen Außenpolitik
aufgeschlagen [wurde]"[220], wurden die „alten" Grundprinzipien der
SBZ/DDR-Außenpolitik, die schon nach 1945 formuliert worden waren,
nach entsprechender Anpassung ebenso angewandt. Die Folgen des
Krieges zwangen die DDR, als der „humanistischere" und „friedlieben-
dere" der beiden deutschen Staaten, das Vertrauen der europäischen
Völker wiederzugewinnen. So wurden die Aussagen des Aufrufs der
KPD von 1945, ein „friedliches und gutnachbarliches Zusammenleben
mit den anderen Völkern" und der „entscheidende[] Bruch mit der
Politik der Aggression und der Gewalt gegenüber anderen Völkern",
nochmals betont.[221] Die Schuld an den NS-Verbrechen in dieser „Erbe
und Tradition"-Phase verschob sich von einer Mitschuld des deutschen
Volkes zur Schuld des Imperialismus bzw. Faschismus, der die „Ausrottung ganzer Nationen und Völker nicht nur auf seine Fahnen geschrieben, sondern diese mit Völkermord"[222] verbunden hatte. Das bedeutet,

---

217 Vgl. Hänisch/Krüger/Vogl, 1985, S. 17.
218 Ebenda, S. 21.
219 Vgl. ebenda, S. 17.
220 Ebenda, S. 23.
221 Ebenda, S. 19. Vgl. Aufruf der Kommunistischen Partei Deutschlands, 11.6.1945. In:
    Berliner Zeitung, 14.6.1945, S. 3.
222 Hänisch/Krüger/Vogl, 1985, S. 22.

dass, obwohl das Konzept „Erbe und Tradition" mit dem Guten der deutschen Geschichte verknüpft war, es die ambivalente Haltung der DDR zwischen der Ablehnung und der Übernahme der Verantwortung für die Vergangenheit fortführte.

Meiner Ansicht nach lassen sich keine beträchtlichen Unterschiede zwischen der Außenpolitik der DDR der ersten Jahre nach 1945 und der DDR am Ende der Sechziger-, Siebziger- und Achtzigerjahre feststellen. Und doch sehen wir hier eine neue Phase in der Argumentation für die gleichen historischen, politischen und außenpolitischen Ziele der DDR: eine Fortsetzung dieser Argumentationen mit wechselnder Gewichtung. Neben den ideologischen Grundsätzen der deutschen kommunistischen Bewegung, die die Außenpolitik prägten, basierten die politischen, kulturellen und historischen Entwicklungen der DDR auf den unmittelbaren Ergebnissen des Zweiten Weltkriegs. Die deutsche Niederlage, der Sieg der Alliierten im Zweiten Weltkrieg (oder im Fall des Diskurses der DDR, die Befreiung der Deutschen vom Nationalsozialismus und Faschismus) und die deutsche Teilung hatten ihre Einflüsse auf die neuen außenpolitischen Ausrichtungen der DDR. Das Machtspiel zwischen dem sowjetischen Griff und der deutsch-nationalen wechselnden Selbstbestimmung der DDR charakterisierte die 40 Jahre der DDR-Politik und fand selbstverständlich ebenso seinen Ausdruck in der Geschichtsschreibung.

2.2.3.3 *Die biographische Bedeutung der Außenpolitik der DDR*
Der westdeutsche Historiker Joachim Scholtyseck analysierte den Machtkampf zwischen den Sowjets und den Deutschen in der Zeit nach der Gründung der Sowjetischen Militäradministration in Deutschland (SMAD) am 9. Juni 1945 bis in die Jahre nach der Gründung der DDR sowie innerhalb der unterschiedlichen politischen und außenpolitischen Kräfte der DDR. Sein Blick auf die ostdeutsche Außenpolitik beschreibt die Einschränkung des KPD/SED-Einflusses auf die politischen Entscheidungen in der SBZ, denn bislang durfte die deutsche politische Führung nur „Empfehlungen" an die sowjetischen Kollegen weitergeben, die die Entscheidungen trafen. Gleichzeitig genehmigten die Russen diese Empfehlungen und entschieden über die Vereinbarungen aus der DDR, wer aus der alten Generation der KPD welche Schlüsselpositionen im Kader der SED tragen konnte.[223] Scholtyseck erweiterte seine Analyse und beschreibt „den inhärenten Dualismus

---

223 Vgl. Scholtyseck. 2003, S. 2.

von Partei- und Staatsinstanzen", d. h. die beweglichen Grenzen zwischen den außenpolitischen Funktionen und Institutionen der DDR, als eine immanente Komponente der DDR-Außenpolitik.[224] Die Art von Entscheidungsprozessen der DDR-Außenpolitik war neu im Gebiet des deutschen Außendiensts und völlig fremd zum parallelen westdeutschen Auswärtigen Amt. Die DDR verteilte die außenpolitischen Aufgaben an verschiedene parteiliche Organisationen, Institutionen und auch an das MfAA. Das letzte Wort hatten das Politbüro, das Zentralkomitee und der Generalsekretär. Sie bestimmten die Außenpolitik und das im Unterschied zu „normalen" politischen Prozessen einer Regierung oder eines Außenministeriums, wo außenpolitische Diskussionen normalerweise stattfinden.

Eine eher strukturelle Darstellung der außenpolitischen Tätigkeiten der DDR bietet ein anderes westdeutsches Werk von Karl-Heinz Woitzik aus dem Jahr 1967. Woitzik untersuchte den damaligen außenpolitischen Apparat mehrerer außenpolitischer Organe der SED, die sich durchkreuzten: das MfAA, das Ministerium für Außenhandel und Innerdeutschen Handel, den Parteiapparat (unterschiedliche Kommissionen und Abteilungen zu internationalen Verbindungen) und die Deutsche Akademie für Staats- und Rechtswissenschaft „Walter Ulbricht". Woitzik betont, dass die Führung der SBZ die Gründung des MfAA als „zentrales Organ der staatlichen Verwaltung" als notwendig erachtete. Entsprechend sollte das Ministerium „die Außenpolitik der Regierung der Deutschen Demokratischen Republik auf der Grundlage der von der Volkskammer und dem Ministerrat festgelegten Prinzipien"[225] verwirklichen. Auf diese Weise lieferte das MfAA lediglich einen Stempel für die Entscheidungen, die in anderen Gremien getroffen wurden.

---

224 Ein Beispiel für dieses Machtspiel bzw. die außergewöhnliche politische Lage sieht Scholtyseck in der Rolle der Abteilung für Internationale Verbindungen des ZK der SED. Nach seiner Behauptung hatte diese Abteilung gar keinen wirklich entscheidenden Einfluss auf die Außenpolitik. Und trotzdem hatte die Abteilung für Internationale Verbindungen in dieser besonderen politischen Struktur mehr Einfluss auf die außenpolitischen Entscheidungsprozesse als das Ministerium für Auswärtigen Angelegenheiten selbst. Vgl. ebenda, S. 69.

225 Woitzik, Karl-Heinz: *Die Auslandsaktivität der sowjetischen Besatzungszone Deutschlands: Organisationen, Wege, Ziele.* Mainz 1967, S. 32. In seinem Buch listet er die Hauptfiguren der DDR-Außenpolitik auf, von der SED-Führung über die unterschiedlichen Kommissionen im Politbüro und die ZK-Abteilungen (S. 25–37) bis zu den ausländischen Vertretungen der DDR (ab S. 65).

Wie die erwähnte Analyse von Scholtyseck aus 2003 bietet auch die ehemalige DDR-Diplomatin Ingrid Muth eine Untersuchung der DDR-Personalpolitik aus der Perspektive der Nachwendezeit. Wie Woitzik konzentriert sich auch Muth auf Fragen zum Personalapparat des MfAA. Muth verlegte die Personalpolitik des MfAA in die allgemeine Struktur der DDR-Politik und sieht sie als ein „wesentliches Element zur Stabilisierung des politischen Systems und eines der Hauptinstrumente, mit dem die SED ihre führende Rolle realisierte und die Durchsetzung ihrer Politik absicherte"[226]. Diese Absicherung erkennt Muth schon in der Ernennung der ersten Diplomaten der Aufbaujahre.[227] Außer bei Gerhard Kegel, dem einzigen DDR-Diplomaten des alten Ministeriums, verhinderten die nicht-diplomatischen beruflichen Erfahrungen der anderen Diplomaten, die früher Lehrer, Journalisten oder politische Funktionäre waren, ihre künftigen diplomatischen Karrieren nicht. Sie wurden nach ihrer politischen Zuverlässigkeit und antifaschistischen widerständischen Tätigkeiten „gemessen" und auf dieser Weise bekräftigten sie die politischen Positionen ihres Landes als Gesandte der DDR im Ausland.[228] Dies war eine wichtige Komponente für das Gesicht der DDR auf der internationalen Bühne der Nachkriegszeit.

Auch Werner Hänisch, mit seiner überzeugten pro-ostdeutschen Orientierung zur DDR-Außenpolitik, setzte sich mit den Personalfragen im MfAA auseinander. Die ideologischen und politischen sowie die moralischen Merkmale der DDR waren seiner Meinung nach von den Grundlagen der diplomatischen Arbeit untrennbar.[229] Die Ideologie verkörperte nicht nur die Politik der diplomatischen Arbeit, sondern sollte auch durch die Diplomaten selbst verkörpert werden, da diese Funktionäre dem „Staat der Arbeiter und Bauern" dienten. Dementsprechend bewertet Hänisch die erste Generation der DDR-Diplomaten auch, aber im Gegensatz zu Muth und Scholtyseck sieht er in ihrem Mangel an beruflichen diplomatischen Erfahrungen einen Vorteil. Die „unprofessionellen" Diplomaten waren nicht nur Antifaschisten, Lehrer, Parteifunktionäre oder Prominente der deutschen kommunistischen Bewegung. Hänisch erklärt, dass ihre Sachkenntnisse aus der Zeit des antifaschistischen Kampfes sie zu der geeigneten Kompetenz,

226 Muth, 2000, S. 150.
227 Vgl. ebenda, S. 158.
228 Vgl. ebenda, S. 153.
229 Vgl. Hänisch, 1972, S. 70.

internationale Kontakte zu schaffen und folglich diplomatische Arbeit zu betreiben, befähigten. Unter dieser ersten Diplomatengruppe erwähnt Hänisch Rudolf Appelt,[230] Friedrich Wolf,[231] Fritz Grosse[232] und Johannes König[233]. Ingrid Muth fügt auch Peter Florin,[234] Erich Kops[235] und Änne Kundermann[236] zu dieser Liste der ersten Generation hinzu.[237] Diese neuen Diplomaten wurden in die Länder des sozialistischen Raumes entsandt.[238] Im Unterschied zum westdeutschen außenpolitischen Kader war eine hohe Moralität ein wichtiges Kennzeichen dieser Diplomaten. Hänisch bezeichnet die BRD-Diplomaten als „Nazidiplomaten", „Vertreter Preußischer Adelskasten" oder einfach „Diplomaten des faschistischen Deutschlands".[239]

Einen Fokus auf den biographischen Charakter der DDR-Diplomaten legt auch Anita Dasbach Mallinckrodt in ihrer Arbeit über die Mächte hinter der DDR-Außenpolitik. In der Quellenübersicht ihrer Forschung kritisiert die Verfasserin die zeitgenössische Literatur zum soziopolitischen System der DDR und behauptet, dass sie „eher deskriptiven als analytischen Charakter"[240] besitze. Darüber hinaus konzentriere sich diese Literatur nur

---

230 Erster DDR-Botschafter in Moskau und später Diplomat in der Mongolei. Vgl. Müller-Enbergs, H./Wielgohs, J./Hoffmann, D./Herbst, A./Kirchey-Feix, I./Reimann, O. W. (Hg.): Wer war wer in der DDR? Ein Lexikon ostdeutscher Biographien, Bd. 1. Berlin 2010, S. 41.

231 Erster DDR-Botschafter in Polen. Wolfs Lebenslauf wird im Teilkapitel 4.4. diskutiert.

232 Erster DDR-Botschafter in der Tschechoslowakei. Vgl. Müller-Enbergs/Wielgohs/Hoffmann/Herbst/Kirchey-Feix/Reimann, Bd. 1, 2010, S. 436.

233 Mitarbeiter im MfAA und ab 1950 Botschafter der DDR in China. Vgl. Müller-Enbergs/Wielgohs/Hoffmann/Herbst/Kirchey-Feix/Reimann, Bd. 1, 2010, S. 698.

234 Stellvertreter Leiter des Büros bzw. der Abteilung Internationale Verbindungen im ZK der SED 1949. Vgl. Müller-Enbergs/Wielgohs/Hoffmann/Herbst/Kirchey-Feix/Reimann, Bd. 1, 2010, S. 334–335.

235 Außerordentlicher Gesandter der DDR in Ungarn. Vgl. Weber, Hermann/Herbst, Andreas: Deutsche Kommunisten: Biographisches Handbuch 1918 bis 1945. Berlin 2008, S. 481–482.

236 Chef der diplomatischen Mission in Bulgarien. Vgl. Müller-Enbergs/Wielgohs/Hoffmann/Herbst/Kirchey-Feix/Reimann, Bd. 1, 2010, S. 747–748.

237 Vgl. Muth, 2000, S. 147. Diese Personen nahmen an der Ernennung von Außenminister Dertinger am 21.10.1949 teil.

238 Vgl. Hänisch, 1971, S. 71.

239 Vgl. Ebenda.

240 Dasbach Mallinckrodt, 1972, S. 9.

„auf einige Aspekte der außenpolitischen Aktivität wie auf den außenpolitischen Apparat der DDR oder auf die Außenpolitik selbst und ihre praktische Durchführung in verschiedenen Regionen der Welt"[241].

Außerdem bemängelt Dasbach Mallinckrodt die kleine Zahl der Forschungsarbeiten aus der DDR über ihre Außenpolitik und stellt jedoch gleichzeitig eine Reihe von wichtigen ostdeutschen Publikationen über die DDR-Außenpolitik vor.[242] Dasbach Mallinckrodts Forschung schlägt das *Decision-Making,* eine damals relativ neue Methode, für die Bewertung der ostdeutschen außenpolitischen Führung vor.[243] Dasbach Mallinckrodt bietet ebenfalls eine biographische Darstellung von zehn zentralen Entscheidungsträgern der DDR-Außenpolitik.[244] Unter diesen zehn Personen finden sich die Spitzen der damaligen SED-Führung: Walter Ulbricht, Erich Honecker, Paul Verner,[245] Willi Stoph,[246] Hermann Axen,[247] Günter Mittag,[248] Otto Winzer,[249] Peter Florin, Horst Sölle[250] und Paul Markowski[251]. Dasbach Mallinckrodt untersucht verschiedene soziologische und politische Faktoren im Lebenslauf dieser Decision-Maker. Um die Motive hinter den politischen Entscheidungen und Tätigkeiten dieser Personen aufzudecken, wurden unter anderem die familiären Hintergründe, der Zeitpunkt und die Umstände, unter denen sie in die KPD eintraten, ihre Schulbildung, die während des Zweiten Weltkriegs gemachten Erfahrungen und ihre erworbenen Fachkenntnisse berücksichtigt.[252] Laut Dasbach Mallinckrodt wiesen

---

241 Ebenda.

242 Vgl. ebenda, S. 9–10. Vgl. auch Winzer, 1969; Florin, Peter: *Zur Außenpolitik der souveränen sozialistischen Deutschen Demokratischen Republik.* Berlin 1967; sowie die Zeitschrift *Deutsche Außenpolitik.*

243 Vgl. ebenda. S. 10 ff.

244 Vgl. ebenda, Kapitel II, „Biographische Skizzen von DDR-Botschaftern", S. 352 ff.

245 Mitglied des ZK der SED, vgl. Müller-Enbergs/Wielgohs/Hoffmann/Herbst/Kirchey-Feix/Reimann, Bd. 2, 2010, S. 1354–1355.

246 Unter anderem Minister des Innern und Verteidigungsminister. Vgl. Müller-Enbergs/Wielgohs/Hoffmann/Herbst/Kirchey-Feix/Reimann, Bd. 2, 2010, S. 1282–1283.

247 Axen wird im Kapitel 4.4. näher diskutiert.

248 Mitglied des Politbüros des ZK der SED. Vgl. Müller-Enbergs/Wielgohs/Hoffmann/Herbst/Kirchey-Feix/Reimann, Bd. 2, 2010, S. 890–891.

249 Über Otto Winzer wird im Teilkapitel 4.7. ausführlich diskutiert.

250 Minister für Außenhandel u. Innerdeutschen Handel. Vgl. Müller-Enbergs/Wielgohs/Hoffmann/Herbst/Kirchey-Feix/Reimann, Bd. 2, 2010, S. 1243.

251 Leiter der Abteilung Internationale Verbindungen des ZK der SED. Vgl. Müller-Enbergs/Wielgohs/Hoffmann/Herbst/Kirchey-Feix/Reimann, Bd. 2, 2010, S. 844–845.

252 Vgl. Dasbach Mallinckrodt, 1972, S. 129.

alle Persönlichkeiten außer Ulbricht, Honecker und Stoph in ihren Lebensläufen konkrete fachliche Verbindung zur außenpolitischen Tätigkeit auf. Sie erwähnt Außenminister Otto Winzer, Peter Florin, Diplomat und Staatsekretär im Außenministerium (1963–1973) und stellvertretender Außenminister (1973–1989), und Hermann Axen,[253] der seit Ende der Sechzigerjahre als „Architekt der DDR-Außenpolitik" galt.[254]

Aufbauend auf dieser biographischen Analyse untersucht Dasbach Mallinckrodt die Art und Weise, in der sich die westdeutsche Forschung mit der NS-Vergangenheit in der DDR beschäftigte. In ihrer Forschung behauptet die Verfasserin, dass „der 2. Weltkrieg und seine Folgen [...] ein Aspekt von besonderer Bedeutung für die Einschätzung der Persönlichkeit der DDR-Entscheidungsträger"[255] waren. Als Beispiel für eine derartige Einschätzung zieht Dasbach Mallinckrodt den Fall des DDR-Funktionärs Hermann Axens heran, der aus einer jüdischen Familie stammte. Sie merkt an, dass die Zeit, die er im Konzentrationslager verbrachte, seine spätere Weltanschauung prägte.[256] Andererseits waren mindestens drei von den zehn oben erwähnten Entscheidungsträgern der DDR-Außenpolitik in der Wehrmacht tätig. Laut Dasbach Mallinckrodt beeinflusste der Militärdienst von Stoph, Sölle und Mittag deren Lebenseinstellung „und somit auch ihre Art, Entscheidungen zu treffen"[257]. Auf der anderen Seite schreibt Dasbach Mallinckrodt im Fall Willi Stoph, dass er seinen Posten als Verteidigungsminister 1956–1960 antrat. Trotz der Anpassung an die Rolle des Verteidigungsministers und wegen seiner Vergangenheit bei der Wehrmacht bezeichnet die Autorin ihn nicht als Nazi oder potenziellen Kriegsverbrecher. Dasbach Mallinckrodt weist sogar darauf hin, dass Stoph als ehemaliger Wehrmachtssoldat eine besondere Rolle in der DDR-Gesellschaft spielte: Unter den Altkommunisten galt er als „Mann des Volkes", da er während der Kriegsjahre in Deutschland blieb und nicht wie viele andere Parteispitzen ins sowjetische Exil gegangen war.[258] Dasbach Mallinckrodt liefert in ihrer Arbeit allerdings weder

---

253 Ebenda.
254 Vgl. Müller-Enbergs/Wielgohs/Hoffmann/Herbst/Kirchey-Feix/Reimann, Bd. 1, 2010, S. 50–51.
255 Dasbach Mallinckrodt, 1972, S. 129.
256 Vgl. ebenda, S. 165.
257 Ebenda, S. 167.
258 Vgl. ebenda. Mehr über die Lebensgeschichte von Willi Stoph vgl. Mählert, Ulrich: Willi Stoph – Ein Fußsoldat der KPD als Verteidigungsminister der DDR. In:

einen Vergleich mit westdeutschen Diplomaten und deren NS-Vergangenheit noch befasst sie sich mit möglichen praktischen Auswirkungen der NS-Geschichte der untersuchten Personen auf die Gesellschaft und Politik der DDR.

2.2.4. Fazit: Unterbrochene Kontinuität

Die deutsche Wiedervereinigung eröffnete ein neues Forschungsfeld, in dem die DDR-Geschichte aus der Perspektive der Vergangenheitsbewältigung erforscht werden konnte. Themen wie die SED/Stasi-Verbrechen wurden populär und ermöglichten auch eine politische und moralische Konfrontation mit der 40-jährigen sozialistischen Diktatur. Aus der westdeutschen Perspektive wird diese Forschung „die doppelte Vergangenheitsbewältigung" genannt.[259] Auch die Forschungen zum ostdeutschen Außenministerium und zur DDR-Außenpolitik fanden im Feld dieser „neuen" DDR-Vergangenheitsbewältigung statt. Die umfangreichste Forschung der letzten Jahre zur Außenpolitik der DDR und zum MfAA ist vermutlich die schon erwähnte Arbeit des Historikers Hermann Wentker. Wentker schlägt eine kritische Bewertung der marxistisch-leninistischen Außenpolitik der DDR vor und behauptet, dass eine „ideologische Prägung nicht das Wesentliche an der Außenpolitik des ostdeutschen Staates [war]. Ihr ging es stets um die Sicherung der Existenz der DDR [...]."[260] Der ideologische Rahmen, der die ostdeutsche Außenpolitik gestaltete, war nur eine Maske, die die realpolitischen Interessen der DDR aufdeckte. In seiner Forschung beschreibt Wentker die vielseitige Geschichte und Praxis der DDR-Außenpolitik zwischen 1949 und 1989. Er stellt eine chronologische Entwicklung der DDR-Außenpolitik dar und widmet jedem Jahrzehnt ein neues Kapitel und die Beziehungen zur Sowjetunion sowie auch die entwickelten internationalen Anerkennungen der DDR werden mit einem Fokus auf die Beziehungen mit der Bundesrepublik, den USA und der westlichen Welt bewertet. Drei Schlüsselthemen begleiten seine Analyse: 1. die Tendenzen, Schwankungen und politischen Umstände, die die DDR-Außenpolitik gegenüber den „Brüderstaaten" des Ostblocks und der Bundesrepublik beeinflussten, 2. der Einfluss der Sowjetunion auf

---

Genosse General! Die Militärelite der DDR in biografischen Skizzen. Hrsg. von Hans Ehlert/Armin Wagner. Berlin 2003, S. 279–303.

259 Siehe Fußnote 50.

260 Wentker, 2007, S. 2.

die Außenpolitik der DDR und 3. die Wirkung dieses Einflusses auf die DDR-Führung und deren außenpolitischen Entscheidungsprozesse.[261] Bezüglich des dritten Schlüsselthemas stellt Wentker eine seiner Hauptfragen: „Wie verliefen vor diesem Hintergrund die außenpolitische Entscheidungsprozesse?"[262]

Außer der Überprüfung der Außenpolitik der DDR widmet Wentker auch ein Kapitel dem Thema „Kontinuität und Wandel" im außenpolitischen Apparat und bietet einen Einblick in die Fragen zur NS-Vergangenheitsbewältigung der ostdeutschen Außenpolitik.[263] Zunächst merkt Wentker an, dass die „[b]eiden [deutschen] Staaten [...] sich ihrer Vergangenheit auf unterschiedliche Weise [stellten], was auch Rückwirkungen auf ihre Stellung in der Staatenwelt besaß"[264]. In diesem Zusammenhang beschreibt er, wie in anderen Forschungen auch, die Unterschiede zwischen dem Auswärtigen Amt und dem ostdeutschen Außenministerium. Für die DDR, das MfAA und für die DDR-Außenpolitik war die absolute Trennung von der deutschen Geschichte und hauptsächlich von der NS-Geschichte zentral. Das gilt auch für die Personalebene, wenn „so gut wie keine Beamte[n] des alten Auswärtigen Amtes"[265] im MfAA eingestellt wurden.

---

261 Vgl. ebenda, S. 1.
262 Ebenda.
263 Vgl. ebenda. S. 191 ff.
264 Ebenda, S. 555.
265 Ebenda.

3. Der diplomatische Kader der DDR und die Vergangenheitsbewältigung

Die auf die deutsche Teilung folgenden politischen und ideologischen Differenzen zwischen der Bundesrepublik und der Deutschen Demokratischen Republik schufen zwei Außenministerien mit unterschiedlichen institutionellen Strukturen und diplomatischen Kadern. Diese Unterschiede wurden von den gegebenen außenpolitischen bzw. geostrategischen Bedingungen in jedem Land gekennzeichnet.[266] Bezüglich der Aufstellung des außenpolitischen Kaders des westdeutschen Auswärtigen Amtes und des Ministeriums für Auswärtige Angelegenheiten der DDR standen die soziologischen und politischen Hintergründe im Vordergrund. Während das Problem des Auswärtigen Amtes mit der „Personalkontinuität" aus dem NS-Außenministerium bekannt war, ist es nicht falsch, zu sagen, dass dieses Phänomen in

---

266 Hermann Wentker eröffnet sein Buch zum DDR-Außenministerium mit der Aussage, dass die politischen Unterschiede in den Entwicklungen der DDR und der Bundesrepublik größer als die parallelen Entwicklungen beider Staaten waren. Vgl. Wentker, 2007, S. 1. Ähnliche Analyse bieten Stefan Creuzberger und Dominik Geppert. Vgl. Creuzberger, Stefan/Geppert, Dominik: Das Erbe des NS-Staats als deutsch-deutsches Problem. Eine Einführung. In: *Die Ämter und ihre Vergangenheit. Ministerien und Behörden im geteilten Deutschland 1949–1972.* Hrsg. von Stefan Creuzberger/Dominik Geppert. Paderborn 2018, S. 9.

der DDR nicht vorhanden war. Die DDR-Führung und das MfAA waren stolz darauf, mitzuteilen, dass die ausländischen Delegierten der DDR treue marxistisch-leninistische Widerstandskämpfer waren. Einerseits herrschte die Vermutung, dass ehemalige Diplomaten des nationalsozialistischen Auswärtigen Amtes ihre Karriere im Ministerium für Auswärtige Angelegenheiten der DDR nicht fortsetzten, andererseits verhinderte diese Tatsache die Beschäftigung von Personen mit politischen Erfahrungen aus der NS-Zeit im neugebildeten ostdeutschen diplomatischen Dienst nicht.

In dem vorliegenden Kapitel beschäftige ich mich mit der unbekannten, vergessenen (und manchmal auch verdrängten) nationalsozialistischen Vergangenheit von DDR-Diplomaten. Ich untersuche, **wie Personen mit nationalsozialistischen Erfahrungen ihren Weg in den diplomatischen Kader der DDR fanden. Beeinflusste diese Vergangenheit den beruflichen Werdegang der Diplomaten überhaupt und wenn ja, wie?** Eine andere sehr wichtige Frage, die aufgrund der biographischen Analyse gestellt werden muss, lautet: **Was waren die Strategien der DDR-Führung, des MfAA und des Ministeriums für Staatssicherheit, mit der „braunen Vergangenheit" der Diplomaten umzugehen?** Deutlicher gefragt: **Gab es im Ministerium für Auswärtige Angelegenheiten der DDR ein Problem mit Nazi-Diplomaten? Und falls ja, wie unterschiedet es sich von dem Problem des Auswärtigen Amtes in Westdeutschland?** Und zuletzt: **Wie sahen die internationalen Reaktionen auf die Beschäftigung der Nazi-Diplomaten in der DDR im Vergleich zur Bundesrepublik aus?**

Das Kapitel beginnt mit einem sehr kurzen und bescheidenen Zusatz zu einer Fußnote von *Das Amt* über das Schicksal der Nazi-Diplomaten des alten Auswärtigen Amtes, die nach 1945 in der SBZ/DDR lebten.[267] Danach wird eine Zusammenfassung der Ergebnisse statistischer Forschungen dargestellt, die sich mit dem Anteil der ehemaligen Nationalsozialisten im MfAA beschäftigen. Der statistische Anteil dieser schon veröffentlichten Forschungen interpretiert die deutlichen strukturierenden soziologischen Unterschiede zwischen den diplomatischen Kadern beider deutscher Außenministerien. Die Forschungsgeschichte von den Siebzigerjahren bis heute beweist nicht nur das große Interesse an der DDR-Vergangenheit und -Politik, sondern auch

---

267 Conze/Frei/Hayes/Zimmermann, 2010, S. 360. Die Fußnote schickt die Leserschaft zur Adressenliste der Diplomaten und ihre Anschriften im Osten und Westen Deutschlands im Jahr 1950.

die Bedeutsamkeit der Erweiterung der statistischen Analyse hin zu einer eher biographisch-historischen Perspektive. Die statistisch-biographischen Quellen stehen im Kern meiner durchgeführten Recherche in verschiedenen Archiven.

Das Kernstück des Kapitels enthält eine Auswahl von Biographien prominenter DDR-Diplomaten. Zuerst konzentriere ich mich auf drei einleitende Beispiele: die Fälle Hans-Joachim Raddes, Georg Dertingers und Gerhard Kegels. Die anderen Diplomaten teile ich in verschiedene Themengruppen auf, gegliedert nach der Art ihrer Karriere in der DDR oder nach ihren Tätigkeiten im „Dritten Reich". Große Beachtung wird den Erinnerungen der Diplomaten geschenkt; entweder aus veröffentlichten Biografien und Autobiographien, oder aus Texten, die sie mit den DDR-Behörden teilten. Die Beschreibung der persönlichen Geschichten und Beurteilungen zeugt jedoch nicht nur von den Leistungen der Diplomaten im Hinblick auf die Entwicklung des Außenministeriums oder der DDR-Außenpolitik in verschiedenen Phasen des Kalten Krieges. Jeder Diplomat und jede Lebensgeschichte verkörpern eine andere Art von persönlicher Bewältigung der nationalsozialistischen Vergangenheit, aber auch eine nationale Bewältigung vonseiten des DDR-Regimes bzw. der alten kommunistischen Eliten. Dieses Archivmaterial zeigt, dass diese Gruppe von ehemaligen NSDAP- und HJ-Mitgliedern sowie ehemaligen Soldaten und Offizieren der Wehrmacht einem „verstärkten Loyalitätsdruck"[268] unterlag.

Umfangreiche Informationen über das Leben der Diplomaten liegen im Archiv der Staatssicherheit. Unter den untersuchten Akten befinden sich allgemeine gesammelte Materialien über die Diplomaten, wie zum Beispiel ihre Lebensläufe und andere Dokumente, die im Rahmen einer Ermittlung bzw. Überprüfung der Stasi zusammengestellt wurden. Beim Lesen der Lebensläufe versuchte ich, die historisch-politischen Bedingungen der Zeit und deren anzunehmenden Einfluss auf die jeweiligen Personen zu berücksichtigen. Die „Ich-Lebensläufe" erzählen die politische und berufliche Entwicklung der Diplomaten aus persönlicher Perspektive, während die anderen Akten und Dokumente ihre persönliche Entwicklung von der Seite der DDR-Behörden erläutern. Diese Dokumente zeigen die Bereitschaft oder das Bedürfnis der Diplomaten, sich von der nationalsozialistischen

---

268 Danyel, 1999a, S. 195–196.

Vergangenheit und Ideologie zu distanzieren.[269] Einige Akten lagen in der HA IX/11 der Stasi. Das zeugt davon, dass Ermittlungen gegen die Diplomaten und ihre Tätigkeiten während des „Dritten Reiches" durchgeführt wurden. In mehreren Fällen stellte das Material aus dem Archiv des Außenministeriums die außenpolitischen Betätigungen der zu beforschenden Diplomaten in der Praxis dar, d. h. den außenpolitischen Rahmen ihrer politischen Entwicklung. Ein Vorteil meiner Recherche bei der BStU lag in der breiten Verfügbarkeit von Personalakten sowie von IM-Akten (Akten über „Inoffizielle Mitarbeiter"). Bis auf drei Ausnahmen wurde der Zugang zu den Personalakten aus dem Archiv des MfAA aufgrund von Fristschutz abgelehnt. Trotz dieser Schwierigkeit bin ich davon überzeugt, dass das historische Bild, das auf den nächsten Seiten entwickelt wird, wissenschaftlichen Bedingungen standhält und eine fundierte Geschichte der Aufarbeitung der NS-Geschichte im MfAA präsentiert.

Im ersten Schritt meiner Suche nach ehemaligen Nazis im MfAA wendete ich mich der Veröffentlichung *Das Amt* zu. Laut einer Aussage von *Das Amt*, die auf Akten aus dem Auswärtigen Amt in Westdeutschland basiert, lag die Zahl der ehemaligen Diplomaten des alten Außenministeriums, die nach 1945 in der SBZ wohnten, lediglich bei 14.[270] Die Namenslisten der Mitarbeiter, Beamten, Angestellten, Internierten sowie der verstorbenen Diplomaten des Auswärtigen Amtes vom März 1950 enthalten ihre Adressen in Deutschland (West und Ost) und im Ausland.[271] Diese Listen enthalten zahlreiche persönliche Details oder Akten mit Vernehmungen und Untersuchungen der Staatssicherheit über die Vergangenheit mutmaßlicher Nazi-Diplomaten des Auswärtigen Amtes, die ihre Karriere nach 1945 in der SBZ/DDR eventuell fortsetzten. Eine weitere Recherche bewies, dass viele Diplomaten schon lange vor dem Kriegsende in den Ruhestand versetzt wurden. Demnach war eine Weiterführung der diplomatischen Karrieren dieser ehemaligen Diplomaten in der DDR und eine folgende Stasi-Untersuchung nach vermeintlicher verbrecherischer Tätigkeit in der Zeit vor 1945 unwahrscheinlich. Und in der Tat führten diese Personen ihre diplomatische Karriere nicht weiter: **Ernst Graf von**

---

269 Die Distanzierung von der NS-Vergangenheit erklärt Norbert Frei mit der Bereitschaft der Deutschen, sich dem neuen Regime bzw. politische System anzudienen; im „Dritten Reich", in der Bundesrepublik oder in der DDR. Vgl. Frei, 2003, S. 274.
270 Vgl. Conze/Frei/Hayes/Zimmermann, 2010, 360.
271 Vgl. PAAA AA R143450, Liste I, März 1950.

Bassewitz, Diplomat in verschiedenen europäischen Ländern und Mitarbeiter in zahlreichen Abteilungen des Ministeriums, wurde schon im Jahr 1933 pensioniert[272] und **Fritz Bleyert**, unter anderem Vizekonsul in St. Petersburg und ab 1931 Vortragender Legationsrat im Auswärtigen Amt, im Jahr 1940.[273] Einige der 14 Diplomaten starben in den ersten Jahren nach der Gründung der DDR: **Hans Kühne**, Konsul des deutschen Reiches in Apenrade (Dänemark) und Kronstadt (Sowjetunion), starb in Leipzig im Jahr 1962,[274] **Edmund Schüler**, Legationsrat und Direktor der Abteilung Personal und Verwaltung des Auswärtigen Amtes, der in Prälank Neustrelitz (heute Mecklenburg-Vorpommern) wohnte, starb im Jahr 1952,[275] **Oskar Trautmann**, Gesandter in Peking und Botschafter, Wohnsitz in Schlichow bei Cottbus, starb bereits 1950[276] und **Erhard Graf von Wedel**, Journalist zu außenpolitischen Themen für den *Völkischen Beobachter* und Gesandter in Asunción (Paraguay), starb in Weimar im Jahr 1955.[277]

3.1. Das MfAA als ein Ressort politischer Ansprüche – Forschung zum diplomatischen Kader der DDR

Nach der genannten Untersuchung hatte ich keine großen Erwartungen, Kriegsverbrecher oder lediglich ehemalige Nazi-Diplomaten im Ministerium für Auswärtigen Angelegenheiten der DDR zu finden. Die Ausnahme Gerhard Kegel, der einzige Diplomat, der eine Karriere im Auswärtigen Amt hatte und später diese Karriere in der DDR fortsetzte, wird später in diesem Kapitel diskutiert. Trotz des Mangels an ehemaligen Nazi-Diplomaten im MfAA taucht die Frage von Kontinuität

---

272 Vgl. Isphording, Bernd/Keipert, Gerhard/Kröger, Martin (Hg.): *Biographisches Handbuch des deutschen Auswärtigen Dienstes: 1871–1945*, Band 1. Paderborn 2014, S. 79.

273 Laut der AA-Liste wohnte Bleyert in Vitte bei Hiddensee und laut des *Biographischen Handbuchs* wohnte er in Köln (vgl. Isphording/Keipert/Kröger, Band 1, 2014, S. 136–137).

274 Vgl. Isphording/Keipert/Kröger, Band 2, 2014, S. 689–690.

275 Vgl. ebenda, Band 4, S. 185–186.

276 Vgl. ebenda, Band 5, S. 60–62. Trotz seiner wichtigen Stelle im Ausland aus der Zeit des Nationalsozialismus, schrieb Trautmann einzelnen Artikel in der christlich-orientierten Presse der DDR über die deutsche Außenpolitik und über seine Erfahrungen als Diplomat in China. Vgl. Trautmann, Oskar: Aenderung der Vergangenheit. In: *Neue Zeit*, 24.11.1946, S. 3; Wallenstein. In: *Neue Zeit*, 4.5.1947, S. 3; Die chinesische Eisenbahn. In: *Neue Zeit*, 26.5.1949, S. 2.

277 Vgl. Isphording/Keipert/Kröger, Band 5, 2014, S. 201–202.

im außenpolitischen Apparat der DDR in fast allen Forschungen zur DDR-Außenpolitik, zum MfAA und zu ostdeutschen internationalen Beziehungen auf. Unabhängig davon, ob es sich dabei um Forschungen aus der DDR, der alten Bundesrepublik oder dem wiedervereinten Deutschland handelt. Alle Forscher relativieren die Karriereentwicklung der Diplomaten entweder aus der ideologischen Perspektive, aus der Perspektive der Entscheidungsprozesse oder einfach aus der beruflichen institutionellen Sicht. Es gibt zwei Varianten, wie die nationalsozialistische Vergangenheit des MfAA und dessen Diplomaten in der Geschichtsschreibung aufbereitet und gedeutet wird: Zunächst gibt es Werke, die sich explizit mit der DDR-Außenpolitik beschäftigten. Diese Art von Forschungen zeigt die politische Realisierung der inneren Auseinandersetzungen der DDR-Politik und -Außenpolitik. Zweitens gibt es Forschung statistischer Art über den ostdeutschen diplomatischen Kader, die unter anderem auf die Beteiligung von ehemaligen NSDAP-Mitgliedern im diplomatischen Dienst der DDR verweist. Große Bedeutung für das Verständnis der sozialen Struktur des Ministeriums sowie des sozialpolitischen Vorlebens der Diplomaten haben die veröffentlichten Statistiken und die beiliegenden Diplomaten-Kurzbiographien. Eine Zusammenführung dieser zwei methodologischen Perspektiven, d. h. eine Analyse der Geschichte des MfAA mit Berücksichtigung der NS-Vergangenheit der Diplomaten und des Einflusses dieser Vergangenheit auf die außenpolitischen Strategien der DDR, wird in diesen Werken, soweit ich das überblicken kann, nicht vorgenommen.

3.1.1. Die Generationen in der DDR

Die Kategorisierung bzw. Aufteilung der DDR-Gesellschaft in chronologische Generationengruppen ist ein verbreitetes methodologisches Vorgehen in der Forschung. Für die vorliegende Forschungsarbeit ergänzt die „generationsgeschichtliche Perspektive" die statistischen Daten, die Lebensgeschichten und Erfahrungen der Diplomaten vor und nach dem Krieg. Bezüglich einer Forschung über das Leben der DDR-Diplomaten bietet ein generationsübergreifender Blick eine Erweiterung des Begriffs „Nazi-Diplomaten". Das bedeutet, dass nicht nur Nationalsozialisten, die Diplomaten im „Dritten Reich" waren, diese Bezeichnung erhalten konnten, sondern auch Personen, die erst nach 1945 zu Diplomaten wurden und andere politischen Erfahrungen in der NS-Zeit gemacht hatten. Eine gute Zusammenfassung der Generationsfrage in der DDR bieten Thomas Ahbe und Rainer Gries in ihrem Werk

Geschichte der Generationen in der DDR und in Ostdeutschland: Ein Panorama.[278] Beide Forscher erkennen sechs Generationen im gesellschaftlichen Sinn.[279] Jede Generation wird von „geschichtlichen Ereignissen oder kulturellen und technischen Entwicklungen" geprägt, die sich in unterschiedlichen „Erfahrungsgemeinschaften" einteilen lassen: die „Misstrauischen Patriarchen", die „Aufbau-Generation", die „Funktionierende Generation", die „Integrierte Generation", die „Entgrenzte Generation" und die „Generation der Wendekinder".[280] Aus diesen sechs Generationen sind die ersten zwei für meine Forschung relevant, da aus ihnen die Mehrzahl der Diplomaten stammte, deren Biographien ich in der vorliegenden Arbeit präsentiere.

Die **„Misstrauischen Patriarchen"**, geboren zwischen 1883 und 1916, waren von den politischen Veränderungen Anfang des 20. Jahrhunderts betroffen. Ahbe und Gries erwähnen den politischen Kampf in der Weimarer Republik, den Widerstand gegen den Nationalsozialismus, die antifaschistische Aktivität und die folgende Inhaftierung im nationalsozialistischen Deutschland, das Exil und die spätere stalinistische Verfolgung als Merkmale dieser für die DDR relativ kleinen Generation.[281] Nicht wenige deutsche Juden, die später politische Funktionen in der DDR hatten, und auch mehrere Mitläufer des Nationalsozialismus, die später in das ostdeutsche System integriert wurden, stammten aus dieser Gruppe der „Patriarchen".[282] Trotzdem bezeichnen Ahbe und Gries die Angehörigen dieser Generation als Personen, die „durch die Gegnerschaft gegen den Nationalsozialismus abgesichert"[283] wurden. Nach 1945 konnte ihre politische Biographie der neuen DDR-Ideologie angepasst werden. Ähnliche Anpassungen fanden auch in der jüngeren Aufbau-Generation statt. Die **„Aufbau-Generation"** umfasst die Personen, die zwischen 1925 und 1935 geboren

---

278 Vgl. Ahbe, Thomas/Gries, Rainer: *Geschichte der Generationen in der DDR und in Ostdeutschland: Ein Panorama.* Erfurt, Landeszentrale für Politische Bildung Thüringen 2007; Schüle, Annegret/Ahbe, Thomas/Gries, Rainer (Hg.): *Die DDR aus generationengeschichtlicher Perspektive: Eine Inventur.* Leipzig 2006. Auch die britische Historikerin Mary Fulbrook beschäftigte sich mit der Frage der Generationen in der deutschen Gesellschaft, unter anderem auch in der DDR. Vgl. Fulbrook, Mary: *Dissonant Lives: Generations and violence through the German dictatorships.* New York 2011.
279 Vgl. Ahbe/Gries, 2007, S. 5.
280 Vgl. ebenda.
281 Vgl. ebenda, S. 15.
282 Vgl. ebenda.
283 Ebenda, S. 15–16.

sind, und die Mehrheit der Diplomaten, die in meinem Forschungs-werk dargestellt werden, zählt zu dieser Generation. Nach Ahbe und Gries wird diese Generation von Kriegserfahrungen geprägt, da vie-le von ihnen in den Kriegsjahren zum Beispiel als Marine- und Flak-helfer herangezogen wurden und im Rahmen der neuen politischen und ideologischen Situation nach Ende des Krieges versuchten, die Vergangenheit hinter sich zu lassen.[284] Die Personen aus der „Aufbau-Generation" gehörten zur politischen Führung der DDR der Sechziger- und Siebzigerjahre.

3.1.2. Eine statistische Analyse des außenpolitischen Kaders der DDR

Um ein umfassendes soziologisches Bild des ostdeutschen diplomati-schen Kaders zu erstellen, untersuchte der Soziologe Ronald Gebauer die biographischen Details der DDR-Diplomaten im Zentral-Kaderda-tenspeicher (ZKDS).[285] Mit seiner Forschung beabsichtigte Gebauer, die Laufbahnen der DDR-Diplomaten statistisch darzustellen.[286] Seine biographisch-statistische Analyse wird auch historisch durch die Ver-teilung der Gesamtzahl der Diplomaten in zwei Altersgruppen struk-turiert: die erste Gruppe der „alten Generation" der zwischen 1912 und 1927 Geborenen und die zweite Gruppe der „jüngeren Generati-on" von Personen, die zwischen 1928 und 1953 geboren sind. Mit die-ser Klassifizierung konnte Gebauer überprüfen, ob die Diplomaten den Zweiten Weltkrieg als bewusste Erwachsene oder als Kinder bzw. Jugendliche erfuhren.[287] Laut Gebauer gehörten 53 der 204 Diplo-maten, die zwischen 1972 und 1989 im Ministerium tätig waren, zur „älteren Generation". Von ihnen waren vor 1945 wiederum nur sechs Personen ehemalige Mitglieder der KPD (oder einer anderen ausländi-schen kommunistischen Partei). Nur zwei dieser 53 Diplomaten waren ehemalige Mitglieder der NSDAP. Das heißt, dass die meisten der ers-ten Diplomaten der DDR gar nicht direkt aus den Reihen der wider-standskämpferischen Schicht der KPD kamen, was die DDR allerdings

---

284 Vgl. ebenda, S. 24.
285 Über den ZKDS vgl. Rathje, Ulf: Der „Zentrale Kaderdatenspeicher" des Minister-rates der DDR. In: *Historical Social Research*. Köln, Center for Historical Social Research, Bd. 21, Nr. 3 (79), 1996, S. 137–141.
286 Vgl. Gebauer, Ronald: Cadres on the Diplomatic Stage: The Social Origins and Career Patterns of GDR's Ambassadors. In: *Historical Social Research*. Bd. 36, Nr. 1, 2011, S. 311.
287 Vgl. ebenda, S. 314.

wiederholt propagierte. Ausnahmslos alle Diplomaten, sowohl die NSDAP- als auch KPD-Mitglieder, traten nach 1946 in die SED ein.[288] Eine andere politische Verteilung zeigt die „jüngere Generation", bei der 13 Prozent der Diplomaten aus Familien mit nationalsozialistischem Hintergrund stammten.[289] Gebauers Definition zu einem nationalsozialistischen Hintergrund ist also ziemlich sachlich: Personen, die Mitglieder nationalsozialistischer Organisationen waren, und Personen mit einem nationalsozialistischen familiären Hintergrund.

Der Historiker Jens Kuhlemann widmete einen wesentlichen Teil seiner Dissertation *Braune Kader. Ehemalige Nationalsozialisten in der deutschen Wirtschaftskommission und der DDR-Regierung (1948–1957)* den ehemaligen NSDAP-, SA- und SS-Mitgliedern im Zentralen Staatsapparat der SBZ/DDR und dem historischen und biographischen Hintergrund des diplomatischen DDR-Kaders. Nach seiner Archivrecherche und gemäß den statistischen Ergebnissen der Akten des Ministeriums des Innern der DDR konnte er zur Schlussfolgerung kommen, dass „das Ministerium für Auswärtige Angelegenheiten [...] zu denjenigen Ressorts [gehörte], in denen besonders hohe kaderpolitische Ansprüche galten"[290]. Das ist ein ganz klarer Freispruch für das MfAA: Im Vergleich zu anderen DDR-Ministerien bzw. Staatsorganisationen war die Zahl der ehemaligen NSDAP-Mitglieder im MfAA eindeutig niedriger. Eine Schlussfolgerung, mit der die damalige MfAA-Führung zufrieden sein konnte. Kuhlemann fand heraus, dass die Zahl der NSDAP-Mitglieder insgesamt zwischen null Prozent und 5,1 Prozent lag.[291] Ähnlich wie Jürgen Radde in seinen Veröffentlichungen aus den Siebzigerjahren über die außenpolitischen Eliten der DDR sah auch Kuhlemann einen signifikanten Unterschied zwischen der Beteiligung der NSDAP-Mitglieder und der ehemaligen Wehrmachtsoldaten im diplomatischen Kader.[292] Diese Einzelfälle, d. h. die niedrigen bis nicht existenten Prozente der NSDAP-Mitglieder oder Wehrmachtsoldaten im gesamten diplomatischen Kader, bestätigen allerdings nicht, dass die Diplomaten mit nationalsozialistischer

288 Vgl. ebenda, S. 315.
289 Vgl. ebenda.
290 Kuhlemann, Jens: *Braune Kader. Ehemalige Nationalsozialisten in der deutschen Wirtschaftskommission und der DDR-Regierung (1948–1957).* Gekürzte, sich aktualisierende Internetausgabe der gleichnamigen Dissertation. Jena 2005, S. 20.
291 Vgl. ebenda, S. 18 ff.
292 Vgl. Radde, Jürgen: *Die außenpolitische Führungselite der DDR: Veränderungen der sozialen Struktur außenpolitischer Führungsgruppen.* Köln 1976, S. 84.

Vergangenheit trotz des sogenannten Bruches mit dem Erbe des nationalsozialistischen Auswärtigen Amtes keinen Einfluss auf die Innen- und Außenpolitik der DDR hatten.

3.2. Die verschiedenen Einzelpersonen und Gruppen des politischen Kaders

3.2.1. Die *Brüder Radde*

Die Werke von Jürgen Radde wurden in verschiedenen Studien über die DDR-Außenpolitik als historische Quelle zitiert.[293] Raddes persönlicher Hintergrund verkörpert eine spannende Geschichte, die sich zwischen der politischen Teilung Deutschlands und einer davon abhängigen familiären Teilung bewegt. Jürgen Radde flüchtete im Jahr 1966 aus der DDR in die Bundesrepublik, während sein Bruder, Hans-Joachim Radde (1927–2009), eine erfolgreiche Karriere als Diplomat in der DDR hatte. Im Laufe der Siebzigerjahre veröffentlichte Jürgen Radde zwei wichtige Publikationen, die als die ersten breit angelegten Forschungen zum Thema DDR-Außenpolitik und diplomatischer Kader der DDR gelten können. In seinem Lexikon *Der Diplomatische Dienst der DDR – Namen und Daten*[294] und seinem Buch *Die außenpolitische Führungselite der DDR*[295] wurden zum ersten Mal die Biographien aller wichtigen Diplomaten der Zeit in verschiedenen Kategorien und Analysen dargestellt.[296] Da sich die beiden Forschungen eher im Feld der Soziologie bewegen, wurden die soziale und politische Herkunft sowie die politischen Tätigkeiten der Diplomaten während der Zeit des Nationalsozialismus grundsätzlich nur als statistische Details berücksichtigt.

Raddes persönliche Motivation und individuelle Beweggründe, das Thema DDR-Außenpolitik zu erforschen, legt er in seiner eigenen Biographie dar. Außerdem lassen sich Hinweise auf seine Lebens-

---

293 Zum Beispiel im Kapitel zum MfAA in der Arbeit von Lapp, Peter Joachim: *Der Ministerrat der DDR. Aufgaben, Arbeitswese und Struktur der anderen deutschen Regierung.* Wiesbaden 1982, S. 83; oder vgl. Muth, 2000, S. 148.

294 Vgl. Radde, Jürgen: *Der diplomatische Dienst der DDR. Namen und Daten.* Köln 1977.

295 Vgl. Radde, 1976.

296 Ähnliche ausführliche Publikationen aus der DDR konnten vermutlich nicht erfolgen. Karin Hartewig bemerkte, dass das Erscheinen von biographischen Handbüchern in der DDR eine Seltenheit war, da die Lebensläufe des SED/DDR-Kaders geheim waren. Vgl. Hartewig, Karin: *Zurückgekehrt: Die Geschichte der jüdischen Kommunisten in der DDR.* Köln 2000, S. 249.

erfahrungen und seine politische Weltanschauung in diesem Text finden. Seine Position als DDR-Flüchtling ermöglicht es ihm, das System seiner ehemaligen Heimat aus erster Hand zu kritisieren: Die „Sozialstruktur des ersten Sozialistischen Staates auf deutschem Boden", der sich selbst auch „gerne als ‚Arbeiter-und-Bauern-Staat' charakterisiert", versteht Radde als das Problem, das die „Diskrepanzen zwischen Anspruch und Realität hervortreten" lässt.[297] Folglich stellt er die Frage:

> „Wie harmonisiert bzw. vereinbart sich die sozialstrukturelle Entwicklung von Führungskadern und Elitengruppen in der DDR erstens mit der propagierten Selbstdarstellung der DDR und zweitens mit der real verfolgten Politik der DDR?"[298]

In seiner vierteiligen Analyse des Diplomatenkaders konzentriert sich Radde auf die soziale und politische Herkunft des diplomatischen Dienstes des DDR. Er untersuchte hauptaußenpolitische Institutionen und Organe der DDR: die Abteilung für Außenpolitik und internationale Verbindungen beim ZK der SED, die DDR-Auslandsvertretungen (Botschaften, Diplomatische Missionen, Generalkonsulate und Handelsvertretungen) und die Hauptverwaltung des Ministeriums für Auswärtige Angelegenheiten (Minister, Staatssekretäre und erste Stellvertretende Minister, stellvertretende Minister, Hauptabteilungsleiter und Abteilungsleiter). Das Sozialprofil der Diplomaten und anderer außenpolitischer Akteure wurde nach verschiedenen Kategorien ausgewertet: Altersstrukturen, Geschlecht, soziale Herkunft, Bildungsqualifikation, Karriereverlauf vor und nach 1933 sowie nach ihrer politischen Tätigkeit, also die innere und äußere Zirkulation im diplomatischen Dienst und in der DDR-Politik.[299]

Raddes Darstellung der „praktizierenden Diplomaten" ist anders strukturiert als die der „einfachen" Mitarbeiter des MfAA oder Personen anderer außenpolitischer Organe wie Außenpolitiker der Abteilung für Außenpolitik und internationale Verbindungen beim ZK der SED oder der Handelsvertretungen. Auf der Ebene der Botschafter unterteilt Radde die Diplomaten in drei Gruppen aus drei verschiedenen Perioden: Die erste Phase umfasst den Zeitraum zwischen der Gründung der DDR im Jahr 1949 bis 1955 (die Zeit, in der die diplomatischen Beziehungen mit sozialistischen Ländern geschaffen wurden),

---

297 Vgl Radde, 1976, S. 11.
298 Ebenda.
299 Vgl. ebenda, S. 25 ff.

die Jahre von 1956 bis 1969 (in denen die DDR Verbindungen und diplomatische Beziehungen auch zu nichtsozialistischen Ländern aufbaute) und letztlich die Jahre zwischen 1969 und 1971 (in denen die DDR „von zahlreichen Staaten anerkannt wurde", wie Radde es formuliert).[300] Dadurch kann Radde nicht nur eine allgemeine chronologische Entwicklung der Diplomatenkarrieren und der diplomatischen Beziehungen der DDR aufzeigen, sondern auch die biographischen Unterschiede im diplomatischen Kader im sozialistischen und nichtsozialistischen Raum.

Die Ergebnisse von Raddes Untersuchung über die Mitarbeiter aus den DDR-Auslandsvertretungen und der Hauptverwaltung des MfAA zeigen, dass sechzig Prozent der Diplomaten auf der Ebene der Botschaften zwischen 1949 und 1955 Mitglieder einer kommunistisch geprägten Partei waren (entweder der KPD oder einer ausländischen Partei). Radde behauptet, dass ihre Kollegen, die vor 1945 Mitglieder der NSDAP waren, vom Ministerium bewusst nicht in sozialistischen Ländern entsandt wurden.[301] Im Vergleich zu den ehemaligen NSDAP-Mitgliedern weist die Zahl der Diplomaten mit Kriegsdiensterfahrungen ein anderes Sozialbild auf. Obwohl nur fünf von insgesamt 52 tätigen Diplomaten einen militärischem Hintergrund hatten, also „zahlenmäßig [...] keine Bedeutung", spielte die militärische Karriere dieser Diplomaten gemäß Radde eine entscheidende Rolle, da Oskar Fischer, Günter Kohrt, Herbert Krolikowski, Karl Speiser und Klaus Willerding „als Diplomaten in Staaten zum Einsatz kommen, gegen die Deutschlang Krieg geführt hat"[302]. Eine mögliche Erklärung für die Tatsache, dass vier von den fünf Diplomaten (Fischer, Speiser, Krolikowski und Willerding) in höchste Positionen des außenpolitischen Dienstes der DDR gelangten, sieht Radde in der politischen Schulung, die die Di-plomaten in der sowjetischen Kriegsgefangenschaft erlebten.[303] Diese „Heilung" von der Nazi-Ideologie durch eine Schulung in der sowjetischen Kriegsgefangenschaft war auch eine Erklärung, die von der DDR-Seite oft gehört wurde.[304] Dieser Widerspruch kann mit dem deutlichen Abstand zwischen der offiziellen proklamierten Politik und der Realpolitik in der DDR und im Nachkriegsdeutschland im Allgemeinen erklärt werden.

---

300 Vgl. ebenda, S. 27.
301 Vgl. ebenda, S. 76.
302 Ebenda, S. 84.
303 Vgl. ebenda.
304 Entsprechende Fälle werden in meiner Arbeit noch diskutiert.

Das Sozialbild der Diplomaten der späteren Altersgruppen (1955–1969 und 1969–1971) zeigt eine andere politische Verteilung: Radde findet die zehn Prozent ehemaliger NSDAP-Mitglieder aus diesen Altersgruppen „überraschend hoch"[305]. Diese Zahl ist bedeutungsvoll, weil sie im Gegensatz zu den „verbalen Beteuerungen der DDR-Führung in den Nachkriegsjahren", dass „weder ehemalige Repräsentanten des Dritten Reiches noch NSDAP Mitglieder ins Ausland" entsandt würden, steht.[306] Hier zeigt sich Radde relativ nachsichtig, da er erwähnt, dass außer Hans-Jürgen Weitz, der Mitglied der Waffen-SS war, „bei den anderen über die bloße Mitgliedschaft in der NSDAP hinaus keine Aktivität während des Nationalsozialismus"[307] nachgewiesen werden kann. Auf diese Weise relativiert er die NSDAP-Mitgliedschaft.

Zum gesamten Bereich von ehemaligen NSDAP-Mitgliedern im MfAA fasst Radde zusammen und beurteilt, dass er, bis auf die Fälle von Hans-Jürgen Weitz und Werner Baake, bei den anderen neun von insgesamt 221 Untersuchten keine „profaschistische[n] Tätigkeiten" feststellen konnte.[308] Eine andere Schlussfolgerung seiner Recherche lautete, dass keine ehemaligen NSDAP-Mitglieder in sozialistische Länder als Diplomaten entsandt wurden, sondern nur in nichtsozialistische Länder. Radde erklärt: „Möglicherweise ist hier die politische Vergangenheit weniger hoch bewertet worden als spezielle Kenntnisse."[309]

Die Arbeit und Forschung von Jürgen Radde waren von großer Bedeutung, nicht nur wegen ihres wissenschaftlichen Rangs, sondern auch wegen ihrer politischen und investigativen Schlussfolgerungen, die zu Konsequenzen führten. Jürgen Radde und seine Publikationen spielten eine wichtige Rolle in der Stasi-Ermittlung gegen seinen Bruder Hans-Joachim Radde, der unter dem Decknamen „Raffael" bei der Stasi geführt wurde.[310] In den verfügbaren Stasi-Akten wurde die Eröffnung der Ermittlungen und Untersuchung gegen Hans-Joachim Radde nicht begründet. Es besteht kein Zweifel, dass die akademischen Tätigkeiten des Bruders, der u. a. erster Sekretär der Botschaft in Peking, Generalkonsul in Burma und Botschafter in der Arabischen Republik Ägypten war, für derartige Ermittlungen ausreichten.

---

305 Ebenda, S. 125
306 Vgl. ebenda.
307 Ebenda.
308 Vgl. ebenda, S. 212.
309 Ebenda.
310 Vgl. MfS HA II 29083 sowie MfS HA VIII RF/1753/18 (817/78).

Am 26. Februar 1976 richtete ein Mitarbeiter der Hauptabteilung XX des MfS die Bitte an die Hauptabteilung III, dass eine „umfangreiche kaderpolitische Überprüfung" Hans-Joachim Raddes durch die Abteilung für Kaderfragen im ZK der SED anzustoßen sei. Unter anderem sollten die politische Zuverlässigkeit des Diplomaten, seine Eheverhältnisse bzw. die außerehelichen Verhältnisse zu einer Mitarbeiterin der Botschaft in Kairo sowie die Verbindungen zu seinem Bruder Jürgen untersucht werden.[311] Schon am 12. März 1976 reichte die Hauptabteilung ihre Ergebnisse ein. Den Stasi-Ermittlern lagen keine negativen Verweise gegen Hans-Jürgen Raddes politische Zuverlässigkeit vor, da er in seiner „langjährigen diplomatischen Tätigkeit" nicht aufgefallen war und „im Allgemeinen als Leiter respektiert" wurde.[312] Sofern Probleme festgestellt wurden, hatten sie nichts mit seiner Politik, sondern mit seiner Persönlichkeit und seinem Verhalten zu tun. In den politischen Abteilungen der Botschaft in Kairo wurde Unzufriedenheit darüber ausgedrückt, dass er zur alleinigen „Entscheidung neigt und sich nicht auf das Kollektiv stützt"[313]. Außerdem war Radde „nicht selbstkritisch" genug und trat offenbar „überheblich auf".[314] Diese Schwächen führten mitunter zu sogenannten „politisch falschen Handlungen"[315]. Außerdem lagen der Hauptabteilung III „keine Hinweise [vor] [...], dass er zu seinem Bruder in der BRD Verbindungen" unterhielt, im Gegensatz zu seiner Mutter und Schwester, die in Kontakt zu ihrem westdeutschen Sohn und Bruder blieben.[316] Zum Bereich der akademischen Forschung Jürgen Raddes wurde behauptet, dass die Quellen für die Anfertigung seiner Dissertation über die DDR-Diplomaten und insbesondere die Informationen zu den Biographien „vermutlich" vom Bundesnachrichtendienst (BND) zusammengetragen worden waren.[317] Außerdem wurde betont, dass das Buch Raddes in der Botschaft der Bundesrepublik in Kairo „mit großer Aufmerksamkeit gelesen und diskutiert" wurde, wobei auch „über die Rolle,

---

311 Vgl. MfS HA XX AP 80856/92, „Kaderauftrag Nr. 1794 Dr. Radde Hans-Joachim", 26.2.1976.
312 Vgl. MfS HA XX AP 80856/92, Bericht vom 12.3.1976.
313 Ebenda.
314 Vgl. ebenda.
315 Ebenda.
316 Vgl. ebenda.
317 Vgl. ebenda.

die Hans-Joachim Radde dabei möglicherweise gespielt" hatte, spekuliert wurde.[318]

Trotz der Untersuchungen wurden vier Jahre später weder die diplomatischen Tätigkeiten noch die berufliche Entwicklung von Hans-Joachim Radde behindert. Am 25. Januar 1980 wurde von Oberstleutnant Hübel eine Zusammenfassung einer Untersuchung zum Fall Jürgen Radde bereitgestellt – eine Spionagetätigkeit der Staatssicherheit, die eigens in der Bundesrepublik stattfand. Hübel äußerte die Vermutung, dass die abgegebene Dissertation von Radde – die von dem angeblichen „Ostexperten" und „BND-Agenten" Prof. Klaus Mehnert angeleitet wurde –[319] wie auch das Lexikon nur in Zusammenarbeit mit Personen innerhalb der DDR und des MfAA angefertigt werden konnten.[320] Spezifische Namen oder mögliche Verdächtige aus DDR-Kreisen wurden aber nicht erwähnt. Mitarbeiter der Staatssicherheit forschten in Raddes Wohngebiet nach und bewerteten seinen persönlichen, politischen und finanziellen Zustand, um herauszufinden, ob er in der Zukunft weitere Publikationen über die DDR geplant hatte. Ungeachtet dieser Bemühungen konnten die dafür angeblich notwendigen Verbindungen zu Personen innerhalb der DDR oder des MfAA „nicht ermittelt werden"[321].

Ob Hans-Joachim Radde seinem Bruder mit internem Material des MfAA half oder nicht, konnte bisher nicht nachgewiesen werden. Die Beziehung der beiden Brüder scheint jedoch auf jeden Fall eine wichtigere Rolle für die Stasi gespielt zu haben als Hans-Joachim Raddes eigene politische Entwicklung vor 1945. Die Beteiligung des im Jahr 1927 geborenen Hans-Jürgen Radde bei der Hitlerjugend sowie sein Einsatz im Zweiten Weltkrieg als Kadett der Kriegsmarine, die zu sieben Monaten englischer Kriegsgefangenschaft führte,[322] wurden in den Stasi-Akten nicht berücksichtigt.

Die Forschungen Jürgen Raddes sind nicht die einzigen, die eine Sammlung von „verdächtigen" Diplomaten mit einer „braunen Vergan-

---

318 Vgl. ebenda.
319 Klaus Mehnert, Politikwissenschaftler (1906–1984). Vgl. Biographie aus der Webseite des Hochschularchivs der RWTH Aachen, https://www.archiv.rwth-aachen.de/prasentationen/50-jahre-philosophische-fakultat/die-gruendungsmitglieder-der-philosophischen-fakultat/klaus-mehnert/ [abgerufen am 29.10.2021, 14:42 Uhr].
320 Vgl. MfS HA II 29083, „Ermittlung über Dr. Radde Jürgen", 25.1.1980.
321 Ebenda.
322 Vgl. Radde, 1977, S. 120.

genheit" für die vorliegende Arbeit zur Verfügung stellten. Die vorhandenen Biographien der Diplomaten werden auch aus anderen Quellen, etwa aus Primär- und Sekundärliteratur gesammelt und werden im Folgenden bei Verwendung von Akten aus dem Stasi-Archiv und dem Archiv des Außenministeriums analysiert und historisiert. Meine Arbeit in der BStU und die folgende Analyse der relevanten MfS-Akten beabsichtigten, die Taktik des DDR-Regimes aufzudecken. Möglicherweise versuchte die DDR, die NS-Erfahrungen ihrer Diplomaten durch deren politische Selbstbestimmung als Antifaschisten und Gegner des „Dritten Reiches" und der Bundesrepublik auszugleichen. In vielen Fällen hatte die Stasi diese Vergangenheit einfach ignoriert. Wie im Fall Hans-Joachim Raddes sowie in anderen Fällen spielten die anderen Seiten der Diplomaten-Persönlichkeit am MfS eine Rolle. Folgende Aspekte, die die Fähigkeit der Diplomaten, das Regime zu stützen und ihm zu dienen, beeinflussten, konnten als gefährdend gelten: Kontakte mit Personen aus dem Westen, sogenannte „moralische Schwächen" wie außereheliche Beziehungen usw. Einer der berühmtesten Fälle für solche moralischen Abweichungen ist überraschenderweise der Fall des ersten DDR-Außenministers Georg Dertinger, um den es im folgenden Teilkapitel gehen soll.

3.2.2. Der vergessene erste Außenminister der DDR – *Georg Dertinger*

Georg Dertinger wurde am 25. Dezember 1902 in Berlin geboren. Erst nach seinem Rechtswissenschafts- und Volkswirtschaftsstudium trat er in die Welt der Medien als Volontär bei der *Magdeburger Zeitung* ein.[323] Nach der Machtübernahme der NSDAP begann er damit, für das Reichspropagandaministerium zu arbeiten.[324] Nach einer Initiative des Auswärtigen Amtes und des Propagandaministers Joseph Goebbels wurde 1934 ein neuer deutscher Pressedienst gegründet: *Dienst aus Deutschland. Mitteilungen und Stimmen aus dem Reich.*[325]

---

323 Vgl. Müller-Enbergs/Wielgohs/Hoffmann/Herbst/Kirchey-Feix/Reimann, Bd. 1, 2010, S. 227–228.

324 Vgl. Lapp, Peter Joachim: *Georg Dertinger, Journalist – Außenminister – Staatsfeind.* Freiburg 2005, S. 36.

325 Hartmut Jäckel deutete an, dass *Dienst aus Deutschland*, „um ihm einen Anschein von Objektivität zu verleihen, nicht von Joseph Goebbels' Propagandaministerium, sondern von einem ,Auslandspressebüro' herausgegeben [wurde], das dem eher blassen ,Reichspressechef' Otto Dietrich" verstanden. Vgl. Jäckel, Hartmut: Schicksal: Georg Dertinger und die Seinen. In: *Die Zeit*, 09/2003, 20.2.2003, o. S. Infolge dieser Reportage wurde ein Artikel von Heike Amos in der *Zeitschrift des*

Dertinger, der in diesem Pressedienst arbeitete und für den politischen Bereich der Ausgabe verantwortlich war,[326] wurde später wegen „ideologischer Abweichung" kritisiert und entlassen, aber nur bis Mai 1935, als er erneut im Reichspropagandaministerium angestellt wurde. Laut seiner im Jahr 2005 vom Journalisten (und ehemaligen DDR-Bürger) Peter Joachim Lapp geschriebenen Biographie brauchten und nutzten „die Nazis [...] sein journalistisches Talent"[327].

Eine Brücke zwischen Ost und West

Nach dem Ende des Krieges trat Georg Dertinger den Kreisen der Christlich Demokratischen Union (CDU) bei und wurde schließlich zum Generalsekretär – und ab 1952 zum stellvertretenden Vorsitzenden – der CDU-Ost ernannt. Das Erbe „der christlichen Widerstandskämpfer gegen den Faschismus", die Lehre von den „Fehlentscheidungen der deutschen Christenheit im 19. Jahrhundert" und von der „Mitschuld der deutschen Christenheit für das Heraufziehen des Faschismus" wurden bei der Gründung der Partei berücksichtigt.[328] In seinen Gründungsthesen bewahrte der CDU-Ostflügel die Verpflichtung zu den Werten des Christentums, des Antifaschismus und Antimilitarismus.[329] Auf diese Weise konnte sich die konservativ-christliche Partei an die Staatsdoktrin der SBZ/DDR anpassen und gleichzeitig setzte sich die Kooperation und Mitarbeit der CDU-Ost mit der neugegründeten CDU in Westdeutschland fort. Neben den Opfern des Faschismus aus evangelischen und katholischen Kreisen beleuchtete die Partei auch die „jüdischen Mitbürger" und weitere „Männer und Frauen aus allen Schichten des Volkes, die litten und starben unter diesem Terror".[330] Zu dem Zeitpunkt, an dem die Thesen und die Aufrufe der CDU geschrieben wurden, war der ehemalige Mitarbeiter des nationalsozialistischen Propagandaministeriums Dertinger schon in einer führenden Position der Partei und eines der Mitglieder, die dem Gründungsaufruf

---

Forschungsverbundes SED-Staat im Jahr 2004 veröffentlicht, in dem mehrere Passagen wörtlich übereinstimmen. Vgl. Amos, Heike: Der Außenminister, der in Ungnade fiel. In: ZdF, 15/2004, S. 3–16.

326 Vgl. Lapp, 2005, S. 38–39.

327 Ebenda. S. 52.

328 Vgl. ebenda, S. 8–9.

329 Vgl. „Thesen zur Geschichte der CDU" in Christlich-Demokratische Union (Hg.): *Dokumente der CDU, Band 1: 1945–1955*. Berlin 1956, S. 8.

330 Vgl. „Gründungsaufruf der Christlich-Demokratischen Union 26.6.1945" in ebenda, S. 19 ff.

der CDU zugestimmt und diesen unterschrieben hatten.[331] Dertingers eindeutige Verbindung mit der CDU begründete er mit seinen „christlichen Grundwerten"[332] und in dieser ostdeutschen Version der Christdemokraten sah er sich als Pragmatist, der zwischen Christentum und Sozialismus vermitteln konnte.[333] Im Oktober 1949 wurde Dertinger zum ersten Außenminister der Deutschen Demokratischen Republik ernannt. Diese Entscheidung der SBZ-Führung verwunderte, da Dertinger nicht der alten kommunistischen Elite entstammte. Seine Amtszeit widmete er der Lösung der „deutschen Frage", d. h. er bemühte sich, die Bedingungen für eine nationale deutsche Einheit zu schaffen.[334] Dertingers politische Tätigkeiten brachten seine Karriere im MfAA und im DDR-System im Allgemeinen zu Fall. Im Januar 1953 wurde Dertinger vom Ministerium für Staatssicherheit wegen „Feindtätigkeit gegen die Deutsche Demokratische Republik im Auftrage imperialistischer Geheimdienste"[335] festgenommen. Es wurde behauptet, Dertinger führe und organisiere schon seit 1946 eine Verschwörungsgruppe, die Kontakte mit Westagenten pflegte. Laut Informationen, die die Staatssicherheit über Dertinger sammelte, nutzte er seine hohe politische Position als Generalsekretär der CDU, um „Verbindungen zu den amerikanischen Imperialisten und ihren Geheimdiensten"[336] zu knüpfen. Demnach bewarb er sich für die Funktion des Ministers für Auswärtige Angelegenheiten, um die staatsfeindliche Tätigkeit zu vertiefen. Laut der Stasi-Ermittler bekam er diese wichtige Funktion in der DDR-Regierung lediglich „aufgrund seiner Parteifunktion"[337], und nicht wegen einer beruflichen Kompetenz. Im Obersten Gericht der DDR wurde Dertinger zu 15 Jahren Zuchthaus verurteilt. 1964 wurde

---

331 Vgl. „Die Lehren aus dem Fall Dertinger, 21. Januar 1953" in ebenda, S. 165.

332 Lapp, 2005, S. 71. Heike Amos beschrieb Dertingers Wesen als „christlich, elitär und kritisch [...]. Ihn präge ein nationales, aber auch soziales Bewußtsein". Vgl. Amos, Heike: Der Außenminister, der in Ungnade fiel. In: ZdF, 15/2004, S. 4.

333 Vgl. Lapp, 2005, S. 73.

334 Über seine Reden und Aktionen zum Thema deutscher Einheit wurde in der DDR-Presse ausführlich berichtet, unter anderem in der Zeitung der CDU, *Neue Zeit*. Vgl. Diplomaten des Friedens. In: *Neue Zeit*, 25.2.1950, S. 1; Jeder CDU-Mann ein Friedenskämpfer. In: *Neue Zeit*, 4.6.1950, S. 1; 83 Prozent gegen Remilitarisierung. In: *Neue Zeit*, 30.11.1950, S. 2; Einheit – Sache der Deutschen. In: *Neue Zeit*, 4.12.1951, S. 1. Dertinger war auch eine der Personen, die für die Oder-Neiße-Grenzabkommen verantwortlich waren, die die Grenze zwischen der DDR und Polen sicherten. Vgl. Regierung bestätigt Grenzabkommen. In: *Berliner Zeitung*, 9.6.1950, S. 1–2.

335 MfS AU 449/54 Bd. 1, Haftbeschluß, 15.1.1953.

336 Ebenda.

337 Ebenda.

er begnadigt.[338] Dertinger blieb in der DDR und arbeitete unter anderem für die katholische Kirche bis zu seinem Tod im Jahr 1968. Im Jahr 1990 wurde Dertinger rehabilitiert.[339] Seine Verhaftung kann als der Höhepunkt der Verfolgung der deutschen bürgerlichen Parteien, u. a. der CDU, deren Führung und Mitglieder sich in Schauprozessen befanden, aufgefasst werden. Funktionäre dieser Parteien fielen „politischen Säuberungen" zum Opfer, um die Parteien „zu Marionetten der kommunistischen Machthaber zu machen"[340].

„Der talentierte treue Nazi"

In der bereits erwähnten Biographie Dertingers, die unter anderem von der Konrad-Adenauer-Stiftung veröffentlicht wurde, beschrieb Peter Joachim Lapp den Charakter des Außenministers, dessen religiöse Identität und die beruflich-politischen Tätigkeiten vor und nach 1945 mit widersprüchlichen Attributen wie Empathie und Versöhnung. Um fair zu bleiben, soll auch bemerkt werden, dass von Dertingers nationalsozialistischer Vergangenheit und seiner Beteiligung und Verpflichtung gegenüber den Propagandabemühungen des Naziregimes ganz bewusst die Rede ist: „Obwohl er nie ‚Parteigenosse' der NSDAP wurde, unterstützte er mit Artikeln und mit seiner leitenden Tätigkeit in einem NS-Pressedienst das Hitlerregime bis zum Ende."[341]

Trotz Lapps Anständigkeit geht aus dem Text eindeutig hervor, dass der primäre Zweck der Biographie war, den unbekannten bzw. vergessenen Lebenslauf Dertingers zu entschulden und zu rehabilitieren. Demnach lag die Schuld an Dertingers Schicksal bei der DDR und deren politischen Spitzen, die an den ersten Minister für auswärtige Angelegenheiten, „der angeblich zum Verräter und Spion geworden war"[342], nicht erinnern wollten. Lapp bemerkt, dass Dertinger wegen seiner „journalistisch-organisatorischen" Tätigkeiten aus der Zeit des

338 Vgl. MfS AU 449/54 Bd 30, „Abschrift Gnadenentscheidung", 26.5.1964; Dertinger begnadigt. In: Neues Deutschland, 26.5.1964, S. 2.
339 Vgl. Bock, Siegfried/Muth, Ingrid/Schwiesau, Hermann (Hg.): DDR-Außenpolitik. Ein Überblick. Daten, Fakten; Personen (III). Berlin 2010, S. 297.
340 Richter, Michael: Vom Widerstand der christlichen Demokraten in der DDR. In: „Gefährliche politische Gegner": Widerstand und Verfolgung in der sowjetischen Zone/DDR. Hrsg. von Brigitte Kaff. Düsseldorf 1995, S. 107.
341 Lapp, 2005, S. 12. Nach Angaben von Dertinger, die er den DDR-Behörden mitteilte, verweigerte er den Eintritt in die NSDAP. Vgl. MfS AU 449/54, „Bericht", 31.12.1952.
342 Ebenda. S. 11.

„Dritten Reiches" in der DDR „belastet und deshalb erpressbar" war.[343] Dertinger ist also (laut Biographie) nicht nur zum Opfer der National-sozialisten geworden, die sein „Talent" ausnutzten, sondern auch zum Opfer der DDR. Ähnliche Stimmungen kamen in der Wendezeit auf. In der VIII. Tagung des CDU-Hauptvorstandes wurde Dertinger als eine Figur erwähnt, die „neu und in einem objektiven Licht" beurteilt wer-den sollte, und das nicht wegen seiner nationalsozialistischen Vergan-genheit, sondern weil er ein Opfer der DDR war.[344]

Zwei Beispiele für den Widerspruch in der Biographie, sowohl textuell als auch historiographisch, gehen aus der Schilderung von Dertingers Haltung gegenüber den Juden und gegenüber der national-sozialistischen Ideologie hervor. Erstens wird behauptet, dass Juden „kein Thema in der Familie Dertinger" waren und er selbst „kaum Kon-takte zu Juden" hatte, insbesondere nicht in seinem Freundeskreis.[345] Zweitens wird Dertinger in der Zeit, in der er dem Nationalsozialis-mus diente, als „Systemkonformist" betrachtet. Er kommentierte aber Hitler und seine Politik in seinen journalistischen Texten auch mit Sät-zen und Äußerungen kritisch, wie zum Beispiel: „[A]lso es ist jeden-falls einwandfrei, daß am Ausbruch des Krieges Stalin nicht weniger schuldig ist als Hitler."[346]

Der Biograph betont, dass Dertinger „keinerlei widerständiges Verhalten gegenüber den Nazis"[347] zeigte. Während der Kriegsjahre unterstützte Dertinger die Fortsetzung des Kriegs nur, weil er in die-ser Situation anscheinend keine andere Möglichkeit hatte, und hätte als widerständiger Sympathisant („was er in Wahrheit tat") Sachen geschrieben, „an die er selbst nicht glaubte".[348] Dertinger billigte die innen- und außenpolitischen Ziele der NSDAP und verhielt sich trotz-dem indifferent gegenüber der Judenverfolgung.[349] Gleichwohl „kom-mentierte er das Geschehen im Pressedienst im ‚NS-Stil'"[350]. Neben

343 Vgl. ebenda, S. 12.
344 Vgl. Situation in unserem Land und in unserer Partei kritisch, aufrichtig, leiden-schaftlich erörtert. In: *Neue Zeit*, 21.11.1989, S. 1–2. Weitere Nach-Wende-Erwäh-nungen seiner positiven Rolle in der CDU in den Nachkriegsjahren vgl. Zeitzeugen über den CDU-Politiker: Engagiert für Einheit und gerechten Frieden. In: *Neue Zeit*, 26.1.1990, S. 5.
345 Vgl. Lapp, 2005, S. 51.
346 Ebenda, S. 54.
347 Ebenda, S. 52.
348 Vgl. ebenda, S. 60–62.
349 Vgl. ebenda, S. 52.
350 Ebenda, S. 56–57.

Dertingers textuellem „NS-Stil" und vermutetem Konformismus wird die Ablehnung der Mitgliedschaft bei der NSDAP als widerstandskämpferische Aktion interpretiert.[351] Dies würde bestätigen, dass Dertinger laut der Biographie nach dem Krieg selbst immer wieder argumentierte, dass er mit dem politischen System Hitlers wenig zu tun hatte. Er hat „nur" seine Arbeit gemacht.[352]

Die Biographie zeigt ein komplexes Bild Dertingers: Ein Journalist im Reichspropagandaministerium, der die NS-Politik beurteilte, der sowohl Hitler als auch die Kommunisten kritisierte, der am Ende ein Opfer des Nationalsozialismus *und* des Sozialismus war, und alles im Namen der religiösen Werte und seines Glaubens. Die Leserschaft der Biographie kann nur vermuten, dass Dertinger, der an seine eigenen Artikel, Berichte und Kommentare nicht glaubte, wahrscheinlich kein „echter" Nazi war, oder ferner, dass er sogar ein Opfer der Nazis war.

In seiner biographischen Darstellung analysiert Lapp die gleichen Akten der Stasi, die auch in der vorliegenden Arbeit verwendet werden, zusammen mit anderen Dokumenten aus dem MfAA, aus dem Archiv der CDU und aus privaten Sammlungen der Familie Dertinger. Im Gegensatz zu Lapp versuche ich, Dertinger weder zu beschuldigen noch zu entschuldigen. Wenn es Lapps Ziel war, zu zeigen, wie ungerecht die DDR war, dann hat er sein Ziel erreicht. Die Haft Dertingers und die Beschuldigungen der DDR gegen ihn waren hart. Im Vergleich mit vielen anderen juristischen Prozessen in der DDR (hauptsächlich aus den Fünfzigerjahren) kann behauptet werden, dass das Urteil unverhältnismäßig und ungerecht war. Unbestritten ist, dass Dertinger unter der DDR litt. Unbestritten ist aber auch, dass Dertinger die politische Situation im nationalsozialistischen Deutschland für seine Karriere ausnutzte. Aus diesem Grund konzentriere ich mich weniger auf die DDR-Vorwürfe und deren juristische Auswirkungen, sondern mehr auf die Reaktion der DDR auf Dertingers Vergangenheit im „Dritten Reich". Nach meinem Verständnis der historischen Quellen ergibt sich ein komplett anderes Bild von Dertingers Leben und Taten vor und nach dem Jahr 1945, als jenes, das in der Biographie gezeichnet wird.

---

351 Vgl. ebenda, S. 52. Jäckel und Amos erwähnen auch Dertingers Kontakte mit Mitgliedern des katholischen Widerstands als eine innerliche Ablehnung der NS-Herrschaft. Vgl. Amos, Heike: Der Außenminister, der in Ungnade fiel. In: *ZdF*, 15/2004, S. 4 und Jäckel, Hartmut: Schicksal: Georg Dertinger und die Seinen. In: *Die Zeit*, 09/2003, 20.2.2003.
352 Lapp, 2005, S. 58–59.

Dertingers berufliche Erfahrungen als Journalist in der *Magdeburgischen Zeitung*, der Zeitschrift *Der Stahlhelm*, den *Hamburger Nachrichten*, der *Schlesischen Zeitung* und in der *Allgemeinen Zeitung Chemnitz* in den Dreißiger- und Vierzigerjahren, die in der Biographie als die Verwirklichung seines Talents beschrieben werden, wurden nachträglich von der Staatssicherheit der DDR als eine Tätigkeit in reaktionär-bürgerlich-kapitalistisch-nationalistischen Kreisen Deutschlands angesehen.[353] Diese Zeitungen erschienen nach 1933 unter der direkten Leitung der NSDAP und des Reichspropagandaministeriums. Nach Ansicht der Stasi-Ermittler, die ihm angebliche Kontakte mit Westagenten, Spionagetätigkeit für die Amerikaner und andere „verbrecherische" Aktionen zu Last legten, war Dertinger schon seit dem Jahr 1946 in einer „Verschwörergruppe" organisiert. Im Schlussbericht Ende Dezember 1953 sowie in Dertingers früheren langen Vernehmungen wurde das wesentliche Ermittlungsergebnis gegen den Hauptangeklagten und seine Anhänger beschrieben.[354] Ein weiteres Beispiel für die scheinbare Unangemessenheit Dertingers für eine wichtige politische Stelle in der DDR taucht in einem Stasi-Bericht vom 24. August 1951 auf. Dieser bezeugt, dass Dertinger schon lange vor seiner Verhaftung im Jahr 1953 unter Verdacht stand. Im Bericht wurde die Meinung von Dertingers Westberliner Schwester hinsichtlich der politischen Überzeugung ihres Bruders während der NS-Zeit zitiert: „Der Herr Minister müsste nun eben mal mitmachen, nachdem er damit angefangen habe. Aber innerlich gehe er nicht einig mit dem Ost-Bolschewismus, er sei ja früher guter, treuer Nazi gewesen."[355]

Trotz der Aussage der Schwester und trotz anderer eindeutiger Beweise, dass Dertinger ein (wenn auch relativ unbedeutender) Journalist und Mitarbeiter des Reichspropagandaministeriums vor 1945 war, finden sich in den Stasi-Vernehmungen fast keine Hinweise zu seiner Nazi-Vergangenheit bzw. Kritik an seiner nationalsozialistischen Affinität. Seine größten Verbrechen waren die Kontakte mit den Westagenten und die folgende Feindtätigkeit gegen die DDR. Außerdem blieb der „treue Nazi" noch weitere zwei Jahre in der Funktion des Außenministers.

Zusammen mit Dertinger wurden fünf weitere Personen verhaftet, die angeblich Mitglieder seiner Spionagegruppe waren. Die Be-

---

353 Vgl. MfS AP 63880/92. Schlussbericht, 22.12.1953.
354 Vgl. ebenda.
355 MfS AU 449/54 Bd. 1, Ergänzungsbericht, 16.1.1953.

schuldigten kamen grundsätzlich aus dem engeren Kreis der Zentrale der CDU und des neu gegründeten Ministeriums für Auswärtige Angelegenheiten. Unter den Festgenommenen waren Eberhard Plewe, Jurist und selbstständiger Handelsvertreter, Helmut Brandt, Staatssekretär im Ministerium für Justiz, Fritz Jentsch, Hauptabteilungsleiter der CDU-Hauptgeschäftsstelle, Käthe Zinsser, Hauptreferentin im MfAA und Ilse-Ruth Bubner, damals Angestellte an der Leitung der Vereinigung der gegenseitigen Bauernhilfe (VdgB).[356] Bis zum Urteil wurden von der Stasi weitere Personen festgenommen und befragt. Diese Personen hatten verschiedene politische und soziale Hintergründe, aber in den Berichten des MfS wurden sie alle zunächst als „bürgerlich" bezeichnet. Es war also klar, dass sie keine Sozialisten waren. Viele waren Mitglieder der NSDAP, gehörten verschiedenen NS-Organisationen an oder waren in der Wehrmacht tätig. Auch in den verschiedenen Vernehmungen der anderen Beschuldigten im Fall Dertinger lässt sich erkennen, dass ihre Tätigkeiten in der Zeit des „Dritten Reiches" gebilligt wurden, obwohl sie Mitglieder der NSDAP oder anderer Nazi-Organisationen waren – ihre Hauptverbrechen waren die Kontakte zu Westagenten und angebliche Spionage.

Obwohl es weder in den Stasi-Akten noch in der Anklage direkte Kommentare über die Tätigkeiten Dertingers aus der Zeit des „Dritten Reiches" gab, tauchen Hinweise für diese Vergangenheit in den Beschreibungen seiner Verbrechen auf. Seine journalistischen Tätigkeiten übte er in nationalsozialistischen Zeitungen aus. Er arbeitete für das Reichspropagandaministerium und für die Nazi-Presseagentur. Er arbeitete mit ehemaligen Mitgliedern der NSDAP und ehemaligen Wehrmachtsoldaten aus den Reihen der CDU und kooperierte mit Mitgliedern der CDU in West-Berlin und Westdeutschland, die für die SED-Führung den Nazismus verkörperten. Diese Aktivitäten fehlen vollständig in der offiziellen Biographie und sind für das Verständnis des politischen und persönlichen Schicksals Georg Dertingers von wesentlicher Bedeutung.

Die internationale Reaktion auf Dertingers Verhaftung

Anders als in der DDR wurde Dertingers Festnahme in der Weltpresse nicht von seiner NS-Vergangenheit getrennt. Im Nachruf deutete die *New York Times* an, dass Dertinger stolz auf seine Anpassungsfähigkeit

---

356 Bubner war laut einem Bericht aus der Nacht der Verhaftung mit Dertinger zusammen. Vgl. MfS AU 449/54 Bd. 1, „Bericht", 15.1.1953.

war, da er seinen Dienst sowohl im „Dritten Reich" als auch in der DDR absolvierte.[357] Das gleiche gilt auch für die Berichterstattungen der israelischen Presse. Das große israelische Interesse am ersten Außenminister der DDR und im Allgemeinen an der deutschen Politik während der Fünfzigerjahre wurde aufgrund der damaligen deutsch-israelischen Verhandlungen um Wiedergutmachungsabkommen in verschiedenen Berichten geäußert. Schon unmittelbar nach seiner Ernennung zum Außenminister berichtete die sozialistische Presse in Israel über Dertingers Rolle in der ostdeutschen Politik, wobei seine beruflichen und politischen Betätigungen im „Dritten Reich" mit großer Verachtung hervorgehoben wurden. Bereits im November 1951 war Dertingers „braune Vergangenheit" als Mitarbeiter im „reaktionären ‚Stahlhelm'" und des *Dienstes aus Deutschlands*, der auf die „ausländische Verbreitung von Antisemitismus" spezialisiert war, laut einem Bericht aus der *Davar* wohlbekannt.[358]

Auf der anderen Seite des politischen Spektrums betonte die israelische rechts-konservative Presse in ihren Berichten Dertingers NS-Vergangenheit im Rahmen der allgemeinen politischen Lage in Ostdeutschland. Dertingers Verhaftung wurde in der Zeitung *Cherut* als Teil der politischen Maßnahmen der DDR bei der Verfolgung politischer Gegner der SED dargestellt. In diesem Fall wurde das ostdeutsche Ministerium für Auswärtige Angelegenheiten als Ziel dieser „Säuberungen" bezeichnet. Dertingers Verhaftung war eine Aktion gegen die politisch rechtsgerichtete bzw. nationalistische Opposition in der DDR mit dem Ziel der Verwirklichung einer absoluten Sowjetisierung der Ostzone. Diese Aktion wurde unweigerlich mit der damaligen aggressiven (Anti-)Judenpolitik der DDR verknüpft.[359] Interessanterweise stellte diese Wahrnehmung die jüdischen Verfolgten in der DDR genau auf das gleiche Niveau mit den ehemaligen Nationalsozialisten, die das SED-Regime „beseitigte". Andererseits erläuterte die israelische bürgerliche Presse die sowjetisch-ideologischen Hintergründe Dertingers Verhaftung und zeigte ihn als eine

---

357 Vgl. Georg Dertinger Is Dead at 65; Served Nazis and Communists. In: *New York Times*, 22.1.1968.

358 Vgl. Nazi-Generale in Ostdeutschland. In: *Davar*, 16.11.1951, S. 2. In einem anderen Bericht steht, dass er in der DDR als „Zionistenhelfer" beschuldigt wurde, obwohl er vorher für die antisemitische Zeitschrift arbeitete. Vgl. In einer Kolumne. In: *Davar HaSchavua*, 30.1.1953, S. 16.

359 Vgl. Der Außenminister in Ostdeutschland wurde verhaftet, sowie fast alle seine jüdischen Assistenten. In: *Cherut*, 18.1.1953, S. 1; Westliche Agenten und zionistische Spione werden bald verurteilt werden. In: *Cherut*, 26.1.1953, S. 1.

„Marionette", die die Außenpolitik der DDR gar nicht bestimmen konnte. Laut der Kommentare in *Maariv* war es bemerkenswert, dass die „politischen Säuberungen" in der DDR andere ehemalige Nationalsozialisten in führenden Positionen in der DDR fast nicht berührten. Folglich wurden Fragen und Gedanken über den Erfolg der Entnazifizierungsmaßnahmen in der DDR im Vergleich zur Bundesrepublik gestellt.[360]

Dertingers Weg ins Vergessen

Der Aufruf der CDU von 1945 (als Dertinger noch in der Parteiführung saß) betonte die Verbrechen Hitlers gegen das deutsche Volk und gegen die christlichen Kräfte innerhalb Deutschlands.[361] Gemäß dem Aufruf täuschte Hitler das Volk und missbrauchte den Idealismus der Jugend und machte sie zu Opfern.[362] Die christlichen Sühnen für die Sünden der Zeit vor 1945 bekamen ihre Stellung in der politischen Diskussion der CDU über Deutschland in der Zeit nach Hitler.[363] Dertinger selbst sprach über die Pflicht seiner Partei, Deutschland vor „jedem Rückfall in Nationalismus und Faschismus zu bewahren"[364]. Diese Versöhnung galt nicht für Verbrechen gegen die DDR. Nach seiner Festnahme distanzierte sich die CDU-Führung „mit Empörung und bitterer Enttäuschung" von Dertinger und versuchte, selbstkritisch ihre Fehler, die zu dem Fall Dertinger führten, zu erörtern.[365] Die Schuld an seinen Tätigkeiten des Verrats lag selbstverständlich bei Dertinger selbst, aber auch bei der CDU-Führung. Die damalige Struktur der Partei ermöglichte es, dass „Gegner der gesellschaftlichen Erneuerung"[366] die Macht beherrschten. Der Mann, der für die Imperialisten arbeitete, erhielt die Macht und die Funktion eines Außenministers dank der Schwäche der CDU. Nach seiner Festnahme und seinem Urteil war es im Interesse der Partei, dass Dertinger entlarvt wird „und sein Verbrechen

---

360 Vgl. Ben, Philipp: Die Verhaftung Dertingers. In: *Ma'ariv*, 18.1.1953, S. 2.
361 Vgl. „Gründungsaufruf der Christlich-Demokratischen Union 26.6.1945" in Christlich-Demokratische Union, 1956, S. 19 ff.
362 Vgl. ebenda.
363 Vgl. ebenda.
364 Vgl. Dritter Parteitag der CDU. In: *Neues Deutschland*, 18.9.1948, S. 2.
365 Der Politische Ausschuss der Christlich-Demokratischen Union. Vgl. „Die Lehren aus dem Fall Dertinger, 21. Januar 1953" in Christlich-Demokratische Union, 1956, S. 164; vgl. Sekretariat der CDU zur Festnahme Dertingers. In: *Neues Deutschland*, 17.1.1953, S. 2; CDU zieht Lehre aus dem Fall Dertinger. In: *Neues Deutschland*, 23.1.1953, S. 2.; CDU-Stimmen zu Dertingers Verrat. In: *Neue Zeit*, 18.1.1953, S. 1.
366 Christlich-Demokratische Union, 1956, S. 165.

die gerechte Sühne"[367] erhalten muss. Die CDU-Führung ergänzte die Vorwürfe gegen Dertinger genau wie sie von der DDR-Führung erwartet wurden: Seine Verbrechen waren seine Kontakte und die eventuell möglichen Spionagetätigkeiten für die amerikanisch-imperialistischen Kräfte. Auf seine Vergangenheit im „Dritten Reich" findet man keinen Hinweis in der Selbstbeurteilung der CDU. Über die „Sünde" aus der Zeit vor 1945 wurde nicht gesprochen. Sogar Dertinger setzte sich nicht mit seiner Vergangenheit in seiner Selbstbeurteilung auseinander.[368] In einem Interview lehnte Dertingers Sohn Christian die Vorwürfe der DDR gegen seinen Vater über die Spionagetätigkeit ab. Christian Dertinger interpretierte die journalistische Tätigkeit seines Vaters im „Dritten Reich" sogar als „geistigen Widerstand gegen den Nationalsozialismus"[369].

Eine der Schlussfolgerungen der CDU, die sich aus dem Fall Dertinger ergab, war die enge Zusammenarbeit der Partei mit der Volkspolizei und der Staatssicherheit. Der politische Ausschuss der CDU bestätigte mit seiner Erklärung die Verbundenheit der politischen Parteien und staatlichen Organisationen. Die Mitglieder der CDU waren (und wurden) verpflichtet, jede „feindliche Tätigkeit von Funktionären und Mitgliedern [der] Partei [...] den Organen der Staatssicherheit mitzuteilen"[370].

Das Material aus dem Archiv der Staatssicherheit bestätigt die Maßnahmen der DDR gegen diverse „Verratsfälle" gegen das Regime. Sowohl die Biographie als auch das Archivmaterial verschweigen die offensichtliche NS-Vergangenheit Dertingers. Aber das Schweigen, das aus den Stasi-Akten hervorgeht, ist fragwürdig. Die Tatsache, dass ein

---

367 Ebenda.
368 Die *Neue Zeit* veröffentlichte eine Auswahl seiner Erinnerungen. Vgl. Aus dem politischen Testament von Georg Dertinger. Erinnerungen und Bekenntnisse zur deutschen Geschichte. In: *Neue Zeit*, 1.3.1990, S. 3.
369 Schulz, Dietrich: SED unter Ulbricht wollte die CDU in der DDR mit Stalins Hilfe ausschalten. In: *Neue Zeit*, 26.1.1990, S. 5. Ein späteres Interview mit Christian Dertinger fand 2004, im Rahmen einer Sendung des MDR Radios zur Lebensgeschichte Georg Dertingers statt. In dieser Sendung werden Aufnahmen von Georg Dertinger übertragen, in denen er über seine politischen Tätigkeiten redet. Unter anderem wird über Dertingers Nominierung zum Außenminister diskutiert, mit der Begründung, dass die SED mit der Erlaubnis der Russen auch Mitglieder anderer Parteien am Aufbau Deutschlands teilhaben lassen durfte. Dertinger wurde in diesem Zusammenhand als „Christ", „kein Nazi" und „intellektuell" bezeichnet. Vgl. Hennings, Alexa (Prod.): *Vom Außenminister zum Staatsfeind. Die Politikerkarriere des Georg Dertinger und das Schicksal seiner Familie*, MDR, 9.6.2004.
370 Christlich-Demokratische Union, 1956, S. 168.

ehemaliger „treuer Nazi" der erste DDR-Außenminister wurde, weil er kein Mitglied der NSDAP gewesen war, stellt die komplizierte politische und soziale Situation in der DDR während der ersten Jahre nach Kriegsende dar.[371] Die Erklärungen der Stasi über Dertingers Tätigkeit während des „Dritten Reiches" sowie die Beschreibung seines Lebenslaufs zeigen, dass der erste Außenminister der DDR der ungeeignetste für den Posten war. Gleichzeitig marginalisierte die ostdeutsche Führung ihre Verantwortung bei seiner Nominierung. Es scheint, als hätten die Schlussfolgerungen der CDU und die ihr vorgeworfene teilweise Mitschuld an den Taten von Dertinger dazu geführt, von der Schuld der SED an dem Aufstieg Dertingers abzulenken. Hätte Dertinger die marxistisch-leninistische Weltanschauung akzeptiert, hätte sein Schicksal vielleicht anders sein können. Von den offiziellen Untersuchungen der Stasi können wir auf das Bild Dertingers schließen, dass die DDR der Zukunft hinterlassen wollte: das Bild eines Ministers, der vergessen werden sollte.

3.2.3. Der einzige Nazi-Diplomat der DDR – *Gerhard Kegel*

Im Gegensatz zu Dertinger spielte der langjährige DDR-Diplomat Gerhard Kegel eine wesentliche politische Rolle vor 1945. Kegels berufliche Erfahrungen im alten Auswärtigen Amt folgten einer relativ erfolgreichen außenpolitischen Karriere in der DDR. Gerhard Kegel ist am 16. November 1907 in Herby in Oberschlesien als Sohn einer kleinbürgerlichen Familie geboren. Im März 1930 trat er in die SPD ein und ein Jahr später wechselte er in die KPD. Als Mitglied der Kommunistischen Partei hatte er aktiven Anteil an der Bildung einer kommunistischen revolutionären Studentengruppe in Breslau.[372] Mai 1934 trat er in die NSDAP ein und arbeitete als Korrespondent der *Breslauer neuesten Nachrichten* in Warschau.[373] Ab 1935 war Kegel in verschiedenen Abteilungen des Auswärtigen Amtes als Diplomat tätig. Unter anderem war er Mitarbeiter der Wirtschaftsabteilung der Moskauer Botschaft,

---

371 Heike Amos behauptet, dass die Entscheidung, Dertinger als Außenminister zu nominieren, kurzfristig gefällt werden musste, da er von den Sowjets favorisiert war. Vgl. Amos, Heike: Der Außenminister, der in Ungnade fiel. In: *ZdF*, 15/2004, S. 7. Amos nennt auch die Gerüchte, dass Dertinger gute Kontakte zur Spitze der SMAD hatte und deswegen „schien [Dertinger] den Sowjets für ihre noch offenen deutschlandpolitischen Pläne Interessant". Ebenda, S. 5.

372 Vgl. MfS HA IX/11 FV 98/66 Bd. 312.

373 Vgl. MfS HA XX 5754.

Legationssekretär der handelspolitischen Abteilung in Berlin, Referent für wirtschaftliche Volkstumsfragen der Abteilung Deutschland, Mitarbeiter der handelspolitischen Abteilung und Referent für Belgien, Frankreich, Luxemburg und die Niederlande. Im April 1943 trat Gerhard Kegel in die Wehrmacht ein.[374] Nachdem er aus der Kriegsgefangenschaft befreit wurde, kehrte Kegel nach Deutschland in die Sowjetische Besatzungszone zurück, wo er in den Journalismus zurückwechselte und als stellvertretender Chefredakteur und später Chefredakteur der *Berliner Zeitung* arbeitete. Er war von 1949 bis 1952 Herausgeber dieser Zeitung, bis er nach einer besonderen Genehmigung des DDR-Ministeriums des Innern (MdI) in die politische Abteilung des MfAA eintrat.[375] Während seiner diplomatischen Karriere in der DDR war er unter anderem persönlicher Mitarbeiter und außenpolitischer Berater für Walter Ulbricht, Sprecher der DDR-Regierungsdelegation auf der Genfer Außenministerkonferenz der Großmächte und Mitglied der Westkommission und der Außenpolitischen Kommission beim Politbüro des ZK der SED.[376] Gleichzeitig setzte Kegel seine journalistische Karriere als stellvertretender Chefredakteur des Organs des ZK der SED, der Zeitschrift *Neues Deutschland*, fort. Im Jahr 1973, auf der Spitze seiner Karriere, bekam er den Titel „Botschafter" und wurde ständiger Beobachter der DDR bei der UNO in Genf sowie in anderen internationalen Organisationen,[377] wo „seine Tätigkeit [...] zur Stärkung der internationalen Autorität der DDR, insbesondere ihrer Position in den Vereinten Nationen" beitrug.[378]

Kegels Doppelleben

In *Das Amt* wird Kegel als einer von den vierzehn Diplomaten von höheren Diensten des alten nationalsozialistischen Auswärtigen Amtes geführt, die nach 1945 in der SBZ/DDR lebten. Von denen war er der Einzige, der eine diplomatische und politische Karriere sowie einen erheblichen politischen Einfluss im MfAA bzw. in der DDR ausübte.[379]

---

374 Vgl. PAAA M P16/2599, Personalbogen, 15.5.1973; vgl. *Biographisches Handbuch*, Band 2, S. 493 ff.

375 Vgl. PAAA M P16/2599. Brief der Hauptabteilung Personal des Ministeriums des Innern an Georg Dertinger, 3.12.1949.

376 Vgl. Müller-Enbergs/Wielgohs/Hoffmann/Herbst/Kirchey-Feix/Reimann, Bd. 1, 2010, S. 639–640.

377 Vgl. Isphording/Keipert/Kröger, Band 2, 2014, S. 493 ff.

378 PAAA M P16/2599, „Gespräch mit Genossen Gerhard Kegel über seine Verabschiedung vom MfAA", 9.9.1976.

379 Vgl. Conze/Frei/Hayes/Zimmermann, 2010, S. 360.

Die Jahre, die Kegel im Auswärtigen Amt des „Dritten Reiches" verbrachte, wiesen im Vergleich zu anderen bekannten westdeutschen Nazi-Diplomaten eine Besonderheit auf. Diese Besonderheit ermöglichte die Fortsetzung seiner diplomatischen Karriere in der sozialistischen antifaschistischen DDR. Neben der vorherigen Zugehörigkeit zu den kommunistischen Kreisen der Weimarer Republik bzw. seiner Mitgliedschaft in der KPD gehörte Kegel nämlich, und das ist diese Besonderheit, zu einem linksoppositionellen Zirkel innerhalb des Außenministeriums – zur sogenannten „Roten Kapelle".[380] Als Mitglied der „Roten Kapelle" lieferte Kegel notwendige Informationen an die Russen über die militärischen, ökonomischen und politischen Maßnahmen und Absichten der deutschen Regierung.[381] Er betätigte sich derartig nicht nur während seines Dienstes in der Moskauer Botschaft. Kegel brachte sein Leben in Gefahr und setzte die oppositionelle Tätigkeit fort, auch als er wieder in Berlin saß.[382]

In einer Veröffentlichung aus den Neunzigerjahren über die mutige und gefährliche Spionage- und Untergrundtätigkeit der Mitglieder der „Roten Kapelle" wird behauptet, dass diese Frauen und Männer in den beiden deutschen Staaten wegen ähnlicher Begründungen nach dem Krieg vergessen wurden: In der Bundesrepublik, weil die höheren Beamten der damaligen deutschen Regierung mit dem Erzfeind – der Sowjetunion – zusammenarbeiteten. In der DDR wurde die Geschichte der „Roten Kapelle" – trotz ihrer klaren oppositionellen Haltung gegenüber dem „Dritte Reich" – wegen ihrer Mitbeteiligung und ihres Engagements an der nationalsozialistischen Politik vernachlässigt.[383]

Wie Gerhard Kegel als überzeugter Kommunist der „Roten Kapelle" selbst seine umstrittene Vergangenheit erklärte und wie er sich zum Thema „nationalsozialistisches Erbe" und zur NS-Vergangenheitsbewältigung in den beiden deutschen Staaten äußerte, spiegelt sich in seinen veröffentlichten Texten wider. In der 1983 erschienenen Autobiographie beschäftigt sich Gerhard Kegel mit seiner politischen Entwicklung in Zeiten der wechselnden politischen Umstände sowie mit seinem schwierigen Weg als Kommunist im diplomatischen Dienst im Außenministerium des „Dritten Reiches". Mit klarer und selbstverständlicher Betonung seiner oppositionell-widerständischen

---

380 Vgl. Ebenda, S. 299; vgl. PAAA M P16/2599, Lebenslauf, 16.5.1973.
381 Vgl. MfS HA IX/11 FV 98/66 Bd. 312; MFS AP567/56.
382 Vgl. Griebel, Regina/Coburger, Marlies/Scheel, Heinrich: *Erfasst? Das Gestapo-Album zur Roten Kapelle; eine Foto-Dokumentation*. Halle (Saale) 1992, S. 86.
383 Vgl. ebenda, „Geleitwort", o. S.

Aktivitäten rechtfertigt Kegel seine Betätigungen im Auswärtigen Amt der NS-Zeit. Laut Kegels Selbstaussagen blieb er der kommunistischen Bewegung und ihren Werte treu, trotz der ständigen Veränderungen der politischen Systeme in Deutschland, d. h. trotz des Übergangs von der Weimarer Republik zum „Dritten Reich" bis hin zur deutschen Teilung. Seine Rolle als „Kämpfer für Freiheit und Sozialismus in Europa" in der Position eines vermeintlichen Dieners des „Tausendjährigen Dritten Reiches" war für Kegel der Höhepunkt seines Lebens.[384] Er verstand seine diplomatische Karriere im nationalsozialistischen Auswärtigen Amt von Anfang an als eine Mission, als Teil seiner Beteiligung am Widerstand gegen das Regime. Die unvermeidliche Arbeit im Auswärtigen Amt als Geheimagent hatte für einen deutschen Kommunisten wie ihn einen Haken: Da damals nur Mitglieder der Partei Stellen im Außenministerium erhielten, war Kegel gezwungen, in die NSDAP einzutreten.[385] Die Beschreibungen seines inneren Prozesses vor dem Eintreten in die Nazipartei sind rührend:

> „Mitglied der Nazipartei zu werden, die ich haßte und mit allen mir zu Gebote stehenden Mitteln bekämpfte, das ging mir zu weit. Aber zunächst musste ich die Sache mit den Genossen unserer kleinen Widerstandsgruppe in Warschau beraten."[386]

Um sein Leben nicht in Gefahr zu bringen und die politischen Ziele der „Roten Kapelle" verwirklichen zu können, erlaubte die Gruppe das Eintreten: Kegel wurde NSDAP-Mitglied Nr. 3.453.917.[387] Da die Mitgliedschaft in der NSDAP auch in der Nachkriegszeit für Kegel politische und persönliche Belastung bedeutete, erhielt er im Jahr 1945 eine Bescheinigung von der Sowjetischen Militäradministration in Deutschland (SMAD) mit dem „Befehl", seine Mitgliedschaft in der Nazipartei gemäß Original als „nichtexistent anzusehen".[388] Diese Bescheinigung half nicht nur politisch-ideologische Probleme zu bewältigen, sondern auch anderen alltäglichen Ärger und Schwierigkeiten zu vermeiden,

---

384 Vgl. Kegel, Gerhard: *In den Stürmen unseres Jahrhunderts. Ein deutscher Kommunist über sein ungewöhnliches Leben.* Berlin 1983, S. 5 ff.

385 Vgl. ebenda, S. 76.

386 Ebenda.

387 Vgl. ebenda. S. 77.

388 Vgl. ebenda; vgl. MFS AP567/56, „Bescheinigung", 25.6.1945. Ein wahrer Nachweis für diese Bestätigung wird im Fragebogen vom 18.11.1949 und 12.5.1973, in den die Mitgliedschaft in der NSDAP bevor 1945 stehen sollte, nicht erwähnt. Vgl. PAAA M P16/2599.

wie zum Beispiel Fragebogen zu beantworten oder von unangenehmen Details bei der Einwohnermeldung zu berichten.[389]

Trotz der offiziellen Bestätigung der SBZ sowie seiner eigenen Überzeugung wurde Kegel in der westdeutschen Propaganda und Presse und auch in der Literatur nach 1989 als ehemaliger Nazi bezeichnet.[390] Er war persönlich nicht überrascht, als er von der BRD-Presse und „einer zionistischen Organisation in Wien"[391] wegen seiner NS-Vergangenheit angegriffen wurde.[392] Solche „Angriffe und Beschimpfungen des Klassenfeindes haben mich niemals gestört", äußerte er, aber „dass mir auch der eine oder andere alte Genosse mit Mißtrauen begegnete, war für mich zwar erklärlich, jedoch schmerzlich".[393]

Es ist unbestritten, dass Kegels Erinnerungen subjektiv sind und den ideologischen Zwecken der DDR dienten. Trotzdem zeigen sie die Überlegungen aus der Nachkriegszeit eines – in seinen eigenen Augen – kommunistischen Außenseiters im nationalsozialistischen Deutschland. Kegels retrospektive Beschreibungen seiner Erfahrungen als Diplomat in Berlin der Vierzigerjahre und seine damalige Haltung gegenüber der verbrecherischen NS-Politik, d. h. der politischen Hetze gegen Juden sowie die anschließende Judenverfolgung und Judenvernichtung, sind auch erwähnenswert. Eine Anekdote aus seiner Biographie verdeutlicht diese spannende Retrospektive zum Geschehen in Nazideutschland: Wegen des Abbruchs der diplomatischen

---

389 Vgl. Kegel, 1983, S. 77.

390 Vgl. z. B. Untersuchungsausschuss Freiheitlicher Juristen (Hg.): *Ehemalige Nationalsozialisten in Pankows Diensten*, Berlin (West) ca. 1965. S. 47; Kappelt, 2009, S. 381; Waibel, 2011.

391 Kegel, 1983, S. 78.

392 Wahrscheinlich meint Kegel hier die Broschüre des „Dokumentationszentrums des Bundes Jüdischer Verfolgter des Naziregimes", gegründet von Simon Wiesenthal, vgl. Wiesenthal, Simon: *Die gleiche Sprache: Erst für Hitler – jetzt für Ulbricht. Pressekonferenz von Simon Wiesenthal am 6. September 1968 in Wien.* Bonn 1968, S. 32–33. Dort werden die Funktionen von Kegel in der DDR beschrieben sowie dass „er [...] zu den leitenden Berufsfunktionären der NSDAP [gehörte], und [...] Gauhauptstellenleiter in Württemberg [war]". In einem Artikel in *Neues Deutschland* lehnte Kegel die Vorwürfe von Vizekanzler Erich Mende ab und verteidigte seine Widerstandsaktivitäten im Auswärtigen Amt. Vgl. Kegel, Gerhard: Herr Mende und die Selbstbestimmung. In: *Neues Deutschland*, 5.2.1966, S. 6. Auch nachdem die DDR schon nicht mehr existierte, setzte Wiesenthal seine Kampagne gegen Kegel fort. Vgl. Späte Vorwürfe erhoben. In: *Neue Zeit*, 3.8.1992, S. 4. Detlef Joseph erwähnt den Fall Kegels neben anderen Persönlichkeiten, die von Simon Wiesenthal wegen deren Vergangenheit angegriffen wurden. Vgl. Joseph, 2002, S. 136–137.

393 Kegel, 1983, S. 78.

Beziehungen zwischen Deutschland und der Sowjetunion musste Kegel aus Moskau nach Berlin zurückkehren. Er und die anderen
remigrierten Diplomaten fanden einen Mangel freier Wohnungen in
der deutschen Hauptstadt vor. Aus diesem Grund bat das Ministerium
verschiedene Wohnungen an. Kegel sagte aus, dass viele Diplomaten
sowie andere Mitarbeiter des „nazideutschen Außenministeriums" in
diesen Wohnungen (in Kegels Worten Wohnungen aus „mörderischen
Wohnungslisten") einzogen. Das bedeutet, dass für sie als Mitarbeiter
des Auswärtigen Amtes die Tatsache bekannt war, dass die Wohnungen aus jüdischem Besitz waren und die ursprünglichen Bewohner
ausziehen mussten.[394] Kegel, der ein solches Angebot, in eine jüdische
Wohnung einzuziehen, ablehnte, erklärte die damalige gesellschaftliche Situation in Berlin und schrieb das Folgende über seine Kollegen:

> „[S]ie alle haben mit der Inanspruchnahme einer solchen Wohnung dazu
> beigetragen, den zwangsweisen Transport einer jüdischen Familie von Ber-
> lin nach Auschwitz und damit deren physische Auslöschung zu beschleu-
> nigen."[395]

Auf der einen Seite distanzierte er sich von der Politik und den Werten des NS-Staates und gleichzeitig diente er dem – in seinen Worten –
„nazideutschen Außenministerium"[396]. Jedoch muss die Situation in
Zeiten der unmittelbaren Lebensgefahr für die Widerstandskämpfer
innerhalb der NS-Regierung von der Leserschaft berücksichtigt werden.

Kegels Retrospektive auf die NS-Vergangenheit

Da Kegel einer der wichtigsten Mitgründer des MfAA und einer der
wenigen DDR-Diplomaten war, die berufliche diplomatische Erfahrungen hatten, sind seine Aussagen von der Zeit nach 1945 wichtig, um die
bewegte Gründungsphase des Ministeriums zu begreifen. So beschrieb
er die Schwierigkeiten im neuen DDR-Ministerium und den Mangel an
Arbeitskräften der ersten Jahre:

---

394 Über die Zusammenhänge zwischen den Deportationen von Juden und der Wohn-
situation in Berlin und spezifisch über die Umsiedler aus der Sowjetunion vgl.
Willens, Susanne: *Der entsiedelte Jude. Albert Speers Wohnungsmarktpolitik für den
Berliner Hauptstadtbau*. Berlin 2002, S. 226 ff.
395 Kegel, 1983, S. 272.
396 Ebenda.

„Nur ganz allmählich entstand ein Außenministerium der DDR mit allem, was dazugehört – mussten wir doch buchstäblich bei Null beginnen. Kader mit Erfahrungen im Außenministerium Bereich gab es so gut wie gar nicht."[397]

In Angelegenheiten zum Kader bestätigte er die Politik der DDR sowie den Mythos der „Stunde Null" bzw. der Diskontinuität mit dem alten Regime:

„Natürlich erreichten damals auch mich einige Anträge ehemaliger Mitarbeiter des nazistischen Auswärtigen Amtes auf Anstellung bei uns. Aus grundsätzlichen Erwägungen wurde von solchen Angeboten kein Gebrauch gemacht."[398]

Und wie war die Haltung Kegels zu den „echten" ehemaligen Nationalsozialisten? In einem anderen Buch zur politischen Entwicklung in den deutschen Staaten beschäftigt sich Kegel hauptsächlich mit den Tätern des NS-Regimes sowie mit den juristischen Prozessen gegen Nazi- und Kriegsverbrechen in der Bundesrepublik. In einem Teilkapitel, betitelt „Über bewältigte und unbewältigte Vergangenheit", stellt Kegel die Bearbeitung des Nazismus in den deutschen Staaten dar. Als Beispiel für die westdeutsche Aufarbeitung der NS-Geschichte nannte er die Nürnberger Prozesse und beschrieb sie als

„eine Waffe großer Bedeutung. Und das gilt besonders für den Kampf der fortschrittlichen und demokratischen Kräfte der Bundesrepublik um die Bewältigung der Vergangenheit, um die demokratische Umwandlung, die gesellschaftliche, moralische und politische Erneuerung der BRD"[399].

Oberflächlich fanden die Prozesse laut Kegel (und hierdurch laut der DDR) nicht nur um der Gerechtigkeit willen statt, sondern hauptsächlich, um die „fortschrittlichen und demokratischen Kräfte"[400], also die DDR-Sympathisanten in der BRD, zu stärken. Kegel interpretiert die Prozesse aus realpolitischer Sicht und betont deren politische Vorteile und weniger deren moralisch-historische Bedeutungen.

Nachdem er die BRD wegen der Tätigkeiten vieler „ehemaliger Nazis" in ihrer Führungsspitze angriff,[401] kehrt Kegel wieder zur DDR zurück, um zu zeigen, wie wirkungsvoll der ostdeutsche Bruch mit der NS-Vergangenheit war:

---

397 Ebenda, S. 537.
398 Ebenda.
399 Kegel, Gerhard: *Ein Vierteljahrhundert danach. Das Potsdamer Abkommen und was aus ihm geworden ist.* Berlin 1971, S. 69.
400 Ebenda.
401 Vgl. ebenda, S. 114 ff.

„In der Deutschen Demokratischen Republik – das können selbst ihre erbittertsten Gegner nicht leugnen – wird die nazistische und militärische Vergangenheit im Geiste der vom Potsdamer Abkommen gesetzten Rechtsnormen [...] bewältigt."[402]

Kegel beschäftigte sich also mit den Maßnahmen der DDR zur „Säuberung" des öffentlichen Dienstes und zur Bestrafung von Nazi- und Kriegsverbrechern, Maßnahmen, die nach seiner Darstellung wohl bereits 1950 abgeschlossen wurden.[403] Die Situation in der DDR, in der viele „kleine[] Mitglieder[] der Nazipartei und sogenannte[] Mitläufer[]"[404] Teil der DDR-Gesellschaft waren, ignorierte Kegel nicht. Solchen Personen „wurde in großem Umfang und großzügig Gelegenheit geboten, ihre Fehler gutzumachen, sich zu bewähren und sich gleichberechtigt in einer neuen demokratischen Gesellschaft einzugliedern"[405]. Deswegen, so Kegel, war „das Problem der Bestrafung [von Nazi- und Kriegsverbrechern] seit 20 Jahren kein Problem der DDR"[406]. Dementsprechend erwähnt Kegel die zahlreichen parallelen Prozesse gegen Naziverbrecher, die in der DDR stattfanden, obwohl es gelegentlich einzelne Fälle gab, bei denen schwerbelastete Verbrecher unter falschem Namen in der DDR frei lebten.[407] Im Gegensatz zur BRD, wo „die Mehrheit der Nazis [...] waren"[408], kam die Wiederverwertung von „Blutrichtern" und anderen Verbrechern des Nationalsozialismus in der DDR nicht infrage. Die Personen, die sich durch eine „aktive Mitwirkung an der Vergiftung der deutschen Jugend mit dem Ungeist des Nazismus und Militarismus" schuldig machten, hatten sich „für die Mitwirkung am demokratischen Erziehungswesen selbst disqualifiziert".[409]

Die Trennung zwischen der Wahrnehmung des jüdischen Schicksals in der alltäglichen Politik gegenüber Israel in der DDR ist auch in den Texten Kegels bemerkbar. Im Hinblick auf die praktische Außenpolitik stimmen die Äußerungen Kegels mit der Israelpolitik (oder Judenpolitik) der DDR überein. Zum Beispiel beim Besuch Walter Ulbrichts in Ägypten im Jahr 1965, der von Kegel (damals stellvertretender Leiter

---

402 Ebenda, S. 115.
403 Vgl. ebenda, S. 116.
404 Ebenda.
405 Ebenda, S. 116 f.
406 Ebenda, S. 117.
407 Vgl. ebenda.
408 Ebenda, S. 116.
409 Vgl. ebenda, S. 117.

der Hauptabteilung Auslandspropaganda im MfAA) begleitet wurde. Kegel greift den Staat Israel an und betont, dass Israel sich nicht wie der einzige Repräsentant aller Juden, die in der Zeit des Naziregimes ermordet wurden, verhalten dürfe.[410] Eine realpolitische Vergangenheitsbewältigung wird auch dann bemerkbar, wenn Kegel über die Publikationen von Namenslisten der in der Bundesrepublik lebenden Nazis diskutiert. Solche Publikationen, Broschüren und Bücher wurden in den Augen Kegels als ehrliche Politik angesehen, um die Demokratie in Deutschland zu sichern und zu bewahren. Mit Veröffentlichungen in der DDR über Nazis in der Bundesrepublik konnte die DDR laut Kegel „als Gewissen der Nation oftmals die Weltöffentlichkeit mobilisieren, und die demokratischen Kräfte in der Bundesrepublik erhielten handfestes Material, das sie in ihrem eigenen Kampf um Sauberkeit, Demokratie und Sühne der Naziverbrechen verwenden konnten"[411].

Die Erwähnung Kegels in diesem Kapitel, d. h. innerhalb der Gruppe von „DDR-Nazidiplomaten", entspricht seiner außenpolitischen beruflichen Erfahrungen aus der NS-Zeit, und folglich der Tatsache, dass er der einzige ist, der als „echter" Nazidiplomat im MfAA gelten kann. Ich beabsichtige nicht, Kegel als einen Naziverbrecher zu charakterisieren. Ich zeige nur, wie er als Kommunist unter den Nazis ein Selbstbild eines Widerstandkämpfers erschuf und wie er diese außergewöhnliche Biographie an die antifaschistische DDR-Staatsdoktrin anpasste.

3.2.4. Diplomaten der ersten Reihe – *Gerhard Herder, Ferdinand Thun, Hans-Jürgen Weitz, Wolfgang Kiesewetter, Hermann Klenner* und *Gerhard Reintanz*

Alle Diplomaten, deren Biographien in den kommenden Teilkapiteln dargestellt werden, besetzten führende Positionen im Ministerium für Auswärtige Angelegenheiten der DDR, entweder in der Zentrale in Berlin oder in Auslandsvertretungen. Im Mittelpunkt stehen jetzt die Vertreter, die in höheren Dienststellen tätig waren. Ich beginne mit dem Ende der DDR und mit dem Diplomaten, der eine der wichtigsten Stellen des DDR-Außendienstes aufnahm: der Botschafter in den USA.

---

410 Von einem Bericht der israelischen Presse, vermutlich nach einem Bericht der DDR-Presseagentur: Ostdeutscher Sprecher: Israel ist nicht der Anwärter der Nazi-opfer. In: *Ma'ariv*, 1.4.1965, S. 2.
411 Kegel, 1971, S. 127.

Gerhard Herder (Jg. 1928) war ein langjähriger Diplomat der DDR. Unter anderem war er Botschafter im Libanon, zwischen 1979 und 1983 ständiger Vertreter am UNO-Sitz in Genf und ab 1983 Botschafter in den USA und Kanada.[412] Vor seinem Einsatz in Washington, D. C. wurde seine Tätigkeit als Leiter der Handelsvertretung der DDR im Libanon von seinen Beauftragten geschätzt[413] und folglich benannte man ihn – nach einer Überprüfung der Hauptabteilung A Abteilung X des MfS – zum Botschafter im Libanon.[414] Eine seiner wichtigsten Pressekonferenzen als Botschafter in Washington fand am 10. November 1989 statt, in der er die Stellungnahme der DDR-Regierung bezüglich der historischen Ereignisse der vorherigen Nacht in Berlin – der Mauerfall – dem amerikanischen Publikum übermittelte.[415]

Im Jahr 1953, als er mit 25 Jahren noch ein Student der Fachrichtung Außenpolitik an der deutschen Akademie für Staats- und Rechtswissenschaft „Walter Ulbricht" in Potsdam-Babelsberg war, bewarb sich Herder für eine Stelle bei der Freien Deutschen Jugend (FDJ) und beschrieb dafür seine Familiengeschichte ausführlich. Herders Familiengeschichte verkörpert die Geschichte vieler deutscher Familien aus den Jahren des Zweiten Weltkrieges. In der Bewerbung erzählte er von den Umständen, unter denen sein Vater in die „faschistische Wehrmacht" einberufen wurde und in die NSDAP eintrat. Soweit er sich noch erinnern konnte, trat sein Vater darin ein, „um in den Genuss der Kinderbeihilfe zu kommen"[416], und nicht wegen seiner politischen Überzeugung. Deshalb, so behauptete Herder, kam er im Elternhaus „gar nicht mit politischen Fragen in Berührung"[417]. Den tragischen Tod seines Vaters im Zweiten Weltkrieg – nach Gerhard Herders Einschätzung nahm sich sein Vater das Leben – erklärte Herder mit der

---

412 Vgl. Müller-Enbergs/Wielgohs/Hoffmann/Herbst/Kirchey-Feix/Reimann, Bd. 1, 2014, S. 530.

413 Vgl. MfS HA II 26160. „Beurteilung des Genossen Dr. Gerhard Herder", 16.10.1972.

414 Vgl. MfS HA II 26160. „Kaderauftrag Nr. 36/D" Schreiben des Leiters der HA XX an den Leiter der HA A/X, 16.1.1973; positive Einschätzung (Handschriftlich), o. D.

415 Eine Videoaufnahme der Rede fand ich im Onlinearchiv des US-Amerikanischen Fernsehsenders *C-SPAN*, vgl. „East German Ambassador on Fall of the Berlin Wall. East German Ambassador Gerhard Herder delivered remarks on the November 9, 1989". Vgl. East German Ambassador on Fall of the Berlin Wall: C-Span, https://www.c-span.org/video/?322422-1/east-german-ambassador-fall-berlin-wall [abgerufen am 29.10.2021, 14:43 Uhr]

416 MfS AJM 9214/78 Bd. 1. „Lebenslauf", 26.2.1953.

417 Ebenda.

Widerwilligkeit seines Vaters, ein Soldat zu sein.[418] Was haben das Eintreten seines Vaters in die NSDAP und dessen Kriegserfahrungen mit Herders Wunsch, in der FDJ zu arbeiten, zu tun? Er wollte vermutlich aufzeigen, wie unpolitisch die Familie war und wie negativ der Hitlerkrieg in der Familie wahrgenommen wurde.

Gerhard Herders eigenes politisches bzw. militärisches Engagement fing 1944 mit der Mitgliedschaft beim Deutschen Jungvolk an und setzte sich fort, als er als Schüler der sechsten Klasse als Marinehelfer zur Marineflakabteilung 217 nach Memel (heute Litauen) einberufen wurde. „Irrgeführt durch die faschistische Propaganda"[419] verblieb er in seiner Einheit, bis er von den Sowjets auf der Insel Rügen im Mai 1945 gefangen genommen wurde. In der Gefangenschaft wurde sein Interesse für die Sowjetunion geweckt, während sich gleichzeitig seine Ansichten über die Sowjetunion, „vor allem zu den Sowjetmenschen",[420] änderten. Er lehnte die faschistische Erziehung und Propaganda ab und lernte die wahren Ursachen des Krieges kennen. Nach seiner Rückkehr nach Deutschland im Sommer 1949 trat er in die SED ein.[421] Seine Vergangenheit sowie die Vergangenheit seines Vaters hinderten Herder dank des Bekenntnisses seiner Fehler nicht an einer beruflichen Entwicklung.[422]

Im Mittelpunkt der nächsten beiden Biographien steht nicht nur der berufliche Nachkriegs-Einsatz der Diplomaten im MfAA. Im Gegensatz zu anderen Fällen, die ich später zeige, waren Ferdinand Thun und Hans-Jürgen Weitz keine einfachen sogenannten Mitläufer des Nationalsozialismus, sondern sie leisteten einen beachtlichen Militär- und Kriegsdienst im Zweiten Weltkrieg, der auch erhebliche Einwirkungen auf ihre Persönlichkeiten hinterließ. Nach dem Krieg hatten die militärischen Einsätze einen eher unwesentlichen Einfluss auf den beruflichen Werdegang.

Ferdinand Thun (Jg. 1921), „der Graf von Pankow"[423], Sohn von Franz Anton Fürst Thun und Hohenstein und von Franziska Fürstin

---

418 Vgl. ebenda.
419 Ebenda.
420 Ebenda.
421 Vgl. ebenda
422 Vgl. MfS AJM 9214/78 Bd. 1. In einer „Einschätzung der 1. Aussprache bei der FDJ" vom 25.2.1953 wurden seine Schwächen erwähnt: schwache Verbundenheit zur Partei sowie den Eintritt des Vaters in die NSDAP.
423 Geboren Ferdinand Judas Thaddäus Graf von Thun und Hohenstein, vgl. Kloth, Hans Michael: Adel in der DDR. Herrenschreiter auf sowjetrotem Teppich. In: *Der Spiegel*, 15.10.2007.

Thun und Hohenstein (geb. Prinzessin Lobkowicz), hatte eine langjährige Karriere im DDR-Außendienst. Seit der Gründung des MfAA bis ins Jahr 1956 war er Chef des Protokolls, zwischen 1969 und 1973 Botschaftsrat und Leiter der Protokollabteilung in der Botschaft in Moskau und ab 1961 Leiter der Abteilung internationale Organisationen. Zwischen 1973 und 1975 war er außerordentlicher und bevollmächtigter Botschafter der DDR in der Republik Iran, später ab 1976 wissenschaftlicher Mitarbeiter der Abteilung UNO und zwischen 1982 und 1987 Ständiger Vertreter bei der UNESCO in Paris.[424]

Thun ist nach meiner Recherche einer von wenigen DDR-Diplomaten, die sich freiwillig zur Wehrmacht meldeten und die diese Tatsache nach dem Krieg nicht verleugneten. Thuns Position gegenüber seiner Vergangenheit kann vom Auskunftsbericht der Hauptabteilung XX/1 des MfS abgeleitet werden. Während seines Militärdienstes war Ferdinand Thun Mitglied des Nationalsozialistischen Kraftfahrkorps (NSKK) und des Reichsarbeitsdienstes (RAD). Als Soldat wurde er zwei Mal an der Ostfront eingesetzt, erst im Unteroffizierslehrgang und später als Leutnant, nachdem er die Offiziersschule in Wünsdorf absolviert hatte. Am 22. September 1943 gelangte er in sowjetische Gefangenschaft. Dort lernte er die russische Sprache und arbeitete schließlich als Dolmetscher. Den „ersten Schritt zu seiner antifaschistischen demokratischen Umerziehung"[425] ging er im Bund Deutscher Offiziere. Die Tätigkeit im Bund ebnete seinen Weg für den Eintritt in die NDPD im Jahr 1948. Eine SED-Mitgliedschaft wurde laut der Stasi wegen seiner „Herkunft" abgelehnt. Ob es sich dabei um die militärisch-politische oder die aristokratische handelte, findet in diesem Fall keine Erwähnung. Der Versuch, seine Familienherkunft zu verbergen und zu leugnen, war vielleicht seine eigene Entscheidung, denn kurz nach dem Antritt im MfAA legte er den Grafentitel und das Adelsprädikat ab.[426] Thun hatte also zwei Lasten aus seiner Vergangenheit: die Adelszugehörigkeit und die Beteiligung am Krieg.

---

424 Vgl. Müller-Enbergs/Wielgohs/Hoffmann/Herbst/Kirchey-Feix/Reimann, Bd. 2, 2010, S. 1319. Vgl. MfS AP15037/89 Auskunftsbericht, 30.7.1965; MfS HA XX AP 72181/92 „Kurzbiographie", 18.3.1981.
425 MfS AP15037/89, Auskunft Bericht über Thun, Ferdinand, 30.7.1965.
426 Hans Michael Kloth bemerkte die Namenveränderung als opportunistische Aktion, vgl. Kloth, Hans Michael: Adel in der DDR. Herrenschreiter auf sowjetrotem Teppich. In: *Der Spiegel*, 15.10.2007.

Anfang der Fünfzigerjahre stand Thun im „Verdacht der Agententätigkeit für den amerikanischen Geheimdienst"[427]. Der damalige Staatssekretär Anton Ackermann verteidigte Thun, da er der Ansicht war, „dass Thun durchaus loyal arbeitet"[428]. Jedoch betonte Ackermann, dass man „auf keinen Fall seine Herkunft vergessen darf"[429]. Ähnliche Verdachtsmomente gegen Thun bestanden bis in die Achtzigerjahre. Laut einem Bericht von 1965, der sich unter den Akten aus den Achtzigerjahren befindet, gab es schon eine vorherige Bearbeitung des Materials „aufgrund seiner Herkunft und Verbindungen", aber alle Verdachtsmomente wurden wegen fehlender „Bestätigung einer Feindtätigkeit" außer Kraft gesetzt.[430] Die Kontakte Thuns mit amerikanischen Diplomaten und seine Charakterisierung von amerikanischer Seite als ein guter Mensch, „der gern Verbindungen zu Amerikanern sucht"[431], eröffneten die spätere Untersuchung gegen Thun erneut.

Thuns aristokratischer Hintergrund – sowie ähnliche Biographien anderer Parteifunktionäre, die nicht aus Arbeiterkreisen stammten – wurde mit „tiefe[m] Mißtrauen" in der SED beäugt.[432] Jedoch war das Übersehen der NS-Vergangenheit „ehemaliger" Mitglieder aus Grafenfamilien in der DDR nicht ohne politisches Interesse. Die Grafen und Edelleute kannten die internationale Politik und die diplomatische Welt und halfen, die diplomatischen Beziehungen der DDR zu entwickeln.[433]

Aus dem Iran wenden wir uns seinem Nachbarstaat zu. Im Mai 1969 wurde die diplomatische Beziehung zwischen der DDR und der

---

427 MfS AOP 141/55, Vorgang „Adel", 25.6.1951.

428 MfS AOP 141/55, Aktenvermerk, 27.8.1951.

429 Ebenda.

430 Vgl. MfS AP15037/89, Auskunftsbericht, 30.7.1965.

431 Ebenda.

432 Vgl. Muth, 2005, S. 158.

433 Der Politikwissenschaftler Nikolaus Werz konzentrierte sich auf die Protokoll-Traditionen beider deutschen Außenministerien. Unter anderem erwähnte er die personelle Kontinuität im Auswärtigen Amt der Bundesrepublik und den Anteil von Personen adeliger Herkunft im außenpolitischen Kader dieses Ministeriums. Betreffend der DDR untersuchte er die Spannung zwischen den kommunistischen Werten und den „Methoden der Höflichkeit und Unhöflichkeit", die als bürgerliche Methode in der DDR wahrgenommen wurden. Die Ernennung von Ferdinand Thun zum Chef des Protokolls im MfAA entsprach einerseits seinen persönlichen Erfahrungen als Adliger und andererseits den politischen Interessen des neugegründeten Außenministeriums. Vgl. Werz, Nikolaus: Diplomatie und Delikatessen. In: *Aus dem politischen Küchenkabinett: Eine kurze Kulturgeschichte der Kulinarik.* Festschrift zum 65. Geburtstag von Professor Jakob Rösel. Hrsg. von Ludmilla Lutz-Auras/Pierre Gottschlich (Hg.). Baden-Baden 2013, S. 60 ff.

Republik Irak mit der Erhöhung des Status der DDR-Gesandtschaft von einem Konsulat in eine Botschaft gestärkt. Entsprechend wurde auch der Titel des damaligen Generalkonsuls, **Hans-Jürgen Weitz**, zum Botschafter angepasst.[434] Der Lebenslauf Weitz', der als Anhang der Pressemitteilung für seine Ernennung beigefügt wurde, porträtiert die berufliche Entwicklung des von seinen Vorgesetzten geschätzten Diplomaten: Der 1923 geborene Absolvent der Akademie für Staats- und Rechtswissenschaft der DDR studierte zusätzlich auch Geschichte und Orientalistik an der Universität Leipzig. Nach langjähriger Tätigkeit als Vorsitzender eines Kreisrates in Thüringen und als erster Stellvertreter des Oberbürgermeisters der Stadt Weimar trat Weitz ins Außenministerium ein. Im MfAA war er Generalkonsul der DDR in der Vereinigten Arabischen Republik (VAR) und „bekleidete verantwortliche Funktionen in der Abteilung arabische Staaten"[435]. In seiner Beglaubigungsrede an das irakische Volk sprach Weitz über die Bedeutsamkeit der Beziehung zwischen den beiden Ländern und sagte, dass

> „die auf dem Streben nach Frieden, Sicherheit und gesellschaftlichen Fortschritt beruhenden Gemeinsamkeiten unserer Staaten und Völker eine solide Grundlage für ein vielseitiges fruchtbares Zusammenwirken zwischen unseren Staaten [...] sind"[436].

Die veröffentlichte Biographie in der beigefügten Pressemitteilung zeigt nur einen Teil seines Lebenslaufs, selbstverständlich den „sauberen" Teil. Weitz' Eintritt in die NSDAP am 1. September 1942 und seine Angehörigkeit der Waffen-SS wurden ausgelassen.[437] Gemäß einer Veröffentlichung des Untersuchungsausschusses Freiheitliche Juristen veröffentlichte die Presse in Westdeutschland im Juli 1969 zahlreiche Berichte über Weitz.[438] In diesen Veröffentlichungen wurde behauptet, dass Weitz während der Vierzigerjahre im Panzer-Grenadier-Ausbildungs-Bataillon II b der Waffen-SS in Spreenhagen bei Erkner (an der

---

434 Vgl. PAAA M C2046/72. Schreiben des Außenministers Otto Winzer an Hans-Jürgen Weitz, 26.5.1969.

435 PAAA M C2046/72, Curriculum Vitae, Hans-Jürgen Weitz, o. D.

436 PAAA M C2046/72, Rede des Botschafters der DDR in Irak anlässlich der Übergabe seines Beglaubigungsschreibens.

437 Laut dem *Braunbuch DDR* trat er am 20.4.1942 in die NSDAP ein. Vgl. Kappelt, 2009, S. 565. Eine Überprüfung in der Abteilung XII des MfS und im Zentralarchiv brachte keine Unterlagen für diese Mitgliedschaft hervor. Vgl. MfS HA XX 5754.

438 Diese Berichte wurden nach der Pressesammlung des Deutschen Instituts für Zeitgeschichte Berlin veröffentlicht. Vgl. MfS HA IX/11 236/68 Bd. 2; vgl. ‚DDR'-Botschafter im Irak war Mitglied der Waffen-SS. In: *Tagesspiegel*, 18.7.1969; *Spandauer Volksblatt*, 27.7.1969, *Die Welt*, 18.7.1969.

Grenze zwischen Berlin und Brandenburg) als Sturmmann eingesetzt worden war. Es war für die Westpresse wenig verwunderlich, dass die DDR einen ehemaligen Nazi als Diplomaten in ein Land schickte, „wo man [...] Gegner des Regimes – unter anderem Juden – öffentlich auf dem Marktplatz aufhängt"[439]. Unmittelbar nach dieser westdeutschen Veröffentlichung bat die Hauptabteilung XX der Stasi die Hauptabteilung IX/11 um eine sofortige Überprüfung der Angaben des entsprechenden Bataillons der Waffen-SS sowie des Militärverhältnisses bei der „faschistischen Wehrmacht" über Weitz, um zu sehen, ob diese schrecklichen Behauptungen auf Fakten basierten.[440] Drei Tage reichten für die Hauptabteilung IX aus, um ihre Überprüfung abzuschließen. Die Mitarbeiter fanden heraus, dass das Panzer-Grenadier-Ausbildungs-Bataillon II b nicht existierte, da zu dem entsprechenden Zeitpunkt nur das Ersatz-Bataillon 1 der SS im Raum Berlin stationiert war. Außerdem wurde bestätigt, dass auch die veröffentlichten Zeitangaben über den Dienst Weitz' in der SS der obengenannten Feststellung widersprechen: Die eigentliche Abteilung II b der Waffen-SS war für die Personalfragen zuständig und hatte nichts mit dem Feldkrieg zu tun. Unterlagen über Weitz und seine Tätigkeit bei der Abteilung II b oder zur Reichsfinanzschule in Oberbayern konnten von der Stasi nicht gefunden werden.[441]

Der Stasi ging es nicht etwa darum, nachzuweisen, dass Weitz kein SS-Mann war, sondern es reichte ihr zu beweisen, dass die veröffentlichten Berichte in der westdeutschen Presse falsch oder nicht einhundertprozentig korrekt waren. Darüber hinaus lässt sich die Tatsache, dass der DDR-Botschafter im Irak eine verdächtigte Betätigung in der SS hatte, trotz der propagandistischen Bemühungen der DDR nicht leugnen.

Ein anderer Diplomat, der im Nahen Osten eingesetzt wurde, ist **Wolfgang Kiesewetter** (Jg. 1924), der sich fast 40 Jahre lang im Dienst der DDR-Diplomatie betätigte. Seine außenpolitische Karriere fing Kiesewetter schon 1950 als Mitarbeiter im MfAA an, kurz nachdem er aus der sowjetischen Kriegsgefangenschaft zurück nach Deutschland

---

439 Hermann, Klaus: Verwunderlich?. In: *Spandauer Volksblatt*, 27.7.1969.
440 Vgl. MfS HA IX/11 236/68 Bd. 2, Schreiben des Stellvertreters Leiters der HA XX Oberstleutnant Stange an Oberstleutnant Stolze der Hauptabteilung IX/1, 21.7.1969.
441 Vgl. MfS HA IX/11 236/68 Bd. 2, „Überprüfung westlicher Pressemeldungen über angebliche Zugehörigkeit des DDR Botschafters in der Republik Irak zur Waffen SS", 24.7.1969.

kam.[442] Im Laufe der Jahre wurde er als Botschafter in die Vereinigte Arabische Republik, nach Schweden, Italien und Malta gesandt und er hatte die Position eines Stellvertreters des Außenministers inne.[443] Die Betätigung und Arbeit im Bereich der diplomatischen Beziehungen mit arabischen Ländern wurde von seinen Beauftragten im Außenministerium geschätzt und positiv beurteilt, dank seines „umfangreichen politischen und fachlichen Wissen[s]"[444] sowie wegen seiner guten Sprachkenntnisse. Die Sprachkenntnisse konnte Kiesewetter während seines Militärdienstes als Offizier in der Wehrmacht ausüben, da er „an verschiedenen Lehrgängen teil[nahm]", wobei er sich später in der Gefangenschaft „mit politischen Fragen [...] beschäftigte, Russisch und Rumänisch [lernte] und als Dolmetscher eingesetzt [wurde]".[445] Dem begabten Wehrmachtsoffizier konnte „auf Grund seiner schnellen positiven Entwicklung [...] im Januar [1950] die Funktion des Chefredakteurs in der Abteilung Presse und Information [des MfAA] übertragen werden"[446].

Trotz seines Sprachtalents musste die Tatsache, dass Kiesewetter ein Offizier in der Wehrmacht gewesen war, vonseiten der DDR untersucht werden, um seinen Lebenslauf zu „säubern". Deshalb wurde schon Anfang 1950 die erste Beurteilung seiner Vergangenheit dokumentiert. Der Schwerpunkt der Untersuchung lag auf der Beziehung zwischen Kiesewetter und seinem Vater, Albert Kiesewetter. Die Untersuchung sollte überprüfen, „ob und in welcher Weise der Vater mit diplomatischen Kreisen des Naziregimes in Verbindung stand"[447]. Das Untersuchungsergebnis des thüringischen Ministeriums des Inneren wies die vermeintlichen Kontakte und Verbindungen des Vaters mit Diplomaten des nationalsozialistischen Auswärtigen Amtes nach. Diese Information wurde dem ostdeutschen Ministerium des Innern Anfang Februar 1950 mitgeteilt. Albert Kiesewetter, bis 1945 Mitglied ohne Funktion der NSDAP, hatte persönliche und freundschaftliche Beziehungen mit einem Diplomaten des Nazi-Regimes namens Martin (der komplette Name ist den Akten nicht zu entnehmen), damals

---

442 Vgl. MfS AP 1418/66. „Kiesewetter, Wolfgang", 23.11.1951.
443 Vgl. Müller-Enbergs/Wielgohs/Hoffmann/Herbst/Kirchey-Feix/Reimann, Bd. 1, 2010, S. 649–650; Radde, 1977, S. 76–77.
444 MfS AP 1418/66, Beurteilung des Genossen Kiesewetter, 6.3.1962.
445 Vgl. MfS AP 1418/66, Beurteilung, 15.11.1951.
446 Ebenda.
447 MfS AP 1418/66. Schreiben von Käte Blenkle, Frau von Conrad Blenkle, an Franz Aquillon, 24.1.1950.

Gesandter des deutschen Reiches in Rumänien. Martin und Vater Kiesewetter schickten ihre Söhne auf die gleiche Internatsschule in Schleiz, wo sich die beiden Kinder anfreundeten. Außer dieser engen Kinder-Freundschaft und einer späteren Begegnung zwischen Wolfgang Kiesewetter und dem Sohn Martins während des Krieges als Soldaten „hat weder der Vater Kiesewetter noch sein Sohn Beziehungen zu diplomatischen Kreisen des Naziregimes gehabt"[448].

Die Stasi-Ermittler sammelten mehreren Aussagen, die sich mit dem Charakter und der politischen Zuverlässigkeit Wolfgang Kiesewetters als jungem Diplomaten beschäftigten. In einem Schreiben eines Mitarbeiters des Marx-Engels-Lenin-Instituts in Moskau, den Kiesewetter aus der Zeit in der Sowjetunion kannte, wurde er positiv eingeschätzt. Kiesewetter hatte eine „sehr gute Allgemeinbildung, fundiertes Wissen auf den Gebieten des Marxismus und Leninismus und der Geschichte der KPdSU [Kommunistische Partei der Sowjetunion] sowie gute Kenntnisse der Verhältnisse in der Sowjetunion"[449]. Schließlich wurde er als „aktiver Kämpfer für die demokratische Neuordnung Deutschlands"[450] charakterisiert. Der „aktive Kämpfer für die Demokratie" verwies selbst auf seine Vergangenheit. Laut Kiesewetters Aussagen wurde seine Mitgliedschaft im Deutschen Jungvolk und der Hitlerjugend – wo er unter anderem Kameradschaftsführer und Gefolgschaftsführer war – von seiner Tante und deren Mann beeinflusst. Im Jahr 1942 (mit 18 Jahren) meldete er sich freiwillig als aktiver Offiziersbewerber für die Kriegsmarine. Das Ende des Krieges war nach seinen Erfahrungen nicht nur ein Bruch des Hitlerregimes, sondern auch ein Bruch mit seinen eigenen Vorstellungen des Faschismus. Eine neue Weltanschauung konnte er sich während der Zeit in der Antifa-Schule zwischen 1947 und 1948 leicht aneignen.[451]

Der nächste Fall in diesem Teilkapitel gehört zu den Fällen, bei denen immer wieder die Frage „Wer war ein Nazi?" auftaucht. Diese Frage kann mit dem Beispiel **Hermann Klenners** aus unterschiedlichen politischen Perspektiven beantwortet werden. Klenner wurde am 5. Januar 1926 als Sohn einer Angestelltenfamilie in Erbach

448 MfS AP 1418/66. „Herr W Kiesetter", 7.2.1950.
449 MfS AP 1418/66. Schreiben an das MfAA, Absender unbekannt, 1.2.1950.
450 Ebenda.
451 Vgl. MfS AP 1418/66. Lebenslauf, 7.5.1956; MfS HA IX/11 AK Nr. 237/82. Fotokopien von Kiesewetters Personalfragebogen der Gebietsführerschule der HJ in Bad Berka vom 17.3.1941, gefertigte Registrierungsunterlagen zu Erfassung ehemaliger Offiziere der faschistischen Wehrmacht vom 8.5.1945, 26.2.1982.

(Odenwald) geboren. Seine Doktorarbeit an der Juristischen Fakultät der Humboldt-Universität Berlin, die im Jahr 1952 eingereicht wurde, schrieb er über die „Formen und Bedeutung der Gesetzlichkeit als einer Methode in der Führung des Klassenkampfes".[452] Seitdem entwickelte sich seine erfolgreiche akademische Karriere als Dozent und Jurist weiter. Im Jahr 1976 wurde Klenner Mitglied des Präsidiums des DDR-Komitees für Menschenrechte und saß zudem zwischen 1984 und 1986 in der DDR-Delegation bei der UNO-Menschenrechtskonferenz in Genf. Die DDR-Führung schätzte seine beruflichen Erfahrungen sowie seinen Sachverstand im Bereich der Menschenrechte als ausreichend für eine Kandidatur für die Rolle des Vorsitzenden des UN-Komitees ein. Aber Klenners Vergangenheit aus der Zeit vor 1945 verfolgte ihn.

Die Empörung der israelischen Regierung über die geplante Nominierung von Hermann Klenner wurde von dem israelischen Delegierten in Genf, Ephraim Dubek, vermittelt, als er die NSDAP-Mitgliedskarte von Klenner bekannt machte. Gemäß israelischer Presse war die Mitgliedschaft des „Nazi-Professors" in dem Menschenrechte-Komitee der UNO, das sich auch damals wie heute mit den „Menschenrechten in den besetzten Gebieten Israels" beschäftigte, für Israel unhaltbar.[453] Nach der Eröffnung des UN-Archivs für Kriegsverbrechen in Zusammenhang mit der Waldheim-Affäre forderte der damalige israelische Botschafter in der UN, Benjamin Netanjahu, von dem Generalsekretär der UN die Veröffentlichung weiterer Akten von Kriegsverbrechern an, unter anderem die Akten von Klenner. Diese Äußerungen der israelischen Diplomaten und Delegierten waren ein Teil der internationalen Kampagne für die Entlassung Klenners aus seinen Stellen in UN-Institutionen.[454] Auf diese Weise bewies Israel die Zusammenarbeit der DDR mit den Feinden Israels und stellte einen Vergleich zwischen den Nazis und den arabischen bzw. palästinensischen Feinden an. Diese Bemühungen lohnten sich, da Klenners Nominierung tatsächlich aufgrund des Verdachts seiner NS-Vergangenheit scheiterte.[455] Laut

452 Vgl. Klenner, Hermann: *Formen und Bedeutung der Gesetzlichkeit als einer Methode in der Führung des Klassenkampfes*. Berlin 1953.
453 Vgl. Die Rechte des Nazi Professors. In: *Ma'ariv*, 13.2.1986, S. 19.
454 Vgl. Dagoni, Ran: „Israel will auch die Akten von den Nazis Brunner und Klenner im UN-Archiv durchsuchen. In: *Ma'ariv*, 11.4.1986, S. 4; Engelberg, Martin: Österreich wartet auf Waldheims Reaktion auf seine Nazi-Vergangenheit. In: *Ma'ariv*, 13.4.1986, S. 5.
455 Vgl. Baumgartner, Gabriele (Hg.): *Biographisches Handbuch der SBZ/DDR. 1945–1990*. Bd. 1, München 1996, S. 402.

verschiedenen Quellen, die die israelische Regierung veröffentlichte, war Hermann Klenner wohl seit Februar 1945 Mitglied der NSDAP und nahm zwischen 1944 und 1945 an Kriegsbemühungen teil.[456] Ob ein 18 Jahre altes Mitglied der NSDAP ein „Nazi-Professor" genannt werden kann, ist jedoch eine Frage der Perspektive.

Ein anderes ehemaliges Mitglied der NSDAP war **Gerhard Reintanz**, einer der führenden Juristen der DDR. Unter anderem war er Dekan der Juristischen Fakultät der Martin-Luther-Universität in Halle (Saale). Unmittelbar nach 1945 war er Hauptabteilungsleiter im Außenministerium der SBZ, und nach der Gründung der DDR setzte er die Zusammenarbeit mit der neuen Hauptabteilung für Vertragswesen des MfAA fort. Der renommierte Jurist wurde am 1. Januar 1940 Mitglied der NSDAP. In seinem Militärdienst als Hauptmann in der Wehrmacht wurde er mit dem Eisernen Kreuz I. und II. Klasse ausgezeichnet.[457] Vermutlich hatten diese Angaben zur Eröffnung einer Untersuchung der Staatssicherheit im Jahr 1952 geführt, in der seine Verbindungen, sein Verhalten sowie die Lage seiner Wohnung untersucht wurden. Operative Maßnahmen nach dieser Untersuchung gab es nicht und der Weg für Reintanz' erfolgreiche politische und akademische Karriere war frei.[458] Trotz der offiziellen „Säuberung" seiner Vergangenheit liegen die Akten der Staatssicherheit über Reintanz in der Hauptabteilung XX interessanterweise in einem Ordner mit dem Titel „ehemaliger Nazi"[459].

3.2.5. Die „kleinen" Wehrmachtsdiplomaten – *Christoph Seitz, Günter Doberenz, Heinz Oelzner* und *Herbert Kröger*

Die nominelle Mitgliedschaft in der NSDAP und der Militärdienst in der Wehrmacht führten seit Jahren zu zahlreichen historiographischen Streiten und Auseinandersetzungen über die moralischen Unterschiede zwischen der politischen Überzeugung der Parteimitglieder und der Soldaten in Nazideutschland. Das bekannteste Beispiel ist der Streit über die „Wehrmachtsausstellung". Die Frage, wie das „Nazi-Sein" gemessen werden kann, wird auch in Fällen gestellt, in denen die entsprechenden Personen erst während der letzten Jahre oder Monate

---

456 Vgl. ebenda; vgl. Kappelt, 2009, S. 389–390.
457 Vgl. MfS HA XX 5754.
458 Vgl. MfS HA VIII/RF 1771/21 (781/52), Ermittlungsauftrag 782 Reintanz, Gerhard, 8.8.1952; Ausführliche Ermittlung, 18.8.1952.
459 Vgl. MfS HA XX 5751.

des Krieges in die Wehrmacht eintraten. Die nächsten Fälle bezeugen diese Spannung und bieten unterschiedliche Antworten, die die DDR für diese Auseinandersetzung gab. Ich beginne mit einem Fall, der die größte Angst der DDR verkörpert: eine Republikflucht.

Die Republikflucht von **Christoph Seitz** (geboren in München am 20. November 1914) bestätigte die Sorgen der SED/DDR-Führung über die Flucht eines „Geheimnisträgers" in die Bundesrepublik.[460] Der ehemalige Oberbürgermeister von Rostock und Schwerin musste diese Stellen wegen Korruption und unmoralischen Verhaltens verlassen.[461] Trotzdem machte er nach seinem Rücktritt eine vergleichsweise beeindruckende Karriere, sogar in einer der wichtigsten Abteilungen des Außenministeriums, als Parteisekretär und Leiter der 1. Europaabteilung (UdSSR).[462] Die früheren „zahlreiche[n] Verfehlungen, besonders moralischer Art"[463], setzten sich auch während seiner Tätigkeit im Außenministerium fort und verhinderten vermutlich seine geplante Nominierung als Botschafter in Albanien.

Nach seiner Flucht in die Bundesrepublik erfuhr die Stasi durch amerikanische Agenten, die mit dem MfS kooperierten, von den Ursachen seiner Tat. Unter anderem bekam das MfS von den amerikanischen Kollegen die Informationen, die die amerikanischen Geheimdienste bzw. der BND von Seitz nach seiner Flucht erhielten. Die Informationen bezogen sich auf das, was Seitz über die Struktur des MfAA und die diplomatischen Aufgaben der einzelnen Abteilungen des Ministeriums berichtete. Außerdem verbreitete Seitz gerüchteartige Informationen über die Spitzen des Ministeriums, zum Beispiel über die Doppelrolle des damaligen Außenministers Lothar Bolz im Ministerium und in der NDPD, oder über Peter Florin und seine Tätigkeit im ZK der SED.[464] Die große Gefahr, so geht aus den Stasi-Meldungen hervor, ging von den Informationen über den Einfluss des MfS auf die Arbeit des MfAA aus. Laut Seitz war das einer der Hauptgründe für seine

---

460 Vgl. MfS AOP 8753/72 Bd. 3 Bericht über die Republikflucht des Abteilungsleiters im MfAA Seitz 22.4.1961; MfS AOP 8753/72 Bd. 3.

461 Vgl. MfS HA II 38960 Abschlußbericht zu dem im Operativ-Vorlauf 9138/61, 8.2.1971.

462 Vgl. ebenda. Siehe auch MfS HA II 38960 Abschlußbericht zu dem im Operativ-Vorlauf 9138/61, 8.2.1971.

463 MfS AOP 8753/72 Bd. 3 Bericht über die Republikflucht des Abteilungsleiters im MfAA Seitz 22.4.1961.

464 Vgl. MfS HA II 38960 Abschlußbericht zu dem im Operativ-Vorlauf 9138/61, 8.2.1971; MfS AOP 8753/72 Bd. 3, Bericht vom Treff mit dem GM „Pilot" am 3.5.61, 4.5.1961.

Republikflucht. Komischerweise ist dieser Einfluss in allen Berichten der Stasi über die Diplomaten verzeichnet, die in diesem Kapitel diskutiert werden, führte aber nicht immer zu einer Republikflucht.

Seitz' politische und berufliche Entwicklung vor 1945 beinhaltet auch seinen Dienst in der „Luftwaffe der faschistischen Wehrmacht", wo er den Dienstgrad eines Feldwebels erreichte. Er selbst beschrieb seinen Dienst bei der Wehrmacht in seinem Lebenslauf als unfreiwillig, da er als Reserveeinheit in einem „Raubkrieg Hitlers" versetzt werden musste.[465] Positiv wurde sein Übergang in die Rote Armee 1942 und seine Beteiligung am „Nationalkomitee Freies Deutschland" eingeschätzt.[466] Er betonte, dass weder er noch jemand seiner Familienangehörigen NSDAP-Mitglied war. Seine Tätigkeit bei der Wehrmacht „beschränkte sich auf Verwaltungsarbeit" und er verließ die „faschistische Armee" freiwillig, um „gegen das faschistische Regime in Deutschland zu kämpfen".[467]

War die Flucht Seitz' in die Bundesrepublik eine Trotzreaktion darauf, dass er nicht als Botschafter in Albanien nominiert wurde? Dachte er, dass seine unmoralischen und korrupten Taten vergessen wurden, weil er „gegen den Faschismus" kämpfte? Oder machte er sich Sorgen wegen seines unmoralischen Verhaltens? Auf jeden Fall scheint es, als spielten seine NS-Erfahrungen dank seiner angeblichen negativen Haltung gegen das NS-Regime vor 1945 keine Rolle für die DDR.

Klarere Antworten auf ähnliche Verdachtsmomente gegen DDR-Diplomaten können wir aus den folgenden Fällen ableiten. Die militärischen Tätigkeiten des leitenden Mitarbeiters im MfAA, DDR-Generalkonsuls im Jemen (1969–1972) und Botschafters in Kuwait (1975–1982), **Günter Doberenz**, waren Anlass einer Ermittlung der HA IX/11 des Ministerium für Staatssicherheit. Der 1923 Geborene „meldete sich Mitte 1941 freiwillig zur Kriegsmarine", wo er bis zum Ende des Krieges in verschiedenen Orten eingesetzt wurde.[468] Während seines Dienstes erhielt Doberenz das Kriegsverdienstkreuz mit Schwertern II. Klasse.[469] Der Leiter der HA II/14 des MfS forderte eine Einschätzung des gesamten militärischen Dienstes von Doberenz und insbesondere die damaligen Begründungen für die Auszeichnung mit dem

---

465 Vgl. MfS BV Swn. AP521/56, „Lebenslauf", 12.12.1949, f. d. R. d. A., 15.6.1950.
466 Vgl. MfS HA II 38960, 2.12.1976.
467 Vgl. MfS BV Swn. AP521/56, „Lebenslauf", 12.12.1949, f. d. R. d. A., 15.6.1950.
468 Vgl. MfS HA IX/11 AK 1558/87, „Auskunftsersuchen", 20.3.1987.
469 Vgl. ebenda.

Kriegsverdienstkreuz an.[470] Die folgende Überprüfung der HA IX/11 in den Archiven „erbrachten keine Hinweise über die Zeit vor dem 8.5.1945"[471]. Außerdem wurde laut der entsprechenden Befunde eingeschätzt, „dass die Angaben im Allgemeinen nicht auffällig oder ungewöhnlich erschienen"[472]. Das heißt, dass Doberenz' Dienst in der „faschistischen Kriegsmarine" üblich war und dass er an besonderen Aktivitäten, bei denen man Kriegsverbrechen nachweisen konnte, nicht teilnahm. Das galt wahrscheinlich auch für das spezifische Kriegsverdienstkreuz, das als „keine besondere herausragende faschistische Auszeichnung"[473] angesehen werden kann. Diese Beurteilung der Stasi verharmlost den Militärdienst Doberenz' und „säuberte" damit quasi seinen Lebenslauf.

Wie ich schon zeigte, waren Anpassungen von Biographien an die neue politische Realität (entweder von Seiten der Diplomaten selbst oder des MfAA/MfS) keine Seltenheit. Die Geschichte von **Heinz Oelzner** (Jg. 1921), DDR-Botschafter in Finnland und Dänemark, kann als ein Beispiel für viele andere Lebenslauf-Fälschungen der DDR-Funktionäre angeführt werden. Laut verschiedener Beurteilungen der MfAA- und SED-Spitzen hatte Oelzner eine erfolgreiche Amtszeit in den DDR-Auslandsvertretungen, wo er „intensive Arbeit für die Verwirklichung der Politik unserer Partei [und] für die Erhöhung des Ansehens unseres Staates"[474] leistete.

Erst in seinem Lebenslauf von 1953 erwähnte Oelzner seinen Militärdienst. Während seines Dienstes wurde er schwer verwundet und musste nach Deutschland zurückkehren. Nach einem kurzen Schulbesuch und weil ihm „das Leben als Soldat nicht gefiel", entließ ihn im August 1943 die Wehrmacht mit dem Dienstgrad Gefreiter, und er wurde mit dem Eiseren Kreuz II. Klasse, dem Sturmabzeichen und dem silbernen Verwundetenabzeichen sowie der Ostmedaille ausgezeichnet.[475] Seine politische Entwicklung begann mit dem Eintreten in das Deutsche Jungvolk im Jahr 1934 und der darauffolgenden Mitgliedschaft in der Hitlerjugend sowie der Mitgliedschaft in der Deutschen Arbeitsfront (DAF) zwischen 1936 und 1945. Obwohl Oelzner seit 1935 Mitglied der HJ war, sagte er aus, dass er damals praktisch „keinen

---

470 Vgl. ebenda.
471 MfS HA IX/11 AK 1558/87, 28.5.1987.
472 Ebenda.
473 Ebenda.
474 MfS BV Eft. AP 1030/87, „Beurteilung für den Genossen Heinz Oelzner", 22.12.1976.
475 Vgl. MfS BV Eft. AP 1030/87, Ergänzung zum Lebenslauf, 6.10.1953.

Dienst mehr mitmachte"[476]. Das erklärte er nicht mit einer oppositionellen Haltung gegenüber der HJ-Ideologie, sondern nur damit, dass er „kein Interesse mehr für den Dienst"[477] aufbrachte. Im Rückblick glaubte er, dass seine offenbar distanzierte Position zu den HJ-Betätigungen daraus resultierte, dass die NSDAP seine Mitgliedschaft ablehnte. Eine gegnerische Einstellung zum Nationalsozialismus nahm er erst ein, nachdem er als Soldat die Zerstörung in der Sowjetunion sehen konnte. So beschrieb er in seinem Lebenslauf: „[Ich habe] am eigenen Körper verspürt – durch meine Verwundung –, daß man nicht ungestraft friedliche, arbeitsame Menschen überfallen kann."[478] In den letzten Jahren des Krieges, „verdichtete sich das Gefühl, dass der Weg des deutschen Volks unter Nazismus unrichtig und verbrecherisch ist"[479], besonders nachdem er die Zerstörung der Stadt Dresden „durch amerikanische Terrorflieger"[480] gesehen hatte.

Trotz seiner Angabe, dass er kein NSDAP-Mitglied war, fanden Staatssicherheitsmitarbeiter unter den Karteikarten der NSDAP Beweise für eine solche Mitgliedschaft. Laut der Stasiuntersuchung trat Oelzner bereits am 1. September 1940 in die NSDAP ein und „befand sich vom Juni 1941 bis September 1943 beim Kriegsdienst"[481]. Wahrscheinlich reichte Oelzners Selbstkritik für die DDR-Behörde aus, um eine Karriere in verschiedenen DDR-Ministerien anzustreben und für die Auslandsbetätigung als Botschafter.

In zahlreichen Fällen beschleunigten „Provokationen" von Seiten der Bundesrepublik die Untersuchungen der Stasi, zum Beispiel als Resultat des *Braunbuchs DDR* oder anderer Veröffentlichungen der westdeutschen Presse. Die NS-Vergangenheit von **Herbert Kröger** verfolgte den ostdeutschen Diplomaten bis in eine öffentliche Diskussion über die NS-Vergangenheitsbewältigung der DDR, die in den Medien der Bundesrepublik stattfand. In einem Artikel von Peter Probst über die DDR-Vergangenheitsbewältigung zählte Probst die Fehler der DDR bei der Aufarbeitung ihrer NS-Vergangenheit auf, bzw. die Leugnung dieser Vergangenheit in der DDR. Unter den führenden Nazis, die „starken Einfluss" in der DDR hatten, wurde auch der Name von Herbert

---

476 Ebenda.
477 Ebenda.
478 Ebenda.
479 Ebenda.
480 Ebenda.
481 MfS HA IX/11 AK 4810/76, Schreiben des Leiters der Hauptabteilung IX/11 an der HA A/III des MfS, 4.1.1977.

Kröger als „einer der führenden DDR-Völkerrechtler[,] [der] früher im Range eines SS-Oberschafführers Mitarbeiter im berüchtigten SD-Hauptamt"[482] war, erwähnt. Der ehemalige Oberleutnant der Wehrmacht, SS-Mann und Oberscharführer im SD-Hauptamt war nach 1945 „mitverantwortlich für die Ausbildung des ostdeutschen Diplomatenausschusses an der Akademie für Staats- und Rechtswissenschaft in Potsdam"[483] gewesen.[484]

Unabhängig von den BRD-Berichten standen Krögers Tätigkeiten in verschiedenen Nazi-Organisationen schon 1959 im Fokus einer Untersuchung der Staatssicherheit. Gegen Kröger und andere Genossen wurde der Verdacht erhoben, dass sie Angaben über ihre Nazi-Mitgliedschaften gefälscht hatten. Diese Verdachte wurden zurückgewiesen und die drei Genossen, die tatsächlich Mitglieder der NSDAP waren, wurden zu Personen, die „sich aber dann vom Faschismus abgewandt haben und aktiv gegen den Faschismus kämpften"[485].

3.2.6. Die HJ-Generation im diplomatischen Dienst – *Gerhard Krauße, Michael Kohl, Norbert Jaeschke* und *Siegfried Bock*

Gelten 16-, 17- oder 18-jährige Mitglieder in einer NS-Organisation als Nazis? Das hängt davon ab, wer diese Frage stellt und wann. Im Nachhinein, also nach 1945, sahen viele HJ-Mitglieder die Mitgliedschaft in der nazistischen Organisation als eine Pflichttätigkeit. So erfährt man dies zumindest in den Erzählungen aus SBZ-Behörden nach dem Krieg. Eine Mitgliedschaft in der Hitlerjugend führte normalerweise automatisch zu einem Beitritt in die NSDAP. Laut den Geschichten der „HJ-Generation" wussten viele von ihnen gar nicht, dass sie in die Partei eintraten. Ein Beispiel für eine Übernahme in die NSDAP ohne Kenntnis bieten die Aussagen von **Gerhard Krauße**. Er wurde 1926 geboren, war seit 1962 Mitarbeiter im MfAA und wurde zum Diplomaten in der Botschaft in Rumänien, in der Handelsvertretung in Guinea und

---

482 MfS HA IX/11 236/68 Bd. 2, „DDR Vergangenheitsbewältigung", Peter Probst, 18.8. 1979.

483 MfS HA IX/11 236/68 Bd. 2, „DDR Vergangenheitsbewältigung", Peter Probst, 18.8. 1979.

484 Vgl. Müller-Enbergs/Wielgohs/Hoffmann/Herbst/Kirchey-Feix/Reimann, Bd. 1, 2010, S. 729.

485 MfS HA XX 5754, Aktennotiz der HA V, 29.4.1959. Zwischen 1944 und 1947 während seiner Zeit in der sowjetischen Kriegsgefangenschaft besuchte Kröger die Antifa-Schule in Moskau.

Botschafter im Tschad.[486] Seinen Beauftragten war bekannt, dass er zwischen 1936 und 1943 Mitglied der Hitlerjugend war. In den Akten der Abteilung IX/11 der Staatssicherheit wird der Name Krauß es als verdächtigtes NSDAP-Mitglied Nr. 9.969.229 geführt.[487] Ähnliche Angaben standen auch im späteren westdeutschen *Braunbuch DDR*.[488] Nach einer BRD-Veröffentlichung, in der er als ehemaliges Mitglied der Nazipartei beschrieben wird, ging Krauße persönlich gegenüber diesen Vorwürfen in die Offensive. Die Veröffentlichung lehnte Krauße sofort ab und bestätigte, dass er „niemals einen Antrag zur Aufnahme in die Nazipartei" gestellt hatte; fast apologetisch äußerte er: „[D]eshalb beantwortete ich auch heute noch die Frage nach Mitgliedschaft in der ehemaligen NSDAP mit nein."[489]

Für die Leser auf SED-Funktionärs-Ebene beschrieb Krauße sein Leben in einer relativ positiven Art. Er wuchs in einer unpolitischen Familie auf. Die Mitgliedschaft der „faschistischen Jugendorganisation Jungvolk und HJ" bezeichnete er als notwendiges Übel, von dem er sich nach dem Krieg distanzierte.[490] Nachdem er Ende 1945 in die SBZ zurückkehrte, bekam Krauße eine Stelle beim Rat des Kreises Freyburg. Seine erste politische Stelle in der Ostzone musste er wegen seiner unerwünschten Tätigkeit in der HJ verlassen. Glücklicherweise wurde Krauße im März 1947 auf Grund einer „Jugendamnestie" begnadigt. Die Sorgen um seine angebliche Ansicht einer „NS-Vergangenheit" in seinem Nachkriegs-Lebenslauf sind auch in den Beschreibungen seiner Familie bemerkbar. Frau Krauße und er erzogen ihre Söhne „im Geiste des Sozialismus zu treue[n] DDR-Bürgern [...], die nach Abschluss ihres Studiums verantwortungsvolle Funktionen bekleide[te]n"[491]. Dank seiner ehrlichen sozialistischen Weltanschauung fand Krauße erneut seinen Weg in die DDR-Verwaltung, da er ab 1962 im MfAA tätig war.

Die westdeutschen Medien beschäftigten sich auch mit der Vergangenheit des u. a. stellvertretenden Außenministers der DDR und Leiters der ständigen Vertretung der DDR in der Bundesrepublik – eine der wichtigsten Stellen des Außendienstes der DDR. **Michael Kohl** und dessen Tätigkeiten Ende der Vierziger- und Anfang der Fünfziger-

---

486 Vgl. Radde, 1977, S. 89; vgl. MfS AKK 10308/86, Lebenslauf 29.10.1969.
487 Vgl. MfS HA IX/11 SV 3/82 Bd. 20, Vermerk, 5.3.1984.
488 Vgl. Kappelt, 2009, S. 405.
489 Vgl. MfS AKK 10308/86, Lebenslauf, 16.9.1975.
490 Vgl. ebenda.
491 Ebenda.

jahre sowie seine Familiengeschichte bildeten den Kern der politischen Debatte, sogar innerhalb der Bundesrepublik. In einer Sendung des *ZDF-Magazins* vom Februar 1977 wurde zum ersten Mal über die Vergangenheit des DDR-Diplomaten Michael Kohl berichtet. Die Sendung wurde von der Stasi protokolliert.

Michael Kohl wurde am 28. September 1929 in Sondershausen (Thüringen) geboren. Im Jahr 1933 trat sein Vater, Dr. Erich Kohl, ein Rechtsanwalt, Mitglied des deutschnationalen Stahlhelmes, in die Sturmabteilung (SA) ein und ab 1938 war er Mitglied der NSDAP. Nach dem Krieg, so erzählten die Journalisten des ZDF, wurde Dr. Erich Kohl „wieder als Anwalt in Sondershausen zugelassen. Ein für die Sowjetische Besatzungszone ungewöhnliches Privileg, das in den meisten Fällen nur gegen die Verpflichtung zu engerer Zusammenarbeit mit den sowjetischen Behörden gewährt wurde."[492] „[T]rotz der NS-Belastung seines Vaters"[493] begann Michael Kohl im Jahr 1949 sein Studium an der Juristischen Fakultät der Universität Jena. Laut Informationen des ZDF hatte Michael Kohl zusammen mit anderen Personen seines Kreises oppositionelle Studenten in Jena an die sowjetischen Behörden verraten.[494]

Am 8. Februar 1977 veröffentliche die Hauptabteilung IX/11 ihre Informationen über Michael Kohl und seinen Vater, bzw. über die Information der ZDF-Sendung. Die Mitgliedschaften des Vaters im Stahlhelm und in der NSDAP wurden bestätigt (jedoch wurde erläutert, dass er keine Funktion in der Partei innehatte). Betreffend der „verleumderischen Angriffen gegen Dr. M. K."[495] wurden keine Hinweise gefunden. Auch Michael Kohls Mitgliedschaft in der HJ wurde in diesem Bericht verschwiegen oder zumindest nicht erwähnt.[496] Wenn wir die verfügbaren Stasi-Akten zu Kohl oder die „Angriffe" der westdeutschen Medien lesen, ergibt sich eine Mischung zwischen verbrecherischer Nazi-Vergangenheit, Verrat und Zusammenarbeit mit den sowjetischen Behörden.

---

492 MfS HA IX/11 SV 2/77 Bd. 2, Textuelle Übertragung des ZDF-Magazins „DDR-Vorwürfe gegen Dr. Michael Kohl", 2.2.1977.

493 Ebenda.

494 Vgl. ebenda.

495 MfS HA IX/11 SV 2/77 Bd. 2, „Information zu den Verleumdungen westlichen Massenmedien", 8.2.1977.

496 Kohls Mitgliedschaft bei der HJ bezeugt das *Braunbuch DDR*, vgl. Kappelt, 2009, S. 394–395.

Auch **Norbert Jaeschke** (Jg. 1927), Gesandter und Botschafter der DDR in Burma, dem Irak, der Türkei und Norwegen, trat wie viele in seinem Jahrgang in die Deutsche Jugend und Hitlerjugend ein. Im Jahr 1944 zog er in die Wehrmacht ein. Nach dem Krieg verhinderte dieser Militärdienst seinen schnellen Eintritt in die SED nicht.[497] Seit 1952 war Jaeschke im Außenministerium tätig und wurde politisch und beruflich geschätzt. Es waren weder „private Westverbindungen" noch „Hinweise negativer Art" von ihm bekannt. Die einzige Gefahr lag in seiner Vergangenheit, die nach der Veröffentlichung des *Braunbuchs DDR* auftauchte.[498] Jaeschkes Namen wurde im Buch „mit provokativer Absicht" erwähnt, so behaupteten es die Stasi-Mitarbeiter, obwohl die entsprechende Information der DDR-Behörde bereits bekannt war, da Jaeschke in allen Fragebögen seine ehemalige Funktion als Oberrottenführer angab.[499] Seinen angeblichen Eintritt in die NSDAP, der laut dem *Braunbuch DDR* am 20. April 1944 stattfand, war wahrscheinlich durch den „Verwaltungsakt der Reichsleitung"[500] bestätigt worden, d. h. es kann vermutet werden, dass Jaeschke davon gar nichts wusste. Unterlagen, die diese Mitgliedschaft bestätigen könnten, wurden von Seiten der Stasi nicht gefunden, trotz mehrerer Untersuchungen der Zentralen Auswertungs- und Informationsgruppe im Ministerium für Staatssicherheit (ZAIG).[501]

Wie andere Biographien von jungen Diplomaten, die zwischen 1925 und 1933 geboren wurden, zeugen auch die Aufzeichnungen **Siegfried Bocks** von ähnlichen Überlegungen und dem gleichen Bedauern der Taten als Jugendlicher im „Dritten Reich". In seinem ausführlichen Lebenslauf erzählte Bock, dass er sogar mit zehn Jahren noch kein HJ-Mitglied war. Erst als die Mitgliedschaft 1938 verpflichtend wurde, musste er in das Deutsche Jungvolk eintreten. Gegenüber dieser NS-Bewegung, so schrieb er, „stand ich mit sehr wenig Interesse [...], hatte keinerlei Funktionen inne und habe nur selten am Dienst teilgenommen"[502].

---

497 Vgl. MfS HA XX AP 74837/92, „Vorges. als Botschafter der DDR im Königreich Norwegen", 2.2.1983; Kurzbiographie, 16.9.1982.

498 Vgl. Kappelt 2009, S. 374.

499 Vgl. MfS HA XX AP 74837/92, Brief des Stellvertreters des Leiters der HA A/III an den Leiter der HA XX/10, 22.2.1983.

500 Vgl. MfS HA XVIII 28960, „Braunbuch-DDR", 20.5.1982, 2.6.1982, Anlage 3.

501 Vgl. MfS ZAIG 27507, 9.11.1982, Anlage 5; MfS HA IX/11 SV 3/82, Bd. 1a, 30.5.1983.

502 MfS AIM 2936/58, Lebenslauf, 23.11.1953.

Erst 1941 wurde Bock in die HJ übernommen. Zu diesem Zeitpunkt konnte er schließlich mehr Interesse für die Aktivitäten der Organisation aufbringen und er wurde zum Angehörigen der Nachrichtenabteilung im Funken und Fernsprechen. Zwischen 1942 und 1944, parallel zu den Aktivitäten in der HJ, gehörte er zu den Hauptscharführern der DAF. 1944 zog er in die Wehrmacht zur Ausbildung in Plauen und dann nach Polen ein. Im April 1945 war er bereits Unteroffizier. Im Mai 1945, zum Kriegsende, war er in sowjetischer Kriegsgefangenschaft, wurde aber auf Grund seiner Verwundung im September desselben Jahres entlassen. Wegen dieser Erfahrungen im Krieg und in der Gefangenschaft kam Bock zu der Überzeugung, „dass es notwendig ist, dass [er sich] mit ganzer Kraft für den Aufbau eines neuen besseren Deutschlands einsetzen muss", und so trat er im März 1946 in die KPD ein.[503]

Trotz dieser Überzeugung stand Bocks Name auf der Liste von „verdächtigten Nazis" der HA IX/11, die aus einem Artikel der westdeutschen Illustrierten *Quick* von Juni 1973 stammte. Die Liste enthält mehrere DDR-Diplomaten wie Gerhard Krausse, Herbert Kröger, Kurt Nier und Hans-Jürgen Weitz. Im Fall Bock konnte die Untersuchung der HA IX/11 keine Hinweise zu seiner NS-Vergangenheit finden und folglich hatten diese, wie sein Lebenslauf zeigt, auch keine Auswirkungen auf seine diplomatische Karriere.[504]

3.2.7. Alles bleibt in der Familie – *Hans-Joachim Weigmann, Klaus Willerding* und *Lothar Wenzel*

Eine typische Arbeitsmethode des MfS, in Fällen, in denen Diplomaten keine aktive politische Tätigkeit vor 1945 nachgewiesen wer-

---

503 Vgl. ebenda.
504 Vgl. MfS HA IX/11 AS 236/68 Bd. 1, *Quick*, Nr. 24, 6.6.1973, *Quick*, Nr. 25, 14.6.1973. Die Redaktion von *Quick* sandte an das israelische Außenministerium einen Vermerk über die Diskussionen innerhalb der Redaktion, die die Vorteile dieser Veröffentlichung für die israelische Kampagne gegen die DDR zeigten. Zum Beispiel konnte Israel die Verweigerung der Reparationszahlungen der DDR „kategorisch zurückweisen" und den Eintritt der DDR in die UNO auf der propagandistischen Ebene erschweren. Vgl. ISA-mfa-DirectorGeneral-000b88i, „Betrifft Dokumentation über Nazis in der DDR", Anhang zum „Ostdeutschland", 17.5.1973. Das Ministerium sah keinen Grund dafür, das Material nicht zu veröffentlichen, und es konnte dem israelischen Kampf gegen die DDR nicht schaden. Israel wusste schon, wie viele ehemalige Nazis in der DDR-Führung waren, aber leider konnte es das künftige Eintreten in die UNO nicht verhindern. Vgl. ISA-mfa-DirectorGeneral-000b88i, „Ostdeutschland", 17.5.1973.

den konnte, war die Untersuchung der vermeintlichen Kontakte der entsprechenden Personen mit „Westagenten" oder der anderen Verwandten der entsprechenden Personen und *deren* verbrecherischer NS-Vergangenheit. Das zeigt das Beispiel **Hans-Joachim Weigmann**, politischer Mitarbeiter im MfAA, Presseattaché in der Botschaft in Kairo und Mitarbeiter der Presseabteilung des Ministeriums.[505] Weigmann ist im Jahr 1926 geboren und war Mitglied der HJ (jedoch ohne Funktion), der RAD und im letzten Jahr des Krieges Gefreiter in der Volksgrenadier-Division 563 der Wehrmacht. Den Zweiten Weltkrieg beendete er mit einer Auszeichnung des Eisernen Kreuzes II. Klasse und mit vier Jahren in der sowjetischen Kriegsgefangenschaft. Trotzdem spielten diese „braunen Flecken" keine Rolle in der Stasi-Ermittlung gegen ihn.

Unter dem Decknamen „Taxus" war Weigmann seit 1968 IM der Stasi. Wenn eine Einschätzung seiner Arbeit nötig war, wurde er von seinen Beauftragten der Stasi positiv eingeschätzt. Das betraf sowohl seine eigene politische Entwicklung als auch die seiner Angehörigen. Die Einschätzung seiner Person wurde wegen eines Untersuchungsvorgangs der HA IX gegen Agenten des US-Geheimdienstes eröffnet. Die Zeit in der Kriegsgefangenschaft und in der Antifa-Schule wurde laut eines Berichts des MfS mit dem Lernen der marxistischen Werte ersetzt. In der Gefangenschaft entdeckte er sein Interesse an der Presse, Journalismus und Auslandspropaganda, als er die Parteihochschule „Karl Marx" zwei Jahre lang besuchte. Auf diesem Anfang der politischen und beruflichen Betätigung und auf seiner ehrlichen politischen Zuverlässigkeit basierte die Anerkennung der Partei bzw. der Stasi.[506] Laut diesem und anderen Berichten über Weigmann war es bekannt, dass IM „Taxus" der Sohn eines NSDAP-Mitglieds war. Der Vater Fritz Weigmann war bis 1936 Mitglied der SPD, bevor er in die NSDAP eintrat. Nach dem Krieg wurde der Vater in die KPD/SED aufgenommen.[507] Trotz der Tatsache, dass der Vater Weigmanns 1957 verstarb und dass weder Weigmann selbst noch sein Vater eine Funktion in der NSDAP, HJ oder anderen NS-Organisation bekleideten, waren diese Details für das MfS, bzw. die DDR-Führung wichtig für eine Überwachung ihrer Funktionäre und Bewahrung der eigenen politischen Stabilität.

---

505 Vgl. MfS AJM 12569/78 Bd. I/1, Kurzbiographie, 30.9.1972.
506 Vgl. MfS AJM 12569/78, Auskunft zum IM „Taxus" vorg. Nr. XV/443/69, 26.2.1972.
507 Vgl. MfS AJM 12569/78, Auskunft zum IM „Texus", o. D.

Eine andere „Aktion" der Stasi betraf den bereits erwähnten **Klaus Willerding**. Willerding ist im November 1923 als Kind einer bürgerlichen Familie in Berlin-Schöneberg geboren. Zwischen 1958 und 1964 war er Chef des Protokolls im Ministerium für Auswärtige Angelegenheiten und ab 1964 bis 1972 wurde er als Botschafter in zwei wichtige Staaten Ostasiens entsandt: in die Volksrepublik Mongolei und in die Volksrepublik Vietnam. Außerdem war er Mitglied der Gesellschaft für deutsch-sowjetische Freundschaft und gewann zwei Medaillen des Vaterländischen Verdienstordens.[508]

Im März 1976, als Willerding schon stellvertretender Außenminister war, setzte die Hauptabteilung II/14 des MfS eine „operative Materialsammlung über den leitenden Mitarbeiter des MfAA und Spitzengeheimnisträger Dr. Willerding, Klaus"[509] durch. Nach der Verarbeitung der Abteilung lag gegen Willerding „der begründete Verdacht [vor, dass er] in den Fünfzigerjahren über einen republikflüchtigen Arbeitskollegen Verbindungen zum amerikanischen Geheimdienst erhalten"[510] habe, in der Zeit, in der er in der Gesellschaft für deutsch-sowjetische Freundschaft tätig war. Die Kontakte bestanden mit einem gewissen Heinz Krüse, ein „Agent des amerikanischen Geheimdienstes", und mit einer ehemaligen Arbeitskollegin Willerdings, mit der er offenbar eine außereheliche Beziehung hatte.[511] Darüber hinaus wurde ihm seine

> „Vergangenheit und Erziehung vor 1945 und die Tatsache, dass seine gesamte Verwandtschaft in der Bundesrepublik und seine Ehefrau in Kanada wohnhaft sind, und [dass] in der Vergangenheit zu diesen, im Gegensatz zu den offiziellen Darstellungen, ein herzliches Verhältnis bestand"[512],

zur Last gelegt. Das Ziel der Operation „Skorpion"[513] war die Überprüfung der angeblichen Kontakte mit dem amerikanischen Geheimdient, die „Persönlichkeitsstruktur des W. soweit zu erforschen, um seine politische Zuverlässigkeit und Treue zu unserem Arbeiter- und Bauernstaat einschätzen zu können", und „die Pläne, Absichten und

---

508 Vgl. Radde. *Der diplomatische Dienst der DDR*. S. 164–165.
509 MfS AOP 13248/85 Bd. 1 u. MfS HA II 45140, „Eröffnungsbericht", 19.3.1976.
510 Ebenda.
511 Vgl. ebenda.
512 Vgl. ebenda, sowie MfS AOP 13248/85 Bd. V/2, Abschrift des gez. „Kohl" über die Notwendigkeit, vorsichtig mit Willerding zu sein wegen seiner „Herkunft und seiner Erziehung".
513 MfS AOP 13248/85 Bd. V/1, Schreiben Oberleutnant Kramer der HA II/14, 18.3. 1976.

Maßnahmen des amerikanischen Geheimdienstes zum Sicherungsobjekt MfAA aufzuklären und durch gezielte operative Maßnahmen ihre Realisierung rechtzeitig und wirkungsvoll zu verhindern".[514]

Der Lebenslauf Willerdings, der unter den Akten der Operation „Skorpion" lag, enthält auch alle wohl „belastenden Details" über seine Betätigung während der Zeit des „Dritten Reiches": der Eintritt in die Hitlerjugend 1934, die Einberufung zur „faschistischen Wehrmacht" 1942 bis hin zur Delegierung und Beendigung der Kriegsschule in Dresden als Oberfähnrich und sein Einsatz als Leutnant der Reserve und Kompanieführer in der damaligen Moldauischen Sozialistischen Sowjetrepublik. Betont wurden die Eisernen Kreuze I. und II. Klasse, mit denen Willerding während seines Dienstes ausgezeichnet wurde.[515] Eine politische Entwicklung in eine positive Richtung begann erst zwischen 1944 und 1949, während er in der sowjetischen Kriegsgefangenschaft war, wo er Russisch lernte und seine „erste Bekanntschaft" mit dem Marxismus-Leninismus machte.[516]

Trotz des Zieles der Erforschung seiner Vergangenheit und politischen Zuverlässigkeit und obwohl Willerding in seinem Lebenslauf betonte, dass er im „reaktionären Sinne erzogen wurde"[517], die seine Einstellung zur DDR und Sowjetunion „zweifelhaft erscheinen lassen"[518], konzentrierten sich die Fundstücke der Untersuchung auf die vermeintliche „Spionagetätigkeit" Willerdings. Bis auf die Überprüfung der Beziehung des Ehepaares Willerding mit deren westdeutschen Bekannten (die von der Stasi „Schlosser I" und „Schlosser II" genannt wurden), konnte die Stasi eine Verbindung zum US-Geheimdienst sowie andere „verbrecherische" Aktivitäten gegen die DDR nicht nachweisen.[519] Der tragische Tod Klaus Willerdings am 5. Oktober 1982 im Krankenhaus und der Tod seiner Frau Gertrud ein paar Tage später markierten das Ende der Untersuchung.[520] Im Nachruf des Zentralko-

---

514 Vgl. MfS AOP 13248/85 Bd. V/1 u. MfS HA II 45140, „Eröffnungsbericht", 19.3.1976.

515 Vgl. ebenda, sowie: MfS HA IX/11 AK2684/76, Eine Beurteilung seiner Schulung bei der Schule I für Fahnenjunker der Infanterie, 15.3.1944.

516 Vgl. MfS AOP 13248/85 Bd. V/1, Sachstandsbericht operatives Material „Skorpion", 16.3.1976; MfS AOP 13248/85 Bd. V/1, Sachstandbericht zum Operativ-Vorgang „Skorpion", Reg.-Nr. MfS XV/2003/76, 15.5.1979.

517 MfS HAII/6/715. Hauptabteilung II/14, Abschlußbericht zum Operativvorgang „Skorpion" Reg.-Mr- XV/2003/76, 13.8.1983; MfS AOP 13248/85 Bd. V/2, Lebenslauf, 12.12.1950.

518 Ebenda.

519 Vgl. ebenda.

520 Vgl. MfS HA IX 24300. 5.10.82, 11.10.1982 u. MfS HA IX 3957.

mitees der SED wurde sein Beitrag für die Verstärkung der diplomatischen Beziehungen der DDR zu den „jungen Nationalstaaten Afrikas, Asiens und Lateinamerikas" sowie für die „internationale Autorität unseres sozialistischen Staates" gelobt.[521]

Ein anderes Beispiel für die Wichtigkeit der politischen Familienhintergründe für die Stasi-Ermittler ist der Leiter der DDR-Handelsvertretung und Konsul in Ceylon. Nach seiner Amtszeit untersuchten die Beauftragten der Stasi die Vergangenheit und Westkontakte von **Lothar Wenzel** (Jg. 1924), seit 1961 Mitarbeiter im MfAA, und dessen Frau, die aktiv im BDM und in der Kulturabteilung des MfAA tätig war.[522] Beruflich wurde Wenzel von seinen Vorgesetzten relativ negativ beurteilt, weil entsprechende Erfahrungen in einer Auslandsvertretung vor seiner Nominierung fehlten. Auf Grund dieses unzureichenden Resümees wurde vorgeschlagen, dass er in einer Botschaft in einem sozialistischen Land eingesetzt werden sollte.[523] Die Untersuchungen über das Ehepaar ergaben weder Verbindungen mit Westberlinern noch mit Westdeutschen noch mit Verwandten in der Bundesrepublik.[524] Andere Aspekte der Überprüfung des Hintergrunds beschäftigten sich jedoch mit Wenzels erweiterter Familie und deren beruflicher Entwicklung. Lothar, Sohn von NSDAP-Mitglied Paul Wenzel, war seit 1940 im Finanzamt Breslau-Mitte tätig. Zwischen 1942 und 1945 war Lothar Wenzel selbst im Kriegsdienst in der X. Luftwaffen-Felddivision und Gefreiter in der „faschistischen Wehrmacht". Da er keine Zeit in Kriegsgefangenschaft verbrachte, war er nach dem Krieg Lehrer an der Volkspolizeischule in Berlin. Kurz danach fand er eine Stelle im Ministerium für Außenhandel und Innerdeutschen Handel sowie im MfAA.[525] Eine ähnliche Untersuchung der Stasi vor Wenzels Nominierung zum Botschafter in Dänemark, die im Jahr 1983 stattfand, kam zu dem Ergebnis, dass es keinen Zweifel an der politischen Zuverlässigkeit des Luftwaffe-Gefreiten und des Sohnes eines Nazi-Funktionärs gäbe.[526]

---

521 Vgl. Genosse Klaus Willerding. Nachruf des Zentralkomitees der SED. In: *Neues Deutschland*, 8.10.1982, S. 2.

522 Vgl. Radde, 1977, S. 163; MfS AKK 9852/83, Auslandseinsatz der Wenzel, Lothar als Leiter der Handelskommission der DDR in Ceylon, 11.5.1965.

523 Vgl. MfS AKK 9852/83 Beurteilung des Genossen Lothar Wenzel, 8.8.1964.

524 Vgl. MfS AKK 9852/83 Ermittlungsbericht, 24.7.1965.

525 Vgl. MfS AKK 9852/83 Auskunftsbericht über Wenzel, Lotar 13.9.1966, sowie MfS HA XX AP 74746/92, Kurzbiographie, 9.2.1983.

526 Vgl. MfS HA XX AP 74746/92, Schreiben der Hauptabteilung II des MfS, 1.3.1983.

3.3. Israel im Kampf gegen die DDR-Diplomaten

Die langjährigen Maßnahmen des offiziellen Israels gegen Nazis endeten mit dem Eichmann-Prozess nicht. Wie wir im Fall Hermann Klenner und an den Versuchen Israels, seine Nominierung zum hohen Posten an der UNO zu vermeiden, sehen konnten, war jede Information bzw. jeder Hinweis über ehemalige Nazis, egal ob in der BRD oder in der DDR, für die diplomatische Arbeit Israels und für seine internationalen Kampagnen gegen Nazi- und Kriegsverbrecher notwendig. Die Informationen über die Zahl der Nazis in der DDR entnahmen die Israelis hauptsächlich dem Westen freundlich gesinnten Quellen.[527] Der „Nazijäger" Simon Wiesenthal war eine der wichtigsten Quellen des Ministeriums in Erlangen im Hinblick auf Archivmaterial über Nazis in der DDR. Zeev Shek, der Botschafter Israels in Wien, stand in regemäßigem Kontakt mit Wiesenthal, der von seiner Seite über die Veranstaltungen und Aktionen seines Dokumentationszentrums berichtete. Im August 1968 trafen sie sich und Wiesenthal überreichte Karteien mit über 40 Namen von Journalisten und Funktionären der SED, die früher SS- und SA-Männer waren. Laut Shek war Wiesenthal mit „Anwerbungen", d.h. mit der verbreiteten Popularisierung seiner Untersuchungen, sehr vertraut. In diesem Zusammenhang erwähnte Shek in seinen Berichten an den stellvertretenden Generaldirektor des Ministeriums in Jerusalem auch die Äußerungen Walter Ulbrichts in Prag über die „erfolgreiche Integration" von ehemaligen Nazis in die SED und deren „Umwandlung" zu „guten Kommunisten".[528] Die Sammlung von Materialien über die DDR-Diplomaten mit NS-Vergangenheit wurden von Wiesenthal unterstützt, aber gleichzeitig auch durch andere Informationen, die die israelischen ausländischen Vertretungen aus anderen Quellen erhielten.[529]

---

527 Die Spurensuche erfolgte auch in der Analyse der DDR-Presse und anderen Veröffentlichungen, wie zum Beispiel im Fall der berühmten Neujahrbegrüßung von 1967, in der Ulbricht auch über die Präsenz von Nazis in der DDR sprach. Vgl. Neujahrsbotschaft des Vorsitzenden des Staatsrates, Walter Ulbricht, zum Jahreswechsel. In: *Neues Deutschland*, 1.1.1967, S. 1–2. Das israelische Außenministerium und der israelische Geheimdienst beschäftigten sich mit diesen Äußerungen und untersuchten sie im Rahmen der Arbeit des Ministeriums gegen Nazis in der DDR. Vgl. ISA-MFA-Political-0013vbs, „Nazis in der DDR", 14.2.1967 und 1.3.1967.

528 Vgl. ISA-mfa-Political-0007osn, „Die ostdeutsche Haltung gegenüber Israel und Nazi-Journalisten in der Presse", 20.8.1968.

529 Vgl. ISA-mfa-Political-0002sg8, Brief aus dem Büro in Jerusalem an die Delegation in Budapest, wo das Büro um die erneute Sendung der Liste bat, 20.8.1965.

Weitere Listen von prominenten DDR-Funktionären, die eine nationalsozialistische Vergangenheit hatten, erreichten Ende der Sechzigerjahre das israelische Außenministerium, vermutlich stammten diese auch von Simon Wiesenthal.[530] Unter den Namen findet sich der DDR-Diplomat Gerhard Kegel. Ich fasse Kegels Tätigkeiten in der DDR zusammen, wie sie in dieser Liste erschienen: Mitglied des ZK der SED, stellvertretender Redakteur von *Neues Deutschland* und im Allgemeinen wird geschrieben, dass er „eine hohe Position in Ostdeutschland" innehatte. Für die Zeit vor 1945 wurde belegt, dass Kegel seit dem 1. Mai 1934 Mitglied der NSDAP war, im Auswärtigen Amt tätig war und dass er Berichte für den auswärtigen Nachrichtendienst der Gestapo verfasste.[531] Kegel lehnte die Erwähnung in den Listen Wiesenthals öffentlich ab. In der entsprechenden Liste wird auch der Name von Karl-Heinz Gerstner erwähnt, damals Journalist der *Berliner Zeitung*. Gerstner war schon ab dem 1. Mai 1933 Mitglied der NSDAP und während des Krieges Sekretär in der deutschen Botschaft in Paris.[532] Demnach war er ein verdächtiger Nazi-Diplomat. Nach der Ernennung des DDR-Botschafters in Kairo, Hans-Jürgen Weitz, schrieb Wiesenthal an Shek und informierte den Botschafter über die nationalsozialistische Vergangenheit Weitz'.[533] Auch die Botschaft Israels in Bonn meldete sich bezüglich Weitz. In einem Brief von Michael Schilo, ein Mitarbeiter der Botschaft, an seine Kollegin Chava Bitan aus der 1. Europäischen Abteilung, wird Weitz als „Ex-Nazi" und „Ex-SS-Mann" bezeichnet.[534]

Im Gegensatz zur journalistischen Darstellung in der israelischen Presse gestaltete sich der Fall des Botschafters Hermann Klenner aus der Sicht des israelischen Außenministeriums anders. Neben der Bewertung seiner Vergangenheit wurden auch andere Mitglieder des Komitees für UNO-Menschenrechte – bspw. aus Syrien, Algerien, Mauretanien, Bangladesch, Belarus und der Sowjetunion – diffamiert, da

---

530 Es ist zu vermuten, dass die Liste von Wiesenthal stammt, obwohl keine Kennzeichen im Text stehen, weil sie unter Briefen von Wiesenthal in der israelischen Botschaft in Wien lagen.

531 Vgl. ISA-mfa-Political-0007osq. „Personen in hohen Posten in Ostdeutschland, die Mitglieder der NSDAP, SA und SS vor 1945 waren", o. D.

532 Vgl. Müller-Enbergs/Wiegohs/Hoffmann, 2001, S. 250.

533 Vgl. ISA-mfa-Political-0007osq, Brief von Simon Wiesenthal an den israelischen Botschafter in Wien, 19.2.1969; ISA-mfa-Political-0007osl, Telegramm aus der Botschaft in Wien an das Ministerium in Jerusalem, 5.3.1969.

534 Vgl. ISA-mfa-mfa-000bjex. „Ostdeutscher Botschafter mit Nazi-Vergangenheit", 6.4.1981. Im Anhang ist die Biographie von Hans-Jürgen Weitz.

sie, sarkastisch als „Unterstützer der Menschenrechte" bezeichnet, überaus bekannt waren.[535] Folglich veröffentlichte der israelische Botschafter an der UNO, Benjamin Netanjahu, eine Erklärung, in der er die Wahl eines „ehemaligen Mitglieds der Nazipartei zum zweiten Vizepräsidenten der Menschenrechtekommission, lediglich wenige Monate nach dem 40. Jahrestag zum Sieg über Nazismus"[536], ablehnte. Diese Nominierung, so Netanjahu, „markierte den politischen Zynismus und die moralische Selbstzufriedenheit, die vor der internationalen Arena herrscht"[537].

Unterstützung für ihren Kampf gegen Klenner bekamen die Israelis nicht, zumindest nicht auf der operativen Ebene. Ein israelischer Delegierter in Washington sprach mit seinen amerikanischen Kollegen über die geplante Aktion gegen Klenner und nahm verzweifelte Stimmen wahr. Laut einem seiner Gesprächspartner war Klenner „weniger schädlich" und deswegen „nicht so schlimm", obwohl er damals Mitglied der NSDAP war.[538] Auch andere westliche Freunde des israelischen Botschafters an der UNO in Genf, bspw. Ephraim Dubek, drückten ähnliche Meinungen aus. Sie waren bereit, Klenners Kandidatur trotz ihrer Problematik zu legitimieren, „weil er sehr jung war, als er in die Partei eintrat, und weil er kein ‚Blut' an seinen Händen hatte"[539]. Klenner wies die Anschuldigungen Israels von sich. Er veröffentlichte eine Erklärung, in der er sich rechtfertigte und behauptete, dass alle Vorwürfe befangen seien. Das Ziel Israels sei, laut Klenner, „die Diffamierung des Staates, den ich repräsentiere, und einen Versuch, die israelischen Verletzungen der Menschenrechte zu vergessen"[540].

Misstrauen, Vorsicht und Zurückhaltung. DDR-Israelische Beziehungen im Schatten der Geschichte

Das Fehlen der diplomatischen Beziehungen zwischen der DDR und Israel hinderte ostdeutsche Diplomaten nicht daran, israelische Gesandte im Ausland von politischen Positionen der ostdeutschen Re-

---

535 Vgl. ISA-mfa-mfa-000bn4j, Telegramm der israelischen Delegation an der UNO, 5.2.1986.

536 ISA-mfa-mfa-000bn4j, Telegramm, 19.2.1986.

537 Ebenda.

538 Vgl. ISA-mfa-mfa-000bn4j, „Menschenrechtekommission in Genf", 24.2.1986.

539 ISA-mfa-mfa-000bn4j, Telegramm aus der Delegation an der UNO, 13.3.1986.

540 ISA-mfa-mfa-000bn4j „Statement made on 4 February at Geneva by the head of the delegation of the German Democratic Republic at the United Nations Commission on Human Rights". Anhang in einem Telegramm aus der israelischen Delegation an die UNO an das Ministerium in Jerusalem, o. D.

gierung zu überzeugen. Häufig versuchten DDR-Diplomaten, Kontakte und Gespräche mit israelischen Delegierten aus osteuropäischen Ländern aufzunehmen. Der Anfang der Sechzigerjahre und die Zeit des Eichmann-Prozesses boten die richtige Kulisse für solche Anstrengungen.[541] Einen von diesen Versuchen initiierte der jüdischstämmige MfAA-Mitarbeiter Horst Seydewitz. Seydewitz besuchte das israelische Konsulat in Prag, wo er sich mit dem Delegierten Yehuda Raveh über vermeintliche „konsularische Angelegenheiten" austauschte. Im Gespräch betonte Seydewitz, dass er ins Konsulat kam, obwohl ihm die Abwesenheit der diplomatischen Beziehungen zwischen ihren Ländern bekannt war. Laut der Beschreibung von Raveh entwickelte sich zwischen den beiden eine politische Diskussion, unter anderem über die Haltung der DDR gegenüber Israel und über die Rolle der ehemaligen Nationalsozialisten im Nachkriegsdeutschland. Seydewitz versprach, „dass [es] im ganzen diplomatischen Dienst, bei der Polizei, im Militär und anderen Diensten [der DDR], kein[en] einzige[n] Mann gibt, der die gleiche Position von der Zeit vor 1945 ausübte"[542]. Er behauptete folglich, eine Kontinuität auf der Personal-Ebene wie in der Bundesrepublik gebe es in der DDR nicht. Über andere Arten von ehemaligen Nazis, z. B. über „kleine Nazis", sprach Seydewitz jedoch nicht. Die Wiedergutmachung und Anerkennung der DDR-Schuld an den Verbrechen des Nazismus waren Streitpunkte zwischen den zwei jüdischen Diplomaten. Um den guten Willen der DDR gegenüber Juden zu bekräftigen, fügte Seydewitz hinzu, dass die Lage der Juden in Ostdeutschland erheblich besser sei als in der Bundesrepublik. Als Beweis erwähnte er die Juden, die führende Positionen der SED-Führung bekleideten wie er selbst.[543]

Bei einer Veranstaltung in der indischen Botschaft in Prag ein paar Tage später traf Raveh einen anderen Diplomaten der DDR, Wolfgang Münzer, der ziemlich offen und ausführlich von seiner Lebensgeschichte erzählte. Münzer war, laut Raveh, der zweite jüdische Diplomat der DDR in Prag, der ihm bekannt war. In den kommenden Wochen schickten Münzer und Seydewitz unterschiedliche Veröffentlichungen propagandistischer Art an Raveh. Raveh hatte den Eindruck bekommen, dass die beiden diese inoffiziellen Beziehungen weiterentwickeln

---

541 Vgl. Timm, 1997, S. 151 ff.
542 ISA-mfa-Political-000kzq2, Brief der Israelischen Delegation in Prag an die Osteuropäische Abteilung im israelischen Außenministerium, 19.1.1960.
543 Vgl. ebenda.

wollten, und das nicht nur auf der persönlichen Ebene.[544] Nicht nur die Diplomaten aus Prag bemühten sich und sandten Propagandamaterialien an ihre israelischen Kollegen weiter. Auch der ostdeutsche Botschafter in Budapest, Walter Vesper (im Amt zwischen 1959 und 1961),[545] schickte an den israelischen Delegierten in der ungarischen Hauptstadt Grüße für das neue Jahr sowie Material über den verbreiteten Antisemitismus in Westdeutschland und Westberlin.[546]

Um diese Zeit herum beachtete auch die israelische Delegation in Warschau einige andere positiven Tendenzen aus der DDR: Eine öffentliche Verurteilung des Antisemitismus, Besuche von israelischen Gästen in der DDR und die Veröffentlichung unterschiedlicher Werke israelischer Schriftsteller in Ostdeutschland. Offiziell verweigerten die israelischen Diplomaten in Warschau alle direkten Kontakte, sogar jeden Versuch aus Ostdeutschland, Kontakt aufzunehmen. Trotzdem wurde im Ministerium vorgeschlagen, dass „freundliche Gesten" gegenüber ostdeutschen Diplomaten die negative Haltung der DDR gegenüber Israel mildern könnten.[547] Wie ihre Kollegen aus der Botschaft in Budapest schickten die DDR-Diplomaten in Warschau im Laufe der kommenden Monate unterschiedliche Materialien zum Thema Nazis in der Bundesrepublik sowie über Nazis im Auswärtigen Amt[548] an die Israelis.[549] Eine Erklärung für das Verhalten der Diplomaten in Ostdeutschland bekamen die Israelis vom neu ernannten DDR-Botschafter in Warschau, Richard Gyptner. Gerüchten zufolge war er Jude.[550] Auch eine Äußerung des Außenministers Winzer erregte die Aufmerksamkeit in Jerusalem, da er in einer Rede in Helsinki sagte: „Als einer der Erben des ehemaligen Deutschen Reiches, sieht es Ostdeutschland als seine besondere historische Verpflichtung an, zu gewährleisten, dass keine Bedrohung auf Grenzen bzw. Territorien

544 Vgl. ISA-mfa-Political-000kzq2, „Gespräch mit einem ostdeutschen Diplomaten", 11.2.1960.

545 Vgl. Müller-Enbergs/Wiegohs/Hoffmann, 2001, S. 847–875.

546 Vgl. ISA-mfa-Political-000kzq2, „Der ostdeutsche Botschafter in Budapest", Brief der israelischen Delegation in Budapest an die Osteuropäische Abteilung des israelischen Außenministeriums, 20.1.1960.

547 Vgl. ISA-mfa-Political-000kzq2, „Unsere Haltung gegenüber Ostdeutschland", 8.1.1961.

548 Vgl. ISA-mfa-Political-000kzq2, „Material aus Ostdeutschland", 15.6.1961.

549 Vgl. ISA-mfa-Political-000kzq2, „Propaganda Material aus Ostdeutschland", 18.5.1961. „Material aus Ostdeutschland", 4.6.1961.

550 Vgl. ISA-mfa-Political-000kzq2, „Ostdeutschland", 31.5.1961; für eine Kurzbiographie von Gyptner vgl. Müller-Enbergs/Wiegohs/Hoffmann, 2001, S. 296–297.

eines europäischen Landes von Deutschland ausgeht."[551] Die israelischen Diplomaten sahen diese Äußerung als ein ostdeutsches Übernehmen der Verantwortung für den Krieg und dessen Folgen an. Diese außergewöhnliche Erklärung einer führenden DDR-Persönlichkeit war für die israelischen Diplomaten wesentlich, um künftige Anforderungen an die DDR zur Wiedergutmachung zu richten.[552]

Die langsamen und radikalen Veränderungen der Achtzigerjahre in der Haltung der DDR zu Israel fanden ebenfalls ihren Ausdruck in der Außenpolitik. Das israelische Außenministerium beobachtete die veränderten Stimmungen und Äußerungen von verschiedenen DDR-Persönlichkeiten gegenüber Israel.[553] Die gelegentlichen Begegnungen von ostdeutschen und israelischen Botschaftern in Bukarest sowie auch in anderen Hauptstädten[554] bekamen erhöhte Aufmerksamkeit und zeugten von diesem offensichtlichen Wandel. Neben der relativen Verbesserung des Zustandes der jüdischen Gemeinden und dem Aufschwung des jüdischen Lebens in Ostdeutschland unterstützten operative politische Aktionen im Auftrag der DDR diesen Wechsel: die gemeinsame Erklärung der DDR und Griechenlands zum Zustand im Nahen Osten, die hinsichtlich Israel viel beschwichtigender als früher war, und ein offizieller Besuch einer DDR-Delegation in Israel bezeugen das.[555] Die Meinung des israelischen Botschafters in Bonn war nicht ganz so enthusiastisch. Er war der Meinung, dass all dies keine neue Politik der DDR gegenüber Israel darstellte.[556]

---

551 ISA-mfa-DirectorGeneral-000b88i, Brief der 1. Europäische Abteilung an den Generaldirektor des Außenministeriums, 16.7.1973.

552 Vgl. ebenda.

553 Zum Beispiel wurde behauptet, dass die DDR-Zeitungen Israel nicht schärfer als früher kritisierten. Vgl. ISA-mfa-mfa-000bn4j, „DDR (Ostdeutschland) – Israel", einen Brief des stellvertretenden Generaldirektors des Außenministeriums an den israelischen Botschafter in Bonn, 3.8.1984.

554 Ein Beispiel war die Bitte der Frau des ostdeutschen Botschafters in Athen, dass ihr Mann zum Holocaust-Gedenktag auf den jüdischen Friedhof eingeladen wird. Der israelische Botschafter setzte entgegen, solange „dieses Land seine moralische Verantwortung für das Geschehen ablehne", könne der ostdeutsche Diplomat nicht eingeladen werden. Vgl. ISA-mfa-mfa-000bn4j, ein Brief des israelischen Botschafters in Athen an der 3. Europäische Abteilung, 24.4.1985.

555 Vgl. ISA-mfa-mfa-000bn4j, „DDR (Ostdeutschland) – Israel", ein Brief des stellvertretenden Generaldirektors des Außenministeriums an den israelischen Botschafter in Bonn, 3.8.1984.

556 Vgl. ISA-mfa-mfa-000bn4j, „DDR (Ostdeutschland) – Israel", Antwortbrief des israelischen Botschafters in Bonn an den stellvertretenden Generaldirektor des Außenministeriums, 22.8.1984.

Eine andere osteuropäische Botschaft Israels wurde zum Ziel der damaligen propagandistischen Bestrebungen der DDR. Während Siegfried Bock Botschafter der DDR in Bukarest war, initiierte er mehrere Unterredungen mit seinem israelischen Amtskollegen. Darüber wurde in einem Bericht der Abteilung Osteuropa des Ministeriums in Jerusalem berichtet.[557] Laut der israelischen Seite war der ostdeutsche Botschafter außergewöhnlich freundlich und sprach offen mit seinem Gesprächspartner: „Den Erklärungen des Deutschen fehlten die ordinären osteuropäischen ‚Wiederholungen' und sie übertrafen sich fast selbst durch intellektuelle Ehrlichkeit"[558], fasste der Bericht zusammen. Unter anderem erzählte Bock, dass

> „in Ostdeutschland große Sympathie für Israel herrschte, aber wegen ihrer Vergangenheit stand die DDR in einer unbequemen Situation im Vergleich zu anderen osteuropäischen Ländern. Ohne die Genehmigung der Sowjetunion konnte die DDR keine diplomatische Beziehung zu Israel aufbauen"[559].

Eine andere laut israelischen Diplomaten unerwartete Initiative fand im Februar 1983 statt. Bock und seine israelischen Amtskollegen trafen sich wieder und sprachen unter anderem über die Grundprobleme im Nahen Osten und über die jüdische Bevölkerung in der DDR. Bock, wie auch andere DDR-Diplomaten seiner Zeit in ihren Gesprächen mit Israelis, deutete die Tatsache an, dass viele Juden in führenden Positionen der DDR tätig waren und dass die jüdische Gemeinde heranwuchs und außergewöhnliche Religionsfreiheit genoss. Über die Frage, ob die DDR genauso für den Holocaust verantwortlich war wie Westdeutschlands, antwortete er eindeutig: „Sicherlich ja"[560]. Für die Israelis kam diese ernste Antwort völlig überraschend. Sie bewies, laut ihrer Interpretation der Situation, dass auch in einem solchen Regime wie in die DDR, das keine Meinungsfreiheit gestattete, positive Haltungen gegenüber Israel wachsen könnten.[561]

Trotz des positiven Eindrucks des Botschafters in Bukarest lehnte Josef Guwrin, Leiter der 3. Europäischen Abteilung, die Idee der möglichen Annährung oder diplomatischen Beziehungen mit der DDR ab. Guwrin bestand darauf, dass nicht nur die DDR-Geschichte und deren Verantwortung für die Ermordung von Millionen Juden aufgearbeitet

---

557 Siegfried Bock war damals Botschafter der DDR.
558 ISA-mfa-mfa-0003uwf, „Ostdeutschland – Israel", 30.1.1981.
559 Ebenda.
560 ISA-mfa-mfa-000bjcp, „Unterredung mit dem DDR-Botschafter, 7.1", 2.2.1983.
561 Vgl. ebenda.

werden sollte,[562] sondern auch (und vielleicht hauptsächlich) die ostdeutsche Unterstützung der Palästinensischen Befreiungsorganisation (PLO), die selbst „die Doktrin des deutschen Nationalsozialismus weiterführte"[563]. Die Zurückhaltung der israelischen Diplomaten gegenüber der Freundlichkeit Deutschlands war demnach auch nicht gänzlich unbegründet. Mit den einzelnen Initiativen in den Botschaften setzte die DDR gleichzeitig ihre diplomatischen Maßnahmen gegen Israel auf den wichtigsten internationalen Bühnen fort, beispielsweise bei der UNO. Diese verbalen Attacken, so das israelische Außenministerium, waren schlimmer als die von den Delegierten der arabischen Länder. Um diese Angriffe nicht unbeantwortet zu lassen, bot Gad Cohen aus der Abteilung Internationale Organisationen Informationen über die DDR für die kommende Sitzung der UNO-Generalversammlung an. Unter anderem waren

„Zeitungsabschnitte [...] oder jede andere öffentliche Information über die Verletzung von Menschenrechten in Ostdeutschland, über die Kontakte mit Terror-Organisationen, über Schwierigkeiten der Wirtschaft nötig, [...] um den Delegierten Ostdeutschlands eine Antwort auf die Angriffe zu liefern und sie zu demütigen"[564].

Cohen betonte, dass diese Information nicht akkurat oder selbst unwahr sein müsse und der geplante Gegenschlag wurde für ihn zwingend erforderlich.[565]

---

562 Für Israel war das Übernehmen von Verantwortung der DDR für die nationalsozialistische Vergangenheit eine unverhandelbare Bedingung für eine gegenseitige Anerkennung bzw. Herstellung von offiziellen Beziehungen zwischen den beiden Staaten. So verlief es während der Verhandlungen um die Wiedergutmachungsabkommen in den Fünfzigerjahren und so war es auch in den Achtzigerjahren, als sich die DDR öffnete. Vgl. ISA-mfa-mfa-000bjev. „Israel–Ostdeutschland". 26.1.1981. In einem Brief von Victor Reshef, stellvertretender Leiter der osteuropäischen Abteilung, an Abba Geffen, israelischer Botschafter in Bukarest, äußerte sich Reshef über die Begegnung zwischen Geffen und dem DDR-Botschafter in Rumänien. Er zeigte seine positive Reaktion auf die Äußerungen des Ostdeutschen. Zur Frage, ob es ein Zeichen für künftige Verhandlungen über diplomatische Beziehungen gebe, schrieb er, dass die israelischen Bedingungen, d. h. die Forderung an die DDR, eine moralische und wirtschaftliche Selbstuntersuchung über die Vergangenheit einzuleiten, in Kraft blieben.
563 ISA-mfa-mfa-000bjca. Brief von Josef Guwrin, Leiter der 3. Europäischen Abteilung an den Botschafter in Bukarest, 7.3.1982.
564 ISA-mfa-mfa-000bjca „Negative Information über Ostdeutschland", 16.2.1982.
565 Vgl. ebenda.

Zusammenfassend kann man also sagen, dass die Arbeit des israelischen Außenministeriums gegenüber den deutschen Staaten in einer komplexen diplomatischen Situation stattfand. Offiziell knüpften Israel und die Bundesrepublik erst im Jahr 1965 diplomatische Beziehungen, aber die Kontakte zwischen den beiden Staaten begannen schon nach deren nahezu paralleler Gründung Ende der Vierzigerjahre mit dem Höhepunkt der Wiedergutmachungsabkommen mit Israel und mit den Reparationen an die Holocaustüberlebenden. Hinsichtlich der DDR war die Situation wegen ihrer Ablehnung von Wiedergutmachungen an Israel komplizierter. Zudem waren auch die engen Beziehungen der DDR und des Ostblocks mit den arabischen Ländern ein weiteres negatives Element für die nicht-existierenden Beziehungen zwischen der DDR und Israel.

Das Misstrauen zwischen den beiden Ländern geht aus den Akten beider Außenministerien hervor. Das israelische Außenministerium sammelte Informationen über die Haltung der DDR gegenüber Israel und deren Integrationspolitik von ehemaligen Nazis. Die Bemühungen der DDR, Nazis in Westdeutschland zu enthüllen, wurden in Israel lächerlich gemacht. In Meldungen über den Versuch der Bundesrepublik, Details über ehemalige Nationalsozialisten in der SED-Führung zu diffamieren, steht, dass es einfacher sei, Nazis in der DDR zu finden als eine Kirche in Rom zu entdecken.[566] Auf diesem Boden konnten sich keine fruchtbaren und freundlichen Beziehungen zwischen den Staaten entwickeln. Genau wie die DDR gegen Israel schoss, produzierte auch Israel propagandistische Kampagnen gegen die DDR. Die Bedenken Israels gegenüber der DDR, die trotz der Schwächung dieser und der Verbesserung des Zustands des jüdischen Lebens während der Achtzigerjahre weiterhin bestanden, endeten auch mit dem Ende der DDR nicht. Die Furcht vor einem neuerlichen Ansteigen nationalistischer Kräfte in einem vereinten deutschen Staat setzte sich auch nach der Wiedervereinigung fort.

---

566 Vgl. 36 „Gerechte". In: *HaBoker*, 28.4.1965, S. 2.

3.4. Fazit: Kleine Nazis gegen große Nazis – das Auswärtige Amt, das MfAA und das Naziproblem

Nach der ausführlichen Darstellung der DDR-Diplomaten aus verschiedenen Ebenen des diplomatischen Kaders, ihrer verschiedenen Lebensläufe und Schicksale, und nach der Einwirkung der nationalsozialistischen Geschichte auf die deutsch-jüdische bzw. deutsch-israelische Beziehung, stelle ich erneut die Frage: Kann auch unter Berücksichtigung, dass sowohl die DDR als auch die Bundesrepublik die Integration von ehemaligen Nazis in die Gesellschaft betrieben, behauptet werden, dass der ostdeutsche Auswärtige Dienst unter dem gleichen „Nazi-Problem" litt wie jener der BRD? Die statistische Analyse überrascht nicht und zeigt: Es gab wenige Diplomaten, die Mitglieder nationalsozialistischer Organisationen waren oder die aus Familien mit einem nationalsozialistischen Hintergrund stammten. Die Zahl war im Vergleich zur parallelen Situation im Auswärtigen Amt besonders niedrig. Eine mögliche Antwort heißt also: nein. Wie ich in diesem Kapitel zeigte, beschäftigte sich das SED-Regime auch mit den „braunen Flecken" der Vergangenheit seiner eigenen Diplomaten. Georg Dertinger und Gerhard Kegel sind zwei Ausnahmen, deren Biographien im Vergleich zu den anderen Diplomaten außergewöhnlich sind. Fast alle Personen, die in diesem Kapitel dargestellt wurden, weisen in ihren Lebensläufen andere Formen der Beteiligung am Nationalsozialismus als die Diplomaten der Bundesrepublik auf. Trotz dieser deutlichen Unterschiede wurden diese Diplomaten von der DDR und der Stasi unter die Lupe genommen. Mitglieder der HJ, der NSDAP oder Soldaten und Offiziere der Wehrmacht, die wahrscheinlich keine große politische Rolle in der NS-Zeit spielten, waren trotz allem ein Problem und ein Grund für Sorgen für die DDR-Führung. Es kann demnach nicht gesagt werden, dass das MfAA kein Problem hatte, das es bewältigen musste. Die Lebensgeschichten der Diplomaten zeigen, auf welche Weise sich die DDR, die Staatssicherheit und das MfAA mit diesen Personen und ihrer Bürde beschäftigten, und wie sie versuchten, dass sich diese Diplomaten von ihrer Vergangenheit distanzierten oder mit dieser Vergangenheit versöhnten. Die DDR ging dabei sehr verschieden vor. In mehreren Fällen ignorierte die DDR die NS-Vergangenheit der Diplomaten. In anderen Fällen wurde diese Vergangenheit benutzt, um Kontakte mit Westagenten oder moralische Schwächen der Diplomaten zu belegen. Spuren der Erpressung von Nazi-Diplomaten auf Grund ihrer Vergangenheit waren aber wider

Erwarten nicht zu finden. Die Sorgen der DDR-Führung über die Vergangenheit ihrer Diplomaten äußerten sich hauptsächlich im Feld der deutsch-deutschen Auseinandersetzung. Einerseits propagierte die DDR die Ansprüche, dass das MfAA – im Unterscheid zum Auswärtigen Amt – von ehemaligen Nazis bzw. Kriegsverbrechern „gesäubert" war. Anderseits verteidigte das MfAA seine mutmaßlichen Nazi-Diplomaten und auf diese Weise sich selbst. Die Nazi-Vergangenheit der DDR-Diplomaten verhinderte die Entwicklung einer erfolgreichen diplomatischen Karriere nicht. Obwohl in Westdeutschland über die prominenten Fälle der „braunen Flecken" des MfAA berichtet wurde, war (und ist) unbestritten, dass das Problem des Auswärtigen Amtes viel größer als das Naziproblem des MfAA war.

Wie ich schon erwähnte, ist das Ziel dieses Kapitels nicht, die DDR-Diplomaten zu beurteilen, auch wenn sie vor 1945 Mitglieder einer NS-Organisationen waren. Die Fälle von ehemaligen Nazis aus den Reihen des auswärtigen Apparates der DDR sind auf der juristischen Ebene unvergleichbar mit den Fällen, die in *Das Amt* angemerkt und angedeutet werden. Die biographischen und politischen Unterschiede zwischen den West- und Ost-Diplomaten verkörperten die Aspekte der Vergangenheitsbewältigung, die in diesem Kapitel gezeigt werden sollen. Mein Fokus liegt deswegen eher auf der Aufarbeitung des DDR-Regimes, des MfS und des MfAA, auf den Diplomaten und deren Vergangenheit und weniger auf einem Beweis einer vermeintlich „belasteten Vergangenheit".

Wenn die Bundesrepublik und ihr Auswärtiges Amt das Problem der Nazi-Diplomaten ignorierten und verleugneten, wie konnte dann die DDR ihr „kleines" Problem lösen? Nach außen mit Lügen und Selbstüberzeugungen, kombiniert mit der marxistisch-leninistischen Ideologie, die die ehemaligen Nazis nun auch für sich beanspruchten, aber hauptsächlich mit Vorwürfen und Kampagnen gegen die „echten Nazis" im Westen. Über diese Bemühungen und über die Erfolge der propagandistischen Kampagnen des MfAA gegen die Nazis im Auswärtigen Amt wird in dem nächsten großen Hauptkapitel diskutiert. Zunächst widme ich mich jedoch den jüdischen Diplomaten im Auswärtigen Dienst.

4. Die jüdischen Diplomaten der DDR und die Politik Israels gegenüber Deutschland

4.1. Juden im Auswärtigen Dienst der DDR

Deutsche jüdischer Abstammung bekleideten führende Positionen an der Spitze der Kommunistischen Partei Deutschland seit ihrer Gründung bis in die Tage der Weimarer Republik. Für viele von denen, die vor den Nazis flohen und die Kriegsjahre im Exil verbrachten, war die Rückkehr in die SBZ und die Weiterarbeit für die kommunistische Bewegung selbstverständlich. Andere deutsche Juden kehrten nach dem Krieg in ihre Heimat zurück, nicht unbedingt wegen ihrer politischen Überzeugung, sondern lediglich deshalb, weil Deutschland ihre Heimat war. In Deutschland bauten sie die zerstörten jüdischen Gemeinden wieder auf. Der Historiker Michael Brenner skizzierte die politische Einflussnahme der jüdischen Gemeinden in der Bundesrepublik und in der DDR in Bezug auf die Entwicklung der diplomatischen Beziehungen und internationalen Anerkennung der beiden Staaten. Die zentrale Rolle von Politikern jüdischer Abstammung in der DDR steht im Kern seiner Analyse: In diesem Staat nahmen sie aktiv am politischen und gesellschaftlichen Leben teil.[567] Während die Gesamtzahl der Juden in der DDR viel kleiner als in der Bundesrepublik war, war der Politikeranteil jüdischer Abstammung, insbesondere im Auswärtigen Dienst Ostdeutschlands, erheblich höher als im Westen. Brenner weist darauf hin, dass die Politiker jüdischer Abstammung in der DDR, die aus der mittleren bzw. oberen Mittelklasse stammten, dank ihrer politischen Aktivitäten im Exil für die Außenpolitik und den Außenhandel spezialisiert waren.[568] Auch die Historikerin Karin Hartewig legt in ihrer Forschung über die nach Ostdeutschland zurückgekehrten kommunistischen Juden die Aufmerksamkeit auf die diplomatische Kraft der Juden in der DDR. Von den 288 Mitarbeitern des Diplomatischen Dienstes der DDR zählte Hartewig acht Personen, die aus jüdischen Familien stammten.[569] Hartewig untersuchte den soziologischen und politischen Hintergrund der jüdischen Politiker mit dem Ziel, „die Motive und Umstände der biographischen Entscheidungen junger Juden für die ‚rote‘ Assimilation seit 1918, und [...] das Festhalten an dieser Option nach 1945"[570] zu beschreiben.

In dem vorliegenden Kapitel stelle ich eine Auswahl dieser Personen vor, die in ihrem politischen Leben zur Außenpolitik der DDR, entweder als Diplomaten oder als Außenpolitiker, beitrugen: Kurt Stillmann, Friedrich Wolf, Günter Nobel, Gottfried Lessing, Karl Kormes, Horst Brie, Albert Norden und Hermann Axen. Die letzten beiden Vertreter waren keine Diplomaten im eigentlichen Sinn, aber durch ihre Positionen im Politbüro als Propagandachef (Norden) und

---

567 Brenner weist darauf hin, dass viele von den jüdischen Remigranten, darunter Schriftsteller und Politiker, die antifaschistische DDR attraktiver als die „bürgerliche Bundesrepublik" fanden. Vgl. Brenner, Michael: *After the Holocaust. Rebuilding Jewish lives in postwar Germany.* Princeton, N. J. 1997, S. 140. Ähnlich deutet Peter Lust, dass die antifaschistischen Juden, sowohl Exilanten als auch jene, die die Kriegsjahre in Deutschland und in den KZs verbrachten, nach dem Ende des Krieges ihre politische Position in der SBZ- und künftigen DDR-Führung als Teil der „neuen Elite" fanden. Vgl. Lust, Peter: *Two Germanies: Mirror of an Age.* Montreal 1966, S. 213–214.

568 Vgl. Brenner, Michael: *The Role of the German Jewish Community in Postwar Germany's International Recognition.* AICGS Transatlantic Perspectives April 2011, American Institute for Contemporary German Studies at Johns Hopkins University, https://www.aicgs.org/site/wp-content/uploads/2011/11/brenner2011.pdf [abgerufen am 29.10.2021, 14:47 Uhr].
Eine erweiterte Beschreibung der deutschen Juden in der DDR-Führung und der Entwicklung der ostdeutschen jüdischen Gemeinde vgl. Brenner, 1997, S. 140–143.

569 Vgl. Hartewig, 2000, S. 229.

570 Ebenda, S. 11.

als Berater des Staatssekretärs (Axen) leisteten sie einen erheblichen Beitrag zur Außenpolitik der DDR. Die sogenannte jüdische Identität dieser Personen wurde zumindest in den ersten Jahren der DDR verdrängt. Auf diese Weise beschrieb Olaf Preuß in einem Artikel aus *Die Zeit* aus dem Jahr 1992 das Leben von Axen und Norden.[571] Interessant ist, dass sich diese Personen trotz der Verdrängung, Verleugnung und vermeintlichen „Schizophrenie", die auch für die anderen Diplomaten jüdischer Herkunft aus diesem Kapitel gelten können, mit unterschiedlichen „jüdischen Themen" wie der jüdischen Geschichte, den jüdischen Gemeinden in der DDR, Antisemitismus und der DDR-Politik gegenüber Israel beschäftigten. Mit diesen Aussagen meine ich natürlich nicht, dass die Außenpolitik der DDR nur von Juden gemacht wurde.[572] Die folgende Darstellung der außenpolitischen Tätigkeiten und Biographien jüdischer Diplomaten und Außenpolitiker zeigt erst, wie umfangreich die Betätigung dieser Personen im SED-System war und wie wichtig sie für die außenpolitischen Entscheidungen der DDR waren. Die parallele Darstellung der Tätigkeiten der Nazi-Diplomaten der DDR und der Diplomaten jüdischer Abstimmung kann auf den ersten Blick provokant erscheinen. Ich möchte auch formulieren, dass ich hierbei keine Gegenüberstellung von Nazi-Diplomaten und jüdischen Diplomaten vorschlage. Es handelt sich um Diplomaten aus zwei unterschiedlichen Sozialgruppen, die unter verschiedenen historischen und politischen Bedingungen in der DDR lebten. Die vorgeschlagene parallele Darstellung der Diplomaten, deren Lebensgeschichten und ihre Integration in die ostdeutschen Eliten, bieten jedoch einen beachtenswerten Einblick in diese zwei Gruppen, die in der Regel

---

571 Vgl. Preuß, Olaf: Glanz über Ruinen. In: *Die Zeit*, 52/1992, 18.12.1992, o. S.

572 Eine ähnliche Stellungnahme teilte der Widerstandskämpfer und DDR-Diplomat Karl Kormes in seinem Kommentar zur Rolle der Juden in der deutschen Arbeiterbewegung mit. In einer Beschreibung seiner eigenen Erfahrungen im Kampf gegen den Faschismus, unter anderem im spanischen Bürgerkrieg, wo er unter vielen anderen Widerstandskämpfern jüdischer Abstammung kämpfte, meint er: „[E]s geht [...] nicht darum, den Menschen jüdischer Herkunft in der deutschen Arbeiterbewegung eine Sonderrolle oder -stellung zuzuweisen. Aber zu häufig wird nur der Beitrag der jüdischen Menschen bürgerlicher Herkunft und bürgerlicher Lebensauffassungen zur Entwicklung des Fortschritts in Deutschland erwähnt". Vgl. Kormes, Karl: Aktive Kämpfer der Arbeiterbewegung. In: *Der antifaschistische Widerstandskämpfer*, Zentralleitung des Komitees der Antifaschistischen Widerstandskämpfer der DDR, Nr. 7, 1988, S. 15. Michael Brenner merkte ebenfalls an, dass die „symbolische Rolle" der jüdischen Gemeinde in der Entwicklung internationaler Anerkennung in Westdeutschland nicht übertrieben sein soll. Ich finde, das kann auch für den Fall der DDR gelten. Vgl. Brenner, 2011, o. S.

nicht zu den Musterbeispielen des „ersten Staates von Arbeitern und Bauern auf deutschem Boden" gehörten. Meine Hauptfragen für dieses Kapitel lauten: **Wer waren die jüdischen Diplomaten der DDR? Wie kam ihre jüdische Herkunft in ihrer Arbeit zum Ausdruck? Wie wurde die DDR mit Personen jüdischer Abstammung konfrontiert? Und was kann man von ihrer Arbeit im ostdeutschen Außendienst über die NS-Vergangenheitsbewältigung der DDR lernen?**

In der Forschung finden sich zahlreiche Veröffentlichungen über das Verhältnis der DDR zum Zionismus und zum Staat Israel sowie über die politische Rolle jüdischer Persönlichkeiten in der DDR. Zwei grundlegende Forschungswerke sind die von den Historikern Angelika Timm und Michael Wolffsohn.[573] Während die zwei Wissenschaftler den Fokus auf historische Ereignisse und deren politischen Einfluss legen (hauptsächlich auf die Rolle der Wiedergutmachungsabkommen und den arabisch-israelischen Konflikt im Bezug auf dieses Verhältnis), konzentriere ich mich zunächst auf die Biographien der Diplomaten und der politischen Akteure.

Ich erörtere die Biographien der Diplomaten in einem jüdisch-israelischen Kontext. Neben den Lebensläufen aus der Zeit vor und nach dem Krieg werde ich auch die außenpolitischen Tätigkeiten der Diplomaten beschreiben. Ich zeige den Beitrag jedes Politikers zur Außenpolitik der DDR und dann die unterschiedlichen Haltungen und Beziehungen zu ihrer „jüdischen" Persönlichkeit und ihre Beschäftigung mit „jüdischen Themen". Die Arbeit von Diplomaten bzw. Politikern mit Themen wie der Israelpolitik, dem Wiedergutmachungsabkommen und den Nazi- und Kriegsverbrechern in der Bundesrepublik, spiegelt den Rahmen der NS-Vergangenheitsbewältigung in der DDR in dieser Arbeit wider. Wie auch in anderen Teilen meiner Forschung bilden die Berichterstattungen der israelischen Presse eine zentrale Quellensammlung für meine historische Analyse. Einen Überblick über die hebräische Presse bieten zwei Schwerpunkte, auf die sich diese Presse bezüglich der jüdischen Diplomaten

---

573 Vgl. Timm, 1997; Wolffsohn, Michael: *Die Deutschland-Akte: Juden und Deutsche in Ost und West; Tatsachen und Legenden.* München 1995. Andere Veröffentlichungen zum Thema vgl. Zuckermann, Moshe (Hg.): *Zwischen Politik und Kultur – Juden in der DDR.* Göttingen 2002; Illichmann, Jutta: *Die DDR und die Juden: Die deutschlandpolitische Instrumentalisierung von Juden und Judentum durch die Partei- und Staatsführung der SBZ/DDR von 1945 bis 1990.* Frankfurt am Main 1997; Tovy, Jacob: All Quiet on the Eastern Front; Israel and the Issue of Reparations from East-Germany,1951–1956. In: *Israel Studies.* Bd. 18, Nr. 1, Spring 2013, S. 77–100.

der DDR konzentrierte: Erstens betont sie die Kritik an der feindseligen Politik der DDR gegenüber Israel und zweitens veranschaulicht sie eine jüdisch-jüdische Auseinandersetzung, d.h. die Haltung der Israelis gegenüber Juden in führenden politischen Positionen im Ausland. Handelt es sich bei diesem Ausland um ein deutsches Land, wird es natürlich spannender. In den Berichterstattungen tauchen Beleidigungen Israels in der antiisraelischen und antizionistischen Politik der DDR (die mehrmals von jüdischen Politikern mitbestimmt wurde) auf.[574] Ich konnte die relevanten Berichterstattungen nicht von jedem Politiker erfolgreich recherchieren, aber die Verwendung anderer historischer Quellen und weiterer Archivmaterials ermöglicht die Darstellung eines geeigneten historischen Bilds.

Die Namen der Diplomaten habe ich in bereits bestehenden Forschungsarbeiten gefunden: in der erwähnten Arbeit der Historikerin Karin Hartewig, in der Forschung von Michael Wolffsohn und in anderen Veröffentlichungen zum jüdischen Leben in der DDR.[575] Neben der Verwendung von lexikalischen Texten, die gegliederte Information über die berufliche Entwicklung der Persönlichkeiten enthalten, nutzte ich Stasi-Akten und veröffentlichte Biographien und Autobiographien. In mehreren Fällen schlossen die Stasi-Akten die tabellarischen und ausführlichen Lebensläufe der Diplomaten ein. Hauptsächlich aber zeigen sie Untersuchungen des MfS, die über diese Politiker durchgeführt wurden und auch Angaben über deren jüdische Herkunft enthalten. Ein großer Teil des Archivmaterials der Stasi stammt aus der Zeit der Vertrauenskrise zwischen der DDR und ihren jüdischen Bürgern, während die Slánský- und Paul-Merker-Prozesse stattfanden. Diese gewähren einen Einblick in die Haltung der DDR gegenüber damals „verdächtigten" Juden.

Bevor ich die Biographien der Diplomaten und der Außenpolitiker vorstelle, diskutiere ich im nächsten Teilkapitel die Bezeichnung „jüdische Themen". Ich setze mich mit der Frage auseinander, ob „jüdische Themen" auch als israelische Themen angesehen werden können.

---

574 Vgl. Unger, A.: Die Ostdeutschen – die schlimmsten Agitatoren. In: *Ma'ariv*, 20.2. 1967, S. 14.
575 Vgl. Wolffsohn, 1995, S. 13.

4.2. Indifferenz, antiisraelische Politik und Antisemitismus in der DDR

Aus geschichtshistoriographischer und auch aus politischer Sicht ist die Frage, ob die offizielle Politik gegenüber Juden in der DDR mit der Israelpolitik der DDR unmittelbar verbunden ist, eine schwierige und komplizierte. Das Archivmaterial sowie verschiedene Berichterstattungen zeigen, dass die Fragen über die Juden in der DDR nicht von den Fragen über die Haltung der DDR gegenüber Israel getrennt behandelt wurden. Als die DDR noch existierte – wie auch heute in verschiedenen Kreisen der israelischen (und deutschen) Politik –, galt jede antiisraelische Äußerung bzw. Kritik an der Politik Israels als antisemitisch.[576] In vielen Fällen gilt dies zu Recht, und in anderen kann dieser Vorwurf angezweifelt werden. Damit möchte ich mich allerdings nicht beschäftigen. Ich möchte in diesem Kapitel vielmehr zeigen, dass die DDR-Diplomaten und Außenpolitiker jüdischer Abstammung sich mit jüdischen Themen beschäftigten – entweder beruflich, z. B. mit der Wiedergutmachung, mit Propaganda, mit der Aufarbeitung der Verbrechen des Holocausts oder persönlich mit ihren eigenen Lebenserfahrungen. Die Beschäftigung der israelischen Regierung mit der Gegenüberstellung von jüdischen und israelischen Themen und deren Ausdruck in der israelischen Presse reicht, um diese methodologische Auseinandersetzung zu führen.

Der Historiker Jeffrey Herf setzte sich mit der Haltung von deutschen Kommunisten bzw. ostdeutschen Kommunisten gegenüber Juden auseinander. Er betrachtet dieses Verhältnis im Rahmen der Entwicklung der KPD vor 1945 und den Einfluss der Kommunistischen Partei der Sowjetunion in der DDR. Herf markiert den Fall Paul Merker als ein Zeichen für die bisherige und künftige Beziehung zwischen den nichtjüdischen Kommunisten und den Juden und beschreibt diese als ein wichtiges Element in der „jüdischen Frage" Ostdeutschlands.[577] Und tatsächlich bestätigen die Stasi-Akten der jüdischen Diplomaten, dass die Vernehmungen und die Sammlung von „belastendem" Material über diese Personen hauptsächlich während der Fünfzigerjahre

---

576 Die Entwicklung des ostdeutschen Antizionismus und Antisemitismus in den Fünfzigerjahren und der Ursprung dieses Trends aus dem Erbe des deutschen Kommunismus wird von Thomas Haury diskutiert. Vgl. Haury, Thomas: *Antisemitismus von Links: Kommunistische Ideologie, Nationalismus und Antizionismus in der frühen DDR*. Hamburg 2002.

577 Vgl. Herf, 1994, S. 627.

stattfanden, auf dem Höhepunkt der „politischen Säuberung" und Aktionen gegen jüdische Bürger der DDR. Laut Herf verkörperte die klassische kommunistische Weltanschauung die komplexe wechselseitige Beziehung zwischen dem Kommunismus und dem Judentum bzw. den Kommunisten und den Juden. Herf unterscheidet zwischen einer Minderheit aus der kommunistischen Bewegung, die die Juden als integralen Teil des Klassenkampfs und später als ein Hauptopfer des Faschismus wahrnahm, und der künftigen politischen Herrschaft der KPD/SED, die die jüdischen Opfer ignorierte. Herf vermutet, dass die SED-Führung die untrennbare Bindung zwischen den kommunistischen und den jüdischen Opfern in der Zeit, als sie nach internationaler Legitimität als gerechte Repräsentantin des deutschen Volkes strebte, ablehnte.[578]

Herf sieht den Holocaust und die jüdische Katastrophe im Nachkriegs-Ostdeutschland als marginalisiert an. Der Ursprung dieser Marginalisierung liegt nach Herf in den alten kommunistischen Traditionen. Er zeigt, dass infolge des Prozesses gegen Paul Merker diese Marginalisierung durch jüdische Politiker der DDR selbst akzeptiert wurde.[579] Die politische Stimmung in der DDR der Fünfzigerjahre war ein Grund für Politiker jüdischer Abstammung, ihr Desinteresse an jüdischen Themen auch in der Öffentlichkeit auszudrücken. Dieser Behauptung werde ich in diesem Kapitel teilweise widersprechen. Kurz gefasst zeigt Herf, dass die DDR einer antiisraelischen, antizionistischen bzw. antisemitischen Politik folgte, obwohl Juden an der Spitze der Außenpolitik der DDR standen.[580] Eine ähnliche Meinung vertrat auch Peter Lust bereits im Jahr 1966, nachdem er die DDR und die Bundesrepublik besuchte. In seinem Buch über den politischen Zustand im geteilten Deutschland beschreibt er seine Vermutung, dass die dürftigen wirtschaftlichen Bedingungen, in denen sich jüdische Gemeinden in Ostdeutschland befanden, aus der offiziellen antisemitischen Politik der Regierung hervorgingen. Nach seinem Besuch in der DDR kam Lust jedoch zu einem eindeutigen Fazit: Die DDR-Politik und ihre Haltung gegenüber der jüdischen Gemeinde war nicht unbedingt antisemitisch. Lust sah die ostdeutsche Regierung sogar als pro-jüdisch an, auch wenn dies an ihrer Außenpolitik nicht unbedingt zu erkennen

---

578 Vgl. ebenda.
579 Vgl. ebenda, S. 646 ff.
580 Mit der ostdeutschen antiisraelischen Politik beschäftigte sich Herf ausführlich in: Herf, Jeffrey: *Undeclared wars with Israel: East Germany and the West German far left, 1967–1989*. New York 2016.

war.[581] Aus den Lebensgeschichten und Erzählungen der DDR-Diplomaten jüdischer Abstammung erfährt man, ob die DDR sich ihnen gegenüber pro-jüdisch, antijüdisch oder einfach neutral verhielt.

4.3. Fragen zur Vergangenheitsbewältigung und zu jüdischer Identität – der Fall *Horst Brie*

Die Biographie von **Horst Brie**, langjähriger Diplomat in China, DDR-Botschafter in Nordkorea und der letzte ostdeutsche Botschafter in Griechenland,[582] enthält spannende Aspekte. Seine Söhne wurden ebenfalls zu prominenten Figuren in der (ost-)deutschen Gesellschaft: der Politiker der Linkspartei André Brie und der Wissenschaftler Michael Brie. Horst Bries eigene diplomatische Karriere begann er erst, nachdem er von den „Schatten" seiner Westemigration Ende der Fünfzigerjahre befreit und danach politisch rehabilitiert wurde.[583] Der im Jahre 1923 geborene Berliner veröffentlichte zwei Autobiographien, die jeweils von seinen Lebenserfahrungen in zwei Zeitabschnitten berichten: Die erste Autobiographie beschäftigt sich mit der Kindheit und dem Leben im Exil, die zweite mit seinen Nachkriegserfahrungen und politischen Tätigkeiten als Diplomat. In der späteren Autobiographie gab Brie zu, dass er zumindest mit dem Titel der ersten Autobiographie *Davids Odyssee. Eine deutsche Kindheit – eine jüdische Jugend* unzufrieden war und begründete dies wie folgt: „Deutschland war und ist mein Schicksal, dem ich im Guten und Schlechten niemals entrinnen wollte und konnte."[584] Es wirkt, als würde er sich entschuldigen, dass er sich im Titel des Buches als Jude bezeichnet.

Ich habe mich dazu entschieden, dieses Teilkapitel mit der Geschichte Horst Bries zu beginnen, weil er in seinen Autobiographien zwei wichtige Schwerpunkte meiner Forschung berührt: zunächst mit seiner Ansicht zum Thema Vergangenheitsbewältigung und zweitens durch die Beschreibung seiner „jüdischen Erfahrungen" als Jugendlicher und als DDR-Politiker. Brie beschäftigt sich in seinen Texten mit der Vergangenheitsbewältigung und legt seine Zweifel an früheren wissenschaftlichen Interpretationen dieses Begriffs offen. Obwohl er

---

581 Vgl. Lust, 1966, S. 209.
582 Müller-Enbergs/Wielgohs/Hoffmann/Herbst/Kirchey-Feix/Reimann, Bd. 1, 2010, S. 176–177.
583 Vgl. Segert, Dieter: *Das 41. Jahr: Eine andere Geschichte der DDR*. Wien 2008, S. 50.
584 Brie, Horst: *Erinnerungen eines linken Weltbürgers*. Berlin 2006, S. 21.

sich hauptsächlich mit der nach 1989 entwickelten Verwendung des Konzepts auseinandersetzte, ist seine Auswertung als Zeitzeuge auch für die vorliegende Diskussion zur NS-Vergangenheitsbewältigung in der DDR dienlich. Zunächst beschreibt Brie, dass er die damals häufig verwendete Nutzung des Begriffs „Vergangenheitsbewältigung" nicht mag. Er findet die Interpretation des Altbundespräsidenten Richard von Weizsäcker, Vergangenheitsbewältigung als „Annahme der Vergangenheit" zu verstehen, angemessener als die sonst übliche Beschreibung, dass es sich um eine „Bewältigung der Vergangenheit" handelt. Von Weizäckers Interpretation ermöglichte die Akzeptanz der eigenen Vergangenheit nicht nur für ganze Nationen, sondern auch für das Individuum.[585] Das beabsichtigte auch Brie mit seiner Autobiographie: Er wollte seine persönliche Geschichte unter Berücksichtigung der deutschen nationalen Entwicklung erzählen.[586] Auf der politischen Ebene bewertet er diese Konfrontation mit der Vergangenheit in der DDR und der BRD und stimmt dem zu, dass man sich in beiden deutschen Staaten nicht kritisch genug mit der Nazizeit auseinandersetzte. Für die Dimension der Einzelpersonen wirft Brie die Frage auf, ob diese nationalsozialistische Vergangenheit „tatsächlich von den Bürgerinnen und Bürgern, von den politischen und intellektuellen Eliten ‚angenommen'" wurde.[587] Seine Antwort gründet auf seinen persönlichen Erfahrungen im Nachkriegs-Ostdeutschland. Brie hebt hervor, dass in der DDR die „Kollaboration der Bevölkerung mit der Nazi-Herrschaft heruntergespielt oder weitgehend ignoriert"[588] wurde. Durch seine Fragestellung zur Beschäftigung mit der Vergangenheitsbewältigung kann Bries Autobiographie als seine eigene Bewältigung der Vergangenheit angesehen werden: eine Vergangenheitsbewältigung der DDR sowie der gesamtdeutschen Geschichte.

Brie glaubte, dass die Annahme der Vergangenheit in der DDR nur durch die Menschen erfolgen konnte, die in der DDR lebten und wirkten.[589] Und er lebte und wirkte in der DDR. Entscheidende Erfahrungen aus seiner Kindheit beeinflussten Bries politische Weltanschauung. Diese Erfahrungen führten auch zu seiner Haltung gegenüber der jüdischen Welt und seinem eigenen jüdischen Hintergrund. Bries Vater, Arthur Brandis, so erzählt er in der Biographie, stammte aus einer

---

585 Vgl. ebenda, S. 10.
586 Vgl. ebenda, S. 12.
587 Ebenda, S. 11.
588 Ebenda.
589 Vgl. ebenda, S. 12.

Berliner jüdischen Familie und meldete sich als Freiwilliger im Ersten Weltkrieg. Im Gegensatz zum Vater, der in ärmlichen Verhältnissen aufwuchs, war Bries Mutter, Clara Koh, die Tochter eines reichen jüdischen Viehhändlers aus Polen.[590] Brie betont, dass seine Eltern nicht religiös waren. Erst als Elfjähriger wurde er sich seiner jüdischen Herkunft bewusst und das durch antisemitische Bemerkungen seines Schullehrers.[591] Die ersten Begegnungen mit anderen Juden erlebte er in Polen im Jahr 1939. Eine weitere Selbstbestimmung bzw. -bewertung seiner jüdischen Herkunft konnte er nach 1945 durch die politischen Folgen des Zweiten Weltkriegs vornehmen.[592] Die Ereignisse des Krieges waren für Brie für die Formulierung seiner persönlichen politischen Weltanschauung sowie seiner Haltung gegen Diskriminierung, Nationalismus und Rassismus entscheidend.[593] Der Weg aus der westlichen Emigration in die DDR war für ihn eine Chance, „an einem Deutschland mitzuwirken, das eines Tages die Achtung und das Vertrauen anderer Völker wiedergewinnen würde"[594]. Die Chance für eine Erneuerung in Deutschland sah er in der jungen Generation, „die so schändlich von den Nazis missbraucht worden war"[595]. Es bestand die Pflicht, seine eigene Generation zu verbessern.

Horst Brie beschäftigte sich auch mit einer eher philosophischen „jüdischen Frage", mit der er sich häufig auseinandersetzte. Brie erzählt in seinen Autobiographien, dass er oft gefragt wurde, was denn ein Jude sei, und wie kompliziert es für ihn war, diese Frage zu beantworten. Seine Antwort und seine Erklärung können auch für die Mehrheit der jüdischen Politiker der DDR gelten: „Nach jüdischem Brauch und israelischem Staatsbürgergesetz ist derjenige ein Jude, dessen Mutter Jüdin ist. Aber ist dies wirklich die Antwort?"[596], fragt er nach. Er hatte also keine bestimmte Antwort auf das „Jüdischsein", außer der religiösen bzw. bürokratischen. Es scheint so, als wäre seine Haltung gegenüber seiner eigenen Herkunft und der Beschäftigung der DDR mit dem Nationalsozialismus deswegen eher distanziert. Er sieht sich als deutscher Bürger, der eben auch jüdisch ist. Wie bei vielen

---

590 Vgl. Brie, Horst: *Davids Odyssee: Eine deutsche Kindheit – eine jüdische Jugend.* Berlin 2013, S. 10 ff.
591 Vgl. Brie, 2006, S. 17.
592 Ebenda, S. 18.
593 Vgl. ebenda.
594 Ebenda, S. 19.
595 Ebenda, S. 20.
596 Ebenda, S. 17.

anderen deutsch-jüdischen Politikern und genauso auch bei anderen Diplomaten, die später hier diskutiert werden, unterscheidet Brie zwischen der religiösen bzw. kulturellen Herkunft und der Tagespolitik.

4.4. Am Rande der Diplomatie – *Friedrich Wolf, Hermann Axen* und *Albert Norden*

4.4.1. Der intellektuelle Diplomat – *Friedrich Wolf*

Friedrich Wolf erfordert eigentlich keine weitere Vorstellung. Der Arzt und Schriftsteller schrieb einige der wichtigsten Werke der deutschen Literatur des 20. Jahrhunderts: *Professor Mamlock* und *Rat der Götter*. Deren Beschäftigung mit historischen Themen – bzw. mit der NS-Vergangenheit und mit der Vergangenheitsbewältigung der Nachkriegszeit – verkörpert einen wesentlichen Bestandteil des DDR-Kulturkorpus, sowohl als Bücher als auch als Filme.[597] Der im Jahr 1888 geborene Wolf, ein führendes Mitglied der KPD, der die Kriegsjahre im Exil lebte, verbrachte auch eine kurze, aber bedeutsame Phase im außenpolitischen Dienst der neugegründeten DDR. Im November 1949 wurde Wolf zum ersten Botschafter der Deutschen Demokratischen Republik in Polen ernannt – laut Berichten der westdeutschen Presse –, nachdem das „polnische Misstrauen gegen die äußerlich nichtkommunistischen Parteien der Sowjetzone"[598] beseitigt wurde.[599]

Eine Nominierung von unprofessionellen Diplomaten für diplomatische Positionen wie Wolf war nicht außergewöhnlich für die erste Generation der DDR-Gesandten im Ausland. Unmittelbar nach der Gründung des MfAA versammelte Außenminister Dertinger seine Mitarbeiter und die vor kurzem ernannten Diplomaten, um die Zielsetzung der DDR-Außenpolitik zu präsentieren und um eine Diskussion über die künftigen diplomatischen Aufgaben zu führen. In der Sitzung betonte Dertinger ihre „erste unmittelbare politisch-diplomatische Aufgabe", und zwar die „Entwicklung einer Atmosphäre des Friedens

---

597 Als Theaterstück wurde *Professor Mamlock* im Jahr 1933 geschrieben und im Jahr 1961 verfilmt, Regie: Konrad Wolf. *Rat der Götter* wurde im Jahr 1950 verfilmt, Regie: Kurt Maetzig.

598 K. W.: Warschaus Mission in Berlin. In: *Die Zeit*, 11/1950, 16.3.1950.

599 Vgl. Muth, 2000, S. 147. Karin Hartewig nannte Wolf zusammen mit Stefan Heymann, DDR-Botschafter in Warschau (1953–1956), als „Vertreter der ersten Generation". Vgl. Hartewig, 2000, S. 229.

und der Freundschaft".[600] Diese Aufgabe entsprach laut Dertinger dem Einsatz von diplomatischen Delegierten, die nicht unbedingt aus der Welt der Außenpolitik stammten, die den „Bereich unseres Geisteslebens" repräsentieren könnten.[601] In dieser Weise konnten auch Intellektuelle, Schriftsteller und Journalisten die Interessen der DDR im Ausland repräsentieren, besser als „herkömmliche" Politiker.

Mit der Ernennung des renommierten deutsch-jüdischen Schriftstellers zum Missionschef in Warschau befasste sich auch die israelische Presse. Schlagzeilen berichteten über die Nominierung eines Juden für eine der wichtigsten ausländischen Positionen in der deutschen Diplomatie.[602] Wolfs religiös-kultureller Hintergrund beschäftigte die israelischen Zeitungen in fast jedem Bericht. Wolfs aktive Rolle in der DDR-Führung bot eine Möglichkeit für die israelische Presse, die deutsch-jüdische Beziehung der Nachkriegszeit zu bewerten. In erster Linie stand die jüdisch-jüdische Beziehung im Vordergrund, d. h. die Beziehung der Israelis zu Juden in führenden Positionen im Ausland, vor allem mit den deutschen Juden.[603] J. Baharab aus der sozialistischen Zeitung *Davar* kritisierte Wolf sowie andere Juden, die sich nach dem Krieg dazu entschlossen, in ihre Heimat (Deutschland) zurückzukehren und nicht in die „hebräische Heimat" (Palästina/Israel) einzuwandern.[604] Schärfere Töne äußerte Baharab gegenüber Wolfs Entscheidung, die Rolle des Botschafters in Polen anzunehmen. „Der Jude Friedrich Wolf", der Mann, der *Professor Mamlock* schrieb und der sich in seinen Werken „mit jüdischen Themen [...] beschäftigte, nämlich: die Verfolgung der deutschen Juden bei den Nazis", wird jetzt, „vier Jahren nach der Vernichtung der Juden in Deutschland und Polen [...] als Verbindungsmann zwischen den beiden [Ländern ein-

---

600 PAAA M A15449. „Besprechung mit den Leitern der Auslandsvertretungen", 8.11.1949.

601 Ebenda.

602 Vgl. Friedrich Wolf. In: *Kol Ha'am*, 6.11.1949, S. 4; Ein Jude – ostdeutscher Delegierter in Polen. In: *Cherut*, 6.11.1949, S. 1.

603 A. Sazkover schrieb in *Davar* über die Unfähigkeit der Deutschen zur Buße. Sazkover berichtet, dass er im Jahr 1946 während der Nürnberger Prozesse mit Wolf sprach, wobei er etwas über Wolfs Erfahrungen und seine Lebensgeschichte erfuhr. Drei Jahre danach, als Wolf zum Botschafter des deutschen Staates in Polen ernannt wurde, sah der Verfasser des Berichts die Arbeit Wolfs als Undankbarkeit gegenüber seinen Eltern, die von den Nazis ermordet wurden, an. Vgl. Sazkover, A.: Hand in Hand mit dem Zerstörer. In: *Davar*, 20.1.1950, S. 3.

604 Vgl. Baharab, Y.: Von hier und von da. In: *Davar*, 13.11.1949, S. 2.

gesetzt]".[605] Eine eher ironische Lösung für diese angebliche innere Spannung, die diese diplomatische Rolle verkörperte, fand Baharab in der üblichen Position der Juden in der internationalen Politik der Nachkriegszeit. Er stellte die Fragen:

> „Wer kann die vielen Deutschen, ‚die getäuscht worden waren', besser verteidigen als ein Jude? Wer kann den Weg Deutschlands in die internationalen entscheidenden Institutionen besser bereiten als ein Jude? [...] Falls die diplomatischen Maßnahmen Deutschlands gelingen würden, und Deutschland endlich ein ‚gleichwertiges' Mitglied der UNO wäre, warum sollte dann das demokratische Berlin nicht einen Juden als offiziellen Repräsentanten entsenden?"[606]

Baharab schließt seine Kommentare mit der Aussage ab, dass die Figur Wolfs ihn selbst nicht interessierte. Aber das Phänomen, dass nach dem Krieg so viele Juden politische Rollen in der deutschen Politik übernahmen, „bedeutete nichts Gutes von dem jüdischen Standpunkt"[607].

Nach Friedrich Wolfs Tod tauchten in Israel Gerüchte auf, dass er Selbstmord begangen hatte.[608] Diesen vermeintlichen Suizid erklärten die israelischen Zeitungen unter Berücksichtigung des zeitgenössischen antijüdischen Klimas in Ostdeutschland. Denn damals wurden viele jüdische Politiker, Künstler, Musiker, Regisseure, Dichter und Schriftsteller von ihren offiziellen Stellen entfernt oder flohen einfach wegen des politischen Drucks aus der SBZ/DDR. Eine Vermutung war, dass Wolf, der sich nicht zur Flucht entschied und nicht darauf wartete, in seinen politischen Ämtern ruiniert zu werden, „seinen Verstand verlor" und sich daher das Leben nahm.[609] J. Klinow bemerkte, dass Wolf seine letzten Tage in Einsamkeit verbrachte. Klinow beobachtete auch, dass Wolfs Name wegen des Erstarkens des kommunistischen Regimes in der DDR aus der lokalen Presse verschwand.[610] Eine übertriebene Bewertung, die nach 70 Jahren korrigiert werden kann, da in

---

605 Vgl. Baharab, Y.: Von hier und von da. In: *Davar*, 13.11.1949, S. 2. Seine Kritik an Wolf rahmt Baharab mit der ganzen Auseinandersetzung darüber, ob Juden in der *Gola* (Diaspora) politische Rollen einnehmen sollen oder nicht.

606 Ebenda.

607 Ebenda.

608 Vgl. Beging der Verfasser von „Professor Mamlock" Selbstmord?. In: *Cherut*, 11.10. 1953, S. 6.

609 Vgl. Chermon, B.: Das Schicksal der jüdischen Intelligenz in Ostdeutschland. Ein Brief aus Deutschland. In: *Davar*, 18.12.1953, S. 5.

610 Vgl. Klinow, J.: Die jüdischen Ansprüche bei der Berliner Konferenz. In: *Davar*, 31.1.1954, S. 2.

der Zeit zwischen 1946 und 1953 in der Zeitschrift *Neues Deutschland* dutzende Male über Wolf berichtet wurde, sowohl in literarischen als auch in politischen Kontexten.[611]

4.4.2. Ein Nicht-Diplomat als Außenpolitiker – *Hermann Axen*

Hermann Axen war kein Mitarbeiter des diplomatischen Dienstes. Er diente der DDR auf anderen Stellen im ZK der SED und er trug auf seine Art zur Außenpolitik der DDR bei. Hermann Axen ist im Jahr 1916 geboren. Er nahm seine gesamte Jugend an kommunistischen bzw. antifaschistischen Aktivitäten teil. Die letzten Jahre des Krieges verbrachte er in einem Außenlager von Auschwitz und später in Buchenwald.[612] In der DDR war Hermann Axen seit 1962 Leiter der Außenpolitischen Kommission im Politbüro des Zentralkomitees der SED, und galt seit jeher als „Architekt der DDR-Außenpolitik"[613].

In einem Interview mit der *Zeit* von 1986 beschrieb die Interviewerin Axen als den einzigen Juden, „der in einer regierenden kommunistischen Partei eine führende Stellung"[614] bekleidete. In anderen Angelegenheiten wurde er sogar als „heimlicher Außenminister der DDR"[615], „Stratege der SED"[616], der „wichtigste außenpolitische Berater des Generalsekretärs"[617], „außenpolitischer Prinzipienreiter"[618], oder als der „außenpolitische Scharfmacher [...], der dem Generalsekretär ge-

611 Laut einer Recherche in der Suchmaschine des Onlinearchivs *Neuen Deutschlands*, ND-Archiv.de und im Zeitungsportal DDR-Presse: Staatsbibliothek zu Berlin, Preußische Kulturbesitz, zefys.staatsbibliothek-berlin.de/ddr-presse [abgerufen am 29.10.2021, 14:49 Uhr].

612 Vgl. Deutsches Institut für Zeitgeschichte (Hg.): *Antifaschisten in führenden Positionen der DDR*. Dresden 1969, S. 13. Die Zeit der Emigration und in Auschwitz und Buchenwald beschreibt Axen in seiner Autobiographie. Vgl. Axen, Hermann: *Ich war ein Diener der Partei. Autobiographische Gespräche mit Harald Neubert*. Berlin 1996, S. 30 ff.

613 Vgl. Müller-Enbergs/Wielgohs/Hoffmann/Herbst/Kirchey-Feix/Reimann, Bd. 1, 2010, S. 50–51. Mehrere Vorträge von Axen zu internationalen Fragen und zur DDR/SED-Politik wurden in der DDR veröffentlicht. Vgl. Axen, Hermann: *Aktuelle Fragen der internationalen Beziehungen der Sozialistischen Einheitspartei Deutschlands und der Deutschen Demokratischen Republik*. Berlin 1965.; Axen, Hermann: *Fragen der internationalen Lage und der internationalen Beziehungen der SED: Vortrag vor leitenden Kadern am 8. April 1974*. Berlin 1974.

614 Grunenberg, Nina: Lust und Last der „Leiter". In: *Die Zeit*, 27/1986, 27.6.1986.

615 Nachruf zum Tode Hermann Axen. In: *Der Spiegel*, 9/1992, 24.2.1992.

616 Grunenberg, Nina: Lust und Last der „Leiter". In: *Die Zeit*, 27/1986, 27.6.1986.

617 Ebenda.

618 Gaus, Günter: Ein Deutscher und ein Kommunist. In: *Die Zeit*, Nr. 35/1987, 21.8.1987.

legentlich in den Arm falle"[619] gelobt. Hinsichtlich seiner leitenden politischen Stelle wurde Axen auch als einer der Initiatoren der „Säuberungsmaßnahmen" innerhalb der Kommunistischen Partei in Ostdeutschland der Fünfzigerjahre erwähnt.[620] Außerdem galt Axen wegen seiner politischen Positionen als einer der Mitverantwortlichen für die antizionistische Linie der DDR.[621] In anderen Berichten zum Machtkampf in der SED wurde Axen als ein möglicher Nachfolger für Walter Ulbricht vorgebracht.[622] Trotz der Möglichkeit, einen führenden jüdischen DDR-Politiker anzugreifen, zeigten sich die israelischen Berichterstattungen gleichgültig gegenüber seiner Herkunft.[623] Erst ab Ende der Achtzigerjahre, als Axen wieder in den Schlagzeilen wegen der erneuten Gespräche mit der US-Regierung zur Wiedergutmachung an in den USA lebenden Holocaustüberlebenden auftauchte,[624] kam ein geringes Interesse an seiner jüdischen Herkunft auf, wenn er sachlich, unter anderen prominenten jüdischen Politikern der DDR, erwähnt wurde.[625] Ein eher negatives Verhältnis zeigte die Presse in Berichten über die Verbindungen des „einzigen Juden in der ostdeutschen Führung" mit der arabischen Welt.[626]

Kurz vor seinem Tod teilte Hermann Axen dem DDR-Historiker Harald Neubert seine Lebensgeschichte mit. Durch die Fragen

---

619 Ebenda.

620 Vgl. Die Lage in Ost-Berlin. (Ein übersetzter Bericht aus der *Neuen Züricher Zeitung*). In: *Sche'arim*, 31.7.1953, S. 6. In seiner Autobiographie setzt sich Axen mit diesen Vorwürfen auseinander und zeigt etwas Selbstkritik. Vgl. Axen, 1996, S. 111 ff.

621 Vgl. Nachruf. In: *Der Spiegel*, 24.2.1992. Berichte aus der israelischen Presse über Axens Tätigkeiten im Rahmen der antiisraelischen Politik der DDR vgl. Die Endgültige Version der Bratislava-Erklärung. In: *Ma'ariv*, 5.8.1968, S. 17. In der Bratislava-Erklärung der sechs Kommunistischen Parteien Osteuropas wurde Israel als Aggressor bezeichnet.

622 Vgl. Morgan, Dan: Ein Rätsel, das der Westen zu lösen versucht: Wo hat sich Walter Ulbricht versteckt?. In: *Ma'ariv*, 10.8.1969, S. 18; Assor, Reuven: Spielerwechsel auf Pankower Bühne. In: *Davar*, 5.5.1971, S. 7.

623 Obwohl die bürgerliche Zeitung *Ma'ariv* über eine Begegnung zwischen Axen und einer Delegation von *Rakach* auf einem Jugendfestival in Berlin berichtete. Vgl. Schmarjahu, M.: Lange Unterredungen von Delegationen aus Israel und Jordanien auf einem Festival in Berlin. In: *Ma'ariv*, 3.8.1973, S. 2.

624 Vgl. Ben-Chaim, Schaul: Ostdeutschland verkündet, dass es Entschädigung an Juden leisten wird. In: *Ma'ariv*, 9.6.1988, S. 5.

625 Vgl. Jeschua-Leith, Ofra: Shabbat in der Synagoge in Ost-Berlin. In: *Ma'ariv*, 27.9.1985, S. 20.

626 Vgl. Schaul Ben-Chaim, Schaul: Abi-Nidals Untergrund betätigt sich heute in Deutschland. In: *Ma'ariv*, 10.10.1990, S. 7.

Neuberts und seine eigenen Erinnerungen setzte sich Axen mit seinen Erfahrungen als junger Jude in Nazideutschland auseinander. Weder Axen selbst noch Neubert bezeichneten ihn direkt als Holocaustüberlebenden. Axen war entweder ein „Rückkehrer aus dem Konzentrationslager"[627] oder ein „Antifaschist, ein unermüdlicher Streiter für Frieden und Abrüstung und Internationalist"[628], aber kein Holocaustüberlebender. Im Anhang seiner Biographie bezeichnete auch André Brie (Sohn von Horst Brie) Axen im Nachruf nicht als Holocaustüberlebenden. Trotzdem erzählt Brie eine Geschichte eines Holocaustüberlebenden:

> „Es läßt sich heute nur schwer erahnen, wie die Befreiung aus dem Konzentrationslager, aus den Schrecken von SS-Barbarei und Krieg – selbst gebrandmarkt für alle Zeit des Lebens mit einer blauen Nummer auf dem Arm auf den jungen Hermann gewirkt haben muß."[629]

Wie die Historikerin Anita Dasbach Mallinckrodt beschreibt, wirkte die Zeit vor 1945 auf Axens politische Weltanschauung ein.[630] Seine Kindheit und das Leben in einer jüdischen Familie in Leipzig Anfang der Dreißigerjahre wurden von den Ereignissen vor und nach der nationalsozialistischen Machtübernahme geprägt. Axen betonte immer wieder, dass seine Eltern unreligiös und höchstens liberale Juden waren. Sie „gehörten nicht der orthodoxen Richtung des Judentums an"[631], gab Axen zu verstehen. Trotzdem ist Axens Weg in die kommunistische Bewegung eng mit seinem Verhältnis zum Judentum und zur jüdischen Welt verbunden. Er und sein älterer Bruder Rudolf gehörten zur Israelitischen Gemeinde in Leipzig. Die Gemeinde verließ er im Alter von 14 Jahren, beeinflusst von der KPD-Mitgliedschaft des Bruders. Rudolf wurde wegen seiner politischen Tätigkeit im Jahr 1933 von der Gestapo in Dresden verhaftet und ermordet.[632] Außer den selbstverständlichen Bedingungen, die ihn als Jude schließlich ins KZ brachten, konnte er sich auch an persönliche antisemitische Erfahrungen erinnern, hauptsächlich aus seiner Schulzeit im Gymnasium.[633]

---

627 Axen, 1996, S. 70.

628 Brie, André: Ein Leben in der Tragik und Hoffnung deutscher Geschichte. Rede von Brie auf der Trauerfeier für Hermann Axen am 1.4.1992, Ergänzt in: Axen, 1996, S. 415.

629 Ebenda, S. 414 ff.

630 Vgl. Dasbach Mallinckrodt, 1972, S. 165.

631 Axen, 1996, S. 25.

632 Vgl. ebenda, S. 29.

633 Vgl. ebenda, S. 28.

Eine andere Erwähnung seiner jüdischen Zugehörigkeit stammt aus der Zeit in Auschwitz und Buchenwald. Nachdem Neubert ihn fragte, ob es unter den jüdischen Häftlingen auch Kommunisten gab und ob sich in diesem gesellschaftlichen Klima antifaschistische Aktivitäten entwickeln konnten, antwortete Axen mit begeisterten Worten:

„Wir fühlten uns in einer Front mit denen, die draußen im Kriege gegen den Faschismus kämpften [...]. Für uns als Deutsche kam noch eine besondere Verantwortung gegenüber den Ausländern zu [sic]. Da die Verbrechen im deutschen Namen geschahen, sehen wir eine Pflicht darin, das andere, bessere Deutschland zu repräsentieren und Vertrauen zur deutschen Kultur aufrecht zu erhalten."[634]

Hermann Axen verstand die Tätigkeiten der jüdischen Kommunisten in Auschwitz zuallererst als die von deutschen Patrioten.

4.4.3. Der „Rabbinersohn im Politbüro" – *Albert Norden*

Wie Hermann Axen war auch **Albert Norden** kein Mitarbeiter im diplomatischen Dienst. Er war eine der einflussreichsten Figuren der DDR-Politik und der DDR-Propaganda. Seine Bezeichnung als „Rabbinersohn im Politbüro"[635] gibt sowohl die Tatsache wieder, dass Norden aus einer streng-religiösen Umgebung stammte, als auch die anscheinende Verlogenheit, die sich in seiner Lebensgeschichte und politischen Tätigkeiten widerspiegelt. Der Verdienst Albert Nordens als DDR-Politiker und Propagandist ist unumstritten und wurde in mehreren Forschungsarbeiten thematisiert und diskutiert.[636] In der historischen Forschung und den zeitgenössischen öffentlichen journalistischen Diskussionen wurde hervorgehoben, dass Nordens hohe politische Positionen ihn zu einer der wichtigsten jüdischen Figuren in der ostdeutschen Politik machten.[637]

---

634 Ebenda, S. 57.

635 Vgl. Podewin, Norbert: *Der Rabbinersohn im Politbüro: Albert Norden – Stationen eines ungewöhnlichen Lebens.* Berlin 2003.

636 Eine erweiterte Darstellung von Nordens propagandistischer Arbeit wird im Kapitel 5 diskutiert.

637 Jerry E. Thompson beschrieb Norden als den „einflussreichste[n] Jude[n] der DDR". Vgl. Thompson, Jerry E.: *Jews, Zionism, and Israel: The Story of the Jews in the German Democratic Republic since 1945.* Dissertation, Ann Arbor, Washington State University 1978, S. 200. Im Bericht über den Zustand der Juden und der jüdischen Gemeinde in der DDR berichtete *Die Zeit* über die Großzügigkeit, die die SED leistete, wenn sie in deren Politbüro Juden wie Norden und Hermann Axen einsetzten.

Norden ist 1904 in Oberschlesien geboren. Die Familie zog nach Elbersfeld bei Wuppertal und dann nach Hamburg. Nordens Vater, Joseph Norden, war einer der prominentesten Rabbiner Deutschlands seiner Zeit.[638] Wie man aus der Bezeichnung „der Rabbinersohn im Politbüro" ableiten kann, begleiteten die Schatten des Vaters Norden in unterschiedlichen Phasen seines politischen und persönlichen Alltags. Eine Biographie von Norbert Podewin, die im Jahr 2003 veröffentlicht wurde, stellt die jüdischen Seiten seines Lebenslaufs in den Vordergrund.[639] Nordens Herkunft und seine späteren politischen Tätigkeiten waren Gründe dafür, dass er nicht nur im Feld der Historiographie der deutschen Juden in der DDR eine umstrittene Persönlichkeit war, sondern auch in der Öffentlichkeit und, im Rahmen der vorliegenden Analyse, in der jüdisch-israelischen Presse.

Obwohl Norden weder Diplomat noch Mitarbeiter des MfAA war, habe ich mich dazu entschieden, mich wegen seiner entscheidenden Rolle bei der Charakterisierung der Arbeit der Diplomaten im Ausland, der Außenpolitik und der Auslandspropaganda der DDR auf ihn zu konzentrieren. Ich verzeichne keine großen Neuigkeiten über sein Leben oder politischen Tätigkeiten. Als wesentlicher erachte ich die Erörterung seiner Biographie in der Diskussion über die NS-Vergangenheitsbewältigung in der DDR: Norden war in den Pressekonferenzen über die Aufdeckung der NS-Vergangenheit von Nazis in der Bundesrepublik das Gesicht der DDR, selbst bei Angriffen gegen die aggressive Politik Israels im Nahen Osten. Die Stimme der DDR im Ausland war die Stimme Albert Nordens. Die Spannung, die in seiner Persönlichkeit und Biographie verkörpert wird, finde ich faszinierend und passend für die zweiseitige Politik der DDR und ihre Aufarbeitung der nationalsozialistischen Geschichte.

Israel und Norden – Norden und Israel

Das Verhältnis zwischen Albert Norden, Israel und den Juden im Nachkriegsdeutschland ist Thema unterschiedlicher Angelegenheiten in den Berichterstattungen der israelischen Presse über den „Rabbinersohn im Politbüro". Eine Möglichkeit für eine Berichterstattung bot

---

Vgl. Siemon-Netto, Uwe: In puncto Israel sind sie neutral. Die Juden drüben sterben aus. In: *Die Zeit*, Nr. 52/1975, 19.12.1975.

638 Über das Leben von Joseph Norden vgl. Podewin, Norbert: *Der Rabbinersohn im Politbüro: Albert Norden – Stationen eines ungewöhnlichen Lebens.* Berlin 2003, S. 13 ff.

639 Siehe Fußnote 635.

sich nach mehreren Auftritten seinerseits in Pressekonferenzen über Nationalsozialisten in der Bundesrepublik.[640] Einen außergewöhnlichen und unmittelbaren Zugang zu Norden hatte *Kol Ha'Am*, die Zeitung der israelischen kommunistischen Partei (KPI). In dem ersten Gespräch aus dem Jahr 1951 von Meir Vilner, damals Korrespondent der *Neuen Presse* in Paris und später Politiker der KPI, wurden alle hochaktuellen Punkte und Fragen der Zeit angesprochen. Die gestellten Fragen und Nordens Antworten waren relevant für die israelische Leserschaft, mit ihnen konnte er die politische und moralische Erneuerung in der DDR bewerben. So sprach er zum Beispiel über das neue politische System in Ostdeutschland und dessen juristische und politische Konfrontation mit der NS-Geschichte.[641] Zuerst stellte Vilner ein politisches Porträt Nordens dar. Norden war (zusammen mit Gerhart Eisler)[642] als Leiter des Ministeriums für Information der neugegründeten DDR für die „Ausrottung nicht nur des schweren Erbes der Goebbels-Propaganda sondern auch der Ergebnisse der militaristischen und pandeutschen Bildung"[643] verantwortlich. Vilner beschrieb Nordens Lebenslauf und betonte, dass er es in der Zeit der Hitlerdiktatur schaffte, aus Deutschland zu fliehen und im französischen Exil in unterschiedlichen antifaschistischen Organisationen aktiv zu bleiben. Eine Zeit lang war Norden in einem KZ interniert und am Ende nahm er an den Untergrundaktivitäten von Maquis teil (Partisanengruppe der französischen Résistance).[644] Norden wurde auch mit den Entnazifizierungsmaßnahmen in der DDR konfrontiert sowie mit Gerüchten aus der sogenannten „reaktionären Presse", welche lauteten, dass die DDR bewaffnet würde und dass ehemalige Nazifunktionäre wiederverwendet worden wären. Vilner fuhr fort und fragte, ob Norden

---

640 Vgl. Der westdeutsche Minister wird erneut für die Verantwortung an Mord an Juden angeklagt. In: *LaMerchav*, 23.10.1959, S. 1; Rosen diskutierte mit Prondissi über die politischen Beziehungen. In: *HaBoker*, 29.7.1960, S. 1; Wird die Regierung sich an die ostdeutsche Regierung über das Eichmannmaterial wenden? Anfrage von M. Sneh an den Justizminister. In: *Kol Ha'am*, 28.11.1960, S. 1; Prof. Albert Norden: „Die Freundschaft der DDR ist für die Arbeiter und Pazifisten in Israel gewährleistet". In: *Kol Ha'am*, 18.7.1965, S. 1; Dokumente aus Ostdeutschland: Lübcke nahm an der Errichtung von KZs teil. In: *Al HaMishmar*, 25.1.1966, S. 1.

641 Vgl. Vilner, Meir: Ein Gespräch mit Albert Norden. Abgeordneter der Deutschen Demokratischen Republik. In: *Kol Ha'am*, 25.5.1951, S. 3.

642 Gerhart Eisler (20.2.1897–21.3.1968), selbst jüdischer Abstammung, vgl. Müller-Enbergs/Wielgohs/Hoffmann/Herbst/Kirchey-Feix/Reimann, Bd. 1, 2010, S. 282–283.

643 Vilner, Meir: Ein Gespräch mit Albert Norden. Abgeordneter der Deutschen Demokratischen Republik. In: *Kol Ha'am*, 25.5.1951, S. 3.

644 Vgl. ebenda.

eindeutig sagen könne, ob der Nazismus und der Rassismus aus der DDR entwurzelt worden seien. Zum Thema Entnazifizierung sagte Norden, dass das Hauptziel dieser Maßnahmen die Entwurzelung der „wirtschaftlichen Grundlagen des Faschismus"[645] war.

Ein anderes Thema im Gespräch mit Norden berührte eine der Kernfragen meiner Forschung und anderer Forschungen zur Aufarbeitung der NS-Geschichte im Nachkriegsdeutschland, und erläutert die Unterschiede zwischen Mitläufern des Nazismus und Nazi- und Kriegsverbrechern. Bei diesen beiden Gruppen musste sich Deutschland entscheiden, wie es mit ihnen umgehen sollte: ob sie aus der Gesellschaft entfernt werden müssten oder diese Leute in das neue politische System integriert werden sollten. Laut Norden hatte „jeder Deutscher, der ein Nazifunktionär, aber kein Kriegsverbrecher war, [...] die Möglichkeit bekommen, an der sozialen Rehabilitation teilzunehmen"[646]. Eine versöhnliche Antwort eines KZ-Überlebenden. Er hob auch hervor, dass die von ihm repräsentierte ostdeutsche politische Haltung, im Unterschied zur Lage in der Bundesrepublik, wo „Nazigenerale und Nazibeamte Schlüsselpositionen besetzten"[647], völlig verschieden war. In der DDR, fügte Norden an, wurden die ehemaligen Nazis nur integriert, wenn sie „in ihrem politischen und persönlichen Leben die Verbindung zu den vergangenen rassistischen Traditionen, Aspirationen und Tendenzen völlig getrennt haben, und sich verpflichteten, gegen diese Tendenzen zu kämpfen"[648]. Norden erläuterte, dass in der DDR die hohen Posten der Politik nur von Antifaschisten besetzt worden waren, die sich für die demokratischen Werte verpflichteten und diese Verpflichtung überprüften.[649] Interessant ist, dass weder die Worte „Juden", „Entschädigung", „Wiedergutmachung" noch die jüdische Abstammung Nordens in diesem Bericht bzw. Interview erwähnt wurden. Sicherlich war dieses biographische Detail Vilner und dem kommunistischen Milieu bekannt. Selbst aus dem Text, aus der Zeitung und aus dem Zielpublikum dieses Berichts konnte man schließen, dass es sich hier um eine jüdische Persönlichkeit handelt.

Im Unterschied zur journalistischen Ethik der damaligen kommunistischen Presse sparte die nichtkommunistische bzw. bürgerliche Presse nicht mit Kritik an Norden. Die Hauptkritik an ihm drehte sich

---

645 Ebenda.
646 Ebenda.
647 Ebenda.
648 Ebenda.
649 Vgl. ebenda.

um den Zusammenhang seiner Äußerungen gegen Israel im Rahmen des Nahost-Konflikts.[650] Die lokale Presse vermutete auch, dass Norden trotz seiner antiisraelischen Feststellungen und seiner loyalen Arbeit für das kommunistische Regime den Respekt der Deutschkommunisten verlor, und das nur wegen seiner jüdischen Abstammung. Diese Meinungen wurden geäußert, nachdem die SED-Spitze die Möglichkeit ablehnte, Norden als Kandidaten für den Generalsekretär der Partei, also die Rolle des DDR-Führers, in Betracht zu ziehen.[651] Und das, obwohl Norden den Ostdeutschen ein „unarisches Koscher-Zertifikat" ausstellte und aussagte, dass in der DDR mehrere Juden führende Positionen der DDR besetzten.[652] Auch Nordens spätere Entlassung aus der Rolle des Propagandachefs wurde in den Zeitungen mit seiner Herkunft verknüpft und begründet. Die bekannte deutsch-israelische Journalistin Inge Deutschkron von der Zeitung *Ma'ariv* stellte die Vermutung auf, dass diese Entlassung im Rahmen einer „antijüdischen Kampagne im Ostblock"[653] stattfand. Zu Nordens Verteidigung muss man sagen, dass seine klaren antiisraelischen bzw. antizionistischen Positionen seinem treuen antifaschistischen (ich würde auch sagen pro-jüdischen) Charakter nicht widersprachen. Ein bemerkenswertes Beispiel ist ein antiwestdeutscher Text, der in *Neues Deutschland* veröffentlicht wurde, in dem Norden die antisemitischen und faschistischen Tendenzen in der Bundesrepublik kritisierte. Dieser Text kann ohnehin als einer der pro-jüdischsten Texte des „antizionistischen" und „antiisraelischen" Norden gelten.[654]

Über die entscheidenden Positionen, die Norden im SED-Regime bekleidete, und seine politische Bedeutsamkeit erfährt man in einem Artikel des Deutschland-Korrespondenten von *Davar*, Reuven Assor, aus dem Jahr 1971. Sein Bericht entstand im Zusammenhang des

---

650 Vgl. Ein jüdisch-kommunistischer Propagandist in der ostdeutschen Führung „unterstützt den berechtigten arabischen Kampf". In: *Ma'ariv*, 1.12.1969, S. 15; oder für einen Beitrag aus der Zeit während des Jom-Kippur-Kriegs vgl. Orland, Nachum: Die Früchte der anti-israelischen Propaganda. In: *Davar*, 12.10.1973, S. 4.

651 Einen westdeutschen Überblick über die Nachfolgekandidaten Ulbrichts, unter anderem über „de[n] Sohn eines oberschlesischen Rabbiners", der schon „vor dem Machtantritt Hitlers ein bekannter KP-Journalist?" war, vgl. Stern, Carola: Die Männer um Walter Ulbricht. In: *Die Zeit*, Nr. 47/1961, 17.11.1961.

652 Vgl. „Du bist intelligent, die Wirtschaft verstehst du nicht, und du bist auch Jude." In: *Ma'ariv*, 19.7.1965, S. 2.

653 Deutschkron, Inge: Leiter des ostdeutschen Propaganda-Komitees wurde entlassen. In: *Ma'ariv*, 11.9.1968, S. 1. Auch Angelika Timm erwähnte die Angriffe von Seiten der DDR gegen Norden 1953. Vgl. Timm, 1997, S. 120.

654 Vgl. Norden, Albert: Ihre Saat geht auf. In: *Neues Deutschland*, 6.1.1960, S. 1–2.

Parteitags der Kommunistischen Partei Westdeutschlands, wo Norden einer der Ehrengäste aus der DDR war. Assor begründete seine Entscheidung, sich auf die Teilnahme eines ostdeutschen Vertreters an einem westdeutschen Parteitag zu konzentrieren, zuerst mit Nordens zentraler Funktion in der DDR und zweitens mit seiner Biographie als Sohn eines Rabbiners.[655] In seiner Reportage beschrieb Assor die Lebensgeschichte Nordens. Nordens Talent für Rhetorik, behauptete Assor, war eine seiner größten Tugenden. Im Rahmen seiner propagandistischen Arbeit, bei der es sowohl um innere Propaganda als auch um Auslandspropaganda ging, spezialisierte sich Norden auf die „verbalen Angriffe gegen Westdeutschland"[656]. Im Gegensatz zur Tendenz der damaligen israelischen Presse lehnte Assor die Vermutungen ab, dass Norden zur antiisraelischen Propaganda der DDR beitrug. Er stellte fest, dass Norden keinen Teil in dieser Propaganda übernahm, denn er „überließ diese schreckliche Arbeit anderen"[657]. „So wurde es auf jeden Fall erzählt"[658], rechtfertigte sich Assor. Das ist eine deutliche Abkehr von der historiographischen (und journalistischen) Darstellung Nordens und anderer Juden aus der DDR-Führung als „nützliche Idioten", die sich von ihrer Herkunft abgrenzten und diese leugneten.[659] Assor beschuldigte Norden nicht, dass er kein Mitglied der jüdischen Gemeinde war.[660] Trotz dieser „Schwäche" schickte Norden

---

655 Vgl. Assor, Reuven: Kommunisten in Westdeutschland stehen auf. In: *Davar*, 12.12.1971, S. 10.

656 Ebenda.

657 Ebenda.

658 Ebenda.

659 Den Begriff „nützliche Idioten" verwendete Michael Wolffsohn in Wolffsohn, 1995, S. 14. Eine bemerkenswerte Kritik an Wolffsohn kam von Gabriel Berger, einem ehemaligen Bürger der DDR jüdischer Abstammung. Berger beschuldigt Wolffsohn, die Komplexität des „Judeseins" in der DDR absichtlich misszuverstehen. Vgl. Berger, Gabriel: Was Michael Wolffsohn in seiner „Deutschland Akte" verschweigt: Juden waren in der DDR privilegiert (1997). Verfügbar auf der Webseite von Gabriel Berger: https://gabriel-berger.de/Beitraege/index.html [abgerufen am 29.10.2021, 14:50 Uhr].

660 Über Nordens Ablehnung der Mitgliedschaft in der jüdischen Gemeinde berichtete *Ma'ariv* in einem Bericht zum Zustand der jüdischen Gemeinden im geteilten Berlin und zu den Unterschieden zwischen den beiden. In dem Bericht wurde Norden als einer von vielen Juden erwähnt, die sich der Mitgliedschaft in der jüdischen Gemeinde wegen 'Eina Bisha (Aramäisch für Böser Blick, oder Scham) verweigerten. Vgl. Meisels, M.: Ein Sarg – über die „Mauer". In: *Ma'ariv*, 21.4.1963, S. 17. Ein Bericht der *Zeit* zeigte eine andere Interpretation dieser Verweigerung und erläuterte, dass „[i]n der DDR [...] jüdisches Selbstbewusstsein nicht gefragt" war, und dass „die Juden in einer kollektiven Schizophrenie, [ihre Geschichten]

gemäß einer Anekdote jedes Jahr im Namen des Politbüros Grüße zum *Rosch HaSchana* (das jüdische Neujahrsfest) an die jüdischen Gemeinden der DDR.[661]

Ein bemerkenswerter Bericht der Zeitung *Ma'ariv* aus den Sechzigerjahren, der meine Aufmerksamkeit auf sich zog, beschäftigte sich mit der frühen jüdischen Geschichte der Familie Norden und warf einen Blick auf das persönliche Leben Albert Nordens. In diesem Bericht wurde zum ersten Mal die Verbindung Nordens zu Israel aufgedeckt: Nordens Schwester, Elfriede Meinrath, lebte in Tel Aviv. Im ersten und einzigen Interview erzählte Meinrath von ihrer Kindheit in Hamburg als Tochter des Rabbiners Joseph Norden und Schwester des künftigen SED-Funktionärs Albert Norden. Meinrath meinte, dass es für sie keine Überraschung war, dass aus dem Sohn eines Rabbiners ein Kommunist geworden war, da alle Geschwister im Haus des liberalsten Rabbiners Deutschlands aufwuchsen. Über das Leben ihres Bruders nach seinem Auszug konnte sie nicht viel erzählen. Sie wusste nur, dass er in unterschiedlichen kommunistischen Organisationen tätig war, und dass er zum Beispiel im Rahmen seiner Tätigkeiten kommunistische Zeitungen veröffentlichte.[662]

Jahre später begegneten sich die Geschwister in Berlin nur kurz, direkt nach der Machtübernahme der Nationalsozialisten. In dieser Zeit entschloss sich Nordens Vater, bei seiner Gemeinde in Hamburg zu bleiben. Meinrath erwähnte das Jahr 1936, als Joseph Norden eine Nachricht über einen holländischen Seemann über die Situation seines Sohnes bekam. Die Nachricht lautete: „Ich sende Ihnen schöne Grüße von Ihrem Sohn. Er ist gesund und fit."[663] Die Entscheidung des Rabbiners Joseph Norden, in diesen schwierigen Zeiten in seiner Gemeinde in Hamburg zu bleiben, führte zu seiner Deportation nach Theresienstadt im Jahr 1942, wo er nach vier Haftmonaten ermordet

---

verdrängten, leugneten oder versteckten [...], allen voran die Politbüromitglieder Hermann Axen und Albert Norden". Vgl. Preuß, Olaf: Glanz über Ruinen. In: *Die Zeit* Nr. 52/1992, 18.12.1992. Jeffrey Herf versteht das „Stillschweigen" der jüdischen Politiker der DDR über die Ermordung der europäischen Juden und über ihre eigenen Hintergründe als „Eintritt- oder Wiedereintrittskarte" in die politische Elite. Vgl. Herf, Jeffrey: Der Geheimprozess. In: *Die Zeit*, Nr. 41/1994, 7.10.1994.

661 Vgl. Assor, Reuven: Kommunisten in Westdeutschland stehen auf. In: *Davar*, 12.12.1971, S. 10.

662 Vgl. Alenberg, A.: Mein Bruder – Albert Norden. In: *Ma'ariv*, 22.3.1963, S. 7.

663 Ebenda.

wurde. Inzwischen immigrierte Elfriede in das britische Mandatsgebiet Palästina und gründete dort ihre Familie.[664]

Elfriede erzählte, dass sie im Jahr 1945 den ersten und letzten Brief von ihrem Bruder Albert erhielt, in dem er über seine Zeit in einem englischen Konzentrationslager schrieb. Der Journalist fragte Frau Meinrath, ob sie seit diesem Brief mit ihrem Bruder aus der DDR in Kontakt stand. „Nicht direkt" antwortete sie und fuhr fort:

> „[M]anchmal habe ich ihn in den Briefen an meine Schwester in Detroit erwähnt, dass ich ihn grüße. Das war während des Zweiten Weltkrieges, und daraufhin wurde ich ins britische Zensuramt eingeladen, wo vermutet wurde, dass ich Kontakte mit dem ‚Feind' aufzunehmen versuchte – damit meinte der Sachbearbeiter nicht nur mit meinem Bruder, sondern auch mit meinem Vater."[665]

Das Interview endete mit deprimierenden Untertönen wegen der angespannten politischen Lage zwischen Israel und der DDR, aber auch wegen des Bruchs in der Familie Norden:

> „Wie die Mauer, die Berlin teilt, so trennt die kommunistische Weltanschauung Albert Norden von seiner jüdischen Familie. Er ist ein Kommunist, das hat er bestimmt schon den Führern in Moskau bewiesen, er hat sich von seinen Verwandten entfernt, als ob er nicht möchte, dass sie sich an ihn erinnern."[666]

Persönliche Bemerkungen bzw. Aussagen von Norden selbst zu seiner Familie oder Erfahrungen aus der Kindheit sind selten, ebenso Informationen dazu in der offiziellen DDR-Literatur.[667] In dem schon erwähnten Buch von Peter Lust, der selbst ein deutscher Jude war und im Jahr 1933 nach Kanada floh, in dem er über die Besuche in West- und Ostdeutschland berichtete, ist ein seltenes persönliches Interview mit Albert Norden enthalten. Lust stellte direkte Fragen an Norden

---

664 Vgl. ISA-MandatoryOrganizations-Naturalization-000oj8l, Immigrationsunterlagen von Elfriede Meinrath, 1.6.1941–30.9.1941; Lebensgeschichte von Menachem (Erich) Meinrath, der Ehemann von Elfriede Norden, von der Webseite der *Vereinigung der Israelis mitteleuropäischer Herkunft* www.irgun-jeckes.org.

665 Alenberg, A.: Mein Bruder – Albert Norden. In: *Ma'ariv*, 22.3.1963, S. 7.

666 Ebenda.

667 In einer Kurzbiographie in der Veröffentlichung Deutsches Institut für Zeitgeschichte, 1969, S. 67, wurde geschrieben, dass Norden „als Sohn eines Akademikers" geboren wurde. Eine der einzigen Erwähnungen des echten Berufes seines Vaters findet sich in einem Bericht der Tageszeitung der CDU in der DDR. Der Bericht, anlässlich Nordens 80. Geburtstages veröffentlicht, bezeichnet ihn als „Rabbinersohn". Vgl. Bleibender Beitrag zur Bündnispolitik. Vor 80 Jahren geboren: Albert Norden. In: *Neue Zeit*, 4.12.1984, S. 3.

über seine Herkunft: Ob er eine Affinität zu der jüdischen Religion fühle, oder was er über Israel denkt. Norden antwortete ohne zu zögern: „Ja, ich bin jüdischer Herkunft."[668]

In dieser Unterredung mit Peter Lust erklärte Norden, warum er nie öffentlich sagte, dass sein Vater Rabbiner war:

> „Oft vergesse ich diese Tatsache, weil in unserem Staat hat die Ethnie einer Person ihre Bedeutung verloren. Wir achten alle Leute mit gleichem Respekt. Ich bin ein Bürger dieses Staates, und das ist alles, was ich mir wünsche. Ich bin nicht religiös, also würde ich dies verneinen. Ich habe kein besonderes Interesse an der jüdischen Religion, aber ich fühle mich allen Personen jüdischer Herkunft vertraut, nicht weil es Teil meiner Biographie ist, sondern weil ich Menschen mag."[669]

Über den Staat Israel, erzählte Lust, bekam er von Norden die gleichen stereotypischen Antworten, die er schon von anderen DDR-Politikern hörte: Israel sei imperialistisch und werde von Amerika kontrolliert. Dazu sagte Norden auch, dass er den Staat Israel nicht möge, aber dessen Bürger möge er trotzdem.[670]

Friedrich Wolfs diplomatische Karriere war kurz. Dank seiner besonderen Biographie und kulturellen Relevanz gilt er als außergewöhnliche Figur in der politischen und kulturellen Entwicklung der DDR. Gleichzeitig trugen Wolf und seine Kollegen der ersten Generation von Diplomaten wesentlich zur jungen DDR-Außenpolitik bei. Sie symbolisierten das Vorhaben der künftigen DDR-Außenpolitik, und auch den Mangel von professionalisierter Fachkraft für den außenpolitischen Dienst der DDR. Während Wolf das gewünschte Gesicht der DDR-Diplomatie sein sollte – ein intellektueller Kommunist und Antifaschist der alten Eliten, eine bekannte und einflussreiche Figur der deutschen Literatur –, zeigten Axen und Norden, die unter anderen Zuständen als Holocaustüberlebende bezeichnet werden könnten, das wahre und funktionelle Gesicht der antifaschistischen DDR.

---

668 Lust, 1966, S. 212. Trotz dieses Bekenntnisses und wegen der Biographie Podewins ist Olaf Kistenmacher überzeugt, dass Norden „sich anscheinend selbst kaum als Jude [verstand]". Vgl. Kistenmacher, Olaf: Vom „Judenkapital" zur „jüdisch-faschistischen Legion in Jerusalem". Zur Entwicklung des „Antizionismus" in der Kommunistischen Partei Deutschlands in der Weimarer Republik 1925–1933. In: *Maulwurfsarbeit. Aufklärung und Debatte, Kritik und Subversion.* Hrsg. von associazione delle talpe und Rosa-Luxemburg-Initiative. Bremen/Berlin 2010, S. 90.

669 Lust, 1966, S. 212. Auch zitiert in: Thompson, 1978, S. 202.

670 Vgl. ebenda.

4.5. Die israelische Belastung – *Günter Nobel* und *Kurt Stillmann*

4.5.1. Aus Schanghai nach Ost-Berlin – *Günter Nobel*

Der Sohn eines anderen Rabbiners stieg bis an die Spitze der DDR-Außenpolitik auf. **Günter Nobel** war Mitglied des ZK der SED, Leiter der Handelsvertretung der DDR in Schweden sowie Sektionsleiter im MfAA. Bekannt war er in der DDR auch für seine Beteiligung am Widerstand und seine antifaschistischen Tätigkeiten in der Zeit vor 1945. Nobel ist 1913 im deutschen Filehne (polnisch *Wieleń*) in Posen geboren. Die Eltern Israel und Ida Nobel immigrierten in das britische Mandatsgebiet Palästina im Jahr 1939,[671] wo der Vater seinen Beruf als Rabbiner weiterführen konnte. Unter anderem gründete Rabbiner Israel Nobel eine neue Synagoge in Tel Aviv.[672] Das Leben Günter Nobels verkörpert die Spannung, die viele kommunistischen Juden erfuhren; einen Konflikt zwischen den Traditionen, die sie aus dem Elternhaus mitbrachten, und der politischen Realität als Kommunisten und antifaschistische Widerstandskämpfer in der DDR.

Nobel hinterließ keine vollständige Autobiographie. Jedoch war seine Lebensgeschichte – die Emigration und die Aktivitäten in der illegalen KPD vor 1945 – zumindest unter den DDR-Machthabern bekannt und geschätzt.[673] Laut seines Lebenslaufs passt seine anerkannte persönlich-politische Entwicklung zu den ideologischen Zielen des sozialistischen deutschen Staates. Nachdem Nobel und seine Frau Eugenie (Genia) im Jahr 1936 von der Gestapo wegen illegaler Tätigkeiten

---

671 Eine kurze biographische Darstellung des Vaters Günter Nobels, Rabbiner Israel Nobel, vgl. *Memorial Website dedicated to the History of the former Jewish Community of Schneidemühl / Piła*, http://www.geocities.ws/schneidemuehl_pila/rabbis. html [abgerufen am 29.10.2021, 14:58 Uhr]. Über die Immigration des Rabbiners Nobel und dessen Familie wurde in der jüdischen religiösen Presse in Palästina berichtet. Vgl. Unter den Ankommenden. In: *HaZofe*, 16.6.1946, S. 3. Weitere interessante Berichte über die Tätigkeiten von Rabbiner Nobel in Deutschland vgl. Rabbiner Israel Nobel (Anlass seines 70. Geburtstages). In: *HaZofe*, 9.7.1948, S. 5; für den Nachruf zum Tode von Rabbiner Nobel vgl. In Erinnerung an Rabbiner Israel Nobel. In: *HaZofe*, 23.5.1962, S. 3.

672 Günter Nobel beschrieb die Tätigkeiten seines Vaters und diese Beschreibungen liegen in Nobels Stasi-Akten. Vgl. MfS AP 13492/89, Fragebogen, 23.7.1949; MfS AP 13492/89, SED Fragebogen, 21.4.1969.

673 Nobel wurde der Vaterländische Verdienstorden in Silber im Jahr 1978 verliehen. Vgl. Hohe staatliche Auszeichnungen verliehen. In: *Neues Deutschland*, 29.4.1978, S. 6. Im Jahr 1983 bekam er den Orden „Stern der Völkerfreundschaft" in Silber. Vgl. Ehrentafel. In: *Neues Deutschland*, 5.3.1983, S. 2.

festgenommen wurden, musste das Ehepaar Deutschland verlassen. Dieses Schicksal brachte die Nobels nach Shanghai, wo sie anderen deutschen, deutsch-jüdischen und anderen ausländischen Emigranten begegneten. In ihren kurzen veröffentlichten, gemeinsamen Erinnerungen berichteten Günter und Genia Nobel über die Zeit vor und nach ihrer Zwangsemigration. Interessant ist die Art und Weise, in denen die Nobels die Beziehungen, Verbindungen und Spannungen zwischen den unterschiedlichen Gruppen von Emigranten beschrieben. Aus diesen retrospektiven Beschreibungen lernen wir nicht nur etwas über die damalige soziale und physische Situation der Shanghai-Emigranten oder über die persönlichen Erfahrungen des Paares, sondern auch über das Verhältnis der Nobels zur kommunistischen, bzw. DDR-Haltung gegenüber dem Zionismus und Israel. Nach einer Einschätzung Nobels waren von den rund 15 000 deutschen Emigranten in Shanghai 99 Prozent jüdischer Herkunft. Die Nobels beschrieben die Mehrheit der Emigranten als „typisch kleinbürgerlich, politisch uninteressiert, hatten keinerlei Bindung zur Arbeiterbewegung, und nur eine geringe Anzahl war bürgerlich-fortschrittlich orientiert"[674]. Das ist eine eindeutige Abgrenzung des Paares von dieser Gruppe „bürgerlicher" Juden. Vielleicht schrieben die Nobels deswegen nicht eindeutig, dass sie selbst Juden waren. Gleichzeitig erklärten sie, dass sie der politisch-engagierten Minderheit der Minderheit angehörten, die genau wie die Nobels nach Shanghai direkt aus Konzentrationslagern kamen.

Die Haltung gegenüber dem Zionismus taucht mehrmals in den Erinnerungen von Genia und Günter Nobel auf. Sie erwähnten, dass es unter den deutsch-jüdischen Emigranten auch antisozialistische und antikommunistische Tendenzen gab, die sich in gewissem Maße in zionistische Richtungen entwickelten.[675] Zu denen gehörten die Nobels natürlich nicht. In einem anderen Fall erklärten beide, warum sie sich entschlossen, nach Shanghai zu immigrieren, während mehrere Optionen vor ihnen lagen – zum Beispiel das britische Mandatsgebiet Palästina als Zielort: „Weil wir als Kommunisten die Politik des Zionismus, die Gründung eines Staates der Juden auf Kosten und gegen den Willen des palästinensischen Volkes auf dessen Territoriums grundsätzlich

---

674 Nobel, Günter/Nobel, Genia: Als politische Emigranten in Shanghai. In: *Beiträge zur Geschichte der Arbeiterbewegung* (BzG), Institut für Marxismus-Leninismus beim Zentralkomitee der Sozialistischen Einheitspartei Deutschlands, Jg. 21, Nr. 6, 1979, S. 882.
675 Vgl. ebenda.

ablehnten"[676], kam die Heimat des jüdischen Volkes als ein Emigrationsziel des Paares nicht in Frage. Auch nach dem Sieg über den Nationalsozialismus und nach dem Ende des Krieges verweigerten sie es, das britische Mandatsgebiet Palästina als Zielort zu erwägen. Zugleich zeigten sie Empathie gegenüber den Shanghai-Emigranten, die „in das Land, wo ihre Menschenwürde buchstäblich mit Füßen getreten und viele Angehörige und Freunde ermordet wurden",[677] nicht zurückziehen wollten. Bezüglich ihres eigenen Schicksal aber waren die Nobels anderer Meinung. Für sie reichten die antifaschistischen Entwicklungen in Deutschland sowie die antifaschistischen Bemühungen und die politischen Bedingungen des Potsdamer Abkommens aus, um nach Deutschland zurückzukehren. Die politischen Umstände der Nachkriegszeit in der SBZ waren für die Nobels erforderlich, um die „Erneuerung des gesamten gesellschaftlichen Lebens (und des Denkens der Menschen) in humanistisch-demokratischen Sinne"[678] durchzusetzen. Sie sahen sich „geeignet und verpflichtet"[679] daran mitzuarbeiten, insbesondere wegen ihrer Lebenserfahrungen. Genia und Günter Nobel verstanden die Wiederkehr der Antifaschisten (bzw. antifaschistischen Juden und das trotz ihrer Distanzierung von dieser Begrifflichkeit) aus dem Exil in die DDR als Grundlage für die künftige politische Entwicklung der jungen SBZ/DDR.

Günter Nobel verfasste seinen Lebenslauf nicht nur im Rahmen einer biographisch-historischen Darstellung, sondern auch zu offiziellen Gelegenheiten. Als stellvertretender Abteilungsleiter der Staatlichen Plankommission in der Abteilung Analyse und als Leiter der Kammervertretung der DDR in Schweden füllte Nobel den SED-Fragebogen aus. In diesem Fragebogen und in den beigefügten Dokumenten beschrieb er seine Lebenserfahrungen und die seiner Familie. Er zögerte nicht, von der Emigration der Eltern zu erzählen.[680] Die Tatsache, dass die Eltern im (kapitalistischen) Staat Israel lebten, konnte eine Gefahr für eine berufliche Entwicklung in der DDR werden. Jedoch verschwieg Nobel auch den Beruf seines Vater nicht und schrieb (im Gegensatz zu anderen Söhnen von Rabbinern in der DDR-Führung) deutlich in seinem Lebenslauf, dass er Sohn des Lehrers und

---

676 Ebenda, S. 884.
677 Ebenda, S. 893.
678 Ebenda.
679 Ebenda, S. 893.
680 Vgl. MfS AP 13492/89, Fragebogen, 23.7.1949; MfS AP 13492/89, SED-Fragebogen, 21.4.1969.

Rabbiners Israel Nobel und dessen Ehefrau Ida war.[681] Im ausführlichen Lebenslauf beschrieb er auch seine Erfahrungen im „Dritten Reich" und später im Exil. Er erwähnte, dass er bis 1933 Nationalökonomie und Jura an einer Berliner Universität studierte, als er „durch die Nazis [...] Anfang 1933 von der Universität gejagt [wurde]"[682]. Das ist die einzige Bemerkung einer persönlichen Berührung zur nationalsozialistischen Verfolgung der Juden bzw. eines antisemitischen Zwischenfalls. Danach wechselte er seinen Beruf und machte eine Ausbildung zum Autoschlosser und Schweißer.[683]

Den Beginn seiner politischen Entwicklung kennzeichnete Nobel mit der Erziehung im Elternhaus.[684] Das Rabbinerhaus sorgte für die richtige politische Erziehung des künftigen Antifaschisten und Kommunisten. In der Schule kam er schon mit der Arbeiterbewegung in Berührung und wurde von seinem Bruder beeinflusst, der schon 1931 Mitglied der KPD war. Erst trat Nobel in die SPD ein und später war er Mitglied der Sozialistischen Arbeiterpartei Deutschlands (SAP). Seine Herkunft und Erziehung, schrieb er, hinderten ihn damals daran, „den Schritt zur KPD zu tun"[685]. Neben der SAP war er auch in unterschiedlichen antifaschistischen Organisationen aktiv. Später, im Jahr 1936, wurden Nobel und seine Frau wegen „Hochverrats" verhaftet und zu drei Jahren Zuchthaus verurteilt.[686] Über die Immigration nach Shanghai und das Geschehen im Exil fügte er in diesem Bericht nichts hinzu.

Nach der Rückkehr des Paares nach Deutschland konnte Günter Nobel seine politischen Tätigkeiten fortsetzen, zunächst als wirtschaftspolitischer Mitarbeiter in der Landesleitung der SED. Seinen Rücktritt von der späteren Position als Sektionsleiter für Außenhandel im ZK der SED erklärte er mit „kaderpolitischen Gründen" (deutlicher mit seiner Westemigration und seinen Westverwandten). Die wahren Gründe für seinen Rücktritt erwähnte er nicht: die damalige massive Entfernung von jüdischen Funktionären aus ihren politischen Posten in der DDR. Daraufhin wurde er als Kulturdirektor im Funkwerk

---

681 Vgl. MfS AP 13492/89, Lebenslauf, 8.5.1969.
682 Ebenda.
683 Vgl. ebenda.
684 Vgl. ebenda.
685 Ebenda.
686 Vgl. Biographie von Eugenie Nobel (13.12.1912–7.8.1999) auf der Webseite der Gedenkstätte Deutscher Widerstand, https://www.gdw-berlin.de/de/vertiefung/biografien/personenverzeichnis/biografie/view-bio/eugenie-nobel/?no_cache=1 [abgerufen am 29.10.2021, 15:00 Uhr]. Im Lebenslauf erwähnt Nobel, dass seine Frau wegen ihrer Verbindung zur Verbreitung des *Braunbuchs* verhaftet wurde.

Köpenick eingesetzt. Erst 1957 konnte er wieder in politischen Tätigkeiten mitspielen, als er im Namen des Instituts für Marktforschung Berlin und des Ministeriums für Innerdeutschen und Außenhandel zur „umfassende[n] Untersuchung" über die Entwicklung der Kleinindustrie nach Indien entsandt wurde.[687]

Laut Stasi-Akten fing die Staatsicherheit schon in den Fünfzigerjahren an, unmittelbar nach der Rückkehr Nobels und seiner Familie gegen diese zu ermitteln.[688] Wie in jedem Bericht der Stasi wurde sein Lebenslauf ausführlich beschrieben: die Jahre im nationalsozialistischen KZ und auch die späteren Tätigkeiten im Exil. Seine Herkunft wurde auch erwähnt: in einem Fall wird er als „Halbjude"[689] und im anderen als „voller Jude"[690] bezeichnet. Die Stasi-Ermittlung über Nobel führte zu keinen interessanten Schlussfolgerungen oder Verdachtsmomenten des Verrats, da er politisch positiv eingeschätzt wurde und sein gesellschaftliches Engagement in seinem Wohngebiet gelobt wurde. Der einzige Schwachpunkt waren die Kontakte, die er mit Westdeutschen und Westberlinern pflegte, die „von den Befragten bezweifelt"[691] wurden. Auch in den Siebzigerjahren, während Nobel Sektionsleiter im MfAA war, verdächtigte die Stasi das Ehepaar und setzte die Aktion „Röbel" in Kraft. Trotz der Anstrengungen, Information über die Nobels zu bekommen, gaben „die Nachbarn [der Nobels] keine Information"[692] heraus. Im Gegensatz zu den ersten Ermittlungen aus den Fünfzigerjahren brachte die Untersuchung aus den Siebzigerjahren bemerkenswerte Ergebnisse hervor. So berichteten zum Beispiel die Stasiermittler von angeblichen Spannungen zwischen den Eheleuten, da die Frau „sehr lebhaft" war, „wofür der Ehemann kein Verständnis" hatte, oder weil sie gern tanzte, während er solche Aktivitäten vermied. An einer anderen Stelle wurde seine Liebe zu Katzen zum Streitpunkt zwischen den beiden: wegen einer Geruchsbelästigung „gab es im Hause schon einige Auseinandersetzungen".[693]

---

687 Vgl. MfS AP 13492/89, Lebenslauf, 8.5.1969.

688 Vgl. MfS HA VIII/RF/1778/4 (1188/61), „Ermittlungsauftrag – Nobel, Günter", 8.11.1956 und 26.9.1959. In einem Bericht aus dem 20.11.1956 wurden seine Verbindungen zur „negativen Personen" angefordert. Vgl. MfS HA VIII/RF/1778/4, 20.11.1956.

689 MfS AP 2239/62, 20.5.1961.

690 MfS HA VIII/RF/1778/4, 20.11.1956.

691 MfS AP 11488/62, Ermittlungsbericht, 28.10.1959.

692 MfS AP 13492/89, „Röbel" – Ermittlungsbericht, 25.1.1977.

693 Vgl. MfS AP 13492/89, „Röbel", 1.2.1977.

Auch der stellvertretende Minister für Auswärtige Angelegenheiten, Ernst Scholz, fertigte eine ausführliche Beurteilung Nobels an, nachdem Nobels Amtszeit als Delegierter der DDR in Stockholm endete. Dank seiner beruflichen Erfahrungen und „reichen Parteierfahrungen" wurde er zum Leiter der Auslandsvertretung der DDR in Schweden im Range eines Legationsrates berufen, wo er „große Aktivität bei der Herstellung einer Reihe wichtiger außenpolitischer Kontakte zu staatlichen schwedischen Institutionen und einflussreichen Persönlichkeiten [entwickelte]"[694]. Hier lagen seine Schwächen eher in der politischen Zuverlässigkeit, weil Nobel „zu wenig die Politik der DDR in den Vordergrund [stellte] und [...] sich zu sehr auf die Kritik der schwedischen Politik [konzentrierte]"[695]. Ein Versuch, Nobels Verhalten zu ändern, führte zu „keiner grundsätzlichen Änderung"[696] gegenüber seiner Leitungstätigkeit und seiner politisch-diplomatischen Arbeit.

Man kann sagen, dass sich Nobel im Unterschied zu anderen Diplomaten und Politikern jüdischer Abstammung, gar nicht mit seiner jüdischen Herkunft beschäftigte, weder persönlich noch beruflich. Es stellt sich die Frage, welche Auswirkungen diese Herkunft auf seine Tätigkeiten als Delegierter der DDR in Schweden oder als Abteilungsleiter im MfAA gehabt haben könnte. Mitglied der jüdischen Gemeinde in der DDR war er auf jeden Fall nicht. Erst nach der Wende wurde er Mitglied des jüdischen Kulturvereins Berlin.[697] Irene Runge von der *Jüdischen Zeitung* interpretierte Nobels Haltung gegenüber dem Judentum und erklärte, dass viele seiner Generation, die die „Religion und [das] jüdisch[e] Brauchtum mit Muttermilch und Vaterwort aufgesogen"[698] haben, das jüdische Erbe ausschlugen. Auch wenn er Mitglied des Vereins geworden war, engagierte sich Nobel hauptsächlich für politische Aktivitäten wie zum Beispiel für die Organisation und Teilnahmen an antifaschistischen Demonstrationen gegen die Nationaldemokratische

---

694 MfS AP 13492/89, Beurteilung des Genossen Günter Nobel, o. D.
695 Ebenda.
696 Ebenda.
697 Für den Nachruf zum Tod Günter Nobels vgl. Runge, Irene: Ohne Wenn und Aber einer von uns. Gedanken anlässlich der Beisetzung von Günter Nobel. In: *Jüdische Zeitung*, September 2007, aus dem Internet Archiv, https://web.archive.org/web/20071216190053/http://www.j-zeit.de/archiv/artikel.760.html [abgerufen am 29.10.2021, 15:03 Uhr].
698 Ebenda.

Partei Deutschlands (NPD).[699] Wegen seiner politischen Sozialisierung in der DDR, seiner Überzeugung vom kommunistischen System und der politischen „Säuberungen" der Fünfzigerjahre verdrängte Nobel, zumindest äußerlich, seine jüdische Herkunft. Die politische Wende Ende der Achtzigerjahre ermöglichte es ihm, seine Vergangenheit wiederzuerkennen und anzuerkennen. Sogar seine Haltung gegenüber Israel und dem Zionismus wurde von dieser Weltanschauung geprägt.

4.5.2. „Berlin–Palästina und zurück" – *Kurt Stillmann*

Während Günter Nobel sein Judentum erst nach der Wende „wiederfand", spielte die jüdische Geschichte im Leben des DDR-Diplomaten **Kurt Stillmann** eine viel größere Rolle, sowohl beruflich als auch persönlich. Wie Nobel verließ auch Stillmann nach der Nazi-Machtergreifung seine Heimat. Stillmann war einer der kommunistischen deutschen Juden, die in den Kriegsjahren – trotz ihrer grundsätzlichen Ablehnung des Zionismus – in das britische Mandatsgebiet Palästina immigrierten und sich dann nach der Gründung der DDR entschieden, nach Deutschland zurückzukehren. Seine außenpolitische Karriere fing er im Deutschen Innen- und Außenhandel (DIA) Kompensation an.[700] Ab 1960 war er Länderbearbeiter im Ministerium für Innerdeutschen Handel für Indien und ab Januar 1961 Leiter der Länderreferats Kuba.[701] Weitere Funktionen waren die Position als Generalsekretär der Kommission für UNESCO-Arbeit der DDR sowie als Gesandter in Indien, Jugoslawien und Finnland. Über den im britischen Mandatsgebiet Palästina – und im späteren Israel – lebenden deutsch-jüdischen Emigranten gab es in der israelischen Presse wenige Informationen. Ich erwartete, dass es zumindest in der DDR-Presse zahlreiche Berichte über die außenpolitischen Tätigkeiten des jüdischen Diplomaten, der seine jüdische Herkunft nicht verbarg, geben würde, aber auch in

---

699 Vgl. ebenda. Vgl. Schweigemarsch durch Wohngebiete. In: *Berliner Zeitung*, 13.11. 1993, S. 21.

700 Außenhandelsorgan für die Vorbereitung und den Abschluss von Kompensationsgeschäften. Vgl. Findbuch des Bundesarchivs, http://www.argus.bstu.bundesarchiv.de/dl202/index.htm [abgerufen am 29.10.2021, 15:06 Uhr].

701 Vgl. MfS AP 8133/71, „Aktenvermerk über ein Gespräch mit dem Genossen Kurt Stillmann", 2.11.1963.

der Quellensammlung des Zentralorgans der SED, *Neues Deutschland*, war die Anzahl an Berichten über Stillmann sehr gering.[702]

Auch Günter Stillmann, Kurts Bruder, hatte eine wichtige politische Rolle in der DDR inne, aber nicht im Bereich der Außenpolitik.[703] Aus Günter Stillmanns Autobiographie erfahren wir etwas über das Leben von Kurt. Günter Stillmann erzählte von seinem Leben als junger Mann in Berlin in den ersten Jahren nach der Machtübernahme der Nationalsozialisten und über seine Kontakte zu jüdischen Kreisen in der Hauptstadt, unter anderem zu zionistischen Zirkeln. Über die Zionisten konnte er schließlich in das britische Mandatsgebiet Palästina emigrieren und sein Leben retten. Die beschriebene Beziehung zwischen den Brüdern erklärt die sich entwickelnde bzw. wechselnde Haltung der beiden zum Zionismus, den Zionisten und später gegenüber Israel.[704] So erzählte zum Beispiel Günter, wie sich Kurt als ein überzeugter Kommunist und Pazifist definierte.[705] Nachdem Kurt den Kibbuz, in dem er bisher wohnte, verließ, kehrte er nach Ben-Schemen (ein Jugenddorf zwischen Tel Aviv und Jerusalem) zurück. Enttäuscht gab Günter Stillmann zu, dass sein Bruder in dieser Zeit schon Zionist war, „obwohl er in Berlin noch in der Roten Hilfe gearbeitet hatte. Mein Bruder meinte ‚in jedem anderen Land wäre ich Kommunist, hier aber nicht'."[706]

---

702 Berichterstattungen über Stillmann im *Neuen Deutschland* bestehen aus kurzen Meldungen über seine diplomatischen Tätigkeiten im Ausland. Vgl. ZK der SED gratuliert Genossen Kurt Stillmann. In: *Neues Deutschland*, 25.6.1976; Buchgeschenk an die Universität Helsinki. In: *Neues Deutschland*, 15.2.1978, S. 4.

703 Günter Stillmann immigrierte mit seinem Bruder in das britische Mandatsgebiet Palästina und die beiden kehrten Anfang der Fünfzigerjahre nach Deutschland zurück. Günter Stillmann besuchte Israel mehrmals als Gast der Israelischen Kommunistischen Partei und des Antifaschistischen Widerstandskämpfer Komitees. Vgl. Delegierter des antifaschistischen Komitees in der DDR kam zur Versammlung am kommenden Samstag in Tel Aviv. In: *Kol Ha'am*, 5.4.1963, S. 1. Für ein Profil von Günter Stillmann vgl. Har-Gil, Schraga: Der Wächter aus Ben-Sechmen – Gesandter von Pankow. In: *Ma'ariv*, 22.4.1966, S. 14. In einem Aufruf an die israelische Öffentlichkeit erzählte Günther Stillmann von seinen Erfahrungen in Nazideutschland. Vgl. Sie werden nicht sagen können: Wir haben nicht gewusst. In: *Kol Ha'am*, 11.3.1962, S. 2. In diesem Bericht erwähnte er die Judenverfolgung und seine Familie, die in Auschwitz ermordet wurde. Wie sein Bruder Kurt versteckte er sich nicht und lebte offen als Jude.

704 Vgl. Stillmann, Günter: *Berlin–Palästina und zurück: Erinnerungen*. Berlin 1989, S. 30.

705 Vgl. ebenda, S. 57.

706 Ebenda, S. 81.

Mehrere Äußerungen von Kurt Stillmann, die seine Beziehungen zum Zionismus darlegen, tauchen nach dem Ausbruch des Zweiten Weltkrieges auf. Während sich viele seiner Genossen aus der Partei in der britischen Armee bewarben, musste er das womöglich gar nicht. Und das nicht, weil er Angst vor dem Krieg hatte, „sondern weil die Partei zu dieser Zeit angesichts der dort herrschenden antisowjetischen Stimmung gegen Eintritte in die britische Armee war"[707]. Eine rein politisch-ideologische Begründung. Danach zogen Kurt und seine Frau nach Tel Aviv, wo er wieder seinem Beruf als Gärtner nachgehen konnte. In der Zeit in Tel Aviv, so Günter, wurde Kurt wieder zum Kommunisten und konnte neben seiner Gärtnerei auch für die KPI arbeiten.[708] Der Weg zurück nach Deutschland, bzw. in die DDR, nach dem Ende des Krieges war nachvollziehbar, da die politische Situation in Israel nicht mehr zu ihren Vorstellungen passte.

Persönliche Aussagen von Kurt Stillmann über sein Leben sind in den Stasi-Akten zu finden. Die Recherche in der BStU zeigte, dass Stillmanns gesamte politische Laufbahn von einer Zusammenarbeit mit dem MfS begleitet wurde. Die Staatssicherheit dokumentierte diese Zusammenarbeit in umfangreichen Berichten. Die Kooperation fing im Frühjahr 1953 an, als vorgeschlagen wurde, dass Kurt Stillmann, damals Mitarbeiter im Deutschen Innen- und Außenhandel (DIA) Kompensation,[709] als Geheimer Informator (GI) der Stasi angeworben werden sollte. Die Begründungen für die geplante Einstellung sind eng mit seiner jüdischen Herkunft verbunden. Die Stasi-Mitarbeiter betonten, dass es „in dem DIA Kompensation [...] eine starke Konzentration von Juden [gab], welche alle höhere Funktionen bekleiden"[710]. Über Stillmann sagten sie, dass „der obengenannte, der ebenfalls jüdischer Herkunft ist, [...] die Möglichkeit [hat,] uns wertvolle Hinweise zu geben"[711]. Ein Beispiel für solche Hinweise lieferte Stillmann in einem Bericht über seine Begegnung mit einem jüdischen bzw. israelischen Bürger, „welcher ihm verdächtig vorkam"[712]. In mehreren anderen Berichten

---

707 Ebenda, S. 90–91.

708 Vgl. ebenda, S. 117.

709 Über Stillmanns Rolle und Tätigkeiten im DIA vgl. Voigt, Johannes H.: *Die Indienpolitik der DDR: Von den Anfängen bis zur Anerkennung (1952–1972)*. Köln/Weimar/Wien 2008, S. 28 ff.

710 MfS AP 14969/5, „Vorschlag zur Werbung eines GI", 24.2.1953.

711 Ebenda.

712 Ebenda. Vgl. auch MfS HA VIII / RF / 1767/12, Brief von Stillmann an die Parteileitung der SED über das Treffen mit dem Deutsch-Israeli, 14.1.1953.

der Stasi wurde betont, wie gut und zufriedenstellend die Zusammenarbeit mit Stillmann war, der auch als GI „Franke" bekannt war.[713]
Nach dem Vorschlag, Stillmann für die Stasi zu rekrutieren, wurde
im Spätsommer 1953 ein Ermittlungsauftrag des MfS gegen Stillmann
eröffnet, in dem sein Lebenslauf, Arbeitsstellen, Leumund, politische
Entwicklung, Familienleben und Bekannten- und Verwandtenkreis
und auch seine Frau untersucht werden sollten.[714] Im Ermittlungsbericht gaben die Stasi-Mitarbeiter zu, dass über Stillmanns vergangene
politische Aktivitäten „keine Angaben gemacht werden [konnten]"[715].
Sie konnten keine Informationen über Stillmann sammeln, obwohl
er schon damals Mitglied der SED war und als „Verfolgter des Naziregimes" (VdN) anerkannt war.[716] Bereits einige Monate zuvor bewarb
er sich als GI. In seinem hinzugefügten Lebenslauf, der auch den
Stasi-Akten beiliegt, beschrieb Stillmann sein Vorleben recht ausführlich. Unter anderem stellte er Informationen über seine politischen
Tätigkeiten als Junge in Deutschland, später im britischen Mandatsgebiet Palästina, wo er Mitglied der KPI war, und aus der Zeit nach seiner
Rückkehr in die DDR zur Verfügung. Laut der Stasi konnten Stillmanns
Hintergrund bzw. seine „familiären Verhältnisse" eine „starke Belastung darstellen und seine Aktivitäten beeinflussen, insbesondere in
der Hinsicht, dass er seinen Angehörigen (Schwiegereltern, Schwa-
ger und Schwägerin), die erst seit relativ kurzer Zeit aus Israel in die
DDR eingewandert sind, allseitig – sprachlich, politisch, sozial, – Unterstützung geben muss, um ihnen ihr Einleben in unsere Verhältnisse zu erleichtern"[717]. Diese vermeintlichen Gefahren tauchten in den
Stasi-Berichten immer wieder auf.

In einer späteren Einschätzung der Stasi des Profils Stillmanns
wurde erneut seine politische und berufliche Entwicklung geschildert,

---

713 Vgl. MfS HA II / 34907, „Abschlußbericht zu IM Vorgang", 14.11.1989; MfS AIM
   13125/89 Bd. 1, §3 „Operative Entwicklung und Einsatzperspektive", o. D. Kurt
   Stillmann war nicht der einzige seiner Familie, der GI war. Laut einer Spiegel-
   Recherche wurde Thomas Stillmann, Kurts Sohn, schon mit 16 Jahren als IM angeworben. Über die Berichte, die Thomas Stillmann an das MfS in seiner Rolle als
   Mitarbeiter der DDR-Künstleragentur und des Interhotels „Stadt Berlin" vgl. Was-
   sermann, Andreas: Die Stasi-Akte von „Mr. Tempelhof". In: *Der Spiegel*, 18.3.2008,
   o. S.
714 Vgl. MfS HA VIII / RF / 1767/12, „Ermittlungsauftrag", 12.9.1953.
715 MfS HA VIII / RF / 1767/12, „Ermittlungsbericht", 29.9.1953.
716 Vgl. ebenda.
717 MfS AP 8133/71, „Aktenvermerk über ein Gespräch mit dem Genossen Kurt Stillmann", 2.11.1963.

außerdem wurde die Ursache für seine Entfernung von einflussreichen politischen Stellen erwähnt. Die Stasi versteckte den Grund für Stillmanns Ausschluss aus der politischen Arbeit zwischen 1953 und 1960 nicht: Sein Abgang stand „im Zusammenhang mit seiner Emigration und damit verbundener kader-politischer Probleme, die sich aus den bestehenden Verbindungen nach Israel ergaben"[718]. Trotz dieses Mangels bedeutete seine Emigration auch eine Gelegenheit für eine operative Wertung. In der Zeit im britischen Mandatsgebiet Palästina und durch seine Frau „sind vielseitige Bekanntschaften, vorwiegend zu progressiven Kräften entstanden. Der Kandidat schätzt heute ein, dass zu all diesen Personen die brieflichen Kontakte im wesentlich[en] abgebaut sind."[719]

Am Ende der Achtzigerjahre änderte (oder verbesserte) sich die Haltung der DDR gegenüber ihren jüdischen Bürgern und der jüdischen Gemeinde und das parallel zu anderen politischen, kulturellen und gesellschaftlichen Umbrüchen in Ostdeutschland.[720] Auch DDR-Politiker jüdischer Abstammung fanden ihre Wurzeln wieder, obwohl bisher viele von ihnen keine offiziellen Mitglieder der Gemeinde waren. Kurz vor und nach dem Mauerfall beschäftigten sich die Meldungen des GI Stillmann an die Stasi mit rein jüdischen Themen, die ihm Sorgen bereiteten. Erst kritisierte er die Maßnahmen der DDR-Regierung anlässlich des 50. Jahrestages der Reichspogromnacht. Stillmann meinte, die verschiedenen Veranstaltungen waren „viel zu sehr in Richtung Glaubensgemeinschaft und Religion ausgerichtet", obwohl „das Pogrom [...] aber Juden ob gläubig, ob Atheist, ob Intelligenz oder Arbeiterklasse [traf]".[721] Er verknüpfte seine Kritik an den organisierten Veranstaltungen mit der Kritik an der Israel-Politik der DDR: „Es muss darauf gesagt werden, daß der israelische Rassismus der herrschenden Kreise der israel. Regierung nicht mit dem Judentum verwechselt wird. Leider geschieht das in manchen Veröffentlichungen ungewollt und unbeabsichtigt."[722] Mit der inhaltlichen Kritik erhob Stillmann auch direkte Vorwürfe gegen die Stasi und die DDR-Regierung und

---

718 MfS AIM 13125/89 Bd. 1, „Einschätzung der Persönlichkeit", 17.8.1972.

719 Ebenda.

720 Vgl. Kapitel 11 „Pragmatische Annäherung an Realitäten" (S. 293 ff.) und Kapitel 12 „Normalisierung der Beziehungen fünf Minuten vor 12?" (S. 333 ff.), in: Timm, 1997; Hartewig, 2000, S. 572 ff.

721 Vgl. MfS AIM 13125/89 Bd. 2, „Gedankennotiz zum Beschluß über Maßnahmen zum 50. Jahrestag des fasch. Pogroms 1938 (,Kristallnacht')", o. D.

722 Ebenda.

warnte vor einer antisemitischen Welle in Ostdeutschland.[723] In einem anderen ausführlichen Bericht über besorgte DDR-Bürger jüdischer Herkunft über „anwachsende neofaschistische und antisemitische Aktivitäten in der DDR", schlug er unmittelbare operative Maßnahmen vor, um sich mit dieser Situation auseinanderzusetzen, wie zum Beispiel das Geschichtsverständnis junger DDR-Bürger zu vertiefen.[724]

Parallel zu seinen Berichten an die Staatssicherheit und im Rahmen der enger werdenden Beziehungen der DDR mit Israel wurde auch die Zugänglichkeit israelischer Journalisten in die damals zu Ende gehende DDR vereinfacht. Kurt Stillmann und seine Frau Rachel, das kann in aller Bescheidenheit gesagt werden, charakterisierten in hohem Maße diese politische und gesellschaftliche Veränderung, die auch in Israel mit großer Beachtung verfolgt wurde. In diesem Sinne konnte sich die israelische Leserschaft über die Stillmanns und die Geschichte der ostdeutschen Juden informieren. Kurz nach dem Mauerfall reiste die *Ma'ariv*-Journalistin Inge Deutschkron nach Ost-Berlin, wo sie Rachel Stillmann und ihren Mann kennenlernte. Bei dieser Begegnung erfuhr Deutschkron von den persönlichen Erfahrungen des Paares als ehemalige Exilanten in dem britischen Mandatsgebiet Palästina, die in die DDR zurückkehrten, sowie vom Leben als Juden in der DDR. Damals war Frau Stillmann eine Hebräisch-Lehrerin an der Humboldt-Universität. Vor ihren Studenten konnte sie „das richtige Israelbild" darstellen. In ihrer Ostberliner Wohnung sagte sie, dass sie in ihren Gedanken noch in Israel sei.[725] Sogar fast ein Jahr danach, als die Wiedervereinigung nach einer Entscheidung der Volkskammer und des Bundestages Tatsache war, erzählte Rachel Stillmann, dass sie große Sorgen wegen des Neonazismus und Antisemitismus im wiedervereinten Deutschland hatte.[726]

---

723 Vgl. MfS AIM 13125/89 Bd. 2, „Information zu Fragen der Sicherheit des Sitzes der Jüdischen Gemeinde Berlin", 21.4.1989.

724 Vgl. MfS AIM 13125/89 Bd. 2, „zu Fragen der aktuellen Situation in der DDR", 21.11.1989.

725 Vgl. Deutschkron, Inge: Rachel lehrt Hebräisch und denkt an Israel. In: *Ma'ariv*, 20.11.1989, S. 5.

726 Chaimowitsch, Mordechai: Ich habe mein Leben verschwendet. In: *Ma'ariv Hayom*, 29.9.1990, S. 3. In einem Interview von 1992 äußerte sich Rachel Stillmann über ihre Gefühle von Beleidigung und Diskriminierungen als Jüdin im wiedervereinten Deutschland. Vgl. Preuß, Olaf: Glanz über Ruinen. In: *Die Zeit* Nr. 52/1992, 18.12.1992.

Herr Stillmann beurteilte von seiner Seite: Trotz aller Schwierigkeiten ist „Ostdeutschland [...] meine Heimat"[727].

In anderen Gesprächen mit israelischen Journalisten erzählten die Stillmanns, dass sie bis 1959 warten mussten, um sich wieder in der ostdeutschen Gesellschaft wohlfühlen zu können. Als Diplomatenpaar „repräsentierten die beiden ihren Staat mit großem Stolz"[728], schätzte Deutschkron die Situation trotzdem ein. Von den Prozessen gegen Slánský und gegen andere „zionistische Agenten" in Moskau hatten die Stillmanns gehört, aber sie sahen darin „keinen Zusammenhang" mit ihnen.[729] Die antisemitische Welle in Ostdeutschland hatte sich nach Stalins Tod im Jahr 1953 abgeschwächt. Erst nachdem Kurt Stillmann „rehabilitiert" war, gelang es, die politischen Posten im MfAA zu erhalten.[730] Im Mai 1990 berichtete *Ma'ariv* über die „*Jordim*" (Hebräisch für „Aussteiger"; Personen, die aus Israel emigrieren), die die Gesellschaft für deutsch-israelische Freundschaft in Ostdeutschland gründeten.[731] Diese *Jordim* waren die Stillmanns.

Trotz der offensichtlichen Unterschiede zwischen den Lebensgeschichten Kurt Stillmanns und Günter Nobels zeigen sich auch mehrere Parallelen: Beide verbrachten die Kriegsjahre im Exil, kehrten nach dem Krieg nach Deutschland zurück und waren erst im Außenhandel beschäftigt, bevor sie Diplomaten im MfAA wurden. Die beiden landeten an zwei unterschiedlichen Exil-Orten: in Shanghai und im britischen Mandatsgebiet Palästina. Jeder Ort verkörpert eine andere Auseinandersetzung mit deren jüdischer Herkunft. Auf der einen Seite steht Nobel, Sohn eines Rabbiners, der sich vom Judentum abgrenzte, und auf der anderen Seite steht Kurt Stillmann, ein Kommunist, der sich im Zionismus engagierte, und eine langjährige Beschäftigung mit jüdischen Themen und Kontakte nach Israel durchsetzte.

---

727 Deutschkron, Inge: Rachel lehrt Hebräisch und denkt an Israel. In: *Ma'ariv*, 20.11. 1989, S. 5.
728 Ebenda.
729 Vgl. Preuß, Olaf: Glanz über Ruinen. In: *Die Zeit* Nr. 52/1992, 18.12.1992.
730 Vgl. ebenda.
731 Vgl. Ben-Chaim, Schaul: Ein Auswanderer in Ostdeutschland gründete eine Gesellschaft für deutsch-israelische Freundschaft. In: *Ma'ariv*, 18.5.1990, S. 4.

4.6. Vom Außenhandel in die Diplomatie – *Gottfried Lessing* und *Karl Kormes*

4.6.1. Der Afrika-Experte einer berühmten DDR-Familie – *Gottfried Lessing*

Auch die diplomatischen Karrieren der nächsten zwei Persönlichkeiten fingen im Bereich des Außenhandels an. **Gottfried Lessing** war nicht der Einzige aus seiner Familie, der in der DDR berühmt geworden war. Seine Schwester Irene war Kulturpolitikerin und Kulturfunktionärin, Ehefrau vom DDR-Politiker Klaus Gysi und Mutter des Politikers Gregor Gysi, heutiger Politiker der Partei Die Linke. Gottfried, geboren im Jahr 1914 in St. Petersburg, sammelte beachtliche Erfahrungen im Bereich des Außenhandels und der Außenpolitik während seines Exils. Dank dieses Sachverstandes galt er als Spezialist für Afrika. Seinen langjährigen beruflichen Werdegang in verschiedenen DDR-Ministerien begann er im Jahr 1951 als Gruppenleiter in der Hauptabteilung Handelspolitik im Ministerium für Außenhandel und Innerdeutschen Handel.[732] Ab 1961 wechselte er zum Mitarbeiter in unterschiedlichen Abteilungen des Ministeriums für Auswärtige Angelegenheiten. Er besetzte führende Posten im MfAA, unter anderem als Leiters der 3. Außereuropäischen Abteilung (Abteilung Afrika) sowie als Generalkonsul in Tansania. In seinem letzten Einsatz war er Botschafter in Uganda und Ruanda, eine Funktion, die er im Jahr 1977 einnahm.[733] Zwei Jahre später, während des ugandischen Bürgerkrieges, kamen er und seine damalige Frau Margot bei einem Angriff in Kampala ums Leben.[734]

In meiner Recherche über Lessing in der israelischen Presse konnte ich leider weder Erwähnungen zu Lessings Tätigkeit im Außenministerium noch zu seinem tragischen Tod finden. Auch über seine Betätigung im Ministerium für Außenhandel gibt es nahezu keine verfügbaren Informationen.[735] Immerhin bietet das Archivmaterial

---

732 Vgl. MfS AP 5645/61, „Lebenslauf", 3.10.1952.

733 Vgl. Müller-Enbergs/Wielgohs/Hoffmann/Herbst/Kirchey-Feix/Reimann, Bd. 1, 2010, S. 791.

734 Vgl. ebenda; Trauerfeier auf dem Friedhof in Berlin-Friedrichsfelde. In: *Neues Deutschland*, 18.1.1980, S. 2.

735 Eine einzige Meldung beschrieb die Verhandlungen der DDR mit Ägypten über den Bau eines Dammes in Assuan. Lessing war damals Präsident der Außenhandelskammer der DDR und für die Verhandlungen mit den Ägyptern verantwortlich. Vgl. Ägypten verhandelt mit Ostdeutschland über eine Finanzierung für den Bau des Assuan-Staudamms. In: *Sche'arim*, 10.11.1955, S. 1.

einen faszinierenden Überblick erstens über Lessings familiären Hintergrund und zweitens über seine führende Position in der DDR-Politik. In seinem ausführlichen Lebenslauf aus dem Jahr 1952 schilderte Lessing seine persönliche Geschichte und politische Entwicklung als „bewusster Antifaschist", der an weit verbreiteten antifaschistischen Tätigkeiten teilnahm. Er beschrieb wie er im Jahr 1937 wegen seiner „teilweise jüdischen Abstammung" das Studium an der juristischen Fakultät einer Berliner Universität abbrechen musste.[736] Aus den verfügbaren Stasi-Akten über Lessing ist diese Anmerkung die einzige, die seinen jüdischen Hintergrund bzw. eine persönliche Begegnung mit Diskriminierungen oder Naziverfolgungen darstellte. Weiter erzählte er von seiner Immigration nach London im Jahr 1938, wo er in Kontakt mit der lokalen kommunistischen Partei war. Von dort wurde er als Mitarbeiter einer Versicherungsgesellschaft in Afrika eingesetzt, wo er seine Tätigkeiten im Rahmen der Kommunistischen Partei in Südrhodesien und in der Gesellschaft zur Freundschaft mit der Sowjetunion fortsetzte. Diese Tätigkeiten waren damals selbstverständlich illegal. Mit diesen Details konnte er den antifaschistischen Charakter seines Lebenslaufs bestätigen.

Wegen vermeintlich falschen und widersprüchlichen Angaben aus dem Lebenslauf bezüglich seiner Emigration sowie wegen einiger Kontakte zu Personen aus dem kapitalistischen Ausland stand Lessing unter Verdacht des MfS und folglich fanden mehrere Untersuchungen der Stasi statt.[737] In einem Bericht von Elfriede Wagner,[738] GI „Nivea", der unter der Leitung der Abteilung III/V des MfS verfasst wurde, wurden ihre persönlichen Begegnungen mit Lessing geschildert. Wagner beschrieb im Bericht ihre Erkenntnisse über die berufliche Entwicklung Lessings im Ministerium für Außenhandel und Innerdeutschen Handel, dabei legte sie den Fokus auf Lessings Beschäftigung im Handel in und mit kapitalistischen Ländern. Außer diesem deutlich wahrnehmbaren Subtext, dass er zu viele Kontakte in westlichen Staaten hatte, wurde auch das Problem seines politischen Verhaltens und der

---

736 Vgl. MfS AP 5645/61, „Lebenslauf", 3.10.1952.
737 Vgl. MfS AP 5645/61, Überprüfungsvorgang „Doktor", 20.8.1953.
738 Elfriede Wagner war eine Außenhandelsfunktionärin in der DDR und zwischen 1964 und 1968 war sie Stellvertreterin des Ministers für Außen- und Innendeutschen Handel. Vgl. Baumgartner, 1996, S. 970. Wagner war die Frau des Chefredakteurs von *Zeit und Bild*, Hans Schrecker, der selbst jüdischer Herkunft war. Vgl. Stecker, Gerit-Jan: Stalin hat uns das Herz gebrochen. Aus dem Bildungsportal *Lernen aus der Geschichte*, 20.4.2016, http://lernen-aus-der-geschichte.de/Lernen-und-Lehren/content/12975 [abgerufen am 29.10.2021, 15:07 Uhr].

vermeintlichen Ungültigkeit seiner alten Parteidokumente geäußert. Laut Wagner war dies eine Begründung dafür, dass Lessing absichtlich etwas vor den Regierungsbehörden verbarg. Wagner fuhr fort und erwähnte andere Ausschnitte aus Lessings Lebenslauf, die sie verdächtig fand. Zum Beispiel betonte sie, dass Lessing nach London emigrierte, weil er „Halbjude" war. Warum die Frau eines deutschen Juden, der auch aus dem Exil in die DDR zurückkehrte, das „Halbjudentum" als verdächtig ansah, bleibt unklar.

Andere Auskünfte aus dem MfS-Bericht handelten von Befragungen anderer Kollegen Lessings aus dem Ministerium für Außenhandel. So wurde zum Beispiel die Verwunderung eines gewissen Genossen Staimer „zum Ausdruck [gebracht], dass ein Mensch, der jahrelang im kapitalistischen Ausland gelebt und gearbeitet hat, im Ministerium für Außenhandel arbeiten soll, obwohl das den Kaderrichtlinien für den Außenhandel widerspricht"[739]. Lessings Parteizugehörigkeit vor 1945 wurde hier erneut angezweifelt. Trotz seiner Aussagen, dass er Mitglied der Kommunistischen Partei in London und Südrhodesien sowie Mitgründer der Gesellschaft zur Freundschaft mit der Sowjetunion war, zeugte die Bekanntschaft der Verfasserin des Berichts mit Lessing „wenig von einer angeblich politisch klaren Linie"[740]. Sie behauptete, dass er sich „immer ausgezeichnet aus der Schlinge zu ziehen [versteht]"[741]. Diese politischen „Schwächen" traten auch in seinen beruflichen Entscheidungen zutage, wenn er sich mit Kaderpolitik beschäftigte.[742]

Wie in Fällen von anderen DDR-Diplomaten, die ihre außenpolitische Karriere unmittelbar nach dem Ende des Krieges begannen, steht auch hier der Slánský-Prozess im Hintergrund des Geschehens und kennzeichnet das Verhalten der DDR-Führung gegenüber den jüdischen Politikern. Elfriede Wagner schilderte weiter, dass bei Lessing noch „vieles ungeklärt" war, und zum Slánský-Prozess sollten „alle diese Dinge" geklärt werden.[743] Was aus diesen Erklärungen folgen sollte, erläuterte sie nicht.

Gemäß der politischen Umstände in der DDR wurden in den weiteren Untersuchungen der Abteilung II/V des MfS neben der Wiederholung der bekannten Verdachtsmomente aus dem Lebenslauf auch

---

739 MfS AP 5645/61, GJ „Nivea" Bericht 8.7.1953.
740 Ebenda.
741 Ebenda.
742 Vgl. ebenda
743 Vgl. ebenda.

Lessings „bürgerliche Verhältnisse" als wichtiger Hinweis erhoben. Er sprach regelmäßig über sein antifaschistisches Bewusstsein und trotzdem wurden seine Aussagen über die Mitgliedschaft in der KP in London erneut angezweifelt. Lessings Beziehungen mit unterschiedlichen Frauen wurden ebenfalls erwähnt, vielleicht um nachzuweisen, wie unmoralisch er war. Seine Beziehung mit seiner ersten Ehefrau Doris,[744] die auch Mitglied der Kommunistischen Partei in Rhodesien war, stand auch im Mittelpunkt des Berichts. Lessing gab offenbar falsche Informationen zu ihrer eigenen Mitgliedschaft in dieser Partei an.[745] Diese Entwicklungen führten zu eher kritischen Verdachtsmomenten gegenüber Lessing, besonders was seine Arbeit für westliche Spionageorganisationen und seine Kontakte mit westlichen Ländern anbelangt.[746] Im Jahr 1961 wurde das gesamte Material zu Lessing archiviert, da das Material „keine operative Bedeutung"[747] mehr hatte.

4.6.2. Im Dienst der DDR Mitglied einer „zionistisch-faschistischen Organisation" – *Karl Kormes*

Eher operative Bedeutung hinsichtlich ähnlicher Vorwürfe hatte das Material über den DDR-Diplomaten **Karl Kormes**. Kormes wurde 1915 in Berlin in einer jüdischen Familie aus Lemberg (heute Lwiw) geboren. Er beschrieb den Haushalt, in dem er aufwuchs, als ähnlich „kleinbürgerlich" wie andere Haushalte assimilierter jüdischer Kleinbürger seiner Zeit.[748] Als stellvertretender Vorsitzender der Sektion ehemaliger Spanienkämpfer beim Komitee der Antifaschistischen Widerstandkämpfer der DDR (KdAW) legte er seine Herkunft offen und in mehreren Angelegenheiten beschrieb er seine Erfahrungen als kleiner jüdischer Junge in der Weimarer Republik. In seiner Kindheit und Jugend trat er unterschiedlichen jüdischen Organisationen bei, wie z. B. *Brit Trumpeldor* (heute bekannt als Rechtsorganisation *Beitar*), *Borochow Jugend*[749] und dem Jüdischen Arbeiterkulturverein. Die rechtspolitische Orientierung dieser Organisationen führte ihn jedoch

---

744 Die bekannte Literaturnobelpreisträgerin Doris Lessing (1919–2013).
745 Vgl. MfS AP 5645/61, „1. Zwischenbericht", 20.8.1953.
746 Vgl. MfS AP 5645/61, „Außenhandelskammer und MAI", 11.1.1954.
747 MfS AP 5645/61, „Ablagevermerk", 26.9.1961.
748 Vgl. Kormes, 1988, S. 15.
749 Eine Jugendorganisation, die nach dem zionistischen Denker Dow Bär Borochow genannt wurde.

„immer weiter nach links"[750], gab er zu. Im März 1933 wurde er wegen „Vorbereitung zum Hochverrat" verhaftet, aber dank seiner polnischen Staatsangehörigkeit konnte er letztlich nach Polen ausreisen. In den kommenden Jahren nahm er am Spanischen Bürgerkrieg teil und saß in spanischer Kriegsgefangenschaft. Nachdem er nach Nordafrika reiste, wurde er Soldat beim britischen Pionierkorps in Nordafrika.

Im Mai 1945 kehrte Kormes nach Deutschland zurück und bekleidete verschiedene Funktionen bei der KPD in Berlin. Dem folgte eine langjährige politische Karriere in der SED und im diplomatischen Dienst der DDR. Er war unter anderem als Handelsrat in Rumänien beschäftigt, stellvertretender Leiter der 3. Europäischen Abteilung im MfAA (Südosteuropa), Botschaftsrat in Rumänien, Botschafter in Jugoslawien, Leiter der DDR-Delegation der Grenzkommission DDR-Bundesrepublik und Botschafter in Ecuador.[751] Obwohl die Erwähnung seiner jüdischen Herkunft und die Tätigkeiten in jüdischen Organisationen aus seiner offiziellen Biographie in einem Lexikon über bekannte Antifaschisten der DDR fehlten,[752] spielten sie keine unwichtige Rolle bei der Untersuchung der Stasi-Behörde zu Kormes' Vergangenheit. In fast allen Berichten der Staatssicherheit zum Fall Kormes wurden unter seinem Lebenslauf seine jüdische Abstammung und seine bürgerliche Herkunft erwähnt sowie die Beteiligung an der „zionistisch-faschistischen Organisation *Brit Trumpeldor*"[753].

Die Stasi-Akten über Kormes stammten aus der Zeit vor seiner Einstellung im Auswärtigen Dienst. Sie schildern die Beschäftigung der DDR-Behörde mit der politischen Vergangenheit Kormes' bzw. mit seinen Erfahrungen als deutscher Jude im Vorkriegsdeutschland. Der MfS-Vorgang „Kormes" (oder „Cassa-Blanca") ging dem Verdacht nach, dass Kormes Agententätigkeiten ausübte. Seine „genaue[n] Personalien", sein „beruflicher und politischer Werdegang", seine „jetzige Arbeitsstelle und Beruf", seine „Verwandten und Bekanntenkreis" und seine „Verbindungen nach Westberlin und Westdeutschland" sollten

---

750 Kormes, 1988, S. 15.
751 Vgl. Müller-Enbergs/Wielgohs/Hoffmann/Herbst/Kirchey-Feix/Reimann, Bd. 1, 2010, S. 704–705.
752 Vgl. Deutsches Institut für Zeitgeschichte, 1969, S. 50. Kormes wurde laut der Kurzbiographie aus diesem Buch „in einer Berliner Arbeiter-Familie geboren".
753 MfS AJM 5088/56 Bd. 1, „Stellungnahme der BPKK zum Einspruch des Genossen Kormes, Karl Fürstenwalde/Spree, Heinrich Heine Strasse 41 gegen eine strenge Rüge, verbunden mit Funktionsentzug auf 2. Jahre", 13.1.1953.

in diesem Vorgang geprüft werden.[754] Die Aufmerksamkeit der Stasi wurde vor allem durch die angeblichen Widersprüche in Kormes' persönlichen Unterlagen aus der Zeit vor dem Krieg geweckt. Seine Aktivitäten in Nordafrika nach der Entlassung aus der spanischen Gefangenschaft bedeuteten für die Stasi eine problematische Grauzone seines Lebenslaufs: In Nordafrika trat er der amerikanischen „Spionageorganisation" OSS (*The Office of Strategic Services*, die künftige CIA) bei. Obwohl Kormes schon 1945 in die SBZ zurückkehrte, „[machte er] erst im Jahr 1949 [...] auf Anforderung des ZK Meldung, dass seine bisherigen Angaben, vor 1933 in der KPD gewesen zu sein, falsch sind"[755]. Vier Jahre dauerte es, bis Kormes gestand, dass die Dokumente einige Fehler enthalten. Die einzige von Kormes bis dahin genannte Mitgliedschaft in einer kommunistischen Organisation war die beim Kommunistischen Jugendverband Deutschlands (KJVD).[756] Nach dieser Erfahrung und wegen Kormes' Tätigkeiten unter den Amerikanern, die als „parteifremdes Element" bezeichnet wurden, entschloss sich die Partei, seine Mitgliedschaft aufzulösen.[757]

In einem später verfassten Bericht, der entstand, nachdem Kormes bei der Ausübung seiner Aufgaben als Kulturdirektor scheiterte, beschrieb er weitere Gründe für seine Entlassung aus der Partei und für seine gewünschte Wiederaufnahme. Unter anderem wegen seiner

„Beteiligung an der Abfassung einer Stellungnahme der BPL [Betriebsparteileitung] des Reifenwerkes Fürstenwalde, gegen eine Entschliessung der Bezirksdelegiertenkonferenz. [...] Wegen schlechter Arbeit, [...] in Auswertung des Slansky-Prozesses [...] [und] wegen Verbindungen vor und nach 1945"[758].

---

754 Vgl. MfS BV FfD AOP 87/54 Bd. 1. „Ermittlung über Kormes, Karl", 14.8.1953.
755 MfS BV FfD AOP 87/54 Bd. 1. Vorgang „Kormes" („Cassa-Blanca"), 24.8.1953, und vgl. MfS AJM 5088/56 Bd. 1, „Stellungnahme der BPKK zum Einspruch des Genossen Kormes, Karl Fürstenwalde/Spree, Heinrich Heine Strasse 41 gegen eine strenge Rüge, verbunden mit Funktionsentzug auf 2. Jahre", 13.1.1953.
756 Vgl. MfS BV FfD AOP 87/54 Bd. 1. Vorgang „Kormes" („Cassa-Blanca"), 24.8.1953.
757 Vgl. MfS BV FfD AOP 87/54 Bd. 1. „Beschluß über das Anlege eines Gruppenvorganges", 19.11.1953, sowie MfS AJM 5088/56 Bd. 1, „Stellungnahme der BPKK zum Einspruch des Genossen Kormes, Karl Fürstenwalde/Spree, Heinrich Heine Strasse 41 gegen eine strenge Rüge, verbunden mit Funktionsentzug auf 2. Jahre", 13.1.1953.
758 MfS AJM 5088/56 Bd 1, Brief von Karl Kormes vom 21.11.1954, in dem er die Entscheidung des Sekretariats der Bezirksleitung FFO zitierte.

In seiner Stelle als Kulturdirektor im VEB (Volkseigener Betrieb) leistete er keine positive Parteiarbeit.[759] Laut des Berichts war der Grund für Kormes' politisch unzuverlässiges Verhalten seine trotzkistische Weltanschauung. Ergänzend wurde auch berichtet, dass er wieder Kontakte zu seinen Bekannten aus den trotzkistischen Kreisen aufnahm.[760] Darüber hinaus schrieben die Berichtverfasser, dass Kormes wieder in die Partei aufgenommen werden könnte, wenn er „eine wirklich gute politische Arbeit"[761] leistet.

Das Verhalten Kormes' gegenüber der DDR-Behörde, bzw. gegenüber dem ZK der SED, hinsichtlich seiner Personalakten war ein Zeichen für seinen gesamten „problematischen" Lebenslauf. Kormes verweigerte die Übersendung des lückenlosen Lebenslaufs und vollständigen Fragebogens an das Zentralkomitee. Über seine Vergangenheit konnte man sich trotzdem durch die Kreisverwaltung informieren, die seine Erfahrungen aus der Jugendzeit in Deutschland und im Ausland konkretisierte. In diesen Ausschnitten stand nicht, dass Kormes als Junge vor 1945 Mitglied der KPD war, sondern dass dies erst ab 1945 zutraf.[762] Der Slánský-Prozess stand im Mittelpunkt der SED-Entscheidung und war eine Begründung für die Beendigung von Kormes' Mitgliedschaft. Sein persönliches Verhalten und die negative Bewertung seiner politischen Tätigkeiten als Kulturdirektor konnten als fadenscheinige Argumente für diesen Beschluss gelten. Laut der Überprüfung der Stasi-Mitarbeiter verkörperten Kormes' frühere Tätigkeiten

759 Sein problematisches Verhalten wird im MfS AJM 5088/56 Bd 1, „Stellungnahme der BPKK zum Einspruch des Genossen Kormes, Karl Fürstenwalde/Spree, Heinrich Heine Strasse 41 gegen eine strenge Rüge, verbunden mit Funktionsentzug auf 2. Jahre", 13.1.1953 berichtet, sowie vgl. MfS AJM 5088/56 Bd 1, „Bericht über den ehemaligen Kulturdirektor des Reifenwerkes Karl Kormes", ein negatives Zeugnis über das „diktatorische" Verhalten Kormes.

760 Vgl. MfS BV FfD AOP 89/54 Bd. 1. „Beschluß über das Anlegen eines Gruppenvorganges", 19.11.1953. und vgl. MfS AJM 5088/56 Bd 1, „Stellungnahme der BPKK zum Einspruch des Genossen Kormes, Karl Fürstenwalde/Spree, Heinrich Heine Strasse 41 gegen eine strenge Rüge, verbunden mit Funktionsentzug auf 2. Jahre", 13.1.1953, wo steht, dass er noch nach 1950 Kontakte mit „einer Reihe von Organisationen und Personen aufrecht erhielt von denen bekannt ist, dass sie eine Agenten- und Diversionsarbeit leisten im Auftrage der Imperialisten".

761 MfS AJM 5088/56 Bd 1, „Stellungnahme der BPKK zum Einspruch des Genossen Kormes, Karl Fürstenwalde/Spree, Heinrich Heine Strasse 41 gegen eine strenge Rüge, verbunden mit Funktionsentzug auf 2. Jahre", 13.1.1953.

762 Vgl. MfS BV FfD AOP 89/54 Bd. 1. „Ermittlungsbericht über den ehemaligen Kulturdirektor Kormes, Karl im VEB-Reifenwerk Fürstenwalde-Süd", 10.6.1953.

die „Reihe von Merkmalen"[763], die den Gefahren des Slánský-Prozesses entsprachen. Kormes selbst wollte in die Partei zurück und versuchte, die Behörden zu überzeugen, dass deren Begründungen für seine Ablösung unrecht waren. Er vermutete, dass er der DDR-Behörde mehrere Zeugen zur Verfügung stellen konnte, die seine positive politische Einstellung zur Vergangenheit und zur Gegenwart bestätigen dürften. Kormes war davon überzeugt, dass der Vergleich seines persönlichen Falles mit dem von Slánský unberechtigt war, da er im Unterschied zu anderen keine erforderlichen Informationen vor den Behörden verheimlichte. Sein Lebenslauf, schrieb Kormes, „lag zur Zeit [seines] Abschlusses lückenlos vor der Partei"[764]. Das einzige Detail, das fehlte, so gab er zu, war die Mitgliedschaft in der KPD vor 1933. Auch die Betätigung beim OSS war der SBZ/DDR-Behörde schon lange bekannt und er wies nahezu alle Andeutungen der Agententätigkeit von sich, weil seit seiner Rückkehr nach Deutschland kein Mitarbeiter dieser Organisation Kontakt mit ihm hergestellt hatte.[765]

Die Vergangenheit Kormes', die Kooperation mit den Amerikanern, die beruflichen Makel und die Mitgliedschaft in einer „zionistischen-faschistischen" Organisation verkörperten die potentielle Gefahr, Kontakte zu parteifeindlichen Elementen sowie zu seinen Verwandten im Westen herstellen zu können. Diese Gefahr führte zur Entscheidung der Stasi, Karl Kormes als IM (Inoffizieller Mitarbeiter) anzuwerben und ihn damit auf die „eigene Seite" zu ziehen.[766] Kormes lehnte die Arbeit als IM allerdings ab, jedoch würde er die „Stelle" als IM akzeptieren können, nachdem er wieder in die Partei eintrat. Laut den Kollegen des MfS war es „[k]lar, dass bei einer derartigen Haltung des K. eine Perspektive in der Zusammenarbeit mit dem MfS nicht gegeben"[767] sein könne. Dementsprechend wurde die Verbindung zwischen dem MfS und Kormes schließlich auch abgebrochen.[768] Eine Darstellung der gesamten Zusammenarbeit zwischen Kormes und der Stasi soll an einer anderen Stelle erfolgen.

---

763 MfS AJM 5088/56 Bd 1, „Stellungnahme der BPKK zum Einspruch des Genossen Kormes, Karl Fürstenwalde/Spree, Heinrich Heine Strasse 41 gegen eine strenge Rüge, verbunden mit Funktionsentzug auf 2. Jahre", 13.1.1953.
764 MfS AJM 5088/56 Bd 1, Brief von Karl Kormes vom 21.11.1954.
765 Vgl. ebenda.
766 Vgl. MfS AJM 5088/56 Bd 1, „Karl Kormes (IM „Legion") geb. 23.3.1915 in Berlin", 27.11.1956.
767 Ebenda.
768 Vgl. MfS AJM 5088/56 Bd 1, „Beschluß über das Abbrechen der Verbindung", 27.11. 1956.

In einer späteren Beurteilung aus den Sechzigerjahren wurde Kormes erneut mit seiner „zionistischen-faschistischen" Vergangenheit konfrontiert. Diese spätere Beurteilung des MfS zeigt eine beeindruckende Umwandlung der Haltung der Stasi gegenüber Kormes. Die Beurteilung legt dar, dass Kormes kurz nach seinem Eintritt wieder aus der „zionistischen Jugendorganisation" austrat, „als er den faschistischen Charakter dieser Organisation erkannt" hatte, und dass er sofort in den Jungen Jüdischen Wanderbund, eine sozialdemokratische Partnerorganisation, wechselte. Als Mitglied des Kommunistischen Jugendverbands Deutschlands (KJVD) stand er später unter dem Einfluss der KPD und gleichzeitig trat er aus der jüdischen Gemeinde aus. Der Beitritt in die OSS wurde diesmal positiv eingeschätzt, da er nach seiner Ausbildung hinter den „deutschen Kampflinien" eingesetzt wurde, d. h. Kormes folgte den Zielen der Kommunisten und bekämpfte die Nazis. Gleich nach Kormes' Rückkehr nach Berlin wurde er Mitarbeiter der Organisation der Verfolgten des Naziregimes in Neukölln. Nach seiner Wiederaufnahme in die Partei 1956 begann er seine politische Karriere. Seine Tätigkeiten und politische Aktivität gestatteten ihm, Leiter der Handelsvertretung der DDR in Kuba zu sein.[769]

Eine andere Beurteilung seiner Persönlichkeit aus dem Ministerium für Außen- und Innerdeutschen Handel bestätigte die Veränderung des offiziellen Verhaltens gegenüber Kormes. Vor seinem Einsatz als Handelsrat der DDR in Kuba stand er in Verbindung zur Arbeiterbewegung, obwohl er aus „kleinbürgerlichen Verhältnissen stammte"[770]. Seine politische und berufliche Entwicklung nach 1945 wurde positiv gedeutet, weil er ein „gutes politisches Orientierungsvermögen"[771] besaß. Insgesamt zeigt die Quellensammlung zum Fall Kormes eine wechselnde Haltung der Stasi gegenüber seinem Lebenslauf, entsprechend der wechselnden politischen Interessen der DDR und der operativen Absichten der Staatssicherheit.

Zwei bemerkenswerte Gemeinsamkeiten zwischen Kormes und Lessing sind zu erkennen: erstens ihr paralleler beruflicher Werdegang vom Außenhandel in die reine diplomatische Arbeit im Ministerium für Auswärtige Angelegenheiten. Zweitens standen die beiden wegen ihres jüdischen Hintergrunds seitens der DDR-Behörde unter

769 Vgl. MfS AJM 5088/56 Bd 1, Brief an den Dienststellenleiter – Kaderabteilung, 28.4.1960.
770 MfS AJM 5088/56 Bd 1, Vorlage, Mai, 1960.
771 Ebenda.

Verdacht. Lessing stammt aus einer Familie, die vor, während und nach dem Krieg in kommunistischen Kreisen sehr bekannt war, und trotzdem führten sein „Halbjudentum" und seine Exiltätigkeiten in seiner Karriere zu Problemen. Das Gleiche gilt auch für Kormes, jedoch war er viel aktiver in zionistischen Kreisen als Lessing. Die Aktivitäten der beiden Persönlichkeiten im Exil und die politischen Auswirkungen dieser Tätigkeiten gingen unmittelbar aus dem Schicksal des deutschen Judentums im Zweiten Weltkrieg und dem Holocaust hervor.

4.7. Der Jude im Auge des Betrachters – das Rätsel um *Otto Winzer*

Eine der einflussreichsten Figuren der ostdeutschen Außenpolitik war **Otto Winzer**. Als Außenminister zwischen 1965 und 1975 steuerte er die DDR-Außenpolitik und stärkte die Beziehungen des ostdeutschen Staates mit den arabischen Ländern.[772] Winzer ist 1902 in Berlin geboren und seit seiner Kindheit war er Mitglied unterschiedlicher kommunistischer Organisationen und Bewegungen und natürlich auch in der KPD. Im Jahr 1925 wurde er im Namen der Partei in Wien eingesetzt, wo er in die Kommunistische Partei Österreichs (KPÖ) eintrat. Bis 1933 entsandte ihn die Partei unter anderem nach Moskau. Als Mitarbeiter im westeuropäischen Büro des Exekutivkomitees (EK) der Kommunistische Jugendinternationale (KJI) reiste er in die Niederlande, nach Frankreich und nach Bulgarien. Die Kriegsjahre verbrachte er hauptsächlich in Moskau, wo er seine politischen Tätigkeiten weiterführte und außenpolitische Erfahrungen sammeln konnte.[773] Nach dem Krieg kehrte Winzer mit der Gruppe Ulbricht nach Berlin zurück und ab 1956 war er im MfAA tätig. Im Außenministerium war er erst stellvertretender Außenminister und zwischen 1965 und 1975 Minister für Auswärtige Angelegenheiten der DDR. Auch in den wenigen Monaten nach seinem Rücktritt – als sein Nachfolger Oskar Fischer

---

772 Vgl. Sommer, Theo: Der andere deutsche Außenminister. Scharfzüngig und gewandt – Otto Winzer sammelt für Ulbricht Anerkennungsscheine. In: *Die Zeit*, 25/1969, 20.6.1969; End, Heinrich: Zweimal deutsche Außenpolitik. Eine Zwischenbilanz des Wettkampfs zwischen BRD und DDR im Ausland. In: *Die Zeit*, Nr. 39/1971, 24.9.1971.
773 Vgl. Wentker, 2007, S. 43 ff.

bereits im Amt war – bis zu seinem Tod blieb Winzer offiziell in der Außenpolitischen Kommission des Politbüros.[774]

Obwohl Winzer eine bekannte Figur in der DDR-Politik war, scheinen seine Persönlichkeit und Abstammung zumindest in den historischen Quellen rätselhaft zu sein. In mehreren historiographischen und journalistischen Quellen wird fast zweifelsfrei behauptet, dass Winzer aus einer jüdischen Familie stammte. Solche Vermutungen machten Winzer wohl zu einem der wichtigsten Juden in der DDR-Führung. In der Recherche zu Winzers Hintergrund zweifelte ich diese Vermutung an. Weder eine Autobiographie noch eine vollständige Biographie stehen zur Verfügung, es sind nicht einmal persönliche öffentliche Äußerungen über eine jüdische Herkunft zu finden. Experten wie Jenny Eckert vom BStU oder der Historiker Lutz Heuer lehnen diese Vermutung ab.[775] Die folgende Untersuchung nach den jüdischen Wurzeln Winzers kam in der Tat zu keinem endgültigen Ergebnis. Jedoch ist die Beschäftigung der Geschichtswissenschaft, der Politik und der internationalen Presse mit seiner vermuteten jüdischen Herkunft nicht zu ignorieren. Diese Beschäftigung repräsentiert eine öffentliche, akademische und politische Konfrontation mit prominenten jüdischen Figuren aus der Spitze der außenpolitischen Führung der DDR. Im Fall Winzer ist uns weniger wichtig, zu wissen, ob er tatsächlich Jude war. Wichtiger ist jedoch zu sehen, wie seine Figur behandelt wurde, während er als einer der schärfsten Kritiker Israels in mehreren Angelegenheiten als „jüdischer" Außenminister wahrgenommen wurde.

Das Labyrinth der Quellen

Am 30. Juli 1965 veröffentlichte *The Canadian Jewish News*, bis vor kurzem eine der führenden jüdischen Zeitungen Kanadas,[776] auf ihrer

---

774 Vgl. Müller-Enbergs, Helmut/Wiegohs, Jan/Hoffmann, Dieter (Hg.): *Wer War Wer in Der DDR? Ein Biographisches Lexikon*. Bundeszentrale für Politische Bildung, Bonn 2001, S. 102.

775 Ich traf Jenny Eckert von der BStU in Berlin während meiner Recherche im Stasi-Archiv und sie war überrascht von der Vermutung, dass Winzer Jude sein könnte. Wäre es richtig gewesen, würde es schon bekannt gewesen sein, dass der DDR-Außenminister Jude war. Dem Historiker Lutz Heuer schrieb ich, nachdem ich einen Link zu seinem Vortrag über das Leben Otto Winzers online fand. Ich fragte Heuer, ob ihm bekannt ist, dass es historische Quellen gibt, die Winzer als Juden darstellen. Davon wusste Heuer jedoch nichts.

776 *The Canadian Jewish News* wurde von Meyer Joschua Nurenberger im Jahr 1960 gegründet. Vgl. Lipsitz, Edmund Y. (Hg.): *Canadian Jewry Today: Who's who in Canadian Jewry*. Downsview, Ont 1989, S. 80. Wegen der Corona-Pandemie und der

Titelseite einen Exklusivbericht mit der Schlagzeile: „*Sensational Revelation – Anti-Israeli East-German Officials of Jewish Origin*"[777]. Laut dem Bericht stammt die Mehrheit der Mitglieder der DDR-Regierung aus jüdischen Kreisen und diese Personen standen sogar an der Front der ostdeutschen Propaganda gegen Israel. Die Namensliste der Juden, die mutmaßlich von „tadellosen Quellen" in die Hände der Zeitung gekommen ist, enthält Albert Norden, Gerhard Eisler (Vorsitzender des Staatlichen Rundfunkkomitees), Erich Jungmann (Funktionär der SED), Alexander Abusch (DDR-Kulturminister), Otto Winzer (damals amtierender Außenminister) und letztlich auch Paul Merker.[778] Hauptargument des Berichts bzw. der Vorwurf gegen diese Juden war, dass sie als DDR-Politiker die Wiedergutmachungsabkommen an jüdische Opfer des Nazismus verweigerten und ablehnten. Während die Erwähnung von Paul Merker in diesem Bericht als Jude und Gegner der Wiedergutmachung einfach lächerlich ist, wurde Albert Norden und Otto Winzer die Ehre, in dieser Liste erwähnt zu werden, völlig zu Recht teil. Beide charakterisierten die aggressive Haltung der DDR gegenüber Israel[779] und lehnten die Verhandlungen zur Wiedergutmachung mit Israel ab.[780] Genau wie Norden trug auch Winzer, neben der kritischen Position Israel gegenüber, zur Propaganda gegen die Nazis in der Bundesrepublik bei: In seiner Stelle als Außenminister äußerte er sich häufig gegen die Nazi-Diplomaten im Auswärtigen Amt Westdeutschlands.[781]

Die „exklusive sensationelle Veröffentlichung" der kanadischen Zeitung stufe ich als sonderbar ein. Wie erhielt eine unbedeutende Zeitung in Kanada – sogar die Zeitung einer jüdischen Gemeinde – diese

---

folgenden Belastung wurde die Zeitung und ihre Online-Ausgabe im April 2020 geschlossen.

777 Anti-Israeli East German Officials of Jewish Origin. In: *The Canadian Jewish News*, 30.7.1965, S. 1.

778 Vgl. ebenda.

779 Für eine Auswahl von Äußerungen von Winzer gegen Israel siehe: DDR steht zu den arabischen Staaten. In: *Berliner Zeitung*, 24.5.1967, S. 5; Otto Winzer: Ergebnisse gut und erfreulich. In: *Neues Deutschland*, 22.12.1967, S. 1; Israel erneut am Pranger. In: *Neues Deutschland*, 25.3.1972, S. 6; DDR-Außenminister in Damaskus. In: *Neues Deutschland*, 26.10.1972, S. 1.

780 Für Interviews mit Winzer über die westdeutschen Wiedergutmachungsabkommen an Israel vgl. Erhard ist unglaubwürdig. In: *Neue Zeit*, 24.2.1965, S. 3; Minister antworten Journalisten. In: *Neue Zeit*, 3.3.1965, S. 2.

781 Vgl. Bonn setzt die Kolonialpolitik fort. In: *Neues Deutschland*, 30.11.1963, S. 5; Lemke, Michael: Kampagnen gegen Bonn. Die Systemkrise der DDR und die West-Propaganda der SED 1960–1963. In: *Vierteljahreshefte für Zeitgeschichte*. Jg. 41, Nr. 2, 1993, S. 165.

brisanten Informationen, die die Welt in jedem Fall erregen würden? Dieser Bericht ähnelt auf erstaunliche Weise anderen Berichten, die ein paar Tage zuvor im *Spiegel* und in der israelischen Zeitung *HaBoker* gedruckt wurden. Diese Berichte aus Kanada, Deutschland und Israel zitierten die gleichen Äußerungen der DDR-Funktionäre über Israel als „Nato-Vorposten" und „imperialistische Speerspitze".[782] Vielleicht hatten der *Spiegel* und *The Canadian Jewish News* den gleichen geheimen Informanten.

Auf jeden Fall ist das historiographische Labyrinth, durch das ich den „sensationellen Bericht" aus einer kanadischen Zeitung fand, ebenfalls auffällig und erwähnenswert. Wie schon erwähnt ist über die jüdische Abstammung von Otto Winzer sehr wenig bis gar nichts bekannt. In einem Lexikon zu führenden DDR-Persönlichkeiten, das in der DDR veröffentlicht wurde, erwartete ich keine Erwähnung seiner Zugehörigkeit zum Judentum. Selbst in der biographischen Datenbank der Bundesstiftung zur Aufarbeitung der SED-Diktatur, die die Biographien aller wichtigen Persönlichkeiten der DDR dokumentiert, wird seine religiöse Herkunft nicht notiert. Wie von einem Wissenschaftler des 21. Jahrhunderts erwartet, zog ich *Google Scholar* und *Google Books* heran, wo ich nach der Kombination „Otto Winzer + Jude" suchte. Das erste Ergebnis war das Buch Hermann Botts aus dem Jahr 1969: *Die Volksfeind-Ideologie: Zur Kritik Rechtsradikaler Propaganda*.[783] Auf den ersten Blick eine bemerkenswerte Quelle, in der man aber Hinweise über das Judentum eines DDR-Außenministers nicht unbedingt erwarten kann. Das Kapitel über die „Methoden und Techniken rechtsradikaler Propaganda", wo die Taktiken der westdeutschen Sozialistischen Reichspartei (SRP) und National Demokratischen Partei (NPD), ihre antikommunistische Verbrämung zu verbreiten, detailliert dargestellt sind, ist dabei besonders interessant. Laut Bott war die Betonung des Topos vom „jüdischen Marxismus" eine Arbeitsmethode der Neonazis.[784] Keine außergewöhnliche Taktik für Nazis, aber ich las weiter. Einen Beweis für diese Taktik erbringt Bott mit einem Bericht der

---

782 Vgl. Hälfte im Westen. In: *Der Spiegel*, 30/1965, 21.7.1965, S. 22–23. Der israelische Bericht akkreditierte die Veröffentlichung aus dem Spiegel. Vgl. Aus jüdischer Abstammung. In: *HaBoker*, 21.7.1965, S. 2. Ein Monat danach veröffentlichte die Zeitung der jüdischen Gemeinde in Chicago einen ähnlichen Artikel. Vgl. Eytan, Edwin: Germany's Jews Today. „There is no longer a Jewish Problem". In: *The Sentinel*, 26.8.1965, S. 9.

783 Bott, Hermann: *Die Volksfeind-Ideologie: Zur Kritik Rechtsradikaler Propaganda*. Stuttgart 1969.

784 Vgl. ebenda, S. 59.

Deutschen Nachrichten, in dem die Zeitung der NPD „den jüdischen Einfluss in der Führungsschicht der DDR nachzuweisen"[785] versuchte. Demnach wollte die NPD-Zeitung zeigen, dass die Spitzen der DDR jüdischer Abstammung sind. Daran sollte der Neonazi-Leser lernen, dass der jüdische Bolschewismus „die Welt regiert". Zu Recht war Bott überrascht, dass NPD-Journalisten eine jüdische Quelle nutzten, um ihre antisemitischen Argumentationen zu belegen. Es stellte sich heraus, dass die *Deutschen Nachrichten* den obengenannten Bericht aus der *Canadian Jewish News* zitierten, der von den sechs Juden aus der DDR-Führung handelte, unter denen auch Herr Minister Winzer aufgeführt wurde.[786]

Winzers Judentum taucht nicht nur in Berichtserstattungen aus den Sechzigerjahren auf, sondern auch in der Mainstream-Geschichtsschreibung. Der Historiker Michael Wolffsohn beschäftigt sich im Buch *Die Deutschland-Akte. Juden und Deutsche in Ost und West. Tatsachen und Legenden* mit der vermeintlich jüdischen Herkunft Otto Winzers. Er erwähnt die Tätigkeiten des DDR-Außenministers im Zusammenhang mit der damals geplanten Versendung von belastendem historischem Material aus DDR-Archiven nach Israel im Rahmen des Eichmann-Prozesses.[787] Wolffsohn betont, dass Winzer, der an diesen Verhandlungen teilnahm, „ebenfalls jüdischer Herkunft"[788] gewesen sei. In der Fußnote verweist uns Wolffsohn auf eine andere Quelle: die Dissertation von Jerry E. Thompson zur Haltung der DDR gegenüber Israel und dem Zionismus. In seiner Doktorarbeit, betitelt *Jews, Zionism, and Israel: The Story of the Jews in the German Democratic Republic since 1945*, bezieht sich Thompson unter anderem auch auf die kommunistischen *Puppets* und SED-Funktionäre jüdischer Abstammung, darunter auch Otto Winzer.[789] Winzers lange Laufbahn im politischen Leben der DDR, während der er unter anderem ganze zehn Jahre als Minister für Auswärtige Angelegenheiten beschäftigt war, bewertet Thompson als außergewöhnlich im Vergleich mit anderen jüdischen Politikern und Funktionären, weil er im Gegensatz zu diesen von den antijüdischen „Säuberungen" der Fünfzigerjahre verschont geblieben war. Thompson vermutet dies, weil Winzer aus Ulbrichts Moskauer

---

785 Ebenda, S. 60.
786 Vgl. ebenda. Bott zitiert die *Deutschen Nachrichten* 34/1965, S. 3 und *Deutsche Nachrichten* 44/1965, S. 3.
787 Vgl. Wolffsohn, 1995, S. 31 ff.
788 Ebenda, S. 39.
789 Vgl. Thompson, 1978, S. 208.

Gruppe kam.[790] Ich habe jedoch die Vermutung, dass es auch sein kann, dass sich Winzer vor den antijüdischen „Säuberungen" rettete, weil er eben kein Jude war. Eine weitere Erwähnung Winzers vermuteter jüdischer Herkunft in historischen Schriftstücken ist in dem Buch über die Geschichte und Politik der DDR, *The Muted Revolution*, des US-amerikanischen Journalisten Welles Hangen zu finden.[791] In diesem Buch legt Hangen den Fokus auf den deutschen Staat, der die Aufmerksamkeit des internationalen Publikums normalerweise nicht bekommt, und liefert auch eine politische Gegenüberstellung zwischen der Bundesrepublik und der DDR. Winzer wird von Hangen unter anderen jüdischen Politikern erwähnt, die keine Mitglieder der jüdischen Gemeinde der DDR waren, wie zum Beispiel auch Albert Norden und Gerhart Eisler.[792]

Antiisraelischer „jüdischer" Außenminister

Neben der kanadischen und deutschen Presse berichtete auch die Presse in Israel über Winzers Beitrag zur Außenpolitik der DDR und seine vermeintliche jüdische Abstammung. In diesen Berichten wurde der Widerspruch zwischen seinem angegebenen Hintergrund und seiner außenpolitischen Tätigkeiten durch das Prisma des arabisch-israelischen Konflikts geschildert.[793] Winzer wurde als Verantwortlicher für die Erfolge der DDR-Außenpolitik der Sechziger- und Siebzigerjahre benannt und es wurde behauptet, dass diese ihm gelangen, obwohl er keine beruflichen Erfahrungen im Bereich außenpolitischer Tätigkeiten hatte.[794] Die Zeit als Außenminister widmete Winzer dem Knüpfen diplomatischer Beziehungen mit den arabischen Ländern im Rahmen des Machtkampfes beider deutschen Staaten im Nahen Osten und deswegen wurde er in der israelischen Presse negativ betrachtet. Nicht in allen Berichten über Winzer wurde auch seine Abstammung erwähnt. Er wurde vor allem als radikaler und treuer Kommunist wahrgenommen. In einem Bericht über die DDR-Delegierten in der Genfer

---

790 Vgl. Wolffsohn, 1995, S. 39 ff.
791 Hangen, Welles: *The muted Revolution: East Germany's challenge to Russia and the West*. New York 1966.
792 Vgl. ebenda, S. 19.
793 Vgl. Ostdeutschland verbreitet seinen Einfluss in arabischen Ländern. Ehemalige Nazis unter den kommunistischen „Experten". In: *Davar*, 27.11.1968, S. 3.
794 Vgl. Politische Erfolge für Ostdeutschland. In: *Ha'Zofe*, 27.6.1969, S. 5. Auch Jerry E. Thompson erwähnt die außenpolitischen Erfolge der DDR während der Amtszeit von Winzer als Außenminister. Vgl. Thompson, 1978, S. 208.

Außenministerkonferenz wurde beispielsweise zitiert, dass Winzer, der die DDR repräsentierte, „eiskalter stalinistischer Funktionär"[795] genannt wurde. Über seine Ernennung als Außenminister berichtete Inge Deutschkron für die Zeitung *Ma'ariv*. Sie beschrieb Winzer als einen „begeisterten Kommunisten, Stalinisten, und als einen der treusten Anhänger Ulbrichts"[796]. Deutschkron analysierte seine Aufstellung im Rahmen der damals neuen Richtlinie der DDR-Außenpolitik, die angeblich viel aggressiver gegenüber der Bundesrepublik war. In seiner neuen Rolle als Außenminister würde Winzer sich – laut Deutschkron – für die internationale Anerkennung der DDR einsetzen. Sie fasste zusammen: „Als Außenminister eines Landes, das die Welt ignoriert, müsste sich Herr Winzer viel Mühe geben."[797] In diesem Bericht steht Winzers „Judentum" noch nicht als Kennzeichen seiner Politik.

Die israelischen Berichterstattungen über DDR-Politiker jüdischer Abstammung repräsentierten die politische Spannung zwischen der DDR und Israel. In dieser spannungsvollen Beziehung zeigt sich auch die Wut der israelischen Gesellschaft gegenüber ausländischen Juden, die die israelische Politik kritisierten. Die Berichte, die sich auf Winzers jüdischen Wurzeln konzentrierten, übten sogar schärfere Kritik aus als die, die das nicht taten, hauptsächlich weil Winzer eine gegnerische Position zu Israel einnahm. So wurden in einem Bericht, der in mehreren Zeitungen veröffentlich wurde, über den Zustand der Juden in den deutschen Staaten die einflussreichsten Juden der DDR aufgelistet. Unter den Namen befand sich auch Otto Winzer, der als der Politiker beschrieben wurde, „der in dem vergangenen Jahr die antiisraelische Politik [der DDR] gestaltete"[798].

Auch die politische Einstellung der israelischen Zeitungen ist in den Berichten über Winzer erkennbar, zum Beispiel in dem Bericht über den Besuch Walter Ulbrichts in Kairo, bei dem Winzer damit beauftragt war, die politischen Auswirkungen dieser Reise in der internationalen Presse vorzustellen. Das Organ der Kommunistischen Partei Israels, die Zeitung *Kol Ha'Am*, diente in seinen Berichten der Propaganda der Sowjetunion und unterstütze dementsprechend auch die Politik der

---

795 Gal, Joseph: Die Delegierten Ostdeutschlands. In: *Cherut*, 17.5.1959, S. 2.
796 Deutschkron, Inge: Neuer Minister – Neue Tricks. In: *Ma'ariv*, 6.7.1965, S. 8.
797 Ebenda.
798 Yigal kann Wörter auf Deutsch nicht aussprechen. In: *Cherut*, 26.9.1965, S. 7. Dieser Bericht handelt von der Immigration von Juden nach Deutschland nach 1945, über ihre Schwierigkeiten und über den Zustand der jüdischen Gemeinden in der Bundesrepublik und in der DDR.

DDR. Der Besuch wurde in dieser Zeitung im Rahmen ihrer gegnerischen Position, die auch die der KPI war, hinsichtlich der diplomatischen Beziehungen zwischen der BRD und Israel gedeutet.[799] Demnach tolerierte die Kommunistische Partei Israels (genau wie die DDR) die Kontakte zwischen den deutschen Kommunisten (und deutsch-jüdischen Kommunisten) und den arabischen Ländern, die die Existenz Israels ablehnten und gefährdeten. Wenn die Zeitungen anderer politischer Strömungen als die kommunistische Presse die Abstammung des „jüdischen Politikers" erwähnten, nutzten sie diese „Tatsache" aus, um ihn persönlich anzugreifen. Mitte des Jahres 1969 wurde in der national-religiösen Zeitung *Ha'Zofe* über Unruhen in der DDR-Führung wegen der Unklarheit über den Gesundheitszustand Ulbrichts und seiner Fähigkeit, die DDR weiter zu führen, berichtet. Der vorausgesehene Wechsel in der SED-Führung und in der DDR-Außenpolitik wurde als ein Versuch der DDR wahrgenommen, mehr Unabhängigkeit aus den Händen der Sowjetunion zu erhalten. In diesem Zusammenhang wurde über einen wirtschaftlichen Vertrag zwischen Pankow und der chinesischen Regierung berichtet. Der damalige Außenminister Winzer war nicht der Mann, der den Vertrag unterschrieb, erläuterte der Bericht:

„Dieser Mann, dessen Eltern Juden sind, ist einer der engsten Diener des alten antisemitischen Kommunisten Walter Ulbrichts. Ein Mann wie Otto Winzer, ohne Selbstachtung und ohne moralische Werte, wäre niemals zu äußerst wichtigen Verhandlungen entsandt worden, wie zu den Verhandlungen über die Verbesserung der Beziehungen zwischen den Metastasen der Sowjets in Ostdeutschland und der Sowjethasser in China. Für eine solche ekelhafte Figur, wie Außenminister Winzer, die im sowjetischen Kommunismus versklavt ist, sind viel unwichtigere Rollen im außenpolitischen Bereich vorgesehen – wie die antiisraelischen und antisemitischen Hetzkampagnen in den arabischen Hauptstädten, alles um Anerkennungserklärungen gegenüber Ostdeutschland zu sammeln."[800]

Meine Interpretation lautet: Der Jude, der im Namen der politischen Macht des kommunistischen Deutschlands seine jüdische Wurzel vergisst, konnte auch die Aufgaben des Außenministers nicht vollständig ausüben. Sogar in seinem eigenen Land wurde ihm kein Vertrauen

---

799 Vgl. Ostdeutschland fördert den Stopp von Waffenlieferungen aus Bonn nach Israel. In: *Kol Ha'am*, 7.2.1965, S. 1.

800 Schalom, Ben: Ist Ostdeutschland in den Fußstapfen von Rumänien? In: *Ha'Zofe*, 24.7.1969, S. 3.

entgegengebracht und folglich hatte er, weil er womöglich Jude war, keinen außenpolitischen Einfluss.

Während Kritik der rechts-religiösen Presse erwartet wurde, äußerte auch die sozialistisch-zionistische Zeitung *Davar* ihre Kritik an der DDR und Winzer. Manchmal tat sie das in einer eher humorvollen und anekdotischen Weise. Die Weltfestspiele der Jugend und Studenten, die im Jahr 1973 in Ost-Berlin stattfanden, waren eine Gelegenheit für die DDR, die Offenheit der Stadt und des Staates aller Welt zu zeigen, insbesondere weil viele Gäste aus nichtsozialistischen Ländern, sogar aus kapitalistischen Ländern, eingeladen wurden. Unter den vielen Delegationen nahm auch die Jugenddelegation der israelischen Kommunistischen Partei (damals noch *RAKACH* – Die Neue Kommunistische Liste) teil. Ein Ehrengast, der sogar während der Eröffnungszeremonie der Spiele neben dem Generalsekretär Erich Honecker auf der Tribüne saß, war der Vorsitzende der palästinensischen Befreiungsorganisation Jassir Arafat. Die Teilnahme der israelischen Delegation an der Zeremonie wurde ohne vorherige Ankündigung verhindert. *Davar* spekulierte über das plötzliche Ereignis. Der Korrespondent von *Davar* wunderte sich, ob der Vorgänger von Arafat, der Großmufti aus Jerusalem, Hadschi Amin al-Husseini, auch einmal auf der Bühne in Berlin während einer öffentlichen Veranstaltung als Ehrengast neben Hitler saß. Der israelische Kommentator erklärte das Geschehen „im Namen" der DDR-Führung:

> „Die Führungseliten Ostdeutschlands können natürlich annehmen, dass nur eine feindselige imperialistische zionistische Propaganda gewisse Ähnlichkeiten zwischen der Haltung Nazi-Deutschlands gegenüber dem Führer der aufständischen Palästinenser vor dem Zweiten Weltkrieg und ihrer heutigen Haltung gegenüber Jassir Arafat finden kann. Sie können auch dazusagen, dass der ostdeutsche Außenminister Otto Winzer und das Mitglied des Politbüros Professor Norden Juden sind, und deswegen können sie mit Antisemitismus nicht verdächtigt werden."[801]

Die Frage bleibt

Die außenpolitischen Tätigkeiten Winzers, seine Besuche in arabischen Ländern und seine Äußerungen gegen Israel wurden auch vom Außenministerium in Jerusalem beobachtet. Eine Bewertung dieser Besuche in den arabischen Ländern empfing Nitzan Hadass, Diplomat der Botschaft Israels in Bonn, durch einen gewissen Dr. Schmidt aus

---

801 Appel, Dov: Arafat in Ost-Berlin. In: *Davar*, 31.7.1973, S. 20.

der Bundesrepublik. Schmidt vermutete, dass sich die ostdeutschen Politiker durch die diplomatischen Beziehungen mit den arabischen Ländern von ihrer „Hitler'schen Vergangenheit"[802] zu distanzieren versuchten. Er nahm an, dass die diplomatischen und politischen Angriffe der DDR auf Israel keine Angriffe per se waren, sondern ein Instrument der ostdeutschen Regierung im politischen Wettbewerb mit der Bundesrepublik.[803] Schmidt wiederholte seine Vermutung, dass Winzer das Thema Israel nicht direkt in seinen Besprechungen mit arabischen Politikern erwähnte, weil Israel für die DDR nicht so wichtig war bzw. nicht wichtig für die Entwicklung der diplomatischen Beziehung mit der arabischen Welt.[804]

Eine klare und endgültige Antwort auf die Frage, ob Winzer Jude war oder nicht, erhalten wir leider nicht. Die Presse nutzte sein vermeintliches Judentum, um die DDR anzugreifen, und das passierte auch mit anderen jüdischen Persönlichkeiten, die ebenfalls die antiisraelische Politik der DDR forcierten. Winzer befand sich in einer Situation, in der er als Jude bezeichnet wurde, und diese Vermutung wurde offiziell weder bestätigt noch verneint. Das israelische Außenministerium unterstützte diesen Zweifel sogar noch. In einer Namensliste von jüdischen Prominenten aus der DDR, die Yitzhak Ben-Ari im Jahr 1971 aus Bonn nach Jerusalem schickte, in der auch Winzer als Jude genannt wurde, schrieb jemand neben Winzers Namen auf Deutsch das Wort „Quatsch".[805] Der damalige stellvertretende Generaldirektor des Ministeriums, Yochanan Maroz, zweifelte die Zuverlässigkeit dieser Liste an und schrieb weiter, dass er nie gehört habe, dass Winzer Jude sei.[806]

---

802 Vgl. ISA-MFA-Political-0013vbq, „Winzers Besuch in arabischen Ländern", 22.5. 1967.

803 Vgl. ebenda.

804 Eine Beurteilung, die vom Historiker Jeffrey Herf vermutlich abgelehnt wird. Vgl. Herf, 2016, S. 120.

805 Es liegen zwei Kopien dieser Liste in den Akten des Außenministeriums vor, eine ist ohne Bemerkungen. Es ist nicht bekannt, ob das „Quatsch" in Israel oder in der BRD geschrieben wurde.

806 Vgl. ISA-mfa-Political-0003ek1, „Juden in Ostdeutschland – Brief von dem 23.11. 71.", 28.11.1971.

4.8. Fazit: Jüdisches Leben im Außendienst der DDR

Die Gründung der jüdischen Gemeinden war für die deutschen Juden, die aus dem Exil nach dem Krieg in die SBZ und später in die DDR zurückkehrten, selbstverständlich. Neben den offiziellen Kulturgemeinden schaffte die DDR eine andere Art von jüdischem Leben und zwar als Teil der politischen Führung. Die Deutsch-Kommunisten jüdischer Abstammung waren überzeugte Kommunisten, deutsche Patrioten und auch Juden. Die jüdische Seite ihrer Identität spielte für mehrere von ihnen keine Rolle für ihre offiziellen politischen Tätigkeiten und sie waren auch keine Mitglieder der jüdischen Gemeinde der DDR. Manche von ihnen sind Holocaustüberlebende. Ihre Tätigkeiten, die ich hier skizzierte, zeigen, dass ihre jüdische Geschichte trotz der Ablehnung ihres „Judentums" ihre persönliche und politische Entwicklung bestimmte. Die unvermeidbare Konfrontation dieser Personen mit den politischen, moralischen und historischen Auswirkungen des Holocausts und der zwölfjährigen nationalsozialistischen Herrschaft ist in ihren Biographien nachweisbar. Auch in Fällen wie von Albert Norden oder Hermann Axen, die an der Spitze der SED-Führung saßen und von ihrem Hintergrund in der Öffentlichkeit nicht sprachen.

Die Diplomaten und Außenpolitiker, die ich in diesem Kapitel präsentierte, sahen sich direkt oder indirekt mit ihrer persönlichen Vergangenheit, aber auch mit der NS-Vergangenheit ihres Staates konfrontiert. Sie waren von der DDR-Haltung gegenüber Juden betroffen, zum Beispiel während der „politischen Säuberungen" der Fünfzigerjahre. Mehrere von ihnen beteiligten sich sogar an der antiisraelischen Propaganda der DDR, die in ausländischen jüdischen Kreisen wie bspw. in Israel als antisemitisch betrachtet wurde. Ein Beispiel dafür ist der Fall Albert Norden. Andere wiederum, wie bspw. Kurt Stillmann, entschlossen sich dazu, ihre jüdische Abstammung zur Verbesserung der DDR-Gesellschaft zu nutzen. Diese Biographien, die wechselnde Haltung der Staatssicherheit und der „nicht-jüdischen" Führung der DDR gegenüber der jüdischen Gemeinde und den jüdischen Politikern, sind also prägend für den Charakter der NS-Vergangenheitsbewältigung in dem ostdeutschen Staat.

5. Außenpolitische Offensive: Aufarbeitung der Vergangenheit in der DDR-Propaganda und DDR-Außenpolitik

Die gegenseitigen diplomatischen Anschläge zwischen der Deutschen Demokratischen Republik und der Bundesrepublik entfalteten sich im Rahmen des diplomatischen Wettbewerbs um internationale Legitimität und Anerkennung. Ostdeutsche Propagandabemühungen gegen Westdeutschland wurden in der außenpolitischen Arbeit in der DDR der Sechzigerjahre drastisch intensiviert.[807] Kampagnen der DDR-Regierung beabsichtigten, die in Westdeutschland lebenden, politisch aktiven, ehemaligen Nationalsozialisten zu entlarven, die nicht bestraft worden waren, und damit die moralische Grundlage der Bundesrepublik zu verleumden. Gleichzeitig führte die DDR auf der juristischen Ebene einen Kampf gegen die Verjährung von Nazi- und Kriegsverbrechen in der BRD.[808]

In einer außenpolitischen Betrachtung waren die Angriffe auf westdeutsche Nationalsozialisten für die Selbstdarstellung der DDR als moralischem deutschem Staat in der internationalen Arena essenziell.

---

807 Vgl. Fischer, 2003, S. 10.
808 Vgl. Timm, 1997, S. 147.

Die vom MfAA organisierten Kampagnen gegen westdeutsche Nazi-Diplomaten waren ein zentrales Element dieser Aktionen. Die DDR-Diplomaten spielten eine entscheidende Rolle in der Verbreitung und Popularisierung von belastenden Materialien über ehemalige Nazis in Westdeutschland. Seit dem Anfang der Fünfzigerjahre beschäftigte das Thema „Nazis in der Bundesrepublik" verschiedene Abteilungen des MfAA in Berlin, die Diskussionen mit DDR-Auslandsvertretungen und mit Diplomaten anderer Länder zu dieser Gelegenheit durchführten. Eine Bearbeitung der Briefwechsel und Notizen, die diese Begegnungen dokumentieren, scheint im Rahmen der Aufarbeitung von Materialien über Nazi- und Kriegsverbrecher sowie Nazi-Diplomaten äußerst dringlich.

Parallel zur Bindung von offiziellen Kontakten mit ausländischen Diplomaten und Politikern, hauptsächlich aus den „befreundeten Staaten" Osteuropas und asiatischen Ländern, sehen wir auch, wie sich Kontakte zwischen den DDR-Organen und verschiedenen internationalen antifaschistischen sowie auch jüdisch-orientierten Organisationen entwickelten. Im methodologischen Rahmen meiner Forschung interpretiere ich diese diplomatischen Tätigkeiten der DDR und des MfAA gegenüber Persönlichkeiten und Organisationen, die die Juden repräsentierten, als Ersatz zu den nicht-existierenden diplomatischen Beziehungen mit dem Staat Israel, bzw. der Anerkennung dessen.[809] Im vorliegenden Kapitel werde ich die Entwicklungen der DDR-Propaganda gegen westdeutsche Nationalsozialisten und Nazi-Diplomaten aus unterschiedlichen Perspektiven aufzeigen. Erst wird das *Braunbuch* präsentiert, das den propagandistischen Höhepunkt der Spannungen zwischen Ost- und Westdeutschland bezüglich der Verfolgung ehemaliger Nazis verkörperte. Das *Braunbuch* hatte eine bedeutende Funktion für die propagandistischen Maßnahmen der DDR-Diplomatie. Dann beschäftige ich mich mit den diplomatischen Kontakten der DDR mit US-amerikanisch-jüdischen Organisationen und mit dem amerikanischen Justizministerium in der Zeit während der Verfolgung von NS- und Kriegsverbrechern. Der dritte Teil dieses Teilkapitels beschäftigt sich mit der „Aktion Nazidiplomaten" – eine Aktion, die sich direkt

---

809 Für einen Blick in die sowjetisch geprägten Narrative in osteuropäischen Ländern der Nachkriegszeit und den Einfluss auf deren Außenpolitik, die auch für die DDR gelten vgl. Hallama, Peter/Stach, Stephan: Einleitung: Gegengeschichte – Zweiter Weltkrieg und Holocaust im ostmitteleuropäischen Dissens. In: *Gegengeschichte – Zweiter Weltkrieg und Holocaust im ostmitteleuropäischen Dissens*. Leipzig 2015, S. 17 ff.

gegen die westdeutschen Nazi-Diplomaten richtete. Auch die Rolle der historischen Auf- und Bearbeitung des Themas durch DDR-Historiker taucht in diesem eigentlich rein diplomatischen Thema auf.

5.1. Das *Braunbuch* und die Diplomatie

Das 1965 erschienene *Braunbuch. Kriegs- und Naziverbrecher in der Bundesrepublik* und die daraus folgenden politischen Konsequenzen für die internationale Haltung gegenüber der Bundesrepublik stellen den grundsätzlichen Charakter der Propagandapolitik der DDR der Sechzigerjahre dar und markieren den Höhepunkt der propagandistischen Bemühungen gegenüber Westdeutschland.[810] Das Buch weist die systematische Beteiligung von Naziverbrechern aus allen Ebenen der westdeutschen Gesellschaft und die personelle Kontinuität im öffentlichen Dienst der Bundesrepublik nach. Im Anhang des Buches von Detlef Joseph zur DDR und den Juden, in dem Renate Kirchner, die Gründerin und bis 2002 Leiterin der Bibliothek der jüdischen Gemeinde in der Oranienburger Straße in Berlin, die DDR-Bibliographie zur „Judenfrage" benennt, wird das *Braunbuch* als Sachliteratur zum Thema „Nationalsozialismus und Judenverfolgung" erwähnt.[811] Demzufolge nehmen manche akademischen Kreise (aus der ehemaligen DDR) das *Braunbuch* als Teil der jüdischen Literatur der DDR wahr – was relativ ungewöhnlich ist.

Die ersten Schritte in Richtung einer offiziellen und ausführlichen Veröffentlichung bzw. eines biographischen Lexikons über die Verbrechen von ehemaligen Nazis in der Bundesrepublik sind bereits unmittelbar nach der Gründung der DDR zu erkennen. Die Idee zur Formulierung eines solchen Konzepts war vermutlich von dem *Braunbuch über Reichstagsbrand und Hitlerterror* aus 1933 inspiriert.[812] Jedoch dauerte es fast zwanzig Jahre ab dem Ende des Krieges, bis eine

---

810 Vgl. PA AA M C1573/76, „Arbeit mit dem Braunbuch", 28.10.1965.

811 Vgl. Joseph, Detlef: *Die DDR und die Juden. Eine kritische Untersuchung.* Berlin 2010, S. 282. Einen kritischen Blick aus jüdischen Kreisen zur Veröffentlichung von Detlef Joseph vgl. Krauss, Martin: Joseph und seine Brüder. Ein Jurist behauptet: In der DDR gab es keinen Antisemitismus. In: *Jüdische Allgemeine*, 9.12.2010.

812 Ein in der Schweiz erschienenes Buch, das die Verbrechen Hitlers gegen politische Gegner und Beweise für die Verantwortung der Nazis beim Reichstagsbrand beschreibt. Vgl. Weltkomitee für die Opfer des Hitlerfaschismus (Hg.): *Braunbuch über Reichstagsbrand und Hitler-Terror.* Basel 1933. Eine Reproduktion des Buches wurde im Jahr 1980 in der DDR veröffentlicht, vgl. Weltkomitee für die Opfer des

finale Ausgabe des neuen *Braunbuchs* unter der Förderung von Albert Norden erschien.[813] Nach einem Beschluss des Zentralkomitees der SED, der die ursprüngliche Version des *Braunbuchs* darlegte, sollte sich die geplante Veröffentlichung mit dem „Terror in Westdeutschland [beschäftigen, und] in wissenschaftlich dokumentierter, aber aufgelockerter Form geschrieben"[814] sein. Im Gegensatz zur finalen Ausgabe legte dieser Entwurf verschiedene Perspektiven des „westdeutschen Terrors" auf einer anderen methodologischen Ebene dar. Ein Kapitel ist den „Persönlichkeiten aller Schichten und Parteien, die dem Terror des Adenauer-Regimes zum Opfer gefallen sind", gewidmet und ein anderes den politischen Einschränkungen, die gegen die Tätigkeiten der Kommunistischen Partei in Westdeutschland und andere „demokratische Freiheiten" stattfanden.[815] Das dritte Kapitel ist dem

„Terrorapparat des Staates und de[n] faschistischen Mordorganisationen [z. B.] Grenzpolizei, Geheimpolizei, [...] Bundesamt für Verfassungsschutz (Adenauers Gestapo), [...] Bund[] Deutsche[r] Jugend und seine[r] geheime[n] Lenkung durch amerikanische und westliche Regierungsteile"[816]

gewidmet. In der Gliederung des unveröffentlichten Buches fehlt die biographische Darstellung der NS-Vergangenheit einzelner Persönlichkeiten völlig. Ich nehme an, dass die lexikalische Methode später entwickelt wurde, als die anderen Richtlinien und Schwerpunkte des geforderten *Braunbuchs* ihren Weg in andere Propagandamaterialien der DDR fanden.

5.1.1. Vorschläge zur Nutzung des *Braunbuchs* aus dem MfAA

Anfang der Sechzigerjahre, bevor das *Braunbuch* auf den Markt kam, wurde auch im Außenministerium über unterschiedliche Konzepte für eine Veröffentlichung über Nazis in Westdeutschland diskutiert. Die Abteilung Rechts- und Vertragswesen des MfAA konzipierte die gewünschten Schwerpunkte einer möglichen Dokumentation. Den

---

Hitlerfaschismus (Hg.): *Braunbuch über Reichstagsbrand und Hitler-Terror*. Berlin 1980.

813 Über den wichtigen Beitrag von Albert Norden zur Veröffentlichung des Braunbuchs berichtete die Zeitung *Neues Deutschland*, vgl. Die Weltöffentlichkeit rechtzeitig alarmiert. In: *Neues Deutschland*, 29.11.1980, S. 10; Tiefe Trauer um unseren Genossen Albert Norden. In: *Neues Deutschland*, 1.6.1982, S. 1.

814 BArch NY 4090/296. „Vorlage für das Sekretariat des ZK der SED", Aus der Arbeit des ZS bzw. Sekretariat des ZK der SED, 1946–1953.

815 Vgl. ebenda.

816 Ebenda.

Mitarbeitern der Rechtsabteilung des Ministeriums zufolge sollte die Dokumentation „durch eine sachliche und nüchterne Darstellung wirken und weitestgehend auf Fakten aufgebaut sein"[817]. Daraus folgt, dass die propagandistische Arbeit auf seriöser historischer Recherche und Überprüfungen von Fakten basieren sollte. Die Hauptaufgabe der Abteilung bzw. das Hauptziel dieser Dokumentation war, nachzuweisen,

> „dass die Durchsetzung des Bonner Staatsapparates mit ehemaligen Kriegsverbrechern und aktiven Anhängern des Naziregimes ein flagranter Bruch des Völkerrechts, insbesondere des Potsdamer Abkommens und der speziellen Bestimmung zur Bestrafung der Kriegsverbrecher ist"[818].

Auf der juristischen Ebene sollte betont werden, dass der politische Gebrauch von Kriegsverbrechern in Westdeutschland „die Resolution der UN-Vollversammlung vom 11.12.1946 gröblich verletzt[e]"[819]. Die justiziellen Verletzungen der Bundesrepublik erhielten eine politische Akzeptanz, da diese „Wiederverwendung von Nazikriegsverbrechern in leitenden Funktionen staatlich sanktioniert wird"[820]. Das bedeutet, dass die ehemaligen Nazis und die nationalsozialistische Ideologie durch die westdeutsche Staatspolitik offiziell politisch anerkannt wurden. Betont wurde auch, welche politischen Positionen die Kriegsverbrecher in Westdeutschland bekleideten und welche Politik sie vor und nach dem Krieg ausübten. Darunter hat man u. a. die Ausführung der atomaren Aufrüstung, den Revanchismus und den Militarismus zu verstehen.[821] Die Abteilung Rechts- und Vertragswesen des MfAA ging bei der Gliederung der künftigen Dokumentation sehr ins Detail und erklärte, dass jedes Kapitel des Buches (und zwar: Nazis im Bundestag, in der Bundesregierung, im Auswärtigen Dienst, in der Bundeswehr, in der Justiz und in der Polizei) eine Gesamtübersicht durch eine „Darlegung und Schilderung konkrete[r] Einzelfälle"[822] bekommen sollte.

---

817 PAAA M A2945, „Konzeption für die Dokumentation über ehemalige Kriegsverbrecher und aktive Nazianhänger im Bonner Staat", 15.8.1962.
818 Ebenda.
819 Ebenda.
820 Ebenda.
821 Vgl. ebenda.
822 Ebenda.

5.1.2. Die Veröffentlichung des *Braunbuchs*

Schließlich wurde das *Braunbuch* im Jahr 1965 veröffentlicht. Dem *Braunbuch* gemäß bezeichneten die Potsdamer Abkommen die politisch-juristische Grenzen des Begriffs „Kriegsverbrecher". Schließlich beschäftigte sich das Buch nicht nur mit den Vorwürfen gegen die Bundesrepublik: Jeder Angriff gegen die Westdeutschen bedeutete auch die Glorifizierung der DDR, zu recht oder nicht. Das Buch zeigt eine Übereinstimmung zwischen der Darstellung der ehemaligen Nationalsozialisten in der BRD und der ideologischen und historiographischen Aufarbeitung der NS-Vergangenheit in der DDR. Der Vergleich zwischen der DDR und der BRD und zwischen den beiden politischen und juristischen Entwicklungen stellt einen Beweis für die vermeintlich gelungene Bewältigung der DDR des Problems mit ehemaligen Nazis dar. Laut des *Braunbuchs* war die „Säuberung" der Staatsverwaltung und des -apparats in der DDR erfolgreich:

> „[I]n der Zeit von Mai 1945 bis Dezember 1967 wurden in der SBZ und der DDR insgesamt 16.583 Personen wegen Beteiligung an Verbrechen gegen den Frieden und die Menschlichkeit und wegen Kriegsverbrechen angeklagt."[823]

Gleichzeitig bestätigte das *Braunbuch*, dass das BRD-Justizsystem lediglich 12.457 Personen angeklagte, und das, „[o]bwohl nach 1945 der weitaus größte Teil der Kriegs- und Naziverbrechen in die westlichen Besatzungszonen flüchtete"[824], und darüber hinaus war die westdeutsche Bevölkerung viel größer als die Bevölkerung der DDR.

Jedes Kapitel des *Braunbuchs* konzentriert sich auf einen anderen Bereich der westdeutschen Verwaltung: Militär, Justiz, Wirtschaft und Diplomatie.

> „Zu den Stützen der Hitlerdiktatur, den Wegbereitern und Nutznießern der Judenverfolgung, den Organisatoren und Kommandeuren der Überfälle auf fast alle Länder Europas, zu den überführten Mördern von Antifaschisten und Widerstandskämpfern, die heute in Westdeutschland wieder tätig sind",

zählt das Braunbuch „244 leitende Beamte des Auswärtigen Amtes, der Bonner Botschaften und Konsulate, und unzählige andere Mitarbeiter der westdeutschen Regierung".[825] Neben der differenzierten Haltung des Buches zu Nazis in Westdeutschland und Nazis in der DDR, zeigt

---

823 Ebenda, S. 7.
824 Ebenda, S. 8.
825 Vgl. ebenda, S. 9.

es eine andere Art der Aufarbeitung der NS-Vergangenheit. In den beschriebenen Begründungen der Veröffentlichung stellte das *Braunbuch* die DDR als moralisch verantwortlich für ganz Deutschland vor: die DDR nahm „ihr Recht und ihre Pflicht, [...] die Öffentlichkeit über die gefährliche Entwicklung in Westdeutschland zu informieren und ihren Teil dazu beizutragen" wahr, damit „die Vergangenheit in ganz Deutschland bewältigt wird".[826] Das *Braunbuch* schlägt eine ostdeutsche Version der Hallstein-Doktrin vor: Die DDR war Repräsentantin des gesamtdeutschen Volkes.

5.1.3. Diplomaten als Lobbyisten des *Braunbuchs*

Eine Beschreibung der vom MfAA erwarteten Bestrebungen zur Popularisierung des *Braunbuchs* stand im Mittelpunkt eines Berichts des Dokumentationszentrums des Ministeriums des Innern an den stellvertretenden Innenminister Richard Wenzel. Der Bericht betonte die „starke Beachtung" des *Braunbuchs* im Ausland und insbesondere in Westdeutschland und beschrieb die Zufriedenheit der Beauftragten mit dessen Verbreitung, dank der „guten Arbeit" der Liga für Völkerfreundschaft und des MfAA.[827] Weiterhin wurde bemerkt, dass man bei der DDR aus aller Welt Kopien des *Braunbuchs* anforderte, das auch schon in die russische, englische und französische Sprache übersetzt wurde.[828] Jedoch sollten die Bestrebungen gegenüber der Bundesrepublik verstärkt werden, da „das Echo aus Westdeutschland im Vergleich zum Auslandsecho noch schwach [ist] und [...] vor allem noch nicht von bekannten und einflussreichen Persönlichkeiten [kommt]"[829].

Die geplante Popularisierung und Verbreitung des *Braunbuchs* galt für das MfAA als ein „neuer Höhepunkt" in der „Arbeit zur Entlarvung des faschistischen Charakters des Bonner Staates".[830] Verantwortlich für die Übermittlung der Maßnahmen der DDR-Auslandsvertretungen aus dem *Braunbuch* war die Abteilung Internationale Organisationen des Außenministeriums. Die Abteilung verfasste die Einleitungen für die DDR-Auslandsvertretungen über die Aufgaben und die gewünschte

---

826 Vgl. ebenda, S. 8.
827 Vgl. BArch DO 1/21023 Bericht über die Arbeit mit dem Braunbuch, 1968.
828 Vgl. ebenda.
829 Ebenda.
830 Vgl. PA AA M C1573/76, „Arbeit mit dem Braunbuch", 28.10.1965.

Popularisierungsarbeit des *Braunbuchs*.[831] Sie bestanden aus zwei Ebenen: Die erste war eher thematisch-inhaltlich. Die Auslandsvertretungen wurden gebeten, sich auf die „Gruppe der Hauptschuldigen zu konzentrieren", die „an der Durchführung der Bonner Politik der Notstandsgesetzgebung nach innen und der nationalistischen, revanchistischen Politik nach außen beteiligt sind" und deren Namen im Braunbuch erscheinen, wie zum Beispiel Lübcke, Trettner, Vialon und die „Kriegsverbrecherkonzerne".[832] Die zweite Ebene der diplomatischen Arbeit war funktional und konzentrierte sich auf die Art und Weise der Bekanntmachung des *Braunbuchs*, insbesondere „in den Staaten der Antihitler-Koalition und in jüdischen Kreisen"[833]. Neben Veröffentlichungen über das *Braunbuch* in den Bulletins und Informationsdiensten der Botschaften sollten die ostdeutschen Diplomaten die fremdsprachlichen Fassungen durch ihre akkreditieren diplomatischen Vertretungen im Ausland an dritte Länder senden. Auch in diesem Zusammenhang wurden die Auslandsvertretungen angewiesen, Kontakt mit Persönlichkeiten aus den Reihen der Kämpfer gegen den Faschismus und aus den jüdischen Kreisen aufzunehmen sowie Rezensionen über das *Braunbuch* in der Presse, den Zeitungen und Zeitschriften entsprechend auszurichten.[834]

Die Arbeit verschiedener Organe der DDR am *Braunbuch*, z. B. des MfAA, der Liga für Völkerfreundschaft, dem Friedensrat sowie der jüdischen Gemeinde, beinhaltete unter anderem dessen Versand nach gegliederten Listen an verschiedene Organisationen, Institutionen und Individuen, die – nach der Einschätzung der DDR-Führung – lokalen und internationalen Einfluss besaßen. Bei der Erstellung der Namenslisten wurde die Aufmerksamkeit sowohl auf internationale Friedensbewegungen als auch auf einzelne Persönlichkeiten gelegt. Neben Politikern und Prominenten wurde das *Braunbuch* auch an international einflussreiche Persönlichkeiten aus Frankreich (wie den Philosophen Jean-Paul Sartre oder den Widerstandskämpfer und Mitglied des Vorstandes der *Bewegung gegen Rassenhetze, Antisemitismus und für den Frieden*, Benjamine Ginsbourg), oder aus Italien (Leo Neppi Modona, Direktor der jüdischen Monatsrundschau *Ebrei d'Europa*, die öfters über die DDR berichtete), an Wissenschaftler, Kaufleute und

---

831 Weitere Beispiele für Schreibungen der Abteilung Internationale Organisationen an die DDR-Botschafter, vgl. PA AA M C1573/76, „Braunbuch", 12.8.1965.
832 Vgl. PA AA M1573/76, „Arbeit mit dem Braunbuch", 28.10.1965.
833 Ebenda.
834 Vgl. ebenda.

Theologen versandt. Auch „zahlreiche Bürger aus Israel"[835], wie der Generalsekretär des *National Committee of the Defenders of Peace in Israel*, Jakow Majus, und Jehoschua Blum, Funktionär der sozialistischen Partei *MAPAM*, erhielten eine Kopie des Buches.[836] Die Namenslisten wurden kategorisiert, zwar nicht systematisch, aber immerhin ordentlich. Neben jedem Namen wurde schriftlich eine relevante Rubrik bzw. ein Titel notiert: „Publizist", „Zeitung", „Friedensbewegung", „Student", „Verlag", „Professor", „christliche Gemeinde", „Kirche", „Bibliothek", „Politiker", „Rabbiner" oder „jüdischer Bürger".[837] Der Versand von Propagandamaterial aus der DDR an jüdisch-stämmige Bürger wurde auch von der israelischen Regierung beobachtet und politisch bewertet.[838] Einige dieser Namen wurden nicht einfach sporadisch von den DDR-Funktionären ausgewählt. Diese Namen erhielt die DDR-Behörde über gewisse Mittelsmänner, die wir später in diesem Kapitel kennenlernen. Aus diesem Grund ist die Zahl der Juden in diesen Listen verhältnismäßig hoch. Unter ihnen befinden sich hunderte Einzelpersonen: Mitglieder von Organisationen wie der amerikanischen *Federation of Jewish Women Clubs*, *The Committee to Combat Nazism and Antisemitism* oder der israelische *National Committee of the Defenders of Peace*.[839]

Im Folgenden möchte ich exemplarisch ein Beispiel für die praktische Verwendung des *Braunbuchs* durch einen Diplomaten vorstellen. Die Aufdeckung von Nationalsozialisten und Kriegsverbrechern, die in der Bundesrepublik nicht bestraft worden waren, und die Aktion zur internationalen Verbreitung des *Braunbuchs* wurden von den DDR-Funktionären missbraucht, um die politisch-ideologischen Zwecke ihrer Außenpolitik zu betonen und zu verwirklichen.[840] Solche

---

835 BArch DZ 9/1958; BArch DZ 9/2295.

836 Vgl. BArch DZ 9/2295 „Braunbuch"-Versand 1965–1966.

837 Vgl. ebenda.

838 Zum Beispiel der Fall eines amerikanisch-jüdischen Bürgers, wohnhaft in Los Angeles, der Material über den Zustand der jüdischen Gemeinde in Ostdeutschland und über die Säuberung der Gesellschaft von den Resten des Nazismus im Vergleich zur Bundesrepublik direkt aus DDR-Behörde bekam. Vgl. ISA-mfa-Political-000kzq0, „Ostdeutsche Propaganda unter Juden", Brief von Mordechai Schalew, israelischer Generalkonsul in Los Angeles, an Simcha Dinitz aus dem Außenministerium in Jerusalem, 20.12.1961.

839 Vgl. BArch DZ 9/2295 „Braunbuch"-Versand, 1965–1966.

840 Vgl. BArch DO 1/21023, Schriftverkehr mit dem Dokumentationszentrum der staatlichen Archivverwaltung, 26.8.1968.

Situationen ergaben sich, wenn Fragen über die fehlende diplomatische Beziehung mit Israel auftauchten oder wenn Zweifel an der allgemeinen Haltung der DDR gegenüber Juden von den Empfängern des *Braunbuchs* ausgedrückt werden sollte. Ein gutes Beispiel für die politische Nutzung des Braunbuchs ist der Briefwechsel zwischen dem Generalsekretär des Friedensrates der DDR, Kurt Hälker, und dem britischen Bürger Rodney Mantle aus Kent, England. In einem seiner Briefe betonte Mantle seine (vermeintliche) Neugierde, stellte (relativ ironische) Fragen an Hälker und machte verschiedene Bemerkungen. Erst fragte Mantle, ob die DDR diplomatische Beziehungen zu Israel unterhielt, und falls nicht, warum. Zweitens wollte er wissen, warum die DDR (im Gegensatz zur Bundesrepublik) keine Entschädigungen an die in Israel lebenden jüdischen Opfer des Nazismus zahlte. Und drittens fragte er, wie viele Juden zur Zeit in der DDR lebten und ob sie nach Israel auswandern dürften.[841] In seinem Antwortschreiben distanzierte sich Hälker von der DDR-Regierung und wies darauf hin, dass er keine offizielle Antwort im Namen der DDR liefern könne, da der Friedensrat keine „Regierungsorganisation" war. Trotzdem konnte er mitteilen, dass es keine Voraussetzungen für diplomatische Beziehungen zwischen der DDR und Israel gab. Hälker stellte die DDR-Haltung gegenüber der Israelpolitik der Bundesrepublik vor und kritisierte die Wiedergutmachungsabkommen zwischen den beiden. Laut Hälker konnten Waffenlieferungen der BRD an Israel nicht als „echte Entschädigungen" gelten. Diese Abkommen waren nach der Meinung Hälkers weder als moralische Auswirkungen noch als „Wiedergutmachung" für die grausamen Taten des Nationalsozialismus zu verstehen. In diesem Zusammenhang wies Hälker erneut darauf hin, dass im Unterschied zur DDR führende Positionen in der westdeutschen Regierung von Naziverbrechern bekleidet wurden. Nach einer Beratung mit der jüdischen Gemeinde Berlins konnte Hälker Mantle mitteilen, dass kein Mitglied der Gemeinde freiwillig nach Israel auszuwandern wünsche. Würden DDR-Bürger jüdischer Abstammung ihre Verwandten in Israel besuchen wollen, könnten sie eine Reiseerlaubnis erhalten, versprach Hälker. Um diese Argumente bei Mantle zu begründen und zu festigen, legte Hälker ihm das *Braunbuch* bei.[842]

---

841 Vgl. BArch DZ 9/2295, 3.11.1965.
842 Vgl. BArch DZ 9/2295, 16.11.1965.

5.2. Bedingungslose Freundschaft? Kontakte mit jüdischen Organisationen und Hindernisse bei der „Nazijagd"

Die direkten und indirekten diplomatischen Verhandlungen zwischen Israel und der DDR – hauptsächlich während der Fünfzigerjahre –, die womöglich mit einer Ablehnung der Wiedergutmachungsforderungen seitens der DDR abschlossen, gingen auch mit der Verweigerung einer gegenseitigen offiziellen diplomatischen Anerkennung einher. Diese nach Historikerin Angelika Timm bezeichneten „Nichtbeziehungen"[843] beleuchteten Prozesse auf mehreren Ebenen, durch die die DDR die NS-Vergangenheit und die Schuld der NS-Verbrecher bewältigte. Aus meiner Sicht prägen diese Prozesse die DDR-Version einer eigenen NS-Vergangenheitsbewältigung. Auf Grund der Selbstbestimmung des Staates Israel als „jüdischer Staat" und als Heimat aller Juden und im Zusammenhang mit der angespannten politischen Situation im Nahen Osten, beschrieb die Haltung der DDR gegenüber Israel umfangreiche Schlüsselthemen der ostdeutschen Außenpolitik. Auf der deklarativen Ebene und in Betrachtung der sowjetischen Politik im Nahen Osten nahm die DDR eine positive Haltung gegenüber der arabischen Welt im Allgemein und vor allem gegenüber der palästinensischen Befreiungsbewegung (PLO) ein. Dementsprechend äußerte die DDR ihre Kritik an der sogenannten kolonialistischen Politik Israels – vor und nach dem Sechs-Tage-Krieg im Jahr 1967. Verbunden war diese feindselige Haltung mit der militärischen und finanziellen Zusammenarbeit, Unterstützung und Abhängigkeit Israels von den USA und der Bundesrepublik. Zugleich, und oftmals wiederholt, verweigerte die DDR ihre Verantwortung für die Verbrecher des Nationalsozialismus und lehnte die westdeutsche Methode der Wiedergutmachungsforderungen an die in Israel wohnenden Holocaustüberlebenden ab.[844]

Mein Ziel ist nicht, die Beziehungen zwischen der DDR und Israel zu analysieren, denn sie waren bereits Kern mehrerer Forschungen, die im Rahmen dieser Arbeit schon erwähnt wurden.[845] Ich konzentriere mich auf die anderen Ebenen der DDR-Außenpolitik, in denen die DDR-Israel-Beziehung eine wesentliche Rolle spielt. Dazu erläutere ich die ostdeutsche Auseinandersetzung mit der „jüdischen Welt"

---

843 Vgl. Timm, 1997, S. 19.
844 Vgl. Reichel, 2017, S. 89.
845 Vgl. bspw. Timm, 1997 oder Wolffsohn, 1995.

in breiterem Sinne. Kontakte mit israelischen Politikern,[846] jüdische und internationale (hauptsächlich US-amerikanische) Organisationen, die von jüdischen Persönlichkeiten geführt wurden, waren ein wichtiges Element der DDR-Außenpolitik bezüglich ihrer Kampagne gegen ehemalige Nationalsozialisten. Solche inoffiziellen Gespräche und Bindungen mit Einzelpersonen oder Organisationen, die nicht unbedingt deren Regierung repräsentieren, waren in der DDR fast genauso wichtig wie herkömmliche diplomatische Kontakte.[847]

5.2.1. Das *Combat* des Rabbiners Yampol

Aus früheren Forschungsarbeiten sowie aus dem Archivmaterial kann geschlossen werden, dass die SED die jüdischen Gemeinden in den USA als eine politische Gruppe bzw. als ein politisches Instrument betrachtete, mit dem sie die US-Regierung beeinflussen konnte.[848] Das Vorhaben hinter dieser offensichtlichen „Benutzung" der jüdischen Gemeinden oder anderer jüdischer Organisationen war die Propagierung der antifaschistischen Aktivitäten der DDR auf internationaler Ebene. Damit versuchte die DDR, die amerikanische Bevölkerung bzw. politische Elite von der gerechtfertigten DDR-Existenz zu überzeugen.[849] Diese Auffassung US-amerikanisch-jüdischer Persönlichkeiten als einflussreiche oder als politische Lobby, die für die DDR-Politik als nützlich eingestuft wurden, ist als antisemitisches Vorgehen zu

---

846 Zum Beispiel mit Mitgliedern der Israelischen Kommunistischen Partei MAKI und der Neuen Kommunistischen Liste RAKACH. Vgl. Timm, 1997, S. 203.

847 Vgl. PA AA M C912, Konzeption für „Die Außenpolitik der DDR", 17.1.1964.

848 Vgl. Matthes, Philip Alexander: David und Goliath. Der Anerkennungslobbyismus der DDR in den USA von 1964 bis 1974. In: *Umworbener Klassenfeind: Das Verhältnis der DDR zu den USA*. Hrsg. von Uta A. Balbier/Christiane Rösch. Berlin 2006, S. 47. Auch in der Bundesrepublik wurden solchen Stimmen zu Gunsten der DDR geäußert. Vgl. PAAA B38 II A1 148, Aufzeichnung betreffend „Verlängerung der Strafverfolgungs-verjährung von NS-Verbrechen" des Leiters der Abteilung V des Auswärtigen Amtes, 20.2.1965. In dieser Aufzeichnung wurden „die Juden in der ganzen Welt", „Emigranten" und „Widerstandskämpfer" als Bevölkerungsgruppe bezeichnet, die „einzeln oder gemischt über zahlreiche, z. T. sehr einflußreiche Organisationen [verfügen], die in unzähligen Petitionen und Demonstrationen vor unsere[n] Auslandsvertretungen (besonders in den USA und in Großbritannien) ihren Standpunkt zur Geltung bringen".

849 Vgl. Matthes, Philip Alexander: *Puppet Regime vs. Lead Nation*. Inauguraldissertation zur Erlangung des Doktorgrades der Philosophischen Fakultät der Universität zu Bonn. Bonn 2011, S. 153.

werten.[850] Ich beabsichtige nicht, die DDR-Politik zu beurteilen und zu entscheiden, ob dieser Staat antisemitisch war oder nicht. Trotzdem werde ich davon ausgehen, dass diese Auffassung von der Notwendigkeit und Dringlichkeit der SED-Spitzen (unter denen auch viele Juden saßen) abgeleitet ist, um eine internationale Anerkennung der DDR zu erreichen. Es soll überdies bemerkt werden, dass das amerikanische Judentum in diesen Jahren – bis heute – in der Tat als eine der wichtigsten politischen Gruppen in der amerikanischen Politik und Gesellschaft galt und gilt, und auch von sich selbst so wahrgenommen wurde und wird.[851] Um ihre politischen Ziele zu erreichen, förderten die SED-Führung und das MfAA die Erschaffung und Entwicklung von Kontakten auf semi-diplomatischen Ebenen mit jüdischen antifaschistischen Organisationen, die sich – genau wie die DDR selbst – mit der Verfolgung von Nazi- und Kriegsverbrechen beschäftigten. Eine der ersten vom MfAA dokumentierten offiziellen Verbindungen mit einer Anti-Nazi-Organisation war die mit dem *National Committee Against Nazis and National-Socialism in the United States*, das sich aus dem Anti-Heusinger-Komitee entwickelte.[852]

Die Beziehung zum Komitee begannen bereits Anfang der Sechzigerjahre. Zu diesem Zeitpunkt war dessen Vorsitzender, Rabbiner Samuel Burr Yampol, schon als „Nazijäger" in der DDR bekannt.[853] Rabbi Yampol wurde 1899 in Berdiansk, Russland geboren und seit 1917 lebte er in den USA.[854] Der erste Nachweis, dass das MfAA die Maßnahmen der

---

850 Vgl. Wolffsohn, Michael: Jews in Divided Germany (1945–1990) and Beyond. Scrutinized in Retrospect. In: *Being Jewish in 21st-Century Germany*. Hrsg. von Haim Fireberg/Olaf Glöckner. Berlin/Boston 2015, S. 19.

851 Der politische Einfluss der jüdischen Gemeinde in der USA ermöglichte die Verwendung von antisemitischen Vorurteilen in der DDR-Propaganda, wenn Sie z. B. über das „amerikanische Kapital" sprach. Vgl. Matthes, 2006, S. 47.

852 Das Anti-Heusinger-Komitee beabsichtigte, die Nominierung von Alfred Heusinger, ehemaliger General im „Dritten Reich" und nach 1945 Generalinspekteur der Bundeswehr, für die Stelle des Vorsitzenden des Militärkomitees der NATO zu verhindern.

853 Vgl. PAAA M C1571/70: „Information in Verbindung eines Gespräches mit Rabbiner Burr S. Yampol (USA) am Donnerstag, dem 23. Juni 1966, 11.30 Uhr, 22.6.1966". Über Yampol und sein Engagement mit der Jagd nach Nazis vgl. Saidel, Rochelle G.: *The Outraged Conscience. Seekers of Justice for Nazi War Criminals in America*. Albany 1984, S. 63. In den USA wurde Yampol als Kommunist betrachtet, vgl. United States Government printing Office (Hg.): *Communist Political Subversion: The Campaign to Destroy the Security Programs of the United States Government*. U. S. Government Printing Office 1957.

854 Vgl. Simons, John (Hg.): *Who's who in American Jewry*: a biographical dictionary of living jews of the United States and Canada, Volume 3, 1938–1939. New York:

damals noch *Anti-Heusinger-Komitee* genannten Behörde beobachtete, findet sich in einem Informationsblatt der Abteilung USA des MfAA von 1962. In diesem Dokument wurde Yampols Engagement in seiner Heimatstadt Chicago, die Struktur des Komitees sowie dessen Veranstaltungen und öffentliche Kundgebungen beschrieben.[855] Yampols Ende 1962 geäußerte Bitte um Materialien über den Kriegsverbrecher Alfred Heusinger, die nach seiner Vermutung in den DDR-Archiven gelagert wurden,[856] setzte eine langjährige Beziehung zwischen seinem Komitee und dem Friedensrat der DDR in Bewegung. In den folgenden Monaten und Jahren unterstützte der Friedensrat der DDR das Komitee, förderte und initiierte die Überlieferung von Materialien und Dokumentationen. Unter diesen Materialien befanden sich auch dokumentarische Filme, die die Ermittlung gegen und Verfolgung von Nazis in den USA (sowie auch das politische Profil der DDR in den USA) verbessern sollten. Vonseiten Yampols wurden die ersten Initiativen des Friedensrats aufrichtig positiv und mit Dankbarkeit akzeptiert. Die engen Kontakte wurden nicht unabhängig vom Friedensrat eingeleitet, sondern direkt von der Abteilung USA des MfAA überwacht und eingeordnet.

Unterschiedliche Vermerke und Berichte des Ministeriums beschrieben die erwartete Strategie der Arbeit gegenüber dem Komitee. Aus diesen Akten kann man schließen, dass die Unterstützung Yampols durch den Friedensrat nicht nur Yampols wichtigen Zielen („die Säuberung des amerikanischen Bodens von den Nazimördern"[857]) dienten, sondern hauptsächlich den eigennützigen propagandistischen Interessen der DDR. Das amerikanische Komitee verlangte, dass seine Aktivitäten nicht nur in den jüdischen Kreisen der USA verblieben. Yampol hatte das Ziel, die amerikanische Gesellschaft und andere Organisationen oder amerikanische Politiker zu motivieren, die Politik der US-Regierung gegenüber der BRD zu ändern. Diese Zielsetzung war im MfAA bekannt. Dementsprechend zeigen die Diskussionen innerhalb des Außenministeriums, dass die Kontakte zu Yampol für die DDR eine Gelegenheit boten, in Amerika Fuß zu fassen. Laut Vermerken der 5. Außereuropäischen Abteilung des Außenministeriums

Jewish Biographical Bureau, S. 1161.

855 Vgl. PA AA M C1571/70, „Information", 19.4.1962.

856 Vgl. PAAA M C1571/70, Brief von Yampol an Leo Regener, 3.10.1962.

857 PAAA M C1571/70: Information, 19.4.1962, zit. von *The Worker*, 31.12.1961; Vgl. PAAA M C1571/70 und PAAA M A1963, „Information über Verbindungen zum Anti-Heusinger-Komitee (Chicago), 27.11.1962.

beabsichtigten diese Kontakte, die unterschiedlichen Charaktere beider deutschen Staaten auszubauen und zu betonen.[858] Auf diese Weise wird eine klare Mischung aus Realpolitik und propagandistischen Taktiken zum Ausdruck gebracht.

Die Beziehung und das Vertrauen zwischen den beiden Seiten waren so gut, dass Yampol mehrmals in die DDR reiste: im Jahr 1964 als Ehrengast der Feierlichkeiten zum 15. Tag der Republik[859] und im Jahr 1966 für einen kurzen Besuch während seiner Reise durch Ost- und Westeuropa.[860] Yampol begrüßte die Aufenthalte in der DDR, da er dadurch seine Forschung nach belastendem Material über Naziverbrecher erweitern durfte. Außerdem konnte sich Yampol ein eigenes Bild von der jüdischen Gemeinde in Ostdeutschland machen und die DDR-Spitzen wollten zeigen, wie sich die ostdeutsche jüdische Gemeinde entwickelte.[861] In einer Zeit voller Schwierigkeiten auf der diplomatischen Ebene und zögerlicher internationaler Anerkennung boten die Aufenthalte Yampols eine Gelegenheit für die DDR, ihre Anti-Nazi-Politik zu bewerben und zu beschönigen. Auf diese Weise konnten die DDR-Funktionäre das Profil ihres Staates als gerechten und moralischen deutschen Staat in der öffentlichen Meinung des internationalen Parketts festigen. Denn Yampol teilte den Ostdeutschen mit, dass er über seine Erfahrungen während der DDR-Reisen in den allgemeinen Medien und in jüdischen Zeitungen der USA berichten würde. In verschiedenen Interviews schilderte er seinen positiven Eindruck von der Verpflichtung der DDR, Nazi- und Kriegsverbrechen zu verfolgen, sowie seine Freude über die offizielle finanzielle Unterstützung der jüdischen Gemeinde in Ostdeutschland.[862] Außer bei der moralischen Verteidigung der DDR half Yampol dem Friedensrat auch bei der Popularisierung des *Braunbuchs*, indem er den DDR-Funktionären

---

858 Vgl. ebenda.
859 Vgl. Bei Dr. Riegenburger. In: *Neues Deutschland*, 6.10.1964, S. 11.
860 Die DDR-Presse berichtete auch über einen Besuch von Yampol anlässlich des 20. Jahrestages zur Gründung der DDR im 1969. Vgl. Weitere Jubiläumsgäste in Berlin eingetroffen. In: *Berliner Zeitung*, 2.10.1969, S. 2. Über den Besuch steht keine Information unter den Akten des MfAA zur Verfügung.
861 Vgl. PAAA M C1571/70, Yampols Brief an Leo Regener, damals Direktor der Pädagogischen Zentralbibliothek des Friedensrates, 26.7.1964.
862 Vgl. PA AA M C1571/70, Bericht über den Aufenthalt von Rabbi S. Burr Yampol, von 3. bis. 8 Oktober 1964; Brief von Yampol zu Hälker, 31.3.1966.

Namenslisten einflussreicher jüdischer Persönlichkeiten aus den USA zur Verfügung stellte.[863]

Bei verschiedenen Gelegenheiten jedoch betonte Yampol auch seine Kritik an der Haltung der DDR gegenüber ihrer jüdischen Gemeinde und Israel im Zusammenhang mit den Wiedergutmachungsabkommen. Trotzdem setzte er seine Mission für eine Kooperation bei der Verfolgung der Nazis und der Sammlung von belastendem Material über Kriegsverbrechen fort.[864] Nicht ohne Grund nahmen die Zusammenkünfte mit jüdischen Persönlichkeiten und die Teilnahme an kulturellen Veranstaltungen im Gebiet der jüdischen Gemeinde einen Großteil seiner Besuche in der DDR ein.[865] Die Reaktion der DDR-Funktionäre auf seine „doppelte Mission" – seine „Nazijagd" und das Beobachten des jüdischen Lebens in der DDR – war widersprüchlich. Aus Kurt Hälkers Äußerungen kann geschlossen werden, dass er von Yampols Besuch im Jahr 1964 enttäuscht war. Hälker behauptete, dass das Interesse des Rabbiners an der Verfolgung von Nazi- und Kriegsverbrechen nicht der Sympathie für den Sozialismus entwuchs, sondern Yampols jüdischem Glauben.[866] Innerhalb der Abteilung USA des MfAA wurde dagegen die gleiche Argumentation für eine positive Einschätzung Yampols benutzt. Laut einem Bericht der Abteilung waren seine religiöse Orientierung und sein Engagement ein Vorteil, da er

---

863 Vgl. BArch DZ 9/2295, Briefwechsel mit Kurt Hälker, November 1965. Der deutsch-amerikanische Journalist Hans Steinitz erklärte, dass die zahlreichen Persönlichkeiten in den USA, die Propagandamaterialien aus der DDR bekamen, von kommerziellen Unternehmen an die kommunistischen Parteien im Ostblock verkauft wurden. Vgl. Steinitz, Hans: Grüße aus der „alten Heimat". Eine notwendige Klarstellung. In: *Aufbau*, 12.11.1965, S. 18. In einem Interview des ADN mit Yampol sagte er, dass sein Komitee Exemplare des Braunbuchs an amerikanische Politiker versenden würde. Vgl. DDR-Braunbuch eindeutig. In: *Neue Zeit*, 25.6.1966, S. 2.

864 Vgl. z. B. PA AA M C1571/70, Briefe an Hälker vom 9.11.1964 und 14.11.1964.

865 Vgl. PA AA M C1571/70, „Programm für den Aufenthalt von Rabbi S. Burr Yampol, Vorsitzender des Komitees gegen Nazi-Verbrecher und Nazismus in Amerika, zum 15. Jahrestag der Republik vom 2. bis 9. Oktober 1964", o. D. Ein anderes Beispiel für die zentrale Rolle der Besuche von jüdischen Persönlichkeiten bei den ostdeutschen jüdischen Gemeinden s. Briefaustausch der Liga für Völkerfreundschaft der DDR über die Vorbereitungen für den Besuch einer „Delegation jüdischer Publizisten aus den USA". Während des Besuches besichtigte die Delegation eine Synagoge in Berlin, eine Synagoge in Leipzig, die Dresdner Gemeinde sowie die Gedenkstätte in Buchenwald. Vgl. BArch DY 13/3295, Oktober 1980.

866 Vgl. BArch DY 30/IV A2/20/608 Bericht, 8.10.1964; vgl. Matthes, 2011, S. 155 ff.

deswegen seine Arbeit mit „Eifer, Energie und Konsequenz"[867] durchführte.

Die sogenannten „jüdischen Themen" Yampols fanden ebenfalls ihren Ausdruck in den Briefaustauschen zwischen der DDR und dem Rabbiner. Im Gegensatz zu den geäußerten Meinungen von Hälker und vom Bericht der US-Abteilung gegenüber Yampol veröffentlichte die DDR bzw. das MfAA eine gemeinsame offizielle Mitteilung. In einem Dokument mit dem Titel „Material für einen Antwortbrief an Yampol" befinden sich die vorbereiteten Antworten an Yampol, sollte er über die Wiedergutmachungsabkommen oder über die fehlende diplomatische Beziehung mit Israel Fragen stellen. Die vorgeschlagenen Antworten aus diesem Dokument entsprechen den gleichen Stellungnahmen der offiziellen Politik bzw. Propaganda der DDR gegenüber Israel, z. B. die Erfüllung der Anforderungen der Potsdamer Abkommen und die Ablehnung der westdeutschen Interpretation der Wiedergutmachung.[868] Eine beispielhafte Durchführung dieser „Anleitungen" kann anhand der Antworten des Staatssekretärs für Kirchenfragen zwischen 1960 und 1979, Hans Seigewasser,[869] auf Yampols Fragen über die Bereitschaft der DDR, Juden aus Westdeutschland aufzunehmen, nachvollzogen werden. In Seigewassers Brief wurde nochmals die Verpflichtung der DDR zu Humanismus und Frieden, die ihre Existenz rechtfertigte, betont. Laut Seigewasser versprachen diese Prinzipien die politische Stabilität der DDR, da es im Gegensatz zu Westdeutschland „in der Deutschen Demokratischen Republik [...] keinerlei Raum für die barbarischen Ismen der deutschen Vergangenheit [gab]: Rassismus, Antisemitismus und Chauvinismus"[870]. Daher wurden westdeutsche Juden in die DDR eingeladen. Eindeutige und direkte Antworten auf seine Fragen bekam Yampol von Seigewasser aber nicht.

Ob Yampol von den Prinzipien der DDR-Funktionäre überzeugt war oder nicht, erfahren wir aus der künftig angespannten Entwicklung seiner Beziehung mit der DDR. Eine Wende in der Kooperation zwischen beiden Seiten war erst in der zweiten Hälfte der Sechzigerjahre

---

867 PA AA M C1571/70: Bericht über den Aufenthalt von Rabbi S. Burr Yampol, Vorsitzender des Komitees gegen Nazi-Verbrecher und Nazismus in Amerika, vom 3. bis 8. Oktober 1964", o. D.

868 Vgl. PA AA M C1571/70: Material für einen Antwortbrief, o. D., vermutlich Ende 1965.

869 Seigewasser Kurzbiographie, vgl. Müller-Enbergs/Wielgohs/Hoffmann/Herbst/Kirchey-Feix/Reimann, Bd. 2, 2010, S. 1221.

870 PA AA M C1571/70, Brief von Seigewasser an Yampol, 24.11.1964.

sichtbar. Vor dem Hintergrund der angespannten militärpolitischen Lage im Nahen Osten und der Folgen des Sechs-Tage-Krieges fand diese Wende auf zwei Ebenen statt. Auf der politischen Ebene drückte Yampol seine Unzufriedenheit mit Walter Ulbrichts Reise in die Vereinigte Arabische Republik und mit der Unterstützung der „Feinde Israels" aus. Er forderte zusätzlich eine offizielle Erklärung der DDR zum Antisemitismus in der Sowjetunion.[871] Albert Norden schrieb einen der Briefe an Yampol, in dem er die Politik Ulbrichts rechtfertigte. Unter anderem stellte Norden fest, dass die westliche Presse

> „diese[n] Besuch von verschiedenen Kreisen zum Anlaß genommen [...] [hatte], um seine Ziele zu verdrehen, die DDR zu verleumden, zu diffamieren und die historische Wahrheit, daß die DDR den Faschismus und seine Rassenideologie mit Stumpf und Stiel ausrottete, willkürlich wider besseres Wissen zu entstellen"[872].

Gleichzeitig wiederholte Norden die DDR-Verpflichtungen zur Entschädigung der jüdischen Bürger in ihren Gebieten, nicht ohne scharfe Kritik an der Zusammenarbeit zwischen Israel und Westdeutschland.[873] Als Nachweis für die gute Einstellung der DDR gegenüber ihren jüdischen Bürgern betonte Norden die Tatsache, dass mehrere leitende Positionen in der Führung der DDR von jüdischen Bürgern besetzt werden. Der Besuch Ulbrichts in der Vereinigten Arabischen Republik wurde auch aus diplomatischen Gründen gerechtfertigt und fand ohne Widerspruch zu den positiven Beziehungen zu antifaschistischen Kreisen in Israel statt. Nordens Äußerungen gelten als ein Beweis für die regelmäßigen Beziehungen mit kommunistisch-sozialistischen Kreisen in Israel.[874] Diese Beziehungen veranschaulichen die klaren Unterschiede, die in der DDR zwischen Antiisraelismus, Antizionismus und Antisemitismus herrschten.

Seine Unzufriedenheit mit Nordens Antworten und mit der festgestellten DDR-Haltung gegenüber den Juden und Israel drückte Yampol

---

871 Vgl. PAAA M C1571/70, „Auszug aus einem Brief des Rabbiners Yampol vom 5.3. 1965 an Gen. Hälker, Friedensrat"; PAAA M C1571/70 und PA AA M A17773, Brief von Yampol an Hälker, 31.8.1967.

872 PA AA M C1571/70, „Auszugsweise Abschrift eines Briefes des Genossen Albert Norden an den amerikanischen Rabbiner Yampol, der dem Genossen Norden nach der Reise des Staatsratsvorsitzenden, Genossen Walter Ulbricht, in die VAR ausführlich geschrieben hatte", 8.12.1965.

873 Vgl. ebenda; vgl. PA AA M A17773, Auszug aus einem Brief des Rabbiners Yampol an Gen. Hälker, 5.3.1965.

874 Vgl. PA AA M A17773, Auszug aus einem Brief des Rabbiners Yampol an Gen. Hälker, 5.3.1965.

in einem Brief an Hälker aus, in dem er die ostdeutsche Regierung ausdrücklich anklagt. Das Ziel seiner Kritik war Albert Norden persönlich, der den widersprüchlichen DDR-Standpunkt für ihn verkörperte. Er bezog sich auf den Antwortbrief Nordens und auf die Erklärung ostdeutscher Juden über die israelische Aggressionspolitik.[875] Yampol fragte im Bezug auf die Israelpolitik im Nahen Osten und die militärischen Leistungen Israels im Sechs-Tage-Krieg: „Wie kann Professor Norden oder der humanistische Walter Ulbricht das Aggression nennen?"[876]

Und er fügte hinzu:

„Prof. Norden, obgleich Sohn eines Rabbiners, ist nicht Mitglied der jüdischen Gemeinde, und ich kann mir vorstellen, dass andere jüdische Bürger, die die Erklärung unterschrieben haben, wie Prof. Norden nicht Mitglieder der Gemeinde sind. Wie ich sehe, verurteilt die jüdische Gemeinde von Berlin und der DDR Israel nicht."[877]

Nun wende ich mich noch der zweiten, sachlich-praktischen Ebene des Wechsels in der Beziehung zu. Neben der fehlenden Anerkennung ihrer moralischen Verantwortung gegenüber den Juden behauptete Yampol, dass die DDR ihre Versprechen an ihn, nämlich die Akten und die generelle Unterstützung, nicht erfüllte und dass sie den Versand der gewünschten belastenden Materialien nach Westdeutschland absichtlich verzögerte: „Was nützt es, wenn Sie die Berichte in Ostberlin behalten und die Kriegsverbrecher gehen frei in Westdeutschland herum?"[878], fragte Yampol, und fuhr fort:

„Würde es nicht besser sein, dem Ersuchen für einen offiziellen Kontakt voranzugehen und Westdeutschland mit den notwendigen Dokumenten zu beliefern, um es ihnen zu ermöglichen, die Kriegsverbrecher, die dort ansässig sind, unter die Lupe zu nehmen"?[879]

Die langjährigen Beziehungen, die hoffnungsvoll begannen und enttäuscht beendet wurden, stellen die Spannung und den Widerspruch zwischen der Politik und der Ideologie in der DDR dar. In diesem Fall sieht es aus, als hätte die Politik gewonnen.[880]

---

875 Vgl. Erklärung jüdischer Bürger der DDR. In: *Neues Deutschland*, 9.6.1967, S. 2.
876 PA AA M C1571/70: Brief von Yampol an Hälker, 31.8.1967.
877 Ebenda.
878 PA AA M C1571/70, Brief von Yampol an Hälker, 3.4.1968.
879 Ebenda. Unterstreichung i. O.
880 Eine „ostdeutsche" und kritische Antwort zu solchen Vorwürfen, dass die DDR wesentliche Akten über Nazi- und Kriegsverbrecher von den westdeutschen Behörden versteckte, bietet Detlef Joseph. Er beschuldigt die Bundesrepublik, dass sie

Der Protest jüdischer Organisationen in den USA gegen die juristischen und gesetzlichen Entwicklungen in der Bundesrepublik beschäftigte auch die Bundesrepublik und das Außenministerium in Bonn. Große Sorgen wurden wegen der in den USA stattgefundenen Demonstrationen und Kundgebungen gegen die Bundesrepublik geäußert. Dutzende Protestbriefe wurden beispielsweise von Anhängern und Vertretern des *New Yorker Committee Against Nazism and Antisemitism* an den damaligen Bundesaußenminister Gerhard Schröder geschrieben.[881] Die westdeutsche Botschaft in Washington sah die BZ und die „in der Zone geschaffene Organisation ‚Gesellschaft Neue Heimat'"[882] für diese Aktionen verantwortlich.[883]

In diesem Zusammenhang wurden das Engagement von Rabbiner Yampol an der „Jagd" von Nazi- und Kriegsverbrechern sowie seine Beziehung zur DDR in Westdeutschland beachtet und dokumentiert. Auch die westdeutsche Botschaft in Washington und das Generalkonsulat in Chicago standen in Kontakt mit Yampol und dokumentierten zum einen seine Schwierigkeiten bei dem Versuch, belastendes Material über Kriegsverbrecher in Ost- und Westdeutschland zu erhalten und zum anderen seinen Wunsch, die Rolle eines Vermittlers zwischen der BRD und der DDR einzunehmen.

Wie bei anderen jüdischen Organisationen drehte sich auch Yampols Beziehung zur Bundesrepublik hauptsächlich um die Verjährung von Nazi- und Kriegsverbrechen, aber auch um seine Bestrebungen, Dokumente über Kriegsverbrechen aus den Archiven der Bundesrepublik und der DDR zu erhalten. Die Unterredungen zwischen dem amerikanischen Konsulats und Yampol und die Briefwechsel verschiedener Abteilungen des Auswärtigen Amtes über Yampols Aktivitäten fanden in den Sechzigerjahren gleichzeitig mit den Kontakten des Rabbiners mit der DDR statt. In einem Briefaustausch zwischen Yampol und dem westdeutschen Botschafter in Washington, Karl Heinrich Knappstein, wurde über Verjährungsfragen von Morden bzw. von Naziverbrechen und über die Suche Yampols nach belastendem Material in Ost- und

---

die Annahme der Akten der DDR ablehnte, um die DDR nicht offiziell anerkennen zu müssen. Ein Hinweis dafür ist, dass nach der Eröffnung der DDR-Archive keine neuen Ermittlungen gegen NS-Verbrecher stattfanden. Vgl. Joseph, 2002, S. 206 ff.

881 Eine Auswahl der Briefe vom Anfang 1965 liegt im PA AA B 83 Nr. 381.

882 „Gesellschaft Neue Heimat" GNH wurde 1964 gegründet, um die „Beziehungen zu deutschsprachigen Minderheiten im Ausland zu pflegen". Vgl. Muth, 2000, S. 94.

883 Vgl. PA AA B 83 Nr. 381, „SBZ-Propaganda in den Vereinigten Staaten", 12.3.1965, mit Anhang eines Exemplars eines Aufrufs der „Gesellschaft Neue Heimat", o. D.

Westdeutschland diskutiert. In den Vermerken und Berichten zu diesen Kontakten nannte Knappstein Yampol den „Vorsitzende[n] des sehr weit links stehenden ‚National Committee to Combat Nazism'"[884]. Demnach waren Yampols politische Standpunkte und seine Weltanschauung sowohl für die BRD als auch für die DDR klar kommuniziert und lagen offen. Yampols politische Positionierung, seine Linksorientierung und seine Sympathie für den kommunistischen Block wurden in beiden Außenministerien entsprechend unterschiedlich wahrgenommen. Im Gegensatz zur freundlichen Haltung des MfAA und des Friedensrates der DDR war das Verhältnis des Auswärtigen Amtes und der anderen westdeutschen Behörden mit Yampol viel zurückhaltender.[885] Seine Bereitschaft, als Vermittler zwischen der DDR und der Bundesrepublik aufzutreten, wurde in Bonn gern angenommen, wenn auch mit einer gewissen Skepsis hinsichtlich seiner Erfolgschancen.

Mitarbeiter des Auswärtigen Amtes verschärften ihren Ton gegenüber Yampols tatsächlichem Vorhaben einer „Nazijagd" im Mai 1969. Das Generalkonsulat der BRD in Chicago teilte dem Auswärtigen Amt in Bonn mit, dass Yampols Organisation, „soweit bekannt, ausschließlich aus Juden osteuropäischer Herkunft zusammengesetzt, [...] [eine] besonders rabiate Haltung gegenüber allem Deutschen"[886] einnahm. Es ist also sehr wahrscheinlich, dass die 24 Jahre alte Geschichte aus dem Gedächtnis der westdeutschen Diplomaten verschwunden war, sonst kann schwer begründet werden, warum die „Rabiatheit" dieser Juden osteuropäischer Herkunft so unvorstellbar gewesen sein soll. Wegen der Kontakte Yampols und seines Komitees zur DDR und Sowjetunion stand der Verdacht der Polizei von Chicago im Raum, dass er ein kommunistischer Agent war und deshalb wurde er polizeilich ständig überwacht.[887] Weitere Nachforschungen des Generalkonsulats über den Hintergrund und die Motive Yampols führten zu verwirrenden Ergebnissen. Nach einer Rücksprache mit der jüdischen Gemeinde

---

884 PA AA B 83 Nr. 381, „Ermittlung von Kriegsverbrechern", Brief aus der deutschen Botschaft in Washington an das Auswärtige Amt in Bonn, 11.3.1968.

885 In einer Sitzung des Kabinettsausschusses für innerdeutsche Beziehungen wurde beispielsweise beschlossen, nicht alle Einzelheiten betreffend der Auswertung des in der SBZ lagernden Archivmaterials mit Yampol zu teilen. Vgl. PA AA B 83 Nr. 381, „Ermittlung von Kriegsverbrechern", 22.5.1968.

886 PA AA B 83 Nr. 381, „Rabbiner S. Burr Yampol", Brief des Generalkonsulats in Chicago an das Auswärtige Amt in Bonn, 13.5.1969.

887 Vgl. ebenda.

in Chicago, ob Yampol überhaupt eine Rolle für sie spielte, kam das Generalkonsulat zu dem erstaunlichen Ergebnis, dass ihm

„[...] in jüdischen Kreisen und erst recht außerhalb dieser so gut wie keine Bedeutung zukommt, dass der Rabbiner Yampol von den hiesigen Juden, soweit sie überhaupt von seiner Existenz etwas wissen, als nicht repräsentativ bezeichnet, und u. a. wegen seiner starken Linkstendenzen in politischen Dingen abgelehnt wird"[888].

Diese Bemerkungen im Namen der jüdischen Gemeinde sind auffällig, sofern die deutschen Diplomaten in Chicago ihre Quellen richtig zitierten. Dass Yampol in den jüdischen Kreisen von Chicago gar nicht bekannt war, ist meiner Meinung nach unwahrscheinlich. Die Zeitung der jüdischen Gemeinde in Chicago, *The Sentinel*, berichtete häufig über Yampol und sein Engagement in der Gemeinde sowie über seine Tätigkeiten im Rahmen von „Nazijagden".[889] Er wurde auch mit dem Preis *Ohev Torah* (hebr. Liebhaber der Torah) des *Telshe College* in Chicago für seine hervorragenden Leistungen für die Thora-Bildung in seiner Gemeinde geehrt. Darüber wurde in der Zeitung berichtet, zusammen mit einem großen Foto von Rabbiner Yampol.[890] Andere Berichte aus dieser Zeitung zeigen, dass Yampol eine zentrale Rolle in der Gemeinde spielte. Bis heute sind Yampols Nachkommen und Verwandte in dieser Gemeinde bekannt.[891]

Im letzten Bericht des Generalkonsulats zum Fall Yampol wurde nach langem Briefaustausch zwischen verschiedenen Abteilungen des Auswärtigen Amtes und des Ministeriums der Justiz bestätigt, dass laut FBI Yampol selbst eigentlich harmlos sei. Jedoch „haben die Kommunisten mehrere Agenten in den Vorständen des Komitees eingeschleust und [...] dieses finanziell [unterstützt]"[892]. Das Risiko, das Yampol trug, war nicht so groß und so war es auch mit der westdeutschen Bereit-

---

888 PA AA B 83 Nr. 381, „National Committee to Combat Nazism", Brief des Generalkonsulats in Chicago, 6.6.1969, sowie unter „Verjährung von NS-Verbrechen", Brief der Abteilung V 4 des Auswärtigen Amtes an den Bundesminister für Justiz und den Chef des Bundeskanzleramts, 8.8.1969.

889 Vgl. Senator Morse Exposes Heusinger's War Record. In: *The Sentinel*, 4.5.1961, S. 8; Charles Allen And Abe Feinglass To Speak At „Committee Against Nazi Criminals" Meeting. In: *The Sentinel*, 16.5.1963, S. 25; Rabbi Yampol Tells Of Visit To East Europe. In: *The Sentinel*, 15.9.1966, S. 22.

890 Vgl. Telshe Presents Award to Rabbi Yampol. In: *The Sentinel*, 2.1.1969, S. 24.

891 Die Enkeltochter von Yampol, Lani Yampol Gershon, ist eine bekannte Figur in der jüdischen Gemeinde in Chicago. Vgl. Saidel, 1984, S. ix.

892 PA AA B 83 Nr. 381 „Rabbiner S. Burr Yampol", Brief des Generalkonsulats in Chicago an das Auswärtigen Amt in Bonn, 29.7.1969.

schaft, mit ihm zu kooperieren. Ende 1969 starb Yampol in Chicago. Eine Gedenktafel zur Erinnerung an ihn wurde in der *Telshe Yeshiva* aufgehängt.[893]

Die deutlichen Unterschiede zwischen den Haltungen des Auswärtigen Amtes und des Ministeriums für Auswärtige Angelegenheiten gegenüber Yampol sind spannend, besonders die Schlussfolgerungen des Konsulats der Bundesrepublik in Chicago. Die an die hundert Briefe Yampols und des Komitees an prominente Politiker der USA und der Bundesrepublik sowie die Prahlerei Yampols mit diesen Kontakten,[894] bedrohten und besorgten die westdeutschen Diplomaten mehr als ihre ostdeutschen Kollegen. Aus der Perspektive der Bundesrepublik kann die Beschäftigung der DDR mit Yampol insofern erklärt werden, als Ostdeutschland ständig versuchte, die Bundesrepublik zu delegitimieren. Der Grund für diese verbalen Angriffe, die die Verjährung von Nazi- und Kriegsverbrechen und die Beteiligung von belasteten Nazis an der politischen Führung Westdeutschlands betrafen, war für die BRD-Diplomaten einfach inakzeptabel. Die DDR ergriff alle Maßnahmen, auch die Kontaktaufnahme mit Persönlichkeiten, die zwar eine wichtige Aufgabe, aber keinen richtigen Einfluss hatten, um die Propaganda gegen die Bundesrepublik fortzusetzen und zu verbreiten. Es sieht so aus, als hätte auch eine angeblich unwichtige Person wie Rabbiner Yampol trotz seiner infrage stehenden Irrelevanz große Aufmerksamkeit von beiden deutschen Außenministerien erhalten. Yampol, bewusst oder unbeabsichtigt, deckte nicht nur die politischen, ideologischen und propagandistischen Spannungen zwischen der DDR und der Bundesrepublik auf. Er musste die traurige Wahrheit feststellen, dass die beiden deutschen Staaten eine ernste und breite Untersuchung nach Kriegsverbrechern aus ganz unterschiedlichen Gründen verhinderten.

---

893 Vgl. Dedicate Rabbi Yampol Plaque at Telshe. In: *The Sentinel*, 1.10.1970, S. 102.
894 In einem Brief von dem Generalkonsulat in Chicago an das Auswärtige Amt wurden die angeblich „engen Beziehungen" von Yampol zu dem neu gewählten Bundespräsidenten Gustav Heinemann erwähnt. Vgl. PA AA B 83 Nr. 381 „Rabbiner S. Burr Yampol", 13.5.1969.

5.2.2. Der Holocaustüberlebende und der wiederholte Streit um die Israelpolitik

Ähnliche Reaktionen auf die DDR wie von Rabbiner Yampol zeigte Menachem Samuel Arnoni, ein amerikanisch-israelischer Antifaschist, der während der Sechzigerjahre in Kontakt mit der DDR stand. Arnoni ist im Jahr 1922 in Lodz geboren. Nach 1945 lebte er in den USA, Israel und den Niederlanden und war politisch sowie in akademischen Kreisen aktiv.[895] Die DDR-Presse berichtete über Arnonis Tätigkeiten und stellte ihn im positiven Licht als Teilnehmer der amerikanischen Friedensbewegung dar.[896] Der Briefwechsel zwischen Arnoni und verschiedenen Persönlichkeiten aus dem Friedensrat der DDR entstand nicht aus den gleichen Beweggründen wie der von Yampol. Beide Fälle beweisen jedoch, wie verwoben die Zusammenarbeit zwischen nichtstaatlichen Organisationen Ostdeutschlands mit den Regierungsorganen der DDR war, unter anderem auch mit dem MfAA.

Arnoni erhielt die Einladung, zum 20. Jahrestag des Sieges über den Nazismus in die DDR einzureisen und an einer Konferenz des Friedensrates über Frieden und Abrüstung teilzunehmen, welche er vorerst unverbindlich annahm. Wenig später aber zog Arnoni seine Zusage zurück und erklärte seine Entscheidung, doch nicht zu dem gegebenen Anlass in die DDR einzureisen. Als „ehemaliger Insasse von Nazi-Konzentrationslagern" wäre er zwar „erfreut, jenen Teil Deutschlands zu besuchen, in welchem solche aufrichtigen Anstrengungen gemacht wurden, das Gift des Nazismus und Chauvinismus mit der Wurzel auszurotten, und einen Geist des Friedens und der Brüderlichkeit zu schaffen".[897] Jedoch zweifelte er auch, ob ein Besuch in der DDR die richtige Entscheidung wäre. „Gewisse politische Erwägungen" führten dazu, dass Arnoni sich nicht verbindlich für eine Reise in die DDR entscheiden konnte. In einem anderen Schreiben erklärte Arnoni seine Kritik bezüglich der Ablehnung der Wiedergutmachung an Israel. Er stellte die Frage,

---

895 Arnoni, M. S. (Menachem S.), 1922–1985: Social Networks and Archival Context, https://snaccooperative.org/ark:/99166/w6tb3rj4 [abgerufen am 29.10.2021, 15:17 Uhr]. Information über seine Sammlungen an der Boston University: Arnoni, M.S. (1922–1985): Howard Gotlieb Archival Research Center, Boston University, http://archives.bu.edu/collections/collection?id=121543, https://snaccooperative.org/ark:/99166/w6tb3rj4 [abgerufen am 29.10.2021, 15:18 Uhr].
896 Vgl. Friedenskampf contra Antikommunismus. In: *Neue Zeit*, 17.1.1963, S. 9.
897 Vgl. PA AA M A17773, Brief an Prof. Walter Friedrich, Präsident des Friedensrates der DDR, 17.7.1964.

„welche Anstrengungen [...] die Deutsche Demokratische Republik gemacht [hat], ganz gleich mit welcher Motivierung, um der jüdischen Bevölkerung als ganzes und als Einzelwesen das zu zahlen, was überhaupt als wiedergutzumachender Teil der Schuld der deutschen Nation besteht? Die traurige Antwort war: nichts."[898]

Wie Yampol vor ihm zeigte auch er seine Unzufriedenheit mit dem Besuch Ulbrichts in der Vereinigten Arabischen Republik und fasste zusammen:

„[...] solange der Deutschen Demokratischen Republik die vorstehend behandelten moralischen Erwägungen fremd sind, kann ich von mir nicht sagen, dass ich mit ihr genügend moralische Gemeinsamkeiten habe, die bei einer Annahme Ihrer freundlichen Einladung im Geist der Freundschaft eine Voraussetzung wären."[899]

Interessanterweise wurde die voraussichtliche Antwort an Arnoni nicht vom Friedensrat, dem ursprünglichen Adressaten seines Schreibens, sondern von der 3. außereuropäischen Abteilung in Zusammenarbeit mit der Abteilung Grundsatzfragen und der 5. außereuropäischen Abteilung des MfAA formuliert. In dem ausführlichen Dokument dieser Abteilungen stehen Hinweise, die bei der endgültigen Beantwortung durch den Friedensrat beachtet werden sollten.[900] Arnonis geäußerte Meinung wurde erstens von der „Verurteilung der Politik der herrschenden Kreise in Israel" beeinflusst und zweitens enthielt sein Brief typischerweise die Ansicht, dass „gegen uns in den USA in Zusammenhang mit unserem politischen Erfolg in der Nahostpolitik polemisiert wird".[901] Deswegen mussten Arnonis Anklagen vom Friedensrat „offensiv beantwortet werden"[902].

Die Begründungen und Erklärungen der DDR in dieser Beantwortung sind ähnlich zu denen an Yampol. Die DDR sollte in der vorgeschlagenen Antwort als der deutsche Staat dastehen, „in dem an die wahrhaft humanistischen Traditionen der deutschen Geschichte angeknüpft wird, ganz besonders verpflichtet, die Lehren aus der Vergangenheit zu ziehen, die eine Wiederholung der Grauen des

---

898 PA AA M A17773, Brief an Heinz Willmann, Generalsekretär des Friedensrates der DDR, 25.2.1965.

899 Ebenda.

900 Vgl. PA AA M A17773, „Hinweise für die Beantwortung eines Briefes von M. S. Arnoni an den Generalsekretär des Deutschen Friedensrates, Gen. Heinz Willmann", 1.4.1965.

901 Vgl. ebenda.

902 Ebenda.

Hitlerfaschismus für immer unmöglich machen"[903]. Diese friedlichen Prinzipien charakterisierten die Hauptaufgaben der Außen- und Innenpolitik der DDR. Sie „gelten gleichfalls für die Haltung der DDR gegenüber den friedlichen jüdischen Menschen, gleichgültig in welchem Staat der Erde sie leben"[904]. Angedeutet wurde auch, dass die Zusammenarbeit mit „friedliebenden Kräften aus Israel in keinem Widerspruch zu der Verurteilung der friedensgefährdenden Politik, die von reaktionären Kreisen in Israel betrieben wird"[905], stand. Bezüglich der Wiedergutmachung wurde erneut betont, dass die DDR alle Verpflichtungen aus dem Potsdamer Abkommen erfüllte und dass die „sogenannten Wiedergutmachungszahlungen" der Bundesrepublik an Israel nur dem westdeutschen Neokolonialismus und Imperialismus dienten.[906]

Trotz Arnonis klarer negativer Haltung gegenüber der DDR und trotz der Vermutung, dass er von den Kapitalisten und Zionisten beeinflusst wurde, gab die DDR Arnoni nicht auf. Seine politische Weltanschauung und sein gesellschaftlich-politisches Engagement – die Leitung und das Herausgeben der linksliberalen Zeitschrift *The Minority of One* –[907] boten zu viele Möglichkeiten und unerfüllte Gelegenheiten, die die politischen Ziele der DDR bedienen konnten. Daher wurde empfohlen, ihn noch einmal in die DDR einzuladen, „um durch persönliche Erlebnisse seine Vorbehalte zumindest weitgehend abzubauen"[908].

5.2.3. Juristische Maßnahmen in den USA und die Einmischung der DDR

Zusätzlich zu der politischen und wirtschaftlichen Bedeutung der seit 1974 entwickelten offiziellen diplomatischen Beziehungen zwischen den USA und der DDR führten diese auch zur Erweiterung der internationalen „Jagd" der Ostdeutschen nach lebenden Nationalsozialisten. Nach der Gründung des *Office of Special Investigations* im Rahmen

---

903 Ebenda.
904 Ebenda
905 Ebenda.
906 Vgl. ebenda.
907 Arnoni, M. S. (Hg.): *The Minority of One*. New Jersey. Diese Zeitschrift erschien zwischen 1959 und 1968.
908 PA AA M A17773 „Information über die Zeitschrift *The Minority of One* und ihren Herausgeber", 5.10.1965. Arnoni wurde auch im Schreiben Yampols als eine Person erwähnt, die wegen ihres Einflusses Kontakte lohnenswert mache. Vgl. PA AA M C1571/70, Übersetzung eines Briefes von Yampol an Hälker, 14.11.1964.

des US-amerikanischen Justizministeriums, eine Sonderarbeitsgruppe zur Recherche des Schicksals von Kriegsverbrechern in der Zeit des Zweiten Weltkriegs, die nach 1945 mit gefälschten Angaben die amerikanische Staatbürgerschaft erhielten, schlug der erste Sekretär der DDR-Botschaft in Washington, D. C. vor, direkte Kontakte zur Arbeitsgruppe zu knüpfen.[909] Das *Office of Special Investigations* war keineswegs eine jüdische Organisation, aber ihm wurde vorgeworfen, dass es von jüdischen Organisationen beeinflusst wurde.[910] Die Kontakte zwischen dem US-Justizministerium und dem DDR-Justizministerium und DDR-Außenministerium (über die DDR-Botschaft in Washington, D. C.) begannen bereits Ende Oktober 1978, während die offizielle Gründung der Arbeitsgruppe erst im September 1979 vollzogen wurde.[911] Außer den juristischen Zielen und Konsequenzen der künftigen Zusammenarbeit wurde diese Kooperation seitens der DDR von der Propaganda und den politisch-historischen Grundprinzipien dieses Staates geprägt. Nach den ersten Kontakten zwischen der ostdeutschen Regierung und der Arbeitsgruppe verdeutlichte Johannes Günther, erster Sekretär in der DDR-Botschaft in Washington, „dass die meisten Mitarbeiter der Arbeitsgruppe den historischen Hintergrund nicht oder nur unzureichend kennen und daher an solchen Informationen sehr interessiert sind"[912]. Man erkennt, dass die DDR-Diplomaten den Amerikanern die wahre Version der DDR-Geschichte näherbringen sollten.

Arthur Sinai,[913] damals stellvertretender Direktor der Arbeitsgruppe, beschrieb die Erfahrungen seines Besuchs in der DDR, der stattfand, um die Unterstützung der ostdeutschen Regierung für seine Untersuchungen zu bekommen.[914] In Ost-Berlin traf er den DDR-Generalstaatsanwalt Josef Streit, der seine Neugierde hinsichtlich der Motivation der US-Behörde, sich an der Untersuchung von Nazi- und

---

909 Vgl. PA AA M C7109 u. PA AA M ZR1.229/13, Vermerk, 24.8.1978.

910 Vgl. Feigin, Judy: *Office of Special Investigations: Striving for Accountability in the Aftermath of the Holocaust*. George Washington University, National Security Archive, Washington DC 2006, S. 168.

911 Vgl. Einhorn, Bruce J./ Sinai, Arthur/ Hoffman, Paul/ Felde, Kitty: The Prosecution of War Criminals and Violators of Human Rights in the United States. In: *Whittier Law* Review. Jg. 19, Nr. 2, 1997, S. 283.

912 PA AA M C7109, „Zum ‚Office of Special Investigations' der Kriminalabteilung des US-Justizministeriums", 28.11.1979.

913 Selbst ein Amerikaner jüdischer Abstammung. Vgl. Einhorn/Sinai/Hoffman/Felde, 1997, S. 292.

914 Der Besuch in Ost-Berlin fand am 3.9.1979 statt. Vgl. PA AA M C7109, Vermerk der Abteilung USA des MfAA, 5.9.1979.

Kriegsverbrechen zu beteiligen, nicht versteckte.[915] Nach Sinais Aussagen bemerkte Generalstaatsanwalt Streit, dass die DDR solche Fälle (d. h. Entlarvung und Bestrafung von ehemaligen Nazis) viel besser als die Bundesrepublik behandelte, denn „sobald sie Kriegsverbrecher fand, wurden sie erschossen"[916]. Sinai erfuhr von Streit, dass er selbst Opfer des Nationalsozialismus war; wegen seiner Aktivitäten in kommunistischen Kreisen war Streit im KZ interniert gewesen. Deshalb war Sinai davon überzeugt, dass Streit zur Verfolgung und Festnahme von Nazi- und Kriegsverbrechen verpflichtet war. Um das relevante historische Material zu finden und zu erforschen, erhielt die Arbeitsgruppe unüblicher Weise während dieses Besuches Zugang zu den Archiven der DDR. Sinai war sehr stolz darauf, da, soweit er wusste, vor diesem Besuch keine andere Regierung, insbesondere keine westliche Regierung, über diese Informationen mit der DDR-Regierung verhandeln konnte oder gar einen unmittelbaren Zugang zum Archiv bekam.[917] Ende November 1979 fand ein Gespräch zwischen Mitarbeitern der DDR-Botschaft in den USA, der Abteilung USA und Vertretern des US-Justizministeriums statt, in dem konkret über die geplante Weiterführung der Untersuchung in den DDR-Archiven beraten wurde.[918]

In einer Unterredung zwischen Joachim Elm, Sektorleiter in der Abteilung USA/Kanada/Japan des MfAA,[919] und einem gewissen Herrn Kart, Sekretär der amerikanischen Botschaft in der DDR, wurde wenige Monate später nach den Ergebnissen der Forschung gefragt. Es wurden Details darüber erfragt, wie hilfreich die enthaltenen Informationen zur Forschung des US-Justizministeriums waren. Kart antwortete, dass „ihm gegenwärtig dazu nichts bekannt sei. Er wisse lediglich, dass etwa 4–6 Personen z. Z. in Berufungsverfahren stünden."[920]

---

915 In dem Zusammenfassungsbericht dieser Kontakte der Botschaft der DDR in den USA standen unter den Begründungen der Bildung dieser Arbeitsgruppe unter anderem „internationaler und nationaler Druck verschiedener Institutionen bis hin zum Kongress". Vgl. PA AA M C7109 „zum ‚Office of Special Investigations‘ der Kriminalabteilung des US-Justizministeriums", 28.11.1979.

916 Einhorn/Sinai/Hoffman/Felde, 1997, S. 290.

917 Vgl. ebenda, S. 291.

918 Vgl. PA AA M ZR1.229/13, Vermerk, 29.11.1979.

919 Vgl. Buch, Günther: *Namen und Daten wichtiger Personen der DDR.* 4. Auflage, Berlin (West)/Bonn 1987, S. 57.

920 PA AA M ZR1.229/13, „Vermerk über ein Gespräch zwischen Elm, Sektorleiter USA, und dem 1. Sekretär der USA-Botschaft in der DDR Kert am 24.3.1980", 25.3.1980.

5.2.4. Historiker im Dienst #1

Dieses Teilkapitel schließe ich mit einer Anekdote über eine außergewöhnliche Anomalie in der Arbeit des MfAA ab, denn an den diplomatischen Aktivitäten nahmen nicht nur offizielle Organe der DDR (wie das MfAA) teil, sondern auch Nicht-Regierungsorganisationen. Dieser Fall veranschaulicht einerseits, welche Maßnahmen übernommen wurden, um die DDR-Politik zu rechtfertigen, und andererseits das Tohuwabohu der alltäglichen Arbeit der DDR. Im März 1979 schrieb Donald E. Spencer, Historiker im *Immigration and Naturalization Service* des US-Justizministeriums, an Prof. Karl Drechsler[921] vom Zentralinstitut für Geschichte in der Akademie der Wissenschaften der DDR, dass sie im Institut nach „Dokumentationen oder anderen Beweisen bezüglich ausländischen Freiwilligenbataillons, Sicherheitsdiensten, Polizeieinheiten, Wachen und Einheiten der Waffen-SS [forschen]. Es besteht ein besonders Interesse an diesen Einheiten, die Personal aus den baltischen Staaten umfassen."[922] Fast vier Monate nahmen sich das MfAA, das Ministerium des Inneren und die Akademie der Wissenschaften, um eine Antwort im Namen Drechslers an Spencer zu formulieren. Im Juni 1979 wurde in der Abteilung Recht- und Vertragswesen und in der Abteilung USA des MfAA entschieden, dass „Drechsler" an das amerikanische Justizministerium antworten soll, denn

> „[d]amit könnte vermieden werden, durch die Nichtbeantwortung des Schreibens irgendwelche Provokationen im Zusammenhang mit der Verfolgung und Bestrafung von Nazi- und Kriegsverbrechen gegen die DDR hervorzurufen. Außerdem wird die Bereitschaft der DDR zur Zusammenarbeit auf diesem Gebiet nochmals unterstrichen."[923]

Drechslers Antwort wurde nach Reformulierungen, Veränderungen und Bearbeitung der obengenannten Ministerien an Spencer versandt. Im Brief bedankt sich Drechsler für Spencers Interesse an den DDR-Archiven, aber zu seinem „Bedauern" müsse er mitteilen, „dass weder [er] noch die Akademie der Wissenschaften der DDR über derartige

---

921 Vgl. Mertens, Lothar (Hg.): *Lexikon der DDR-Historiker. Biographien und Bibliographien zu den Geschichtswissenschaftlern aus der Deutschen Demokratischen Republik.* München 2006, S. 186.

922 PA AA M C7109, Anlage zum Brief vom Prof. Dr. Süß. Leiter der Abteilung Recht- und Vertragswesen des MfAA an den Stellv. des Leiters der Rechtsabteilung im Ministerium des Inneren der DDR, Schmidt, 24.4.1979.

923 PA AA M C7109, Brief von Geyer Abteilung Recht- und Vertragswesen, Abteilung USA an den Stellv. des Ministers Dr. Kohl, Juni 1979.

Archive verfügen"[924] würden. Die Mitarbeiter des MfAA, also „Drechsler", wiesen Spencer darauf hin, sich bezüglich dieser Angelegenheit direkt an das MfAA zu wenden.[925] Weitere Hinweise für Kontakte zwischen Spencer und das MfAA tauchten in meiner Archivrecherche nicht auf.

5.3. Das Ziel der Offensive: Nazi-Diplomaten der BRD aufdecken

Die verstörende Tatsache, dass in der Bundesrepublik zahlreiche Nazi-Diplomaten ihre alten Posten aus der NS-Zeit im neuen Auswärtigen Amt besetzten, war weltweit bekannt. Die Meldungen in der internationalen Presse über die Nazi-Diplomaten wurden schon unmittelbar nach 1945 verbreitet. Die DDR nutzte diese Situation für ihre eigenen moralischen, politischen und propagandistischen Zwecke.[926] Im November 1958 hob Martin Doering, kommissarischer Abteilungsleiter der Hauptabteilung IV/1 des MfAA, in einem Brief an der DDR-Botschaft in Moskau hervor, die gemeinsamen Bemühungen des Ministeriums und des Ausschusses für Deutsche Einheit zur Entlarvung westdeutscher Nazi-Diplomaten zu verstärken. Im Brief wurden eine Zusammenstellung der bekanntesten Nazi-Diplomaten, „die heute wieder im diplomatischen Dienst der Bundesrepublik stehen sowie eine Liste der Botschafter und Konsuln der Bundesrepublik im Ausland"[927] übersandt. Die Namensliste sollte in der Sowjetunion weitergeführt, überprüft und bearbeitet werden, um sie um mehrere andere schon bekannten Namen zu ergänzen. Außerdem wurde erwartet,

---

924 PA AA M C7109, Schreiben von Drechsler an Spencer, 4.7.1979. Im Anhang des Schreibens vom Juni 1979 findet man den Entwurf des künftigen Briefes Drechslers mit handschriftlichen Bemerkungen und gestrichenen Absätzen und Worten, die die angebliche Authentizität des Textes betonten.

925 Vgl. ebenda.

926 Am Anfang der Fünfzigerjahre berichtete das Zentralorgan der SED von der Wiederbeschäftigung von Nazi-Diplomaten im westdeutschen Auswärtigen Amt. Vgl. Braunhemd-Diplomaten in Adenauers Außenministerium. In: *Neues Deutschland*, 11.05.1951. Jedoch lagen im MfAA der Fünfzigerjahre „über die politische Situation im Auswärtigen Amt keine ausreichenden zuverlässigen Informationen vor". Dafür stellte das Büro des Außenministers in einer Vorbemerkung Listen aus der Westpresse von Diplomaten des nationalsozialistischen Auswärtigen Amtes vor. Vgl. PAAA M A18057, „Struktur- und Stellenpläne des MfAA der BRD, Finnland, Polen, und der AA 1944", „Vorbemerkung", 1955.

927 PA AA M A594, „Nazidiplomaten", 21.11.1958.

dass die Zusammenarbeit des MfAA mit dem Ausschuss für Deutsche Einheit kontrolliert und bewertet wird.[928] Neben den namentlichen Details, die für die primäre biographische Untersuchung notwendig waren, wurde auch belastendes Material mit ausführlichen Beweisen über die verbrecherischen Taten der Diplomaten während der Nazizeit beigelegt. In einem internen Schreiben der 6. und der 1. Europäischen Abteilungen des MfAA vom September 1960 wurde die Notwendigkeit der Erforschung des belastenden Materials über Nazi-Diplomaten in Archiven von „befreundeten Ländern" begründet. Nötig waren Verzeichnisse des diplomatischen Korps aus den Jahren 1933 bis 1945 sowie Informationen über

> „[…] die personelle Besetzung der diplomatischen Vertretungen Hitlerdeutschlands, insbesondere in Italien, Japan, Spanien und den im 2. Weltkrieg okkupierten Ländern, […] Unterlagen über Auszeichnungen von Nazidiplomaten, Berichte über deren Tätigkeit und andere belastende oder informatorische Materialien"[929].

Bereits Anfang November 1958, in einer Besprechung des Botschaftsrates der DDR-Botschaft in Moskau, Rudolf Rossmeisl,[930] mit dem stellvertretenden Leiter der 3. Europäischen Abteilung des sowjetischen Außenministeriums Lunkow wurde der Fokus auf die Zusammenstellung einer Liste von Bonner Nazi-Diplomaten artikuliert. Rossmeisl betonte die Bitte seines Ministeriums um „die Überlassung einer Aufstellung der früher in der Sowjetunion tätigen Nazi-Diplomaten, ihre Handlungen und wenn möglich um Angaben über ihre jetzige Tätigkeit, falls den sowjetischen Organen darüber Informationen vorliegen"[931] sollten. Bei einer anderen Gelegenheit zwei Jahre später im Oktober 1960 bemerkte der Genosse Schiljakow, erster Botschaftsrat der sowjetischen Botschaft in Ostberlin, erneut, dass „außer der Zurverfügungstellung von Diplomatenlisten wahrscheinlich wenig Materialien zu finden sind, da sie schon einmal in ähnlicher Form uns geholfen haben"[932]. Ungefähr zwei Monate später, im Dezember 1960, übergab Schiljakow den Deutschen zwei weitere Listen von Nazi-Diplomaten:

---

928 Vgl. ebenda.
929 PA AA M A594 „Nazidiplomaten", 26.9.1960.
930 Rudolf Rossmeisl, deutscher Botschafter in Moskau (1956–1960). Vgl. Müller-Enbergs/Wiegohs/Hoffmann, 2001, S. 1095.
931 PA AA M A594, „Aktenvermerk", 5.11.1958.
932 PA AA M A594, „Auszug aus dem Aktenvermerk über eine Unterredung mit den Genossen Shiljakow und Beletzki von der 3. Europäischen Abteilung, von der Botschaft Koll. Thun am 12.10.60", 12.10.1960.

jeweils aus den Jahren 1933 und 1940. Außerdem stellte er erneut fest, dass im sowjetischen Außenministerium auf jeden Fall „kein weiteres belastendes Material gegen Nazidiplomaten zu finden"[933] sei.

5.3.1. Festlegung der Propaganda gegen Nazi-Diplomaten in der Bundesrepublik: Über die Grenze und zurück

Parallel zu den diplomatischen Bestrebungen und basierend auf der primären Zusammenarbeit mit befreundeten Ländern wurden in der DDR während der Fünfziger- und Sechzigerjahre verschiedene Bücher und Broschüren veröffentlicht, die sich mit der „braunen Geschichte" von Persönlichkeiten aus verschiedenen Ebenen des öffentlichen Lebens der Bundesrepublik beschäftigten. Neben recht berühmten Fällen wie Hans Globke, dessen Vergangenheit die DDR ein eigenes Buch widmete,[934] oder Heinrich Lübke wurde große Aufmerksamkeit auf andere Militaristen, Blutrichter und Nazi-Diplomaten gerichtet.[935] Die biographischen Informationen aus diesen Veröffentlichungen wurden mit Beweismaterial über die Tätigkeiten der Nazis aus der Zeit des „Dritten Reiches" unterstützt. Damit konnten die DDR-Propagandisten zeigen, wie die alten Nazis die faschistische Ideologie in der Bundesrepublik weiter verwirklichen konnten. Der Höhepunkt dieser Kampagne war das bereits erwähnte *Braunbuch*. Während der Ausschuss für Deutsche Einheit die Mehrzahl dieser Publikationen veröffentlichte, war das Ministerium für Auswärtige Angelegenheiten – als Teil seiner eigenen „Aktion" – für die Veröffentlichung und Popularisierung von Materialien über die Nazi-Diplomaten verantwortlich, vornehmlich für die Broschüre *Von Ribbentrop zu Adenauer* im Jahr 1961.[936]

---

933 PA AA M A594, „Aktenvermerk vom 15.12.1960 über eine Unterredung mit dem Genossen Shiljakow und Dejew am 13.12.1960", 15.12.1960.

934 Vgl. Ausschuss für Deutsche Einheit (Hg.): *Globke und die Ausrottung der Juden. Über die verbrecherische Vergangenheit des Staatssekretärs im Amt des Bundeskanzlers Adenauer.* Berlin 1960. Selbstverständlich wurde über den Fall Globke auch im MfAA diskutiert. Vgl. PA AA M A7386, „Enthüllungen über Globke", 8.8.1960.

935 Auswahl von DDR-Veröffentlichungen und Propagandamaterialien, die sich mit ehemaligen Nazis in der Bundesrepublik beschäftigten vgl. Ausschuss für Deutsche Einheit (Hg.): *... wieder am Hebel der Macht. Militaristen, Revanchisten, führende Nazis beherrschen den Bonner Staat.* Berlin 1960; Ausschuss für Deutsche Einheit (Hg.): *Wir klagen an! 800 Nazi-Blutrichter – Stützen des militaristischen Adenauer-Regimes.* Berlin etwa 1959.

936 Vgl. Ministerium für Auswärtige Angelegenheiten (Hg.): *Von Ribbentrop zu Adenauer: Eine Dokumentation über das Bonner Auswärtige Amt.* Berlin 1961.

Von Ribbentrop zu Adenauer – die Aufdeckung der Nazidiplomaten
Eine der ersten zentralen Aufgaben der DDR-Diplomaten in den Auslandsvertretungen im Rahmen der propagandistischen Aktion gegen Nazis in der Bundesrepublik war die Verbreitung der im März 1959 veröffentlichten Broschüre *Schwerbelastete Hitlerdiplomaten im Dienste der aggressiven Außenpolitik des deutschen Militarismus.*[937] Diese Veröffentlichung sollte die internationale Öffentlichkeit mit „Tatsachenmaterial über die faschistische Vergangenheit von über 80 führenden Diplomaten der westdeutschen Bundesrepublik, die im Bonner Auswärtigen Amt, in den Botschaften der Bundesrepublik und als Bonner Vertreter in internationalen Organisationen tätig"[938] waren, informieren und überzeugen. Die Tätigkeiten der Nazi-Diplomaten im Auswärtigen Amt des „Dritten Reiches" wurden nicht nur wegen ihrer verbrecherischen Natur denunziert, sondern vornehmlich wegen der Kontinuität der „aggressiven und chauvinistischen" Außenpolitik der Bundesrepublik in Europa nach 1945.[939] Mit dieser Aktion konnten die DDR und das MfAA einen „Schlag gegen den Bonner Auswärtigen Dienst"[940] durchsetzen.

Die Bedingungen für die Publikation von *Von Ribbentrop zu Adenauer*, d. h. die schon seit Anfang der Fünfzigerjahre bekannte Wiederernennung von Nazi-Diplomaten im westdeutschen Außenministerium und die vorherigen Veröffentlichungen des Ausschusses für Deutsche Einheit, waren optimal. Nachdem sie eine gründliche historisch-wissenschaftliche Forschung durchführte, war die außenpolitische Führung Ostdeutschlands angriffslustig genug, um ihre Kampagne einzuleiten. In der kurzen, aber harten Einleitung des Textes wurden die öffentlichen Äußerungen der westdeutschen Regierung über ihre politische Haltung gegenüber ehemaligen Nazi-Diplomaten im Auswärtigen Amt denunziert und sogenannte Lügen dazu enttarnt. Gemäß dem Verfasser der Broschüre war es wesentlich, die Wahrheit über die Bundesrepublik aufzudecken, d. h. dass das Auswärtige Amt in Bonn „von Hitlerdiplomaten beherrscht"[941] wurde. Drei Punkte erklärten den Antrieb hinter der Veröffentlichung von *Von Ribbentrop zu*

---

937 Ausschuss für Deutsche Einheit (Hg.): *Schwerbelastete Hitler-Diplomaten im Dienst der aggressiven Außenpolitik des deutschen Militarismus.* Berlin 1959.
938 Ebenda, S. 3.
939 Vgl. ebenda, S. 3 ff.
940 PA AA M A594, „Nazidiplomaten", 26.9.1960.
941 Im Vorwort der Broschüre wurde der westdeutsche Außenminister Heinrich von Brentano zitiert, wie er über die westdeutschen Diplomaten redete. Vgl.

Adenauer: Erstens hatte „der deutsche Imperialismus und Militarismus seit jeher in den Beamten des Auswärtigen Amtes eine seiner wesentlichsten Stützen"[942]. Zweitens wurden die Verbrechen der Bonner Diplomaten nicht nur im „Dritten Reich" ausgeübt, sondern auch nach der Gründung der Bundesrepublik. Folglich stellten diese Diplomaten drittens „unter Missachtung aller Lehre der Geschichte ihre ganze Kraft in den Dienst des aggressiven Atomkrieges und [der] Revanchepolitik der Regierung Adenauer"[943]. Das Buch demonstrierte demnach sowohl die personelle als auch die ideologische Kontinuität der Arbeit des Auswärtigen Amtes Westdeutschlands.

Gefolgt von einem historischen Überblick über verschiedene juristische Prozesse gegen die Nazi-Diplomaten, die in Westdeutschland stattfanden (die Nürnberger Prozesse und insbesondere der Wilhelmstraßen-Prozess)[944], in denen die Richter „die Maske von ‚Ehrenmännern' vom Gesicht"[945] rissen, zeigten die Autoren den wahren problematischen Kaderzustand im Auswärtigen Amt. Zunächst konzentrierte sich der Großteil der Publikation auf die biographische Darstellung der Diplomaten. Die bibliographischen Informationen, das Archivmaterial und die Beweise zu den Verbrechen der Diplomaten wurden auch im späteren *Braunbuch* wiederverwendet.[946]

Die hohe Zahl von westdeutschen Diplomaten mit NS-belasteter Vergangenheit und die vermeintliche Abwesenheit von Nationalsozialisten im ostdeutschen MfAA verkörperten gemäß Broschüre eine historische Begründung für die gefährliche Außenpolitik, die die Bundesrepublik ausübte. Dementsprechend war das Ministerium für Auswärtige Angelegenheiten der DDR der strukturelle, moralische und politische Gegenpol des Auswärtigen Amtes der Bundesrepublik, zuallererst weil es im Außenministerium der DDR „keinen einzigen Hitlerdiplomaten"[947] gab. Das neue MfAA bewies, dass auch „ohne die

---

Ministerium für Auswärtige Angelegenheiten (Hg.): *Von Ribbentrop zu Adenauer: Eine Dokumentation über das Bonner Auswärtige Amt.* Berlin 1961, S. 7.

942 Ebenda.

943 Ebenda.

944 Für einen der Prozesse, die zwischen 1947 und 1949 vor amerikanischen Militärgerichten in Nürnberg stattfanden, in denen unter anderem auch Nazidiplomaten verurteilt worden waren, vgl. ebenda, S. 9.

945 Ebenda.

946 Vgl. „Diplomaten Ribbentrops im Auswärtigen Dienst Bonns", Kappelt, 2009, S. 203 ff.

947 Ministerium für Auswärtige Angelegenheiten (Hg.): *Von Ribbentrop zu Adenauer: Eine Dokumentation über das Bonner Auswärtige Amt.* Berlin 1961, S. 11.

„bewährten Fachkräfte'" der Nazi-Diplomaten eine „begründete und erfolgreiche" Außenpolitik durchgeführt werden konnte.[948] Das MfAA sei ein Ministerium, das eine „Außenpolitik des Friedens, der Demokratie und der Völkerfreundschaft erfordert" und vor allem ein Ministerium, „auf [dessen] Spitze [...] aufrechte Demokraten und bewährte Antifaschisten [stehen]".[949] Es werde von Menschen geführt, die „aus dem Volke kommen und mit ihrer ganzen Kraft dem Volke und dem Frieden dienen"[950]. Der Erfolg der Diplomatie der DDR ist unumstritten, aber die Feststellung, dass keine ehemaligen Nazis im MfAA beschäftigt waren, ist falsch.

Die 1961 herausgegebene Broschüre *Von Ribbentrop zu Adenauer*, ihre Popularisierung und ihr Anteil an der „Aktion Nazidiplomaten" des MfAA werden auch in den nächsten Teilkapiteln diskutiert.

5.3.2. Reaktionen aus dem Auswärtigen Amt

Eine Prüfung der politisch-diplomatischen Reaktion des Auswärtigen Amts der Bundesrepublik auf die Angriffe der DDR zeigt die umfassende Beschäftigung dieses Ministeriums mit den zahlreichen Veröffentlichungen aus der DDR. In internen Gesprächen und Briefwechseln des Auswärtigen Amtes wurden diese Veröffentlichungen mit Anführungszeichen versehen, um zu zeigen, wie unseriös die Mitarbeiter in Bonn die ostdeutsche Propaganda wahrnahmen. Auch nach der BRD-Ablehnung der Hallstein-Doktrin, die Annahme von Willi Brandts neuer „Ostpolitik" und die Schritte (oder Fortschritte) in die Richtung bilateraler deutsch-deutscher Beziehungen war die Spannung zwischen den beiden deutschen Staaten spürbar. Eine dieser sogenannten „Dokumentationen" war ein Artikel von Julius Mader[951] aus der DDR-Zeitschrift *Dokumentation der Zeit*, der das außenpolitische Korps des Auswärtigen Amtes analysierte.[952] In dem Text wurde der politische Wechsel in der Bundesrepublik nach der Wahl Brandts zum Bundeskanzler sowie

---

948 Vgl. ebenda.

949 Vgl. ebenda.

950 Ebenda.

951 Julius Mader, Schriftsteller und Forscher. Er hat sich in seiner Forschung mit den amerikanischen und nationalsozialistischen Geheimdiensten beschäftigt, und war auch selbst ein IM und später offizieller Mitarbeiter bei der Stasi, vgl. Müller-Enbergs/Wielgohs/Hoffmann/Herbst/Kirchey-Feix/Reimann, Bd. 2, 2010, S. 831.

952 Vgl. Mader, Julius: Das belastete BRD-Botschafter-Corps. Eine Dokumentation. In: *Dokumentation der Zeit*. Institut für Internationale Politik und Wirtschaft Berlin, Berlin, Nr. 22, 1971, S. 10–16. Eine Kopie dieses Artikels habe ich unter den Akten

eine mögliche gegenseitige diplomatische Anerkennung der beiden deutschen Staaten beobachtet.[953] Der Text gibt zu verstehen, dass die DDR ihre Kampagne gegen das Auswärtige Amt und sein nationalsozialistisches Erbe trotz der neuen Ostpolitik Brandts fortsetzte.

Mader betonte in seinem Artikel die notwendige Erforschung des Hintergrunds von BRD-Diplomaten, weil das Auswärtige Amt unter anderem „seinen Botschafterapparat zu glorifizieren und in ein günstiges Licht zu setzen [versuchte]. Dabei werden massiv Unwahrheiten verbreitet."[954] Laut Maders Recherche stammte auch 22 Jahre nach der Gründung der Bundesrepublik die Mehrheit der BRD-Diplomaten aus den aristokratischen, intellektuellen und bürgerlichen Schichten der BRD-Gesellschaft.[955] Die konzeptuell-traditionelle und inhärente Kontinuität der Wiederbeschäftigung von alten Nazis wurde von Adenauer von Anfang an unterstützt. Mader zitierte den ersten deutschen Kanzler aus seiner Rede vom Jahr 1952 vor dem Bundestag: „Man kann doch ein Auswärtiges Amt nicht aufbauen, wenn man nicht wenigstens zunächst an den leitenden Stellen Leute hat, die von der Geschichte von früher her etwas verstehen."[956] In dem Artikel wurde die belastete Vergangenheit des Diplomatenkaders (erneut) aufgedeckt: 33 Prozent von ihnen waren ehemalige Mitglieder der Hitlerpartei, 15 Prozent Mitglieder der SA, 8 Prozent der SS, und 34 Prozent stammten aus dem ehemaligen Apparat des faschistischen Auswärtigen Amtes. Mader vergaß nicht, die Struktur des MfAA zu beschönigen und erneut zu bemerken, dass das Außenministerium der DDR ein Ort war, wo die „antifaschistische Tradition und Verantwortung" erfüllt werde.[957]

Interessanterweise wurde dieses „unseriöse" Propagandamaterial im Auswärtigen Amt überaus ernst genommen. Trotz der Anführungszeichen wurde es in Bonn mit Sorge und mit entsprechender Missachtung beäugt. Die „Dokumentationen" aus der DDR wurden analysiert, um die enthaltene Gefahr auszumachen und mögliche politische Schäden zu reduzieren. Dazu gehört ebenfalls die Herausgabe

---

des AA gefunden, vgl. PA AA B38 215 Bd. 1464, „,Dokumentation' über den auswärtigen Dienst der Bundesrepublik Deutschlands", 5.1.1972.

953 Vgl. Mader, 1971, S. 10.

954 Ebenda, S. 11.

955 Vgl. ebenda.

956 Ebenda, S. 13. Vgl. Deutscher Bundestag, *Protokoll der 234. Sitzung des Deutschen Bundestages*, 22. Oktober 1952. Bonn, S. 10735.

957 Vgl. Mader, 1971, S. 12–13.

der DDR-Broschüre *Nazidiplomaten in Bonner Diensten*.[958] Die Dokumentation war eine andere Veröffentlichung in einer Reihe aus den MfAA-Broschüren, die wie die anderen die Nazi-Diplomaten im Auswärtigen Amt auflistete. Ziel dieser Veröffentlichung war es, zu zeigen, wie Hitlers Aggressionspolitik dank der Betätigung von alten Nazis aus dem alten Reichsaußenministerium in dem neuen Bundesaußenministerium fortgesetzt werden konnte.[959] Im Unterschied zu früheren Publikationen wurde im *Nazidiplomaten in Bonner Diensten* die Aggressionspolitik der Nazis nicht nur im Bereich der deutschen Besetzung und Ausbeutung Europas durch Hitler (und die Monopolisten, die ihm dienten), sondern auch mit der Rolle der deutschen Diplomaten und des Auswärtigen Amtes im Allgemeinen in der Ausübung der Vernichtung der europäischen Juden im Holocaust verknüpft.[960] Das Reichsaußenministerium, seine Diplomaten und somit auch das Bundesaußenministerium und seine Diplomaten hatten in der Vorbereitung für die „berüchtigte Wannsee-Konferenz [...] zur ‚Endlösung der europäischen Judenfrage' die Marksteine für den von den Nazis begonnenen Millionenfachen Mord an jüdischen Menschen gesetzt"[961]. Berücksichtigt werden muss, dass das Zielpublikum für diese Veröffentlichung nicht nur die allgemeine Bevölkerung der Bundesrepublik war, sondern auch das ausländische und insbesondere das jüdische Publikum. Deswegen ist diese Erwähnung der jüdischen Opfer für das Verständnis der (Propaganda-)Politik der DDR wichtig.

Nach erfolgreichen Bestrebungen, Exemplare des Buches in Westdeutschland zu erhalten,[962] wurde in Bonn grundsätzlich festgestellt, dass *Nazidiplomaten in Bonner Diensten* „keine wesentlichen Neuerungen"[963] enthielt. Aus den 175 erschienenen Namen wurden 72 im *Braunbuch* nicht erwähnt, „die aber teilweise in anderen Veröffentlichungen der SBZ in den vergangenen Monaten bereits genannt wurden"[964]. Das heißt, dass sowohl die alten als auch die neuen Namen aus

---

958 Ministerium für Auswärtige Angelegenheiten (Hg.): *Nazidiplomaten in Bonner Diensten: Eine Dokumentation des Ministeriums für Auswärtige Angelegenheiten der DDR*. Dresden 1969.

959 Vgl. ebenda, S. 5 ff.

960 Vgl. ebenda, S. 7.

961 Ebenda.

962 Vgl. PA AA B38 II A1/328, „Dokumentation ‚Nazidiplomaten in Bonner Diensten'", 30.4.1969. und 13.5.1969.

963 PA AA B38 II A1/328, „Dokumentation ‚Nazi-Diplomaten in Bonner Diensten'", 13.5.1969.

964 Ebenda.

der Broschüre in der Bundesrepublik schon bekannt waren. So desaströs war das Buch also keinesfalls.

Nicht nur quantitativ wurde diese Veröffentlichung unter den Westdeutschen verachtet, sondern auch inhaltlich:

„Abgesehen von den Angaben über Mitgliedschaften in der NSDAP, der SA oder SS bestehet die ‚Nazivergangenheit' bei den weitaus meisten Genannten (91) in ihrer Zugehörigkeit zum alten Auswärtigen Dienst. Einer größeren Anzahl von Personen wird ihre Tätigkeit im Regierungsdienst und allein 26 Personen im Justizdienst vorgeworfen, wobei selbst die Tätigkeit als Referendar als ‚Nazivergangenheit' gilt. Auch Kriegsteilnahme [...] gilt ebenso wie Teilnahme an einem HJ-Lehrgang, die Mitgliedschaft im NS-Studentenbund, Assistenten- oder Lektorentätigkeit als belastend. Mehreren Personen wird ihre Beschäftigung bei bestimmten Privatfirmen (z. B. IG-Farben oder Röchling) vorgeworfen. Völlig grotesk sind die Vorwürfe auf Grund von Auslandsaufenthalten. In einem Fall wird als ‚Nazivergangenheit' herangezogen: ‚vor 1945: in Tanganjika'. Drei der 175 ‚Nazi-Diplomaten' sind nach dem Kriege niemals im AA tätig gewesen, mehrere sind inzwischen ausgeschieden. [...] Namen werden falsch geschrieben, man hat Doktorgrade verliehen, falsche Dienstgrade angegeben. [...] Auch weit zurückliegende Versetzungen sind bisher offenbar in Ost-Berlin nicht registriert worden. So wird z. B. der seit längerer Zeit in Bonn tätige Leiter einer Unterabteilung als Botschaftsrat I. Klasse im Ausland bezeichnet. [...] Schließlich hapert es selbst mit der Geographie. Dakar liegt in ‚Nouakschott' und Port Louis ist die Hauptstadt von Mauretanien."[965]

In einem Vermerk aus Bonn an das Büro des Parlamentarischen Staatssekretärs wurde vereinbart, wie auf diese keineswegs innovative und groteske Veröffentlichung reagiert werden sollte. Trotz des Potenzials, die DDR in der Öffentlichkeit oder zumindest in diplomatischen Kreisen politisch zu belasten, wurde im Auswärtigen Amt empfohlen, eine „dementierende Gegendokumentation" unter Verschluss zu halten, weil diese einfach „unzweckmäßig" gewesen wäre.[966] Unangemessen wäre auch, die BRD-Auslandsvertretungen über die „Dokumentation" zu informieren, stellte der Vermerk fest. Das Ministerium in Bonn befürchtete, dass die DDR-Dokumentation „nicht überall in erster Linie unter dem Gesichtspunkt verstärkter Abwehrbereitschaft gegenüber Ost-Berlin Propagandathesen gelesen werden, sondern

---

965 Ebenda.
966 Vgl. PA AA B38 II A1/328, „Vermerk für das Büro Parlamentarischer Staatssekretär", 26.6.1969.

eher unter dem Aspekt der Befriedigung interkollegialen Interesses an Personal-Data"[967]. Notwendig wäre es jedoch, über die Ostberliner „Dokumentation" zu berichten und diese nur im Allgemeinen bekannt zu machen.[968]

Frühere westdeutsche Veröffentlichungen wie die 1965 herausgegebene *Ehemalige Nationalsozialisten in Pankows Diensten* waren eher ein Versuch der Bundesrepublik, die Angriffe aus der DDR abzuwehren. Das Auswärtige Amt, das im Namen der Bundesrepublik die Rückangriffe führte, lehnte die „Praktiken der sowjetischen Verleumdungskampagnen gegen die BRD" ab, die „seit langem die Behauptung [aufstellten], daß die Bundesrepublik ein ‚Hort des Faschismus' sei".[969] Gemäß der Bundesrepublik versuchte die DDR, die internationale Öffentlichkeit mit ihrer Propaganda davon abzulenken, „dass bei ihr selbst eine ganze Reihe von ehemaligen Nationalsozialisten hohe Posten bekleiden und zum anderen, daß sich ihre eigenen Herrschaftsmethoden nur graduell von denen der Nazis unterschieden"[970]. Hätten diese Nationalsozialisten die parallelen Stellen in der Bundesrepublik statt in der DDR besetzt, behaupteten die westdeutschen Behörden, wären sie „von der SED als üble Nazis attackiert worden"[971].

Gegenüber Anfragen aus der ganzen Welt über die Vorwürfe der DDR gegen die BRD standen die Auslandsvertretungen der Bundesrepublik fast ratlos da. Das Auswärtige Amt versuchte, eine einheitliche Lösung zu finden, um ihr Ansehen zu beschützen.[972] Ein paar Monate dauerte es, bis das Ministerium eine ausgearbeitete Antwort für seine Auslandsvertretungen zur Verfügung stellte.[973] Ähnlich zu den internen Diskussionen des Ministeriums wurden die Inhalte des *Braunbuchs* und der anderen DDR-Veröffentlichungen in dem vor-

---

967 Ebenda.

968 Vgl. ebenda.

969 Vgl. PA AA B38 II A1 148, „Informationsfunk der Bundesregierung", Nr. 253/65. Meldung Nr. 0811–087, „Ehemalige Nazis pflegen Auslandskontakte des Ulbricht-Regimes", Informationsfunk der Bundesregierung, 8.11. 1965.

970 PA AA B38 II A1 148, „Informationsfunk der Bundesregierung", Nr. 253/65. Meldung Nr. 0811–087, „Ehemalige Nazis pflegen Auslandskontakte des Ulbricht-Regimes", Informationsfunk der Bundesregierung, 8.11.1965.

971 Ebenda.

972 Vgl. PA AA B38 II A1 148, „SBZ-Braunbuch", 23.3.1966, „SBZ-Braunbuch", 15.3. 1966, „Politische Öffentlichkeitsarbeit im Ausland", „SBZ-Propaganda im Ausland", 3.2.1966.

973 Vgl. PA AA B38 II A1 148, „Politische Öffentlichkeitsarbeit im Ausland; Äußerungen zum Braunbuch der SBZ", 25.4.1966; Anlage zum RE L 3 – 82.10/0–336/66.

geschlagenen Antwortschreiben nicht ernstgenommen. Sollten die Diplomaten über das *Braunbuch* befragt werden, waren sie angehalten, zu sagen, dass die Vorwürfe im Buch nicht neu wären; sie waren identisch zu den früheren Vorwürfen seitens der SBZ und sie waren Versuche, die Bundesrepublik zu diskreditierten und „Misstrauen unter Freunden zu verbreiten"[974]. Die großen Prozesse gegen Nationalsozialisten, die in der Bundesrepublik stattfanden, wurden als Nachweis für die westdeutsche Verpflichtung erwähnt, Naziverbrecher vor Gericht zu bringen. Die Motivation zu dieser Verpflichtung stammt, in den Augen der Westdeutschen, nicht von den Angriffen des Ostens, sondern von der Ernsthaftigkeit der Bundesrepublik, Kriegsverbrecher vor Gericht zu bringen.[975] Das Auswärtige Amt betonte die Unterschiede zwischen den Naziverbrechern und den Einzelpersonen, die Mitglieder in Naziorganisationen in der Zeit des „Dritten Reiches" waren. Für die Spitzen des Auswärtigen Amtes waren diese ehemaligen NSDAP-Mitglieder, „entweder blind oder zu jung, um sich den echten Zielen und Motivationen der Nazis bewusst zu sein, oder sie folgten den Nazis aus Opportunismus und Angst"[976]. Die „Mitläufer"[977] des *„benefits of the political error"* bekamen in der Bundesrepublik die Möglichkeit für einen Neuanfang.[978] Ähnliche Begründungen bzw. Ausreden sahen wir bereits in den Texten der DDR.

Das Auswärtige Amt setzte eine jüdische Quelle ein, um seine Aussagen gegenüber der SBZ/DDR zu rechtfertigen. In einem Artikel der deutsch-jüdischen in New York veröffentlichten Zeitung *Aufbau* wurde die fehlende Seriosität des *Braunbuchs* dargestellt. Der Bericht endete mit dem Spruch: „Wer selbst im Glashaus sitzt, soll nicht mit Steinen werfen."[979] Die jüdische Zeitung bestätigte auch andere Vermutungen Westdeutschlands darüber, dass in der SBZ/DDR die ähnlichen politischen Methoden wie in der Nazizeit ausgeübt wurden. Im Bericht wurden ebenfalls die geäußerten moralischen Verpflichtungen zu Wiedergutmachungsabkommen an die jüdischen Opfer des Holocaust

---

974 Ebenda.

975 Vgl. ebenda.

976 Ebenda.

977 Ebenda. Das Dokument wurde in englischer Sprache verfasst, „Mitläufer" wurden als *Fellow Travellers* bezeichnet.

978 Vgl. ebenda.

979 Steinitz, Hans: Grüße aus der „alten Heimat". Eine notwendige Klarstellung. In: *Aufbau*, 12.11.1965, S. 18.

aus der DDR verweigert.[980] Nach diesem Bericht in der jüdischen Zeitung konnten die westdeutschen Behörden die Frage stellen: Wenn die Juden das *Braunbuch* nicht beherzigen, warum sollten wir das tun?

5.3.3. Historiker im Dienst #2

Die Beweismaterialien aus dem Wilhelmstraßen-Prozess waren ein Bestandteil der Inhalte von *Von Ribbentrop zu Adenauer* und des späteren *Braunbuchs*. Die Nachforschung nach diesen belastenden Akten fand innerhalb der Grenzen des ehemaligen „Dritten Reiches" statt und setzte sich in den Nachbarländern Deutschlands fort, die selbst von den verbrecherischen Taten der Nazi-Diplomaten betroffen waren. In einem Briefwechsel zwischen der 6. Europäischen Abteilung des MfAA und dem stellvertretenden Außenminister Johannes König[981] im Zeitraum November bis Dezember 1960 wurde die Gründung einer Forschungsdelegation von Diplomaten aus dem MfAA, Mitgliedern des Ausschusses für Deutsche Einheit und wissenschaftlichen Mitarbeitern der Kommission für westdeutsche Staats- und Rechtsfragen der Akademie Babelsberg vereinbart. Die Delegation wurde nominiert, um die entsprechenden Akten des Wilhelmstraßen-Prozesses im Historischen Institut der Polnischen Akademie der Wissenschaften zu suchen und dann auszuwerten. Bei diesen Akten handelte es sich unter anderem auch um in England lagernde Akten aus der Zeit des Auswärtigen Amtes der Weimarer Republik und des Nationalsozialismus. Im Austausch zwischen den Abteilungen des MfAA wurde die Auswertung dieses Materials als eine „Weiterführung der Aktion gegen die Nazidiplomaten"[982] erwähnt. Diese Aktion und die Nachforschung spielten eine entscheidende Rolle in dieser besonderen Zeit, „da eine Auswertung bisher nur in ganz beschränktem Maße [...] erfolgte"[983].

Die Bedeutung der Akten aus den englischen Archiven taucht auch in einer anderen MfAA-Untersuchung über Nazi-Diplomaten auf. Während der Sechzigerjahre veröffentlichte Prof. Heinz Tillmann vom

---

980 Vgl. PA AA B38 II A1 148, Anlagen zu „Politische Öffentlichkeitsarbeit im Ausland – Äußerungen zum Braunbuch der SBZ", 25.4.1966. Anlage zum RE L 3 – 82.10/0–336/66.

981 Stellvertretender Außenminister (1959–1965), vgl. Müller-Enbergs/Wielgohs/Hoffmann/Herbst/Kirchey-Feix/Reimann, Bd. 1, 2010, S. 698.

982 PA AA M A17134, Briefwechsel „Nazidiplomaten" von der 6. Europäischen Abteilung des MfAA an Minister Johannes König, 9.11.1960 und 28.11.1960.

983 Ebenda.

Institut für Allgemeine Geschichte an der Martin-Luther-Universität Halle-Wittenberg eine Reihe von Forschungen über den deutschen Kolonialismus aus der Zeit vor, während und nach dem Zweiten Weltkrieg.[984] Einen Teil seiner Archivrecherche führte Tillmann im *Public Record Office* in London durch, wo er Originaldokumente des alten Auswärtigen Amtes fand. Im März 1961 trafen sich Prof. Heinz Tillmann und Horst Seydewitz,[985] der Mitarbeiter aus dem MfAA, der diese gemeinsame Unterredung in einer Aktennotiz an Johannes König und den damals stellvertretenden Außenminister, Otto Winzer, dokumentierte. Bei ihrem Treffen fragte Seydewitz nach Fotokopien von Dokumenten aus verschiedenen Abteilungen des alten Amtes, die Tillmann in London gefunden hatte. Nach Seydewitz' erstem Eindruck – da er persönlich einzelne Akten analysierte, unter anderem aus dem Büro des Außenministers und des Staatssekretärs sowie Akten aus der politischen Abteilung und der Abwehrabteilung des Ministeriums – konnte er beurteilen, dass „die bereits vorliegenden Materialien ausserordentlich wertvoll [sind] und [dass sie] bei entsprechender Auswertung und Verwendung ziemlich durchschlagend sein [dürften]"[986]. In seiner Notiz betonte er die Beschwerden Tillmanns bezüglich seines vorgeschlagenen Angebots. Ursprünglich verpflichtete sich Tillmann, dass er keine Fotokopien weiterleiten würde. Ein solcher Vertrauensbruch konnte künftige Besuche im Archiv bzw. die Beziehungen mit seinen englischen Kontakten gefährden.[987]

Die entsprechenden Londoner Akten und Tillmanns Forschung weckten nicht nur das Interesse des MfAA, sondern auch das des Zentralkomitees und der Mitarbeiter des Ministeriums für Staatssicherheit. In ihrem Auftrag erklärten die Beteiligten der Staatssicherheit, dass Tillmann ohne die MfS-Genehmigung keine Publikation heraus-

---

984 Auswahl von Publikationen Tillmanns, vgl.: Tillmann, Heinz/Kowalski, Werner (Hg.): *Westdeutscher Neokolonialismus: Untersuchungen über die wirtschaftliche und politische Expansion des westdeutschen Imperialismus in Afrika und Asien.* Berlin 1963; Tillmann, Heinz: *Deutschlands Araberpolitik im Zweiten Weltkrieg.* Berlin 1965.

985 Horst Seydewitz, Sohn von Max Seydewitz, früherer Ministerpräsident des Landes Sachsen (1947–1952) und Mitglied des Friedenrates. Vgl. Max Seydewitz in Müller-Enbergs/Wielgohs/Hoffmann/Herbst/Kirchey-Feix/Reimann, Bd. 2, 2010, S. 1228. Zum außenpolitischen Denken in der DDR leitete er zusammen mit Wolfgang Kerff die Veröffentlichung des *Wörterbuch der Außenpolitik*, Berlin 1965.

986 PA AA M A17134, „Aktennotiz über eine Besprechung mit Gen. Prof. Dr. Tillmann", 17.3.1961.

987 Vgl. ebenda.

geben dürfe. Nach „engerer Diskussion" erklärte Tillmann, dass er
dem Vorschlag Seydewitz' „grundsätzlich nicht ablehnend" gegen-
überstand, dass „die erworbenen Dokumente vom MfAA ausgewertet
und entsprechend verwendet werden".[988] Das war ein weiterer frucht-
barer Beitrag der Staatssicherheit zur DDR-Geschichtsschreibung.

5.3.4. Die „Aktion Nazidiplomaten"

Die Planung, Organisation und Durchführung einer „Aktion Nazi-
diplomaten" gegen die westdeutschen Diplomaten wurde im Ministerium für Auswärtige Angelegenheiten durch die 6. Europäische
Abteilung durchgesetzt. Ab Oktober 1961 wurde in einem langen
Briefwechsel zwischen der Abteilung und Johannes König über einen
gegliederten Maßnahmenplan diskutiert und dieser letztendlich vereinbart. Zuerst enthielt der Plan die Organisation einer internationalen Pressekonferenz und die Verbreitung von belastendem Material
gegen westdeutsche Nazi-Diplomaten.[989] Nach diesem Plan sollte eine
große Pressekonferenz in der im November 1961 für die Präsentation
und Übergabe der Broschüre *Von Ribbentrop zu Adenauer* stattfinden.
Daraufhin sollte die Broschüre in verschiedene Sprachen (u. a. Russisch, Spanisch, Englisch und Französisch) übersetzt werden. Somit
konnten die Popularisierung und Verbreitung der Broschüre auch in
den kapitalistischen Ländern voranschreiten.

Das Ziel der geplanten Pressekonferenz war laut Joachim Mitdank,
damals Leiter der Abteilung Bundesrepublik im MfAA,[990] „auf das
Problem ‚Nazidiplomaten' aufmerksam" zu machen.[991] Der stellvertretende Außenminister Otto Winzer wurde als Leiter der Pressekonferenz benannt und sollte „zwei Repräsentanten der heutigen Bonner
Politik in den Vordergrund stellen": Wilhelm Grewe, der Botschafter
Westdeutschlands in den USA, und Hasso von Etzdorf, Botschafter
der Bundesrepublik in Großbritannien.[992] Die Erwähnung der beiden Diplomaten verfolgte erstens den Zweck, „den Nachweis zu
führen, daß die Entwicklung beider Personen typisch für die Parallelen zwischen dem Auswärtigen Amt Ribbentrops und dem Bonner

---

988 Vgl. ebenda.
989 Vgl. PA AA M A17134, 12.10.1961.
990 Vgl. Müller-Enbergs/Wielgohs/Hoffmann/Herbst/Kirchey-Feix/Reimann, Bd. 2, 2010,
S. 889.
991 Vgl. PA AA M A17134, 2.11.1961.
992 Vgl. ebenda.

Auswärtigen Amt" war, und versuchte zweitens „nachzuweisen, daß die Diplomaten Hitlers, die ideologisch und in der unmittelbaren Praxis die faschistischen Aggressionspläne vorbereiteten und durchführten, zur heutigen Zeit die Bonner Außenpolitik repräsentieren und faktisch die gleichen Pläne schmieden".[993] Schließlich fand die Pressekonferenz am 12. Dezember 1961 statt (vermutlich nicht unabsichtlich ein Tag nach der Verurteilung Adolf Eichmanns in Jerusalem). Hunderte in- und ausländische Journalisten folgten

> „[...] den Enthüllungen des Staatssekretärs mit einer Spannung, die sich bis zur Verblüffung steigerte, als Otto Winzer in der Lage war, die Grundelemente der Bonner Politik unmittelbar auf die politischen Prinzipien zurückzuführen, mit denen Hitler seine Eroberungskriege gestartet und begründet hatte"[994],

berichtete *Neues Deutschland*.

Die Entlarvung von Nazi-Diplomaten und die Aufdeckung ihrer Verbrechen wurde zur Zentralaufgabe der diplomatischen Arbeit der DDR. Neben der „großen Aktion", also der internationalen Pressekonferenz, sollten auch „Einzelaktionen" unter den DDR-Auslandsvertretungen organisiert werden. Wesentlich für die Durchführung der „Aktion Nazidiplomaten" war es, in den Auslandsvertretungen den „Wechsel von Bonner Diplomaten [...] zu verfolgen", damit ebenso „an ihren neuen Wirkungsstädten Aktionen gegen sie eingeleitet werden können".[995] Die „Aktion Nazidiplomaten" und die Verbreitung der verknüpften Broschüre entsprachen den Erwartungen der DDR-Spitzen gemäß der alltäglichen antiwestlichen Propaganda. Ein Zeichen für den politischen, ideologischen bzw. taktischen Hintergrund der „Aktion Nazidiplomaten" kann unter der „Vorlage zur Popularisierung unserer Dokumentation ‚Nazi-Diplomaten'"[996] gefunden werden.

---

993 Vgl. ebenda. Jürgen Radde kam zu ähnlichen Feststellungen über die Diplomaten der DDR, wenn keine Diplomaten mit einer nationalsozialistischen Vergangenheit in Länder, gegen die Nazideutschland ein Krieg führte, entsandt wurden. Vgl. Radde, 1976, S. 84.

994 Bonner Nazidiplomaten setzen Hitlers Eroberungspolitik fort. In: *Neues Deutschland*, 13.12.1961, S. 1 und 5. Ein begleitender Bericht zur Pressekonferenz von Außenminister Otto Winzer im Rahmen der täglichen Berichte über den Eichmannprozess vgl. *Al HaMishmar*, 13.12.1961, S. 5.

995 Vgl. PA AA M A17134, 2.11.1961. Eine ähnliche Anweisung wurde auch am 8.1.1965 vom wissenschaftlichen Archiv des MfAA an die Sektion Indonesien der 2. Außereuropäischen Abteilung übermittelt.

996 PA AA M A17134, Vorlage zur Popularisierung unserer Dokumentation „Nazi-Diplomaten", 21.11.1961.

Neben den Anweisungen, an welchen Presseagenten, welchen Rundfunk und welche Nachrichtenagenturen das Material gesendet werden konnte und sollte, wurde deutlich mitgeteilt, dass die Aktion in der „politischen und sozialen Zusammensetzung unseres MfAA als Gegenüberstellung zum westdeutschen Auswärtigen Amt"[997]dient.

5.3.5. Diplomaten gegen Diplomaten

Die Anweisungen für die Verstärkung und „Weiterführung der Aktion gegen die Nazidiplomaten" wurden in einem gleichnamigen Vermerk der 5. und 6. Europäischen Abteilungen des MfAA vom März 1962 verschärft.[998] Die Weiterversendung der Broschüre *Von Ribbentrop zu Adenauer* sollte sich jetzt auf spezifische Persönlichkeiten und Organisationen konzentrieren. Neben den Leitern der Kammervertretungen in Westeuropa, Widerstandsbewegungen, Chefredakteuren des *German Democratic Reports*,[999] *Echo d'Allemagne* und *La Pace* sowie den Presseabteilungen kommunistischer Parteien westeuropäischer Länder waren die Mitarbeiter der 5. und 6. Abteilung mit ihren Wünschen sehr zielorientiert: Sie listeten sogar italienische und britische Journalisten auf, die zurzeit in der DDR auf Studienreise waren.[1000] Zugleich fügte der Leiter der 5. Europäischen Abteilung, Genosse Herbert Plaschke, eine Liste aller Beziehungen und Kontakte der ostdeutschen Diplomaten und Mitarbeiter der Auslandsvertretungen in Osteuropa mit Vertretern von Botschaften der kapitalistischen Länder Europas hinzu.[1001]

Um zu zeigen, wie alltäglich und umfangreich die Beschäftigung der DDR-Diplomaten mit der Aufdeckung von Nazi-Diplomaten war, werde ich ein paar Beispiele aus verschiedenen DDR-Auslandsvertretungen anbringen. Diese diplomatischen Tätigkeiten und die obengenannten erwarteten persönlichen Verbindungen waren wesentlich für den Erfolg der „Aktion Nazidiplomaten". Sie demonstrieren den internationalen Spielraum sowie die schwierigen Bedingungen, in denen die DDR-Diplomaten arbeiteten.

---

997 Ebenda.
998 Vgl. PA AA M A11253, „Weiterführung der Aktion gegen die Nazidiplomaten", 17.3. 1962
999 *German Democratic Reports*: Englischsprachige DDR-Propagandazeitung.
1000 Vgl. PA AA M A11253, „Weiterführung der Aktion gegen die Nazidiplomaten", 17.3. 1962.
1001 Vgl. PA AA M A11253, Briefwechsel Juni–Juli 1962.

Indonesien: Drei Nazis nacheinander

Während der Sechzigerjahre dienten drei Nazi-Diplomaten als Botschafter der Bundesrepublik in Indonesien und alle drei standen im Zentrum der Kampagne der DDR-Botschaft in Jakarta. Die Tätigkeiten und die nationalsozialistische Vergangenheit von Dietrich Freiherr von Mirbach (Botschafter zwischen 1959 und 1963), Gerhart Weiz (Botschafter zwischen 1963 und 1964) und Luitpold Werz (Botschafter zwischen 1964 und 1966) im Auswärtigen Amt der Nazizeit entsprachen den Zielen der „Aktion Nazidiplomaten". Im Dezember 1961 schickte die Sektion Indonesien der 2. Außereuropäischen Abteilung umfangreiches belastendes Material über Dietrich Freiherr von Mirbach an das DDR-Generalkonsulat in Jakarta. Erwartet wurde, dass die enthaltenen Informationen an Journalisten weitergeleitet würden, um eine öffentliche Diskussion zu führen.[1002] Die angefertigte englischsprachige Pressemitteilung enthielt schwere Vorwürfe gegen den Diplomaten:

„Freiherr von Mirbach, West Germany's Ambassador in Indonesia, was a faithful servant of the Nazis. [...] Freiherr von Mirbach joined the Nazi Party as early as May 1st 1933 [...]. This early date of his joining is a sure indication of his staunch fascist mind. [...] One of the darkest chapters of his career began when von Mirbach was assigned to the embassy in Bucharest. Some documents from this period show that he was closely associated with the SD (the dreaded secret service). As he was in Romnaia [sic!] until 1943 he had a hand in all the dirty doings of the Nazis in this country. [...] In return for his loyal services Herr von Mirbach was appointed personal secretary to the state secretary Baron Steengracht von Moyland. [...] Freiherr von Mirbach was an important figure in gruesome business. He belongs to those who are responsible for the death of hundreds of thousands of Jews. For the deportation of four million men and women forced to do slave labour in Germany [...]."[1003]

1002 Vgl. PA AA M A16129, „Nazidiplomaten", 5.12.1961.
1003 PA AA M A16129, „Documents Disclose. Ambassador in Indonesia served the Nazis Well", Anhang zu „Nazidiplomat Mirbach", Brief der 2. Außereuropäischen Abteilung Sektion Indonesien an das Generalkonsulat der DDR in Jakarta, 5.12.1961. Ähnliche Beschreibungen von v. Mirbachs Aktivitäten und weiteren Presseveröffentlichungen der DDR gegen Mirbach vgl. Schön, Klaus: Freiherr v. Mirbach steht zu Diensten. In: *Neues Deutschland*, 27.11.1962. Über v. Mirbach wurde auch in der Presse in den kommenden Jahren berichtet, aber erst als er BRD-Botschafter in Indien geworden war. Vgl. Von der Wilhelmstraße zur Adenauerallee. In: *Neues Deutschland*, 30.4.1969, S. 2. Und in Kanada vgl. Nazi- und CDU-Diplomaten im Dienst der BRD-Regierung. In: *Neues Deutschland*, 24.12.1970, S. 6; Die Welt fragt

Die Ernennung von Dr. Gerhart Weiz im Jahr 1963 zum Nachfolger von Mirbachs wurde mit ähnlichen Strategien weiterverfolgt. Diese Verfahren wurden in Briefen vom Abteilungsleiter der 2. Außereuropäischen Abteilung, Dr. Erich Butzke,[1004] an die Botschafter der DDR in der Sowjetunion, in Rumänien und in der ČSSR präzisiert. Die Entlarvung der NS-Vergangenheit Weiz' sollte vor den indonesischen Gesprächspartnern in den obengenannten Gastländern nicht als Einzelfall präsentiert werden. Sein Fall war ein Beispiel für die offizielle Politik und Ideologie der Bundesrepublik und sollte mit der allgemeinen „Rolle ehemaliger Nazis im westdeutschen Staatsapparat" erörtert werden.[1005] Bemerkenswert ist, dass in diesen Briefen an das Generalkonsulat in Jakarta und an den Botschafter der DDR in der ČSSR auch erwähnt wurde, dass das entsprechende Material nicht an einen größeren Kreis anderer Vertretungen zu versenden sei. Der Grund: Es sollte nicht der „Eindruck einer organisierten Kampagne gegen Weiz"[1006] unter den indonesischen Diplomaten entstehen. Hier sehen wir eine interessante Gegenüberstellung zwischen der antiwestdeutschen Aktion gegen Nazi-Diplomaten und der Realpolitik der diplomatischen Beziehungen der DDR zu Indonesien und zu anderen Ländern.

Über Weiz war bekannt, dass er Mitglied der NSDAP, der SA und der SS gewesen war. Außerdem wurden seine Tätigkeiten im Auswärtigen Amt als Gesandter in den Vertretungen „Hitlerdeutschlands" in Bern und Buenos Aires erwähnt.[1007] Ein Zitat des Wiesbadener Landesgerichtspräsidenten Heinrich Pfeil[1008] wurde hinzugefügt, um die ideologische, moralische und juristische Bestätigung für Weiz' Loya-

---

angesichts des Massakers von Dubki: Wann endlich werden die Massenmörder bestraft? In: *Neues Deutschland*, 31.12.1970, S. 7.

1004 Vgl. Buch, 1987, S. 41; Schoop, Ursula: Butzke, Erich. In: *Biographisches Handbuch der SBZ/DDR. 1945–1990*. Hrsg. von Gabriele Baumgartner. München 1996, S. 99.

1005 Vgl. PA AA M A16129, Briefe an die DDR-Botschafter in Rumänien, ČSSR und UdSSR, 30.8.1963; Brief an das DDR-Konsulat in Jakarta, „Westdeutscher Botschafter Weiz", 9.9.1963.

1006 Ebenda.

1007 Vgl. PA AA M A16129, „Dr. Gerhard Weiz, Botschafter Bonns in Indonesien". Beigefügtes Material zum Brief vom 9.9.1963 an das Generalkonsulat der DDR in Jakarta.

1008 Wiesbadener Landesgerichtpräsident (1933–1936), volle Biographie vgl. Die Präsidenten des Landgerichts Wiesbaden von 1879 bis 1994, Ordentliche Gerichtsbarkeit Hessen, https://ordentliche-gerichtsbarkeit.hessen.de/sites/ordentliche-gerichtsbarkeit.hessen.de/files/content-downloads/Die%20Pr%C3%A4sidenten%20des%20Landgerichts%20Wiesbaden%20von%201879%20bis%201994.pdf [abgerufen am 29.10.2021, 15:23 Uhr].

lität gegenüber dem Nazi-Regime zu beweisen: „Er ist arischer Abstimmung und steht rückhaltlos hinter dem neuen Staate"[1009], bezeugte der Landesgerichtspräsident in der Nazizeit.

Die Informationen der 2. Außereuropäischen Abteilung des MfAA über die Vergangenheit von Luitpold Werz, Nachfolger von Weiz, sind ähnlich zu den Informationen, die schon in *Von Ribbentrop zu Adenauer* veröffentlicht wurden.[1010] Seine diplomatischen Tätigkeiten im nationalsozialistischen Auswärtigen Amt fingen mit der Arbeit als Attaché im Generalkonsulat in Barcelona und Sidney an und setzten sich später mit seiner Arbeit als Vizekonsul und Konsul in Laurenzo Marques (Mosambik) fort. Nach 1945 war er Gesandter der Bundesrepublik in Buenos Aires und ab 1962 Botschafter in Bogota.

Der Fall Werz zeigt erneut, wie die Nachforschung nach belastendem Material außerhalb des Rahmens der offiziellen politischen Archive zum Bereich der akademischen historischen Forschung erweitert wurde. Nach der Entdeckung einer Fußnote aus einer Dissertation, die „weiteres Material über die faschistische Vergangenheit von Werz" zur Verfügung stellen konnte, schrieb der Stellvertreter des Außenministers, Wolfgang Kiesewetter, an Erwin Sallmon,[1011] den Verfasser der Doktorarbeit, die Bitte, das entdeckte Material zuzusenden und Fotokopien von diesem anzufertigen. Kiesewetter betonte die Notwendigkeit des Materials, das „außerordentlich nützlich [...] im Kampf gegen den westdeutschen Neokolonialismus" war.[1012]

Die Aktion gegen Werz fand

1009 PA AA M A16129, „Dr. Gerhard Weiz, Botschafter Bonns in Indonesien". Beigefügtes Material zum Brief vom 9.9.1963 an das Generalkonsulat der DDR in Jakarta.

1010 Vgl. PA AA M A16129, „Neuer westdeutscher Botschafter in Djakarta", 9.10.1964; Vermerk der 2. Außereuropäischen Abteilung des MfAA and Kiesewetter, 19.10. 1964 vgl. PA AA M A16129, „Information über Werz", 14.1.1965; PA AA M A16129, „Dr. Luitpold Werz", 14.1.1965; PA AA M A16129, „Kurzauskunft – Dr. Luitpold Werz", o. D.

1011 Erwin Sallmon war Professor für Geschichte der deutschen Arbeiterbewegung und des Wissenschaftlichen Sozialismus an der Humboldt-Universität Berlin und Karl-Marx-Universität Leipzig. Vgl. Professorenkatalog der Universität Leipzig, https://research.uni-leipzig.de/catalogus-professorum-lipsiensium/leipzig/Sallmon_2059/markiere:Sallmon/ [abgerufen am 29.10. 2021, 15:25 Uhr]. Sallmon schrieb zahlreiche Forschungsarbeiten zum westdeutschen Neokolonialismus. Vgl. Sallmon, Erwin: *Nationaler Befreiungskampf in Nahost. Dargestellt an der Haltung des westdeutschen Imperialismus zur irakischen Revolution und zur amerikanisch-englischen Aggression im Libanon und Jordanien 1958.* Leipzig 1962; Neumann, Herbert/Sallmon, Erwin: *Der Antikommunismus im System des westdeutschen Neokolonialismus.* Dissertation, Berlin 1962.

1012 Vgl. PA AA M A16129, Brief von Kiesewetter an Sallmon, 15.12.1964.

„[im] Zusammenhang mit dem Ministerratsbeschluß vom 28.5.1964 über die Erfassung von Kriegsverbrechen, dem Gesetz der Volkskammer der DDR über die Nichtverjährung von Nazi- und Kriegsverbrechen vom 1.9.1964 [statt]"[1013].

Diese Nachforschungen über „im westdeutschen Auswärtigen Dienst (Zentrale und Auslandsvertretungen) stehende Diplomaten" sollten im Wissenschaftlichen Archiv des MfAA durchgeführt werden. Im journalistischen Feld waren solche interdisziplinären Bemühungen relativ erfolgreich, zumindest in der DDR-Presse. Über die schnelle Wiederberufung von Werz wurde bereits 1951 berichtet.[1014] *Neues Deutschland* informierte über die Ernennung des „Vertrauensmannes des blutrünstigen SD-Chef Heydrich"[1015] mit Hinweis auf seine verleugneten Personalakten. Der Bericht endete mit der Feststellung: „Unser Mann in Djakarta, der Vertreter der DDR, ist der bewährte Antifaschist Generalkonsul Gustav Hertzfeld. Jeder deutsche Staat hat dort den Vertreter, der zu ihm paßt."[1016] Der Bericht wurde kurioserweise ohne Genehmigung der 2. Außereuropäischen Abteilung veröffentlicht, mit Informationen, die inhaltlich „nicht in jedem Fall dokumentarisch gesichert sind"[1017]. Laut der Abteilung erforderte die „unverantwortliche" Veröffentlichung eine beschleunigte Erforschung nach belastendem Material, das schon auf den bekannten Akten aus London von Prof. Tillmann basierte.[1018]

Indien: lokale Provokationen und internationaler Erfolg

Die MfAA-Zentrale in Berlin wurde regelmäßig von der Handelsvertretung der DDR in Indien über die Fortschritte der „Aktion Nazidiplomaten" vor Ort informiert. Die Maßnahmen der Vertretung gegenüber indischen Pressevertretern wurden in einem Bericht vom Januar 1962 über „Einzelgespräche in der Wohnung des Handelsrates" an die Presseabteilung des Ministeriums weitergeleitet.[1019] Der Herausgeber der

---

1013 PA AA M A16129, „Westdeutsche Diplomaten", 8.1.1965.
1014 Vgl. Es wird weiter „demokratisiert". In: *Berliner Zeitung*, 30.11.1951, S. 2.
1015 Schmidt, Heinz: Ihr Mann in Djakarta. In: *Neues Deutschland*, 14.1.1965, S. 7.
1016 Ebenda. Vgl. Braune Diplomaten im Solde Bonns. In: *Berliner Zeitung*, 29.6.1965, S. 5. In einem Lexikon über DDR-Persönlichkeiten wurde nicht nur die antifaschistische Tätigkeit von Gustav Hertzfeld erwähnt, sondern auch die Tatsache, dass er während der NS-Zeit „aus rass. Gründen verfolgt" wurde. Vgl. Buch, 1987, S. 122.
1017 PA AA M A16129, „Werz", 2.2.1965.
1018 Vgl. ebenda.
1019 Vgl. PA AA M A13998, „Nazidiplomaten in Westdeutschland", 8.1.1962.

Zeitschrift *Socialist Congressman*, Herr H. D. Malaviya,[1020] sparte nicht mit Komplimenten bezüglich der „großen Hochachtung" der Inder gegenüber dem deutschen Volk „wegen der außerordentlichen wissenschaftlichen, wirtschaftlichen und kulturellen Leistungen".[1021] Er hob auch die bedeutende Rolle hervor, die „Deutschland während der beiden Weltkriege gegen die Engländer"[1022] spielte. Bedauerlich fand er jedoch, dass für viele Inder nicht klar war, was die Bedeutung des deutschen Militarismus und Faschismus war.[1023] Malaviya betonte, dass er durch die von der DDR angegebenen Dokumente und Materialien und insbesondere durch den Film *Aktion J*[1024] viel über diese Themen lernen konnte. Weiterhin zeigten diese Dokumente, dass „die Existenz der DDR Glück, nicht nur für Europa, sondern für die ganze Welt"[1025] brachte. Die Dokumentation über die Nazi-Diplomaten wollte Malaviya dringend verinnerlichen und er wollte auf eine weitere Veröffentlichung über Nazis in Westdeutschland drängen. Er sprach über die bisherigen wenigen Veröffentlichungen in der englischsprachigen Tageszeitungen Indiens zu diesem Thema und erklärte, dass diese Presse von „vielen Indern gehaßt werde, weil sie nicht die Meinung des indischen Volkes repräsentiere"[1026]. Trotzdem versprach er, weiterhin zu versuchen, Kontakte mit der englisch-indischen Presse zu knüpfen. Parallel wurde mit einem Herrn Tewari vom *National Herald* beschlossen, „etwas über die Nazidiplomaten in die Zeitungen zu bringen"[1027].

Trotz des guten Verhältnisses zu Tewari und zu anderen indischen Journalisten wurden nicht alle Erwartungen der DDR-Diplomaten in Indien erfüllt. In dem Bericht über eine Presseveranstaltung, die in der Handelsvertretung stattfand, wurden diverse Streitigkeiten beschrieben. Während der Diskussion „gab es von zwei Anwesenden – besonders vom Vertreter der Zeitung *Pratap* – negative, zum Teil provokatorische Fragen"[1028] zum Thema Nazi-Diplomaten, wie es im

1020 Über Malaviya und seine politischen Tätigkeiten berichtete *Neues Deutschland*, vgl. Zu Gast in Berlin: Harsh Deo Malaviya. In: *Neues Deutschland*, 10.6.1969, S. 8.
1021 Vgl. PA AA M A13998, „Nazidiplomaten in Westdeutschland", 8.1.1962.
1022 Ebenda.
1023 Vgl. ebenda.
1024 *Aktion J* (1960) – Dokumentarischer Film über Hans Globke vom Regisseur Walter Heynowski.
1025 PA AA M A13998, „Nazidiplomaten in Westdeutschland", 8.1.1962.
1026 Ebenda.
1027 Ebenda.
1028 Ebenda.

nachträglichen Bericht stand. Einer der „Agitatoren" sagte, „dass es doch wenig Sinn habe, solche ‚alte Geschichten' nach zwanzig Jahren wieder auszugraben"[1029]. Er war davon überzeugt, „dass diese Menschen, was immer sie getan haben mögen, auf Grund ihrer Erfahrungen ihre Einstellung geändert hätten"[1030]. Dazu vermutete er, dass es „wahrscheinlich auch Westdeutschland nicht schwer fallen [würde], eine ähnliche Dokumentation über uns [die DDR] zusammenzustellen"[1031]. Die Mitarbeiter des Handelsrates ließen die Bemerkung des Agitators nicht unbeantwortet:

„[J]eder der Anwesenden [möge] die [in der DDR veröffentlichten] Dokumente sehr aufmerksam studieren [...], dann werde er feststellen müssen, dass diese Personen weder ihre Einstellung noch ihre Ziele geändert haben."[1032]

Um ihre provokanten Gäste zu überzeugen, erwähnten die Handelsrat-Mitarbeiter die Beteiligung und Einmischung von Nazi-Diplomaten des westdeutschen Auswärtigen Amtes in der Goa-Krise.[1033]

Zum Schluss des Berichts informierte der Handelsrat über persönliche Kontakte mit Mitarbeitern verschiedener Ministerien der indischen Regierung, an die die Dokumentation über Nazi-Diplomaten übergeben wurde. Die ostdeutsche Enttäuschung von den großen Zeitungen – außer einer kurzen Meldung über eine Pressekonferenz des Generalkonsulats in Rangun, die positiv war – wurde mit den Westmonopolen, die hinter diesen Zeitungen standen und diese finanzierten, und mit den geführten Geschäftsbeziehungen der lokalen Journalisten mit den USA und Westdeutschland begründet. Demnach wurde beschlossen, dass mehr Aufmerksamkeit auf die kleineren englischsprachigen Zeitungen und landessprachige Presse hätte gerichtet werden müssen.[1034] Das war eine kleine Herausforderung gegen die große Macht und den Einfluss der von den Kapitalisten kontrollierten internationalen Presse.

In den folgenden Jahren, während 1962 und 1963, erfolgten noch mehrere Versuche, belastende Informationen über westdeutsche Diplomaten in Indien bzw. Ost-Asien zu veröffentlichen. So zum Beispiel waren die Fälle von Hans-Ulrich von Schweinitz, damals westdeutscher

---

1029 Ebenda.
1030 Ebenda.
1031 Ebenda.
1032 Ebenda.
1033 Vgl. ebenda.
1034 Vgl. ebenda.

Botschafter in Thailand, und Wilhelm Günther von Heyden, westdeutscher Botschaftsrat I. Klasse in Indien, besonders prominent. Laut dem Bericht der 6. Europäischen Abteilung des MfAA an der 2. Außereuropäischen Abteilung waren beide Mitglieder der NSDAP gewesen. Diese Informationen wurden von einer Veröffentlichung im *Free Press Bulletin*[1035] am 12. Juni 1962 unterstützt.[1036]

Auch nach dem Höhepunkt der „Aktion Nazidiplomaten" in den Sechzigerjahren setzte die DDR den Austausch von Informationen und Meldungen über ehemalige Nazis im Außendienst Westdeutschlands fort. Während der Siebzigerjahre berichtete die Presse Indiens häufig über den neuen westdeutschen Botschafter in Indien, Günter Diehl.[1037] Der „Goebbels-Propagandist"[1038] Diehl war früher Mitarbeiter im nationalsozialistischen Außenministerium.[1039] Die Informationen über seine NS-Vergangenheit wurden auch in einer Kontaktaufnahme im März 1970 vom DDR-Generalsekretär Dietmar Heyne an den französischen Journalisten Jean HuGonnot von der Wochenzeitung *La Tribune des Nations* weitergeleitet. Diehl war laut Heyne aktiv „an der psychologischen Kriegsführung des faschistischen Deutschlands gegen das französische Volk" beteiligt und „war lange Jahre einer der offiziellen Sprecher der westdeutschen Regierung unter Kanzler Kiesinger".[1040] Die Ernennung eines Nazi-Diplomaten zum Botschafter in Indien, der die Franzosen zum Opfer machte, könnte die französische Öffentlichkeit und die Medien interessieren. Damit versuchte die DDR, aufzuzeigen, „wer im Auftrage der neuen Westdeutschen Regierung im Ausland vertreten"[1041] war.

Rumänien – Verpflichtung mit Schwierigkeiten

Ende 1958 wurde von der Botschaft in Bukarest eine Namensliste von ehemaligen Offizieren der Wehrmacht und Nazi-Diplomaten, die während des Zweiten Weltkrieges in Rumänien tätig waren, an die

---

1035 *Free Press Bulletin*: Indische Presseagentur.
1036 Vgl. PA AA M A13998, „Ergänzung der Dokumentation über die Nazidiplomaten", 2.6.1962.
1037 So wurde über die Kritik zu Diehls Ernennung in einer indischen Wochenzeitung *Century* in *Neues Deutschland* berichtet. Vgl. Indien: Diehl ist ein Affront. In: *Neues Deutschland*, 8.4.1970, S. 7.
1038 Kanzler-Diktatur angestrebt. In: *Berliner Zeitung*, 3.1.1968, S. 5.
1039 Diehl war in der Nazi-Zeit in der rundfunkpolitischen Abteilung im NS-Außenministerium. Vgl. Nazi wird Bonns Pressechef. In: *Berliner Zeitung*, 6.9.1967, S. 5.
1040 Vgl. PA AA M C355/73, Brief von Dietmar Heyne an Jean HuGonnot, 17.3.1970.
1041 Ebenda.

Hauptabteilung I/3 des MfAA in Berlin versendet. Herbert Plaschke, Mitarbeiter der Hauptabteilung, schrieb im Anhang, dass es sich bei der Liste nicht nur um Diplomaten und Offiziere handelte, sondern ebenfalls „um Leute, die grösstenteils unmittelbar aber teilweise auch nur mittelbar in der Zeit des Zweiten Weltkrieges mit Rumänien zu tun hatten"[1042]. Die zentrale Aufgabe des Ministeriums in der Überprüfung dieser Namensliste war

> „[...] festzustellen, ob und welche Funktionen einige dieser Leute heute wieder in der Bundesrepublik bekleiden, damit man solche Tatsachen auch in der Entlarvung der aggressiven Aussenpolitik des westdeutschen Imperialismus gegenüber der RVR [Rumänische Volksrepublik] ausnutzen kann"[1043].

Hier sehen wir erneut, dass nicht nur die Aufdeckung der ehemaligen Nazis für die DDR-Propagandisten wichtig war, sondern auch die Aufdeckung der „Nazipolitik" der Bundesrepublik. Erwähnenswert ist der Name einer der Personen, die auf dieser „braunen Liste" steht: Gesandtschaftsattaché Dietrich von Mirbach, den wir bereits aus der „Aktion Nazidiplomaten" in Indonesien kennen.

Anfang 1959 setzten sich die Unterredungen zwischen der DDR-Botschaft in Rumänien und der Hauptabteilung des MfAA zu dieser Liste fort, als die Presseabteilung des MfAA die propagandistische Auswertung der Informationen zur Verfügung stellen sollte.[1044] Laut der vorliegenden offiziellen Texte des Ministeriums setzte sich nach diesem Zeitpunkt die Zusammenarbeit des MfAA mit der rumänischen Regierung zur Entlarvung ehemaliger Nazi-Diplomaten mit Enttäuschungen und Schwierigkeiten fort. In einem Vermerk der Presseabteilung der DDR-Botschaft in Bukarest vom August 1959 zu einer Besprechung mit dem stellvertretenden Leiter der parallelen Abteilung des rumänischen Außenministeriums, Genosse Constantinescu, wurde die Enttäuschung über unbefriedigende Resultate geäußert. Trotz des schwerwiegenden Materials über Hitlergeneräle, Nazi-Diplomaten und Wehrwirtschaftsführer, „die heute wieder leitende Positionen in Bonner Staat haben"[1045], stellte die rumänische Seite unzureichen-

---

1042 PA AA M A7386, Brief von Hermann Plaschke an den Länderreferat Rumänien Siegfried Hienzsch, 29.12.1958.

1043 Ebenda.

1044 Vgl. PA AA M A7386, „Enthüllungen über die frühere Tätigkeit ehemaliger Nazidiplomaten und Militaristen in Rumänien", 18.2.1959 und 2.3.1959.

1045 PA AA M A7386, „Vermerk über eine Besprechung mit dem stellvertretenden Leiter der Presseabteilung des MfAA der RVR, Genossen Constantinescu am 4.8.1959",

de Materialien der DDR zur Verfügung. Diese Vorwürfe beantwortete Constantinescu mit Verständnis und wies darauf hin, dass die rumänischen Tätigkeiten von Mühe zeugten. Gleichzeitig konnte das schwierige Verhältnis Rumäniens zur Objektivität bei der Zusammenstellung der belastenden Daten nicht ignoriert werden, da ein größerer Teil im und nach dem Krieg vernichtet wurde.[1046] Trotz der rumänischen Erklärungen bestand Genosse Meyer aus der DDR darauf, dass es noch Möglichkeiten gäbe, „in dieser Angelegenheit weiter zu kommen"[1047], weil schon in der Vergangenheit eine Zusammenarbeit durchgeführt worden war.

Gut einen Monat nach dieser Unterredung im September 1959 wurde die Unzufriedenheit des Ministeriums und der Botschaft in Bukarest mit der gegenseitigen Zusammenarbeit ein weiteres Mal ausgedrückt. Die DDR-Diplomaten glaubten, dass die Rumänen unfähig waren, die Notwendigkeit und Dringlichkeit der internationalen politischen Situation zu begreifen. Dazu wurde die rumänische Regierung angeklagt, dass „die Gefährlichkeit der Entwicklung in Westdeutschland und der Charakter der Politik der westdeutschen Regierung immer noch nicht im vollen Umfang [in Rumänien] gesehen wird"[1048]. Folglich sollten „Pressekonferenzen der Botschaft zur Entlarvung der verstärkten militaristischen und revanchistischen Politik der Bonner Regierung"[1049] durchgeführt werden.

Um die Mängel des erforderlichen Materials aus Rumänien zu beseitigen sowie um die Verarbeitung des schon verfügbaren Materials zu verbessern, wurde eine Zusammenarbeit der Archivverwaltung der DDR, des Deutschen Instituts für Zeitgeschichte, des Ausschusses für Deutsche Einheit und des Instituts für Marxismus-Leninismus beim ZK der SED durchgesetzt.[1050] In einem Vermerk des Ministeriums – dessen Titel und exaktes Datum leider fehlen (aber ich vermute, dass er Anfang 1960 verfasst wurde) – wurden die Ministeriumsbemühungen gegenüber der rumänischen Seite geschildert sowie die vorgegebenen

---

8.8.1959.

1046 Vgl. ebenda.

1047 Ebenda.

1048 PA AA M A7386, „Fragen der auslandspropagandistischen Tätigkeit in der RVR", 9.9.1959.

1049 Ebenda.

1050 Vgl. PA AA M A7386, „Entlarvung ehemaliger faschistischer Offiziere und Diplomaten", 4.4.1960.

Aufgaben der obengenannten interinstitutionellen Zusammenarbeit erläutert. Diese Kooperation verbreiterte die Forschung immens:

„Der DDR gehe es dabei um die konkrete Erforschung der imperialistischen deutschen Politik gegenüber der RVR mit dem Ziel, sowohl von der historischen als auch von der aktuellen Seite her, die Machenschaften des deutschen Imperialismus noch besser zu entlarven."[1051]

Unter dem langen Titel *Entlarvung der Tätigkeit faschistischer Offiziere und Diplomaten während des II. Weltkrieges in Rumänien, die heute wieder Funktionen im Staatsapparat und im öffentlichen Leben Westdeutschlands einnehmen* wurde in einem anderen Vermerk des MfAA, vermutlich Ende 1960 verfasst, dessen wiederholte Unzufriedenheit mit den Rumänen geäußert. Laut der Meldung zeigte die rumänische Seite trotz ihrer Versprechen eine gewisse Gleichgültigkeit gegenüber den Anstrengungen der DDR: „Als wichtigste Ursache dafür ist anzusehen, daß die rumänischen Freunde nicht immer die ganze Bedeutung dieser Frage erkannt haben und die Gefährlichkeit der revanchelüsternen Politik der westdeutschen Regierung unterschätzen."[1052] Notwendige Materialien und Angaben gegen westdeutsche Nazi-Diplomaten, die von der DDR-Seite erbeten wurden, erhielt die DDR aus Rumänien nicht, u. a. mit der oft wiederholten Begründung, dass ein Teil der Dokumente im Jahr 1944 „durch die flüchtenden Faschisten und danach durch die bürgerlichen rumänischen Regierungen vernichtet worden sei"[1053]. Das MfAA schlug vor, erneut die Dringlichkeit der erwünschten Informationen zu äußern, jedoch gleichzeitig mit einer Untersuchung der DDR fortzufahren. Diese Untersuchung wurde von den Mitarbeitern des Deutschen Instituts für Zeitgeschichte und des Instituts für Geschichte der europäischen Volksdemokratien in Leipzig durchgeführt.[1054]

1051 PA AA M A7386, Abschnitte eines Vermerks des MfAA, o. D (S. 59–60 der Archivakten).
1052 PA AA M A7386, „Entlarvung der Tätigkeit faschistischer Offiziere und Diplomaten während des II. Weltkrieges in Rumänien, die heute wieder Funktionen im Staatsapparat und im öffentlichen Leben Westdeutschlands einnehmen", vermutlich Ende 1960, Anfang 1961 (S. 1–4 der Archivakten).
1053 Ebenda.
1054 Vgl. ebenda.

Ungarn – Zusammenarbeit gegen Kriegsverbrecher

Seit der Mitte der Fünfzigerjahre standen die Außenministerien der DDR und der Volksrepublik Ungarn in enger Verbindung und arbeiteten mit dem Ziel zusammen, die Entlarvung und Bestrafung ehemaliger Nationalsozialisten, Kriegsverbrecher und Nazi-Diplomaten voranzutreiben, die in Ungarn während des Zweiten Weltkrieges tätig waren. Das Archivmaterial zeigt, dass sich beide Seiten für den gleichen wichtigen Zweck engagierten. Zwischen den beiden Ministerien wurden Listen von dutzenden Diplomaten und SS-Offiziere ausgetauscht. Laut der Presseabteilung der DDR-Botschaft in Budapest waren solche Informationen für die propagandistische Arbeit der DDR wesentlich.[1055] Im Kern dieser „kleinen Aktion" stand der ehemalige Diplomat Dr. Edmund Weesemayer.

Ende 1958 teilte die Presseabteilung der Botschaft in Budapest ihr Wissen zum Thema Nazi-Diplomaten mit der Hauptabteilung IX des MfAA. Das Außenministerium und das Presseamt Ungarn listeten Namen von ehemaligen Nazi-Diplomaten auf, die in Ungarn vor 1945 eingesetzt wurden und die in der DDR nachrecherchiert werden sollten.[1056] Auf diesen Listen stand auch der Name des ehemaligen Gesandten der deutschen Botschaft in Budapest, Dr. Edmund Weesemayer,[1057] der zu dieser Zeit in einer Hamburger Firma als leitender Direktor arbeitete.[1058] Für die Botschaft in Ungarn war die Tatsache oder Vermutung bekannt, dass Weesemayer „einer der meist gehassten Nazis in Ungarn"[1059] war. Deswegen konnte die DDR seine damalige Tätigkeit für ihre propagandistischen Zwecke gegenüber Ungarn auswerten und nutzen.[1060]

1055 Vgl. PA AA M A15284, „Ehem. Nazi-Diplomaten in Ungarn", 16.9.1959.

1056 Vgl. PA AA M A15284, „Ihr Fernschreiben vom 11.12.1958 – Nazidiplomaten", 16.12.1958.

1057 Vgl. PA AA M A15284, Angang: „Namentliche Aufstellung deutscher Faschisten, die sich vorwiegend im Jahre 1944 in Ungarn aufhielten und an faschistischen Verbrechen beteiligt waren", 16.12.1958.

1058 Vgl. PA AA M A15284, „Ehem. Nazi-Diplomaten in Ungarn", 16.9.1959.

1059 Ebenda.

1060 Vgl. ebenda.

5.3.6. Weitere ausländische propagandistische Aktionen und Maßnahmen des MfAA gegen die Bundesrepublik

Die „Aktion Nazidiplomaten" der Sechzigerjahre veranschaulicht die Zusammenarbeit des Außenministeriums und anderer Organe der DDR mit den befreundeten Staaten zur Nachforschung über und Entlarvung von Nazidiplomaten und Kriegsverbrechern. Auch das Ministerium für Staatssicherheit war bestrebt, Akten und Unterlagen über Nazi- und Kriegsverbrecher in befreundeten Staaten des Ostblocks zu erkunden. Das Material wurde für propagandistische Zwecke verwendet.[1061] Kooperationen dieser Art mit anderen Außenministerien und Sicherheitsdiensten begannen schon während der Fünfzigerjahre und setzten sich bis in die Achtzigerjahre fort. In diesem Teilkapitel beschäftige ich mich mit der Zusammenarbeit des MfAA mit Kollegen aus anderen Organisationen und Außenministerien und mit ihrer Suche nach Kriegsverbrechern außerhalb des diplomatischen Ranges. Diese Kooperation verspricht mehr als die spezifischen Ziele der „Aktion Nazidiplomaten". Sie überblickt das volle Engagement des MfAA hinsichtlich der Entlarvung der Nazis und für den Kampf gegen die Verjährung von Nazi- und Kriegsverbrechen in der Bundesrepublik. In mehreren Fällen sehen wir, dass die DDR nicht der einzige Staat war, der Aktionen gegen Nazis initiierte. Das Außenministerium bekam Anträge mit der Bitte um Zusammenarbeit aus anderen Ländern und Außenministerien, um die Entlarvung von Nazis, die während des Krieges in ihren Gebieten tätig waren und trotzdem unbestraft blieben, voranzutreiben.

Diese diplomatischen Aktivitäten des MfAA verkörpern die Grundprinzipien der DDR-Außenpolitik: eine Zusammenarbeit mit der Sowjetunion und mit den Ostblock-Staaten, die Entwicklung normaler Beziehungen zu kapitalistischen Staaten auf der Grundlage der „friedlichen Koexistenz", und „der Kampf gegen immer aggressiver und gefährlicher wachsende Politik des westdeutschen Imperialismus".[1062] Diese Prinzipien wurden vom Außenminister Otto Winzer sowie von anderen Parteiideologen der DDR-Außenpolitik verdeutlicht. Die

---

1061 Über die Aktenbeschaffung aus Polen, der Sowjetunion und der ČSSR schrieb Henry Leide in seinem Werk über die Rolle der Staatssicherheit bei der Aufdeckung von Nazi- und Kriegsverbrechern im Rahmen der NS-Vergangenheitsbewältigung in der DDR. Vgl. Leide, Henry: *NS-Verbrecher und Staatssicherheit: Die geheime Vergangenheitspolitik der DDR*. Göttingen 2006, S. 181–190.

1062 Vgl. Winzer, Otto: *Deutsche Außenpolitik des Friedens und des Sozialismus*. Berlin 1969, S. 22.

entsprechenden außenpolitischen Aktionen ermöglichten der DDR, die Entwicklung eines „gesellschaftlichen Systems des Sozialismus in der DDR" zu propagieren.[1063]

Zusammenarbeit mit dem Ostblock

Wie schon zuvor gesehen, pflegten das MfAA und die Botschaft der DDR in Warschau erfolgreiche Kooperationen mit dem polnischen Außenministerium. Polen leitete inzwischen selbst Aktionen gegen Nationalsozialisten in Westdeutschland ein.[1064] Die nun entstehende Zusammenarbeit wurde auch mit einer Initiative des Ausschusses für Deutsche Einheit verbunden, bei der Karl Raddatz, Leiter der Westarbeit im Ausschuss,[1065] nach Warschau reiste. Sein Besuch fand im Rahmen einer offiziellen Untersuchung der Regierung Polens über Hitlerverbrechen statt. Raddatz beabsichtigte, diese Gelegenheit zu nutzen, um wesentliche Dokumente im Justizministerium Polens zu finden und diese für eine weitere Erforschung in die DDR zu bringen. Im Briefwechsel des MfAA mit der Botschaft in Warschau wurde behauptet, dass die Besuche von Raddatz in Polen relativ erfolgreich waren und dass sie sich für die propagandistischen Ziele des Ministeriums und des Ausschusses eigneten. Der Botschafter der DDR in Warschau, Stefan Heymann, und das Team der Botschaft begleiteten Raddatz' Arbeit während seiner Aufenthalte in Polen. Heymann war persönlich zuständig für den Erfolg dieser Untersuchung und der Recherche und koordinierte Raddatz' Unterkünfte und die kommende Verhandlung mit dem polnischen Justizministerium. Das Recherche-Team entdeckte, dass die gefundenen Dokumente nicht nur für den Ausschuss für Deutsche Einheit und dessen Kampagne gegen Nazis in der Bundesrepublik wichtig waren, sondern auch für die Arbeit des Komitees Antifaschistischer Widerstandskämpfer. Die neuen Dokumente erlaubten die Weiterführung der juristischen Prozesse gegen Naziverbrechen des Komitees.[1066]

1063 Vgl. ebenda. Werner Hänisch deutete auch die Verurteilung „jede[r] imperialistische[n] Revanche- und Aggressionspolitik" an. Vgl. Hänisch, 1972, S. 26.

1064 Ein gewisser Herr Łobodycz aus dem polnischen Außenministerium erläuterte, dass „die polnische Seite jede Gelegenheit nutzt, um zur Entlarvung der Bundespublik beizutragen". Vgl. PA AA M A13698, „Aktenvermerk über eine Besprechung des Genossen Moldt mit Genossen Łobodycz im MSZ am 5. April 1960", 5.4.1960.

1065 Vgl. Müller-Enbergs/Wielgohs/Hoffmann/Herbst/Kirchey-Feix/Reimann, Bd. 2, 2010, S. 1036.

1066 Informationen über den Inhalt der Dokumente bekam Heymann auch von Erich Markowitsch von dem Komitee Antifaschistischer Widerstandskämpfer, der selbst

Heymann beschrieb in einem seiner Berichte aus Warschau, dass die relevanten Akten plötzlich im Justizministerium Polens auftauchten, obwohl sie zuerst in der Botschaft und beim polnischen Untersuchungskomitee vermutet wurden, da sie während des Krieges verloren gegangen waren. In seinem Schreiben bestätigte Heymann die große historische Bedeutung dieser Dokumente, die Listen von Personen, „die von Buna aus zur Vergasung nach Birkenau geschickt wurden"[1067], enthielten. Gleichzeitig sah Heymann nicht nur die historische Wichtigkeit der Akten, sondern auch die politischen Chancen, die deren Veröffentlichung versprach. Die Dokumente waren

> „eindeutige Beweise für diese verbrecherischen Handlungen. Da es sich bei diesen Vergasungen zum überwiegenden Teil um Angehörige aus kapitalistischen Ländern handelt, ist der Fund besonders bedeutungsvoll. Man müsste alles daran setzten, um diese Listen möglichst bald auswerten zu können."[1068]

Den Umfang der gefundenen Dokumente skizzierte auch Karl Raddatz in einem Brief über seinen Aufenthalt in Warschau an das Außenministerium in Berlin. Unter den Dokumenten lagen „mehrere Mappen Wochenberichte der Leitung der IG-Farben in Auschwitz; namentliche Aufstellung der arbeitsunfähigen Häftlinge, die die I. G. Farbenwerke in das Lager Auschwitz zur Vernichtung schickten"[1069]. Raddatz betonte die Bedeutung des Materials für die Weiterführung juristischer Prozesse von ehemaligen Zwangsarbeitern und Häftlingen gegen IG-Farben.[1070] Die politisch-wirtschaftliche Interpretation Heymanns, dass es sich bei der „Vergasung zum überwiegenden Teil um Angehörige aus kapitalistischen Ländern handelt"[1071], deckte die moralischen Bedeutungen der Dokumente auf. Es kann gesagt werden, dass es gar keinen Unterschied zwischen den unmittelbaren politischen Zwecken der DDR und den juristisch-moralischen Bedeutungen dieser Verbrechen gab. Und trotz der politischen und ideologischen Deutungen, die seitens der DDR hervorgehoben wurden, kann man die Veröffentlichung solcher historischen Dokumente und ihre weltweite

---

Häftling in Auschwitz war. Vgl. PA AA M A3676, „Auschwitzer Dokumente", 25.5. 1956.

1067 Ebenda. Buna-Werke der IG-Farben.

1068 Ebenda.

1069 PA AA M A3676, Brief von Karl Raddatz an den Abteilungsleiter Brinkmann, o. D.

1070 Vgl. ebenda.

1071 PA AA M A3676, „Auschwitzer Dokumente", 25.5.1956.

Verbreitung mit dem Ziel der Entlarvung der „braunen Geschichte" Westdeutschlands nicht ignorieren.

Auch in den Folgejahren initiierte Polen eigene Aktionen gegen ehemalige Nationalsozialisten und bat die DDR um Hilfe. Ende 1960 wandte sich der polnische Botschafter in Berlin an den Abteilungsleiter der 2. Europäischen Abteilung im MfAA, um mehrere Informationen über eine Namensliste von Kriegsverbrechern zu erhalten, die in Westdeutschland führende Posten besetzten. Das polnische Radio beabsichtigte, diese Liste im Rahmen einer Sendung über Nazi- und Kriegsverbrecher zu diskutieren.[1072] Die Liste mit 81 Namen wurde von der 6. Europäischen Abteilung des ostdeutschen MfAA an den Ausschuss für Deutsche Einheit übermittelt. Eine Überprüfung der in der Liste aufgezählten Kriegsverbrecher und die Durchsuchung der DDR-Archive nach belastendem Material standen dabei im Mittelpunkt. Erst im Anschluss sollten diese Dokumente wieder nach Polen geschickt werden.[1073] Trotz der ausführlichen Überprüfungen des Ausschusses brachte die Recherche keine besonderen Details hervor und laut der Unterlagen kam es zu keinem nennenswerten Ergebnis.[1074] Wie bei der Verhandlung mit Ungarn oder auch bei den Kontakten zu Rabbiner Yampol, charakterisierten erfolglose Recherchen oder teilweise auch Missverständnisse die Bemühungen der DDR in ihrem internationalen Kampf gegen Nazi- und Kriegsverbrecher.

Dank der Zusammenarbeit mit der polnischen Regierung und dem polnischen Außenministerium konnte das MfAA seine Initiativen auch gegenüber westlichen Staaten ausweiten, mit denen es noch keine offiziellen diplomatischen Beziehungen pflegte. So erhielten zum Beispiel die Regierungen von Schweden, Norwegen und Dänemark über die polnischen Auslandsvertretungen eine Erklärung der DDR-Regierung an die Regierung Polens mit Namenslisten von ehemaligen Nazis aus Westdeutschland. Laut der Erklärung nahmen diese Nazis aktiv bei der Durchführung der Operation „Weserübung" im Jahr 1940 teil.[1075]

1072 Vgl. PAAA M A2908, „Aktennotiz über eine Unterredung zwischen dem Abteilungsleiter der 2. EA Gen. Helmer und dem zeitweiligen Geschäftsträger der Botschaft der VRP Botschaftsrat Tomala am 12.12.1960", 12.12.1960.

1073 Vgl. PAAA M A2908, „Überprüfung von Angehörigen der faschistischen Armee die während des Krieges in Polen eingesetzt waren", 17.12.1960.

1074 Vgl. PAAA M A2908, „Faschistische Kriegsverbrecher die von Polen gesucht werden", 24.1.1961.

1075 Vgl. PA AA M A13691, Brief und Anlage von der 2. Europäischen Abteilung des MfAA an den Botschafter der DDR in Polen, 27.6.1960 und 28.6.1960; vgl. Anlage

Mit dieser Taktik konnte die DDR westliche Staaten erreichen, ohne direkte Verhandlungen bzw. diplomatische Beziehungen mit ihnen zu haben.

Auch mit Jugoslawien verhandelte die DDR über belastendes Material und Dokumente westdeutscher Persönlichkeiten. Zwischen 1961 und 1964 wurden mehrere Namenslisten und andere Dokumentationen von der jugoslawischen Seite über die DDR-Botschaft in Belgrad an die DDR geliefert. Unter den Namen befanden sich Diplomaten, Wehrmachts- und SS-Offiziere sowie Nazirichter.[1076] Die Überlieferung der Namenslisten an die DDR führte zu deren Überprüfung im Außenministerium und in anderen Organisationen der DDR (wie zum Beispiel im Ausschuss für Deutschen Einheit), um herauszufinden, ob diese Personen „in Westdeutschland verantwortliche Positionen einnehmen"[1077].

Mit der Tschechoslowakei verhandelte die DDR die Überlieferung anderer Arten von Akten und Archivmaterial. Im Frühjahr 1955 erbat die DDR-Botschaft die Hilfe des tschechoslowakischen Ministeriums für Auswärtige Angelegenheiten bei der Auslieferung von Listen, Informationen und anderen Materialien über Kriegsverbrecher des „Amtes Blank"[1078], um dem Ausschuss für Deutsche Einheit „eine wirksame Tätigkeit in dieser Hinsicht" zu ermöglichen.[1079] Wesentlich waren für die deutsche Seite Listen von Kriegsverbrechern, „die durch ihre Tätigkeit während der faschistischen Okkupation in der Tschechoslowakei" in der Bundesrepublik und in der Tschechoslowakei „unbestraft blieben und im Bonner Staat wieder eine Funktion" ausübten.[1080] Im November desselben Jahres erhielt das Ministerium die Listen von der tschechoslowakischen Seite.[1081]

zum Brief der DDR-Regierung an der Regierung der Volksrepublik Polen, Juni 1960, enthält Namenslisten von Nazis in der Bundesrepublik.

1076 Die Listen befinden sich beigefügt zu unterschiedlichen Briefwechseln des MfAA von der Zeit von November 1961 bis Juli 1964, vgl. PAAA M A5282.

1077 PAAA M A5282, Brief vom Abteilungsleiter der 3. Europäischen Abteilung des MfAA, Becker, an den Nationalrat der Nationalen Front der DDR, 2.7.1962, sowie „Vermerk über eine Besprechung im Nationalrat der Nationalen Front zwischen den Genossen Birkendahl der Genossen Richter vom Nationalrat der Nationalen Front und den Genossen Becke und Berg am 2.7.1962 und 6.7.1962.

1078 „Amt Blank": Inoffizieller Name des westdeutschen Verteidigungsministeriums vor seiner offiziellen Gründung, benannt nach dem ersten westdeutschen Verteidigungsminister Theodor Blank.

1079 Vgl. PA AA M A11430, „Verbalnote", 23.3.1955.

1080 Vgl. PA AA M A11430, „Entlarvung des „Amtes Blank", 7.6.1955.

1081 Vgl. PA AA M A11430, „Entlarvung des „Amtes Blank", 10.11.1955 und Anlagen.

Die deutsch-nationale Verantwortung der DDR

Neben der alltäglichen Diplomatie in der DDR und der Zusammenarbeit mit anderen Ländern zeigen auch andere Aktionen des MfAA die ideologischen Konzepte, mit denen es seine politischen Aufgaben realisierte: Dabei ging es nicht nur um die Aufdeckung von Naziverbrechern, sondern auch um die Entlarvung der Verleugnung der nationalsozialistischen Vergangenheit in der Bundesrepublik. Der Kampf der DDR gegen ehemalige Nazis in Westdeutschland symbolisierte nicht nur einen Kampf gegen einzelne Personen, sondern gegen das gesamte westdeutsche System, dessen politisch-juristische Tätigkeiten und dessen moralische Haltung gegenüber Nazi- und Kriegsverbrechern.

Ein Beispiel für dieses Verhalten ist die Beschäftigung der Abteilung Grundsatzfragen mit der Produktion eines Filmes zum Thema „Die Haltung beider deutscher Staaten zu den Nazi- und Kriegsverbrechen".[1082] Die Abteilung formulierte die Grundpositionen der DDR zum spezifischen Film und nebenbei ganz allgemein zu diesem Thema. Unter anderem hoben die Grundpositionen zu dem Film hervor, dass die DDR im Gegensatz zur bundesrepublikanischen Verhandlung Einschränkungen der Strafverfolgung von Nazis und Kriegsverbrechern völlig ablehnte. Nach dieser Stellungnahme war die Verpflichtung zur Verfolgung und Bestrafung dieser Verbrecher nicht nur im Interesse beider Staaten und des deutschen Volkes, sondern auch „gegenüber den Völkern der Welt", damit „nie vom deutschen Boden ein Krieg"[1083] ausgehen kann. Diese deutsch-nationale Terminologie und die Ansprüche im Namen der „Interessen des deutschen Volkes" finde ich einerseits außergewöhnlich und andererseits ziemlich konventionell für das DDR-Vokabular, das sich das Recht auf das nationale Erbe Deutschlands zu eigen machte. Die Verwendung dieser Terminologie zeigt, wie wichtig „das deutsche Volk" in ostdeutschen Texten war. Auf der praktischen Ebene in der diplomatischen Arbeit des MfAA mussten die DDR-Diplomaten die „deutsch-nationale Verpflichtung" im Ausland vermitteln.

1082 Vgl. PA AA M C954/73, „Grobdisposition für einen Film unter dem Arbeitsthema ,Die Haltung beider deutscher Staaten zu den Nazi- und Kriegsverbrechen'", 17.7.1965. Ein Film mit diesem Titel konnte im Archiv von DEFA bzw. im Bundesarchiv nicht gefunden werden, aber eine Veröffentlichung des Ministeriums der Justiz der DDR zum gleichen Thema und mit dem gleichen Titel erschien im Jahre 1965. Vgl. Ministerium der Justiz der DDR (Hg.): *Die Haltung der beiden deutschen Staaten zu den Nazi- und Kriegsverbrechen: Eine Dokumentation.* Berlin 1965.
1083 Ebenda.

Auf dem Parkett der UNO

Wie schon im Teilkapitel über die Zusammenarbeit des MfAA mit jüdischen Organisationen erwähnt wurde, war auch der Kampf gegen die vorgesehene Verjährung von Nazi- und Kriegsverbrechen in Westdeutschland ein wesentlicher Teil dieser Beziehungen. Die Zusammenarbeit mit diesen Organisationen ersetzte die generellen diplomatischen Mittel der Politik aber nicht. Die DDR und das MfAA arbeiteten auf den höchsten internationalen Ebenen, um eine Verjährung möglichst zu verhindern, das bedeutete auch bei der UNO und ihren unterschiedlichen Organisationen und Komitees.

Ferdinand Thun, während der Sechzigerjahre Leiter der Abteilung Internationale Organisationen im MfAA, war einer der Initiatoren der DDR-Aktionen gegen die Bundesrepublik bei der UNO und insbesondere bei der UNO-Menschenrechtskommission. In einem Gespräch mit sowjetischen Diplomaten wurden die Taktiken des Ostblocks gegenüber den juristischen Maßnahmen Westdeutschlands vereinbart sowie über die geplanten gemeinsamen Aktionen gegen die Bundesrepublik in der UNO verhandelt. Laut Thun war das Ziel des Gesprächs, mit den sowjetischen Kollegen die „Unterhaltung über die Möglichkeit, die Tagung der Menschenrechtskommission der UNO [...] auszunutzen, um gegen die Verjährungsabsichten der westdeutschen Regierung vorzugehen"[1084]. Mit anderen Worten waren die vorgesehenen Aktionen eine politische Verwirklichung der propagandistischen Maßnahmen aller Beteiligten. Die Position der DDR zu diesem Thema, die bei den Diskussionen der Kommission erwähnt werden sollte, war es, zu erzwingen, „die Kriegsverbrecher konsequent zu verfolgen"[1085].

An die UNO-Kommission sollte eine Delegation von prominenten Persönlichkeiten aus der DDR entsendet werden. Zunächst war diese Delegation beauftragt, die DDR-Erklärung zum Thema Nazi- und Kriegsverbrecher an den Präsidenten und die Mitglieder der XXI. Tagung abzugeben. Auch eine Pressekonferenz wurde geplant, um die entsprechende Erklärung und die beigefügten Dokumente zu präsentieren und an Journalisten zu übergeben.[1086] Weiterhin wurden

---

1084 PA AA M C1575/76, „Vermerk über ein Gespräch mit dem Leiter der Rechtsabteilung des sowjetischen Außenministeriums, Genossen Professor, Dr. Tunkin, und zwei weiteren Genossen", 9.3.1965.

1085 Ebenda.

1086 Vgl. PA AA M C1575/76, „Faktenmaterial über die Hintergründe der besonderen Aktivität der westdeutschen revanchistischen Organisationen in der Frage der Verjährung von Kriegs- und Naziverbrechen", März 1965.

die Delegationsmitglieder aufgefordert (oder es wurde angeordnet), Kontakte mit Kollegen aus den sozialistischen Staaten zu knüpfen.[1087] Dokumententwürfe und handschriftliche Notizen weisen auf die Detailpolitik der DDR hin. In einem ersten Entwurf beabsichtigte das MfAA, die deutsch-jüdische Schriftstellerin Anna Seghers zur Delegation einzuladen und an dieser Delegation zu beteiligen. Der Name Seghers wurde in diesem Entwurf aber wieder gestrichen und durch den bekannten deutsch-jüdischen Schriftsteller Arnold Zweig ersetzt, der dann auch im zweiten Entwurf erscheint.[1088] Im späteren dritten Entwurf hingegen steht erneut Anna Seghers als Schriftführerin. Demnach nahm Seghers und *nicht* Zweig an der Delegation teil. Zusammen mit ihr nahmen auch Bernhard Graefrath (von der Humboldt-Universität und Mitglied der SED), Pastor Karl Pagel (Mitglied der CDU) und Gerd Höhne (Mitglied der SED) aus dem MfAA teil.[1089] Warum Zweig in diese Delegation nicht entsandt wurde, wird von den Dokumenten nicht begründet. Er war aber der Einzige von den Delegationsmitgliedern, der parteilos war.[1090] Auf jeden Fall ist interessant, wie einer der prominentesten ostdeutschen Diplomaten, Ferdinand Thun, der selbst „braune Flecken" auf seinem „diplomatischen Anzug" hatte und dessen Vergangenheit juristisch nicht überprüft wurde, im Vordergrund der diplomatischen Maßnahmen gegen Nazis in der Bundesrepublik stehen konnte.

Parallel zur Arbeit der organisierten Kommission wurde die entsprechende Erklärung des „Komitees zum Schutze der Menschenrechte der DDR" an die XXI. Tagung der Kommission für Menschenrechte der Vereinigten Nationen direkt an den Präsidenten der Kommission sowie an die Außenministerien der Mitgliedsländer am 22. März 1965 gesendet.[1091] Auch in dieser Erklärung wurden wie in vielen anderen

---

1087 Vgl. PA AA M C1575/76, „Vorlage für das Sekretariat des ZK der SED", 6.3.1965.

1088 Vgl. PA AA M C1575/76, „Vorlage für die Dienstbesprechung beim Staatssekretär", 27.2.1965.

1089 Der Name Seghers wurde gestrichen und der Name Zweig wurde handschriftlich geschrieben. Vgl. ebenda.

1090 Zweigs Parteilosigkeit wird im Dokument erwähnt. Vgl. ebenda.

1091 In diesem Zusammenhang wurde auch Golda Meir, die israelische Außenministerin, als eine mögliche Empfängerin erwähnt. Israel war damals Beobachter bei der Kommission. Meir galt laut der Adressatenliste als Trägerin einer „[a]usgewogene[n] Stellungnahme gegen Verjährung v. Min.-Präs. Eschkol vor israel. Parlament", vgl. PA AA M C1575/76, Anhang zur „Erklärung des Komitees zum Schutze der Menschrechte der DDR an die XXI. Tagung der Kommission für Menschenrechte der Vereinigten Nationen", 25.3.1965.

Aktionen und Veröffentlichungen aus der DDR erneut die eklatanten politischen, historischen und moralischen Unterschiede zwischen der DDR und der Bundesrepublik betont. Die Verfasser der Erklärung erwähnten einschlägige Beispiele für Nazis in Westdeutschland wie den Nazi- und später Bundeswehrgeneral Heinz Trettner und den Kriegsverbrecher und Bundesstaatsekretär Friedrich Karl Vialon. Diese Einzelfälle gehörten zur gesamten gescheiterten Vergangenheitsbewältigung in der Bundesrepublik. Die Position, in der die Bundesrepublik war, verhinderte „eine wirkliche Bewältigung der Nazivergangenheit in Westdeutschland"[1092] und das selbstverständlich im Gegensatz zur DDR, wo der Hitlerfaschismus angeblich zerschlagen wurde.

Allgemeine Propaganda gegen die BRD

Über die DDR-Terminologie der Naziverbrechen kann man sich mittels unterschiedlicher Propagandamaterialien informieren, die im Laufe der Jahre in der DDR veröffentlicht wurden und die ich für diese Arbeit heranzog. Anhand des offiziellen Schriftverkehrs des MfAA kann man erkennen, dass diese Terminologie im alltäglich Gebrauch üblich war und nicht nur auf „ausländische Ohren" zielte. Die Argumentation aus einem Informationsblatt des Außenministeriums über die Verfolgung und Bestrafung von Nazi- und Kriegsverbrechern in den beiden deutschen Staaten, in dem ähnliche Informationen und Details wie im Braunbuch und anderen Veröffentlichungen versammelt sind, zeigt, dass die Propaganda in der praktischen Außenpolitik und politischen Sprache des Alltags der DDR tief verwurzelt war.

Das Informationsblatt kategorisiert die Täter, die in der DDR wegen Kriegsverbrechen verurteilt wurden. Diese Personen nahmen aktiv an „Massenverbrechen gegen Antifaschisten im Jahre 1933, in den Konzentrationslagern des Naziregimes, während der ‚Kristallnacht' im November 1938 oder gegen Kriegsgefangene bzw. die Zivilbevölkerung in den zeitweise okkupierten Gebieten Europas"[1093] teil. Die Personen, die in der DDR verurteilt wurden, waren „Denunzianten oder Spitzel[,] [die] dem Naziregime dienten, [...] Angehörige des Reichssicherheitshauptamtes, der Gestapo, des SD, der Polizeipräsidien, [...] Nazirichter und -staatsanwälte der Sonder- und Kriegsgerichte

---

1092 Ebenda.
1093 PA AA M C1584/76, „Die Verfolgung und Bestrafung der Nazi- und Kriegsverbrechen in den beiden deutschen Staaten", o. D.

Hitlers, [...] Personen, die leitende Funktionen in der Kriegs- und Rüstungs-
industrie des Nazistaates bekleideten, [...] leitende Beamte des zentralen faschistischen Staatsapparates, z. B. aus dem ‚Reichsministerium des
Inneren‘, dem ‚Ministerium für die besetzten Ostgebiete‘, dem ‚Reichjustiz-
ministerium‘, dem ‚Propagandaministerium‘, dem ‚Auswärtigen Amt‘, dem
‚Reichsarbeitsministerium‘ usw.“[1094]

In Westdeutschland auf der anderen Seite erhielt „[d]ie große Masse
der angeklagten Nazi- und Kriegsverbrecher [...] wegen sonstiger straf-
barer Handlungen, wie Freiheitsberaubung, körperlicher Mißhand-
lungen usw. außerordentlich niedrige, der Schwere der Verbrechen
völlig unangemessene zeitige Freiheitsstrafen bzw. Geldstrafen“[1095].
Die DDR wollte beweisen, dass die juristischen Systeme beider deutscher Staaten keinem Vergleich standhielten.

Selbstbeobachtungen des MfAA

Das MfAA, die Auslandsvertretungen und diplomatischen Missionen
der DDR beschäftigten sich nicht nur mit der Entlarvung von Kriegsverbrechern in Westdeutschland. Oftmals mussten sie Fälle bearbei-
ten, in denen Vorwürfe gegen DDR-Bürger erhoben wurden. Dies
waren Vorwürfe, die beanspruchten, dass auch in der DDR ehemalige
Nazis zu finden waren.

Bereits Anfang der Fünfzigerjahre stellte die diplomatische Mission
der Volksrepublik Polen in Ost-Berlin unterschiedliche Anträge an das
MfAA mit Namen von DDR-Bürgern, die mutmaßlich vor 1945 Kriegsverbrechen im besetzten Polen durchführten.[1096] Diese Informationen
wurden vom MfAA an das Ministerium für Staatssicherheit und an das
Ministerium des Inneren weitergeleitet,[1097] die diese Fälle überprüften.
Nach einer Vernehmung der betroffenen Personen wurde beschlossen,
dass sie nach Polen ausgeliefert werden sollen.[1098] Innerhalb des MfAA
wurde allerdings entschieden, dass diese mutmaßlichen Kriegsverbrecher nicht nach Polen überliefert werden sollen. Es wurde empfohlen,

---

1094 Ebenda.
1095 Ebenda.
1096 Vgl. PA AA M A10017, „Kriegsverbrecher Jakob Pohl, geb. am 22.2.1904 in Waldro-
de/Polen, 25.6.1952.
1097 Vgl. PA AA M A10017, „Auslieferung deutscher Kriegsverbrecher an die Republik
Polen, 24.9.1951; Brief von Peter Florin an den Staatssekretär Warnke (Ministerium des Innern) über die mutmaßlichen Kriegsverbrecher Willi Geisersbach, Bernhard Krone, Willi Ertmann, Otto Frase, Willi Lemke, Hermann Strohmeyer, Gertrud
Weber, Richard Kolander und Alfred Petzold“, 12.10.1950.
1098 Vgl. ebenda.

sie „auf Grund der langen aufrechterhaltenen Haft"[1099] freizulassen. Eine unerwartete Reaktion des Staates, der sich in erster Linie selbst im Kampf gegen Kriegsverbrecher und ehemalige Nationalsozialisten verortet sah.

Später, im Juni 1953, erhielt die Hauptabteilung I des MfAA eine Meldung über ein anonymes Schreiben eines polnischen Bürgers, diesmal jedoch von der DDR-Botschaft in Warschau. Das Originalschreiben wurde an das polnische Ministerium für Staatsicherheit entsandt und über das polnische Außenministerium an die Botschaft übermittelt. Der unbekannte polnische Bürger wandte sich in seinem Brief mit interessanten Informationen an die DDR. Er teilte der DDR sein Wissen über Kriegsverbrechen in einer polnischen Zwangsarbeitsfabrik, die gegen Juden und andere Insassen eines Arbeitslagers ausgeübt worden waren, mit.[1100] Weitere Informationen aus dem Archiv des MfAA über ein mögliches Verfahren dieses vermeintlichen Kriegsverbrechers sind unbekannt. Die Beschäftigung mit Kriegsverbrechern aus den Reihen der DDR-Diplomaten setzte sich jedoch fort.

Prozesse gegen Nationalsozialisten bekamen internationale mediale Aufmerksamkeit und das nicht nur während der großen Prozesse wie den Nürnberger Prozessen, dem Auschwitzprozess oder dem Eichmann-Prozess, sondern auch in Prozessen von Einzelpersonen. Meine Recherche nach Material über ostdeutsche Nazi-Diplomaten im Stasi-Archiv und im Archiv des MfAA deckte die Sammlung von tausenden Zeitungsartikeln sowie von Sendungen aus dem westdeutschen Fernsehen über Nazis und die Vergangenheitsbewältigung in der DDR auf. Die unterschiedlichen Abteilungen des MfS und des MfAA dokumentierten und analysierten Pressemeldungen und dokumentarisch angelegte Sendungen, um die aktuelle Atmosphäre in der Bundesrepublik einschätzen und die DDR-Politik gegenüber Westdeutschland dementsprechend ändern zu können.

Ein Urteil des DDR-Gerichtshofs machte besonders Schlagzeilen in den westdeutschen Medien: Es war der Prozess gegen den NS-Arzt Horst Fischer. Über seinen Prozess und das Urteil berichtete die *Stuttgarter Zeitung*.[1101] Neben Zitaten aus der Urteilsbegründung des

---

1099 PA AA M A10017, „Aktenvermerk", 12.6.1952.

1100 Vgl. PAAA M A4086, „Anonymes Schreiben eines polnischen Bürgers über während der Hitlerkapitulation durch einen Deutschen begangenes Verbrechen", 5.6. 1953.

1101 Dokumentation der Berichte aus der *Stuttgarter Zeitung* vgl. Todesurteil für Fischer beweist unterschiedliche Behandlung von Nazi-Verbrechen in beiden deutschen

Gerichtsvorsitzenden Heinrich Toeplitz über die Verbrechen Fischers ist auch die Kritik der *Stuttgarter Zeitung* an der DDR nachweisbar. Wie in dieser Zeit üblich, wurde die DDR zunächst nicht als „DDR" bezeichnet, sondern als „Sowjetzone". Darüber hinaus betonte die Zeitung, dass Fischer bis zum Urteil frei „in einem kleinen Ort in der Sowjetzone"[1102] praktizierte. Die Zeitung stellte es so dar, als ob Fischer von der DDR-Regierung unterstützt worden wäre. In einem Kommentar über das Urteil wurde die Kritik gegenüber der DDR verschärft. Der Bericht handelte nicht nur von den verbrecherischen Taten des ehemaligen SS-Arztes, sondern auch von dem juristischen Prozess in dem anderen „Staat". Fischer wurde zurecht zum Tod verurteilt, stellte der Stuttgarter Redakteur fest. Ungerecht waren die politischen Ergebnisse und Auswirkungen des Prozesses:

> „Die Pankower werden einen beachtlichen propagandistischen Erfolg in der ganzen Welt erzielen als eben die besseren Deutschen, die offenbar entschlossen sind, gemäß dem Potsdamer Abkommen mit den Naziverbrechern abzurechnen. Einen solchen Erfolg können wir mit allen Friedenskampagnen nicht erzielen."[1103]

Der Fall Fischer und die journalistischen Kommentare betonten die unterschiedlichen Ansichten der Prozesse gegenüber Nazis in beiden deutschen Staaten und wie die Medien, in diesem Fall in Westdeutschland, das ostdeutsche juristische System ablehnten und lächerlich machten. Der Verfasser des eben besprochenen Berichts beschwerte sich, dass nach dem gerechten Urteil eines Kriegsverbrechens die ganze Welt nach Deutschland blicken würde, da Nazis in ganz Deutschland für einen schlechten Ruf sorgten. Wegen des Urteils in der DDR könnte nun auch die BRD wieder unter die Lupe genommen werden. Zudem wurde das Urteil in dem Teil des Landes gefällt, in dem solche Verbrechen weiterhin begangen werden, ohne vom Land tatsächlich wahrgenommen zu werden.

Staaten. In: *Stuttgarter Zeitung*, 26.3.1966; vgl. PA AA M C1584/76, „Informationen über die Verfolgung und Bestrafung der Nazi- und Kriegsverbrecher in der DDR und in der BRD", nach 1964, März 1966.

1102 Todesstrafe für Auschwitz-Arzt Fischer. In: *Stuttgarter Zeitung*, 26.3.1966, S. 2.

1103 Ebenda.

5.4. Fazit: Kontinuitäten, Diskontinuitäten, Propaganda und Diplomatie

Die vorliegende Darstellung der propagandistischen Arbeit der DDR gegenüber den westdeutschen Nazi-Diplomaten und die allgemeine politische Kontinuität in der Bundesrepublik zeigen sowohl die außenpolitische Agenda der DDR als auch ihre historischen Auseinandersetzungen mit der NS-Vergangenheit. Die politische Lage in Westdeutschland forderte die Ostdeutschen heraus und prägte einen bequemen Propaganda-Feldzug, um zu zeigen, dass der Nazismus im DDR-Gebiet besiegt wurde. Die „Aktion Nazidiplomaten" fand unter Staaten statt, mit denen die DDR diplomatische Beziehungen hatte, d. h. unter osteuropäischen und asiatischen Staaten. Mit dieser Aktion und mit der Selbstdarstellung als „Nazi-Jägerin" versuchte die DDR, politische und moralische Achtung auf internationaler Ebene zu gewinnen. Gleichzeitig versuchte die Bundesrepublik, ihre eigenen Beziehungen mit denselben Staaten zu vertiefen und auszuweiten, damit der Einfluss der DDR minimal bleiben würde. Obwohl die „Aktion Nazidiplomaten" offiziell während der Sechzigerjahre stattfand, wurde ihr „Erbe" und ihre Arbeitsmethoden auch in der späteren Politik und Außenpolitik sichtbar, sogar nachdem die DDR und die Bundesrepublik diplomatische Beziehungen miteinander pflegten. Die Struktur der DDR-Außenpolitik, die aus drei Kreisen bestand, d. h. aus den Beziehungen mit der Sowjetunion und dem Ostblock, mit kapitalistischen Ländern und mit der „Dritten Welt", wird auch in der „Aktion Nazidiplomaten" deutlich.[1104] Diese Aktion stellte zudem den Versuch der DDR dar, mit dem Westen Kontakt aufzunehmen. Die parallelen fachlichen Diskussionen innerhalb des MfAA über Rabbiner Samuel Burr Yampol und sein *National Committee against Nazis in the USA* sowie über andere jüdisch geprägte Organisationen zeigen die Taktik des Ministeriums hinter der offiziellen DDR-treuen Fassade der Kämpfer gegen den Faschismus und den Nazismus. Sie verdeutlichen den Unterschied zwischen der Politik vor und hinter den Kulissen. Zudem soll auch die besondere Haltung der DDR gegenüber dem jüdischen Charakter dieser Organisationen und die Erwartung, dass Kontakte mit (vermeintlich) einflussreichen Juden das internationale Abbild der DDR verbessern können, nicht ignoriert werden.

1104 Vgl. Wentker, 2007, S. 6 ff.

6. Fazit: Das Ministerium für Auswärtige Angelegenheiten der DDR und die NS-Vergangenheit

In der vorliegenden Forschungsarbeit diskutierte ich das nationalsozialistische Erbe im Ministerium für Auswärtige Angelegenheiten der DDR, die Einwirkung der NS-Vergangenheit auf die DDR-Außenpolitik, auf die diplomatische Arbeit und auf die geschichtshistorischen politischen Auseinandersetzungen innerhalb der DDR, die NS-Vergangenheitsbewältigung betreffend. Die drei Hauptkapitel der Arbeit präsentieren verschiedene Perspektiven bzw. Strategien der Aufarbeitung der NS-Vergangenheit im Ministerium und versuchen, diese und weitere Fragen zu beantworten. Ähnlich wie das Auswärtige Amt seine umstrittene Haltung zur NS-Geschichte in Westdeutschland repräsentiert, verkörpert das MfAA das Vorbild für die gesamte NS-Vergangenheitsbewältigung in der DDR.

Kurz nach Beginn der Archivrecherche und dem Suchen nach Nazi-Diplomaten im MfAA wurde mir klar, dass die Darstellung der NS-Geschichte des MfAA bzw. die Art des nationalsozialistischen Erbes anders als für das Auswärtige Amt aussehen müsse. Ein Versuch, eine „ostdeutsche Antwort" für *Das Amt* anzubieten, resultierte in einer umfangreichen mehrschichtigen historischen Analyse der NS-

Vergangenheitsbewältigung in der DDR. Nach einem Überblick über das Schicksal der Diplomaten aus dem alten Außenministerium in der neu gegründeten DDR, wandte ich mich den Diplomaten der ersten und der späteren Stunden zu, die politische bzw. militärische Erfahrungen aus Nazideutschland mit in ihre Funktionen als DDR-Diplomaten brachten. Ich konzentrierte mich auf die Lebensgeschichte von Gerhard Kegel, der als einziger „richtiger" Nazi-Diplomat der DDR angesehen werden kann. Kegels Dienst im Auswärtigen Amt des „Dritten Reiches" wurde ironischerweise zum Ziel der westdeutschen Presse in ihren Versuchen, Nazi-Diplomaten in der DDR zu finden. Nicht einmal Kegels antifaschistische Tätigkeiten und die Mitgliedschaft in der „Roten Kapelle" und in der KPD erlaubten es ihm, seinen „braunen Schatten" abzustreifen. Der Fall des ersten DDR-Außenministers Georg Dertinger, der vor 1945 im Reichspropagandaministerium unter der Leitung von Goebbels tätig war, zeigt die angespannte politische Lage der jungen DDR kurz nach ihrer Gründung. Dertingers Nominierung zum Posten des Außenministers war vermutlich ein Fehler der kommunistischen Führung, dessen Auswirkungen in den künftigen Entscheidungsprozessen im MfAA und der gesamten DDR-Außenpolitik zu spüren waren. Die anderen Nazi-Diplomaten aus diesem Kapitel erzählen nicht nur die Geschichte der Integration von „kleinen Nazis" im außenpolitischen Dienst Ostdeutschlands, sondern im gesamten DDR-System. Neben ihrer persönlichen und beruflichen Entwicklung und ihrer Abgrenzung von den nationalsozialistischen Erfahrungen zeigen diese Geschichten und Lebensläufe die Konfrontation des DDR-Regimes bzw. der Staatssicherheit mit Personen mit nationalsozialistischer Vergangenheit, die nicht zwingend als belastende Vergangenheit eingestuft werden muss.

Die folgenden Kapitel dienten der Erweiterung meiner These zur NS-Vergangenheitsbewältigung in der DDR. Die Beschäftigung mit der Rolle der Diplomaten und Politiker jüdischer Abstammung wurde mit der Rolle der ehemaligen Nazis im MfAA vom ersten Kapitel ins Verhältnis gesetzt. Die Tatsache, dass viele Politiker jüdischer Herkunft führende Positionen der DDR besetzten, muss im Rahmen der Bewältigung der NS-Vergangenheit interpretiert werden. Die Haltung der DDR gegenüber ihren jüdischen Bürgern fand ihren Ausdruck in den Lebensläufen und in den beruflichen Entwicklungen dieser Personen – in den Anfangsjahren (vorrangig in den Fünfzigerjahren und während der stalinistischen bzw. antisemitischen „Säuberungen") durch die unter anderem selbstkritische Abgrenzung dieser Personen von ihrer eigenen jüdischen Identität. Die politische Spannung zwischen der DDR und Israel, bzw. zwischen Westen und dem Ostblock, kommt in der politisch-diplomatischen Arbeit dieser Persönlichkeiten ebenfalls zum Tragen.

Eine der zentralen Aufgaben des MfAA war, die belastende Vergangenheit des Auswärtigen Amtes der Bundesrepublik aufzudecken. Das war eine außergewöhnliche Angelegenheit für eine Zusammenarbeit zwischen DDR-Diplomaten, die vor 1945 im NS-System aktiv waren, und Diplomaten und Politikern jüdischer Abstammung, die während der Kriegsjahre in Konzentrationslagern interniert waren oder die Zeit im Exil verbrachten und nach 1945 an der Spitze der DDR-Führung saßen. Diese Zusammenarbeit, die meines Erachtens so nicht beabsichtigt war, sondern sich einfach aus den politischen Umständen entwickelte, sorgte für die Spannungen der Aufarbeitung der NS-Geschichte in der DDR: auf der einen Seite die Ablehnung der NS-Vergangenheit und auf der anderen Seite eine permanente Beschäftigung mit dieser Vergangenheit auf der politisch-propagandistischen Ebene. Die Arbeit rund um die „Aktion Nazidiplomaten" des MfAA gegen Nazi-Diplomaten in der Bundesrepublik und die entsprechenden Propagandamaßnahmen in jüdischen Kreisen im Ausland beweisen die wechselnde DDR-Haltung gegenüber den diplomatischen Beziehungen zu Israel, dem Zionismus, den Wiedergutmachungsabkommen und der Schuld an und der Verantwortung für Naziverbrechen.

Diese Forschung bietet grundlegend Neues zu der Geschichte der Vergangenheitsbewältigung im Nachkriegsdeutschland, da sie die DDR-Geschichte und die Konfrontation dieses Staates mit dem nationalsozialistischen Erbe auf die gleiche Ebene wie die der Bundesrepublik stellt. Eine Gegenüberstellung der Aufarbeitung der NS-Vergangenheit im Rahmen des Außenministeriums fehlte in der Forschung der unabhängigen Historikerkommission, die das Auswärtige Amt erforschte. Meine Ergänzung der Lebensgeschichten der DDR-Diplomaten mit einer NS-Vergangenheit schafft ein vollständiges Bild der gesamtdeutschen Außenpolitik in der Zeit nach der deutschen Teilung, die die außenpolitischen Aktivitäten beider deutschen Staaten beeinflusste. Diese Arbeit bietet auch eine innovative Interpretation des Terminus „Vergangenheitsbewältigung" in der Geschichtsschreibung über die DDR. Eine vollständige Darstellung der Kaderpolitik des MfAA im Rahmen des Konzeptes „Vergangenheitsbewältigung" fehlte in der bisherigen Literatur zur DDR-Geschichte bzw. in der Literatur über die deutsch-jüdischen Beziehungen im Nachkriegsdeutschland. Eine wichtige Leistung meiner Forschung sehe ich in der Verwendung von israelischen Quellen, sowohl aus der Presse als auch aus der Perspektive der israelischen Regierung. Der israelische Blick auf das Geschehen in der DDR trägt sowohl zum Verständnis der deutsch-jüdischen Beziehungen in Betrachtung der besonderen deutsch-jüdischen Geschichte als auch zum Verständnis der alltäglichen Politik in der Zeit des Kalten Krieges bei.

Die historisch-politische Entwicklung der Bundesministerien und Behörden und der parallelen Institutionen in der DDR stehen im Fokus zahlreicher Veröffentlichungen der letzten zehn Jahre. Meine Arbeit fasst diese vergangenen Forschungen zusammen. Ich verstehe meine Arbeit als wesentlich für die aktuelle politische Diskussion bzw. Auseinandersetzung in Deutschland. Der Aufstieg des Rechtsextremismus, vor allem in den sogenannten Neuen Bundesländern, wird öfter mit dem SED-Regime verbunden und mit dessen vermeintlich gescheiterten NS-Vergangenheitsbewältigung. Sogar die Bundeskanzlerin führt das Fehlen von „Erfahrungen mit anderen Kulturen"[1105] als Begründung für die Wut unter Ostdeutschen an. Die sozialen Verhältnisse befinden sich in diesen Ländern derzeit in einer Schieflage. In einem Interview mit der *Zeit* fragte sich Merkel, ob die heutige Situation, d. h. die Aufarbeitung der Aufarbeitung der DDR-Geschichte, mit den Fragen der 1968er Generation über die NS-Vergangenheitsbewältigung in der Bundesrepublik verglichen werden kann.[1106]

Was Merkel vorschlägt, kommt dem Konzept der DDR-Vergangenheitsbewältigung nahe, d. h. der historiographischen Diskussion über die Auseinandersetzung mit der Politik der DDR. Die historiographische Auseinandersetzung mit der DDR-Geschichte in der Zeit nach 1990 beschäftigt sich jedoch hauptsächlich mit den Taten innerhalb der ostdeutschen Gesellschaft und weniger mit der NS-Zeit. Was Merkel anbietet, ist eine ganzheitliche Annäherung an die deutsche Geschichte. Merkel erzählt die Geschichte eines vereinten Deutschlands. Nicht nur in ihren Antworten, sondern auch in ihrem Lebenslauf. Beurteilt die deutsche Geschichtswissenschaft die DDR-Geschichte anhand der gleichen Kriterien wie die BRD? Die Arbeit der Historiker bewerte ich nicht. Die gegenwärtige politische Situation in Deutschland und Europa im Allgemeinen erfordert eine neue Analyse der deutschen

1105 Hensel, Jana: Angela Merkel: „Priorität erscheint mir logisch". In: *Die Zeit*, 5.2. 2019.
1106 Vgl. ebd.

Geschichte nach 1945. Natürlich kann man die Geschichte der DDR und die Geschichte der Bundesrepublik im Detail erzählen oder beide Staaten vergleichen. Jedoch sollten sie nicht getrennt werden, bzw. darf man nicht vergessen, dass diese zwei Geschichten gleichzeitig begonnen haben, von den gleichen Vorbedingungen beeinflusst wurden und seit 1990 zu einer verbunden sind.

7. Bibliographie

7.1. Quellen

<u>Unveröffentlichte Quellen</u>

- *Bundesarchiv*
  BArch DO 1/21023
  BArch DY 13/3295
  BArch DY 30/IV A2/20/
  BArch DZ 9/1958
  BArch DZ 9/2295
  BArch NY 4090/296

- *Bundesbeauftragten für die Unterlagen des Staatssicherheitsdienstes
  der ehemaligen Deutschen Demokratischen Republik (BStU)*
  MfS AOP 13248/85
  MfS AIM 13125/89
  MfS AIM 2936/58
  MfS AJM 12569/78
  MfS AJM 5088/56
  MfS AJM 9214/78
  MfS AKK 10308/86
  MfS AKK 9852/83
  MfS AOP 13248/85
  MfS AOP 141/55
  MfS AOP 8753/72

MfS AP 11488/62

MfS AP 13492/89

MfS AP 1418/66

MfS AP 2239/62

MfS AP 5645/61

MfS AP 63880/92

MfS AP 8133/71

MfS AP 15037/89

MFS AP 567/56

MfS AU 449/54

MfS BV Eft. AP 1030/87

MfS BV FfD AOP 87/54

MfS BV Swn. AP 521/56

MfS HA II / 34907

MfS HA II 25702

MfS HA II 26160

MfS HA II 29083

MfS HA II 38960

MfS HA II 45140

MfS HA IX 24300

MfS HA IX 3957

MfS HA IX/11 236/68

MfS HA IX/11 AK 1558/87

MfS HA IX/11 AK 4810/76

MfS HA IX/11 AK Nr. 237/82

MfS HA IX/11 AK2684/76

MfS HA IX/11 AS 236/68

MfS HA IX/11 FV 98/66

MfS HA IX/11 SV 2/77

MfS HA IX/11 SV 3/82

MfS HA VII 2086

MfS HA VIII / RF / 1767/12

MfS HA VIII RF/1753/18 (817/78)

MfS HA VIII/RF 1771/21 (781/52)

MfS HA VIII/RF/1778/4

MfS HA XVIII 28960

MfS HA XX 5751

MfS HA XX 5754

MfS HA XX AP 72181/92

MfS HA XX AP 74746/92

MfS HA XX AP 74837/92
MfS HA XX AP 80856/92
MfS HAII/6/715
MfS Sekr. Neiber Nr. 596
MfS ZAIG 27507

– *Politisches Archiv des Auswärtigen Amts*
PA AA AA R143450
PA AA B 38 II A1 148
PA AA B 83 Nr. 381
PA AA B38 215 Bd. 1464
PA AA B38 II A1/328
PA AA M A10017
PA AA M A11253
PA AA M A11430
PA AA M A13691
PA AA M A13998
PA AA M A15284
PA AA M A15449
PA AA M A16129
PA AA M A17134
PA AA M A17773
PA AA M A18057
PA AA M A1963
PA AA M A2908
PA AA M A2945
PA AA M A3676
PA AA M A4086
PA AA M A5282
PA AA M A594
PA AA M A7386
PA AA M C1571/70
PA AA M C1573/76
PA AA M C1575/76
PA AA M C2046/72
PA AA M C355/73
PA AA M C7109
PA AA M C912
PA AA M C954/73
PA AA M P16/2599

PA AA M ZR1.229/13

- *Staatliches Archiv Israels*
  ISA-MandatoryOrganizations-Naturalization-000oj8l
  ISA-mfa-DirectorGeneral-000b88i
  ISA-mfa-mfa-000bjca
  ISA-mfa-mfa-0003uwf
  ISA-mfa-mfa-000bjcp
  ISA-mfa-mfa-000bjev
  ISA-mfa-mfa-000bjex
  ISA-mfa-mfa-000bn4j
  ISA-mfa-mfa-000bn4j
  ISA-mfa-Political-0002sg8
  ISA-mfa-Political-0003ek1
  ISA-mfa-Political-0007osl
  ISA-mfa-Political-0007osn
  ISA-mfa-Political-0007osq
  ISA-mfa-Political-000kzq0
  ISA-mfa-Political-000kzq2
  ISA-MFA-Political-0013vbq
  ISA-MFA-Political-0013vbs

Veröffentlichte Quellen

NKWD-Befehl 00315 von L. Beria vom 18. April 1945, Dokumentationsstelle der
  Stiftung Sächsische Gedenkstätten zur Erinnerung an die Opfer politischer
  Gewaltherrschaft, https://www.stsg.de/cms/sites/default/files/u7/Befehl%20
  des%20NKWD%20Nr%2000315.pdf [abgerufen am 23.11.2021, 15:00 Uhr].
Deutscher Bundestag (Hg.): Protokoll der 234. Sitzung des Deutschen Bundes-
  tages, den 22. Oktober 1952, S. 10735.

- *Zeitungen und Zeitschriften:*
  Al HaMishmar
  Aufbau
  Berliner Zeitung
  Cherut
  Davar
  Der Spiegel
  Deutsche Nachrichten
  Deutsche Volkszeitung

Die Welt

Die Zeit

Frankfurter Allgemeine Zeitung

HaBoker

Ha'Zofe

Jüdische Allgemeine

Jüdische Zeitung

Kol Ha'Am

LaMerchav

Ma'ariv

Neue Zeit

Neues Deutschland

New York Times

She'arim

Spandauer Volksblatt

Stuttgarter Zeitung

Tagesspiegel

The Canadian Jewish News

The Sentinel

Quick

– Radio-Beiträge, Fernsehsendungen

Hennings, Alexa (Prod.): *Vom Außenminister zum Staatsfeind. Die Politikerkarriere des Georg Dertinger und das Schicksal seiner Familie*, MDR, 9.6.2004.

– Websites

www.afd-reinickendorf.de

   Bezirksverband der AfD Reinickendorf

www.archiv.rwth-aachen.de

   Das Hochschularchiv – Gedächtnis der RWTHAACHEN

www.argus.bstu.bundesarchiv.de

   Der Bundesbeauftragten für die Unterlagen des Staatssicherheitsdienstes
   der ehemaligen Deutschen Demokratischen Republik (BStU)

www.auswaertiges-amt.de

   Auswärtigen Amt der Bundesrepublik

www.bundesstiftung-aufarbeitung.de

   Biographischen Datenbanken – Wer war wer in der DDR?

www.bundestag.de/protokolle

   Protokolle des Deutschen Bundestags

www.claus-von-wagner.de

Persönliche Webseite von Claus von Wagner

www.c-span.org

Cable-Satellite Public Affairs Network – US-amerikanischer Fernsehsender

www.duden.de

www.gabriel-Berger.de

Persönliche Webseite von Gabriel Berger

www.gdw-berlin.de

Gedenkstätte Deutscher Widerstand

www.geocities.ws/schneidemuehl_pila

Geschichte der ehemaligen jüdischen Gemeinde von Schneidemühl / Pila

www.irgun-jeckes.org

Die Vereinigung der Israelis mitteleuropäischer Herkunft

www.jenskuhlemann.wordpress.com

Jens Kuhlemann. Bloggt über Politik und Geschichte

www.jpress.org.il

Pressesammlung der Israelischen Nationalbibliothek

www.lernen-aus-der-geschichte.de

Impulse für die historisch-politische Bildung

www.rosalux.de

Rosa-Luxemburg-Stiftung

www.stsg.de

Stiftung Sächsische Gedenkstätten

www.t-online.de

zefys.staatsbibliothek-berlin.de/ddr-presse

Zeitungsportal DDR-Presse der Staatsbibliothek zu Berlin
Preußischer Kulturbesitz

– *Erinnerungen, Biographien und Autobiographien*

Axen, Hermann: *Ich war ein Diener der Partei. Autobiographische Gespräche mit Harald Neubert.* Berlin 1996.

Brie, Horst: *Erinnerungen eines linken Weltbürgers.* Berlin 2006.

Brie, Horst: Davids Odyssee: *Eine deutsche Kindheit – eine jüdische Jugend.* Berlin 2013.

Kegel, Gerhard: *In den Stürmen unseres Jahrhunderts. Ein deutscher Kommunist über sein ungewöhnliches Leben.* Berlin 1983.

Kormes, Karl: Aktive Kämpfer der Arbeiterbewegung. In: *Der antifaschistische Widerstandskämpfer*, Zentralleitung des Komitees der Antifaschistischen Widerstandskämpfer der DDR, Nr. 7, 1988, S. 15.

Nobel, Günter/Nobel, Genia: Als politische Emigranten in Shanghai. In: *Beiträge zur Geschichte der Arbeiterbewegung (BzG)*, Institut für Marxismus-Leninismus beim Zentralkomitee der Sozialistischen Einheitspartei Deutschlands, Jg. 21, Nr. 6, 1979, S. 882–894.

Podewin, Norbert: *Der Rabbinersohn im Politbüro: Albert Norden – Stationen eines ungewöhnlichen Lebens.* Berlin 2003.

Stillmann, Günter: *Berlin–Palästina Und Zurück: Erinnerungen.* Berlin 1989.

7.2. Sekundärliteratur

Ahbe, Thomas/Gries, Rainer: Gesellschaftsgeschichte als Generationsgeschichte. Theoretisch und Methodologische Überlegungen am Beispiel DDR. In: *Die DDR Aus Generationengeschichtlicher Perspektive: Eine Inventur.* Hrsg. von Annegret Schüle/Thomas Ahbe. Leipzig 2006, S. 455–474.

Ahbe, Thomas/Gries, Rainer: *Geschichte der Generationen in der DDR und in Ostdeutschland: Ein Panorama.* Erfurt, Landeszentrale für Politische Bildung, Thüringen 2007.

Amos, Heike: Der Außenminister, der in Ungnade fiel. Georg Dertinger – Aufstieg und Fall eines christlich-konservativen Politikers in der Sowjetischen Besatzungszone und der frühen DDR. In: *Zeitschrift des Forschungsverbundes SED-Staat.* Bd. 15, Nr. 15, 2004, S. 3–16.

Aßmann, Astrid/Hübner, Peter: Erbe und Tradition in der Geschichte der DDR. In: *Zeitschrift für Geschichtswissenschaft.* Bd. 32, Nr. 9, 1984, S. 796.

Ausschuss für Deutsche Einheit (Hg.): *Schwerbelastete Hitler-Diplomaten im Dienst der aggressiven Außenpolitik des deutschen Militarismus.* Berlin 1959.

Ausschuss für Deutsche Einheit (Hg.): *Wir klagen an! 800 Nazi-Blutrichter – Stützen des militaristischen Adenauer-Regimes.* Berlin 1959.

Ausschuss für Deutsche Einheit (Hg.): *Globke und die Ausrottung der Juden. Über die verbrecherische Vergangenheit des Staatssekretärs im Amt des Bundeskanzlers Adenauer.* Berlin 1960.

Ausschuss für Deutsche Einheit (Hg.): *... wieder am Hebel der Macht. Militaristen, Revanchisten, führende Nazis beherrschen den Bonner Staat.* Berlin 1960.

Auswärtiges Amt (Hg.): *Zum Gedenken.* Auswärtiges Amt, Berlin 2010.

Axen, Hermann: *Aktuelle Fragen der internationalen Beziehungen der Sozialistischen Einheitspartei Deutschlands und der Deutschen Demokratischen Republik.* Berlin 1965.

Axen, Hermann: *Fragen der internationalen Lage und der internationalen Beziehungen der SED: Vortrag vor leitenden Kadern am 8. April 1974.* Berlin 1974.

Baumgartner, Gabriele (Hg.): *Biographisches Handbuch der SBZ/DDR*. München 1997.

Benz, Wolfgang (Hg.): *Legenden, Lügen, Vorurteile: Ein Wörterbuch zur Zeitgeschichte*. München 1992.

Bensing, Manfred: Erbe und Tradition in der Geschichte der Deutschen Demokratischen Republik. In: *Zeitschrift für Geschichtswissenschaft*. Bd. 32, Nr. 10, 1984, S. 883–893.

Blänsdorf, Agnes: „Die Einordnung der NS-Zeit in das Bild der eigenen Geschichte. Österreich, die DDR und die Bundesrepublik Deutschland im Vergleich". In: *Schwieriges Erbe: Der Umgang mit Nationalsozialismus und Antisemitismus in Österreich, der DDR und der Bundesrepublik Deutschland*. Hrsg. von Werner Bergmann/Rainer Erb/Albert Lichtbau. Frankfurt am Main 1995, S. 18–48.

Blischtschenko, Igor P./Durdenewski, W.N.: *Das Diplomaten- und Konsularrecht*. Berlin 1966.

Bock, Siegfried/Muth, Ingrid/Schwiesau, Hermann (Hg.): *DDR-Außenpolitik. Ein Überblick. Daten, Fakten; Personen (III)*. Berlin 2010.

Boldorf, Marcel: Brüche oder Kontinuität? Von der Entnazifizierung zur Stalinisierung in der SBZ/DDR (1945–1952). In: *Historische Zeitschrift*. Oldenburg, Bd. 289, Nr. 2, 2009, S. 287–323.

Bösch, Frank/Wirsching, Andreas (Hg.): *Hüter der Ordnung. Die Innenministerien in Bonn und Ost-Berlin nach dem Nationalsozialismus*. Göttingen 2018.

Bösch, Frank/Wirsching, Andreas: Einleitung. In: *Hüter der Ordnung. Die Innenministerien in Bonn und Ost-Berlin nach dem Nationalsozialismus*. Hrsg. von Frank Bösch/Andreas Wirsching. Göttingen 2018. S. 13–26.

Bösch, Frank/Wirsching, Andreas: Die deutschen Innenministerien nach dem Nationalsozialismus. Eine Bilanz. In: *Hüter der Ordnung. Die Innenministerien in Bonn und Ost-Berlin nach dem Nationalsozialismus*. Hrsg. von Frank Bösch/Andreas Wirsching. Göttingen 2018. S. 729–749.

Bott, Hermann: *Die Volksfeind-Ideologie: Zur Kritik Rechtsradikaler Propaganda*. Stuttgart 1969.

Braun, Matthias: Vom Quellenwert der Stasi-Akten für die deutsche Literaturgeschichtsschreibung. In: *Literarische Inszenierungen. Formen der Erinnerungen in der deutschsprachigen Literatur nach 1945 und 1989*. Hrsg. von Manuel Maldonado-Alemán/Carsten Gansel. Wiesbaden 2018, S. 311–322.

Brenner, Michael: *After the Holocaust. Rebuilding Jewish lives in postwar Germany*. Princeton, N. J. 1997.

Brenner, Michael: *The Role of the German Jewish Community in Postwar Germany's International Recognition*. AICGS Transatlantic Perspectives, April 2011.

Buch, Günther: *Namen und Daten wichtiger Personen der DDR*. 4. Auflage, Berlin (West)/Bonn 1987.

Bundesministerium für Gesamtdeutsche Fragen (Hg.): Partei-Justiz: *Eine vergleichende Dokumentation über den nationalsozialistischen und kommunistischen Rechtsmißbrauch in Deutschland*; 1933–1963. Bonn/Berlin 1964.

Christlich-Demokratische Union (Hg.): Dokumente der CDU, Band 1: 1945–1955. Berlin 1956.

Conze, Eckart/Frei, Norbert/Hayes, Peter/Zimmermann, Moshe: *Das Amt und die Vergangenheit. Deutsche Diplomaten im Dritten Reich und in der Bundesrepublik*. München 2010.

Creuzberger, Stefan/Geppert, Dominik: Das Erbe des NS-Staats als deutsch-deutsches Problem. Eine Einführung. In: *Die Ämter und ihre Vergangenheit. Ministerien und Behörden im geteilten Deutschland 1949–1972*. Hrsg. von Stefan Creuzberger/Dominik Geppert. Paderborn 2018, S. 7–16.

Danyel, Jürgen: Vom schwierigen Umgang mit der Schuld. Die Deutschen in der DDR und der Nationalsozialismus. In: *Zeitschrift für Geschichtswissenschaft*. Berlin, Jg. 40, Nr. 10, 1992, S. 915–928.

Danyel, Jürgen: Die SED und die ‚kleinen Pg's'. Zur politischen Integration der ehemaligen NSDAP-Mitglieder. In: *Helden, Täter und Verräter: Studien zum DDR-Antifaschismus*. Hrsg. von Annette Leo/Peter Reif-Spirek. Berlin 1999a, S. 177–196.

Danyel, Jürgen: Die beiden deutschen Staaten und ihre nationalsozialistische Vergangenheit. Elitenwechsel und Vergangenheitspolitik. In: *Deutsche Vergangenheiten – eine gemeinsame Herausforderung: Der schwierige Umgang mit der doppelten Nachkriegsgeschichte*. Hrsg. von Christoph Kleßmann/Hans Misselwitz/Günter Wichert. Berlin 1999b, S. 128–138.

Dasbach-Mallinckrodt, Anita: *Wer macht die Außenpolitik der DDR? Apparat, Methoden, Ziele*. Düsseldorf 1972.

Deutsches Institut für Zeitgeschichte (Hg.): *Antifaschisten in führenden Positionen der DDR*. Dresden 1969.

Dornberg, John: *Deutschlands andere Hälfte: Profil und Charakter der DDR*. München 1969.

Einhorn, Bruce J./ Sinai, Arthur/ Hoffman, Paul/ Felde, Kitty: The Prosecution of War Criminals and Violators of Human Rights in the United States. In: *Whittier Law Review*. Jg. 19, Nr. 2, 1997, S. 281–302.

Eitz, Thorsten/Stötzel, Georg (Hg.): *Wörterbuch der „Vergangenheitsbewältigung"*. Hildesheim 2007.

Feigin, Judy: *Office of Special Investigations: Striving for Accountability in the Aftermath of the Holocaust*. George Washington University, National Security Archive, Washington DC 2006.

Fischer, Alexander/Heydemann, Günther (Hg.): *Geschichtswissenschaft in der DDR*. Band II: Vor- und Frühgeschichte bis Neueste Geschichte. Berlin 1990 (= Schriftenreihe der Gesellschaft für Deutschlandforschung, Bd. 25).

Fischer, Thomas: Vorwort. In: *Hitlers Eliten nach 1945*. Hrsg. von Norbert Frei. München 2003, S. 7–11.

Fischer, Torben/Lorenz, Matthias N. (Hg.): *Lexikon der „Vergangenheitsbewälti-gung" in Deutschland: Debatten- und Diskursgeschichte des Nationalsozialis-mus nach 1945*. Bielefeld 2015.

Florin, Peter: *Zur Außenpolitik der souveränen sozialistischen Deutschen Demo-kratischen Republik*. Berlin 1967.

Fox, Thomas C.: The Holocaust under Communism. In: *The Historiography of the Holocaust*. Hrsg. von Dan Stone. London 2004, S. 420–439.

Frei, Norbert: *Vergangenheitspolitik: Die Anfänge der Bundesrepublik und die NS-Vergangenheit*. München 1996.

Frei, Norbert: Hitlers Eliten nach 1945 – eine Bilanz. In: Hitlers Eliten nach 1945. Hrsg. von Norbert Frei. München 2003, S. 269–299.

Frei, Norbert: *1945 und Wir: Das Dritte Reich im Bewußtsein der Deutschen*. München 2005.

Frey, Gerhard (Hg.): *Prominente ohne Maske* DDR. München 1991.

Fricke, Karl Wilhelm: MfS-Akten und historische Aufarbeitung. In: *1945 bis 2000. Ansichten zur deutschen Geschichte. Zehn Jahre Gedenkstätte Moritz-platz Magdeburg für die Opfer politischer Gewaltherrschaft 1945 bis 1989*. Hrsg. von Annegret Stephan, Landeszentrale für politische Bildung des Lan-des Sachsen-Anhalt, Magdeburg 2002, S. 33–46.

Fulbrook, Mary: *Dissonant Lives: Generations and violence through the German dictatorships*. New York 2011.

Gebauer, Ronald: Cadres on the Diplomatic Stage: The Social Origins and Career Patterns of GDR's Ambassadors. In: *Historical Social Research*. Bd. 36, Nr. 1, 2011, S. 311–320.

Gerber, Jan: Sieger der Geschichte. Auschwitz im Spiegel der Geschichtswis-senschaft und Geschichtspolitik der DDR. In: *Trotz und wegen Auschwitz. Antisemitismus und nationale Identität nach 1945*. Hrsg. von AG Anifa/Antira im StuRa der Uni Halle. Münster 2004, S. 29–47.

Griebel, Regina/Coburger, Marlies/Scheel, Heinrich: *Erfasst? Das Gestapo-Album zur Roten Kapelle; eine Foto-Dokumentation*. Halle (Saale) 1992.

Hallama, Peter/Stach, Stephan: Einleitung: Gegengeschichte – Zweiter Welt-krieg und Holocaust im ostmitteleuropäischen Dissens. In: *Gegengeschich-te – Zweiter Weltkrieg und Holocaust im ostmitteleuropäischen Dissens*. Leipzig 2015, S. 9–28.

Hangen, Welles: *The muted Revolution: East Germany's challenge to Russia and the West*. New York 1966.

Hänisch, Werner/Krüger, Joachim: *Europa auf dem Wege zu Frieden, Sicherheit und Zusammenarbeit*. Berlin 1972.

Hänisch, Werner: *Außenpolitik und internationale Beziehungen der DDR*. Band 1. 1949–1955. Berlin 1972.

Hänisch, Werner/Krüger, Joachim/Vogl, Dieter: *Geschichte der Außenpolitik der DDR. Abriß*. Berlin 1985.

Hantke, Manfred: *Zur Bewältigung der NS-Zeit in der DDR: Defizite und Neubewertungen*. Bonn 1989.

Hartewig, Karin: *Zurückgekehrt: Die Geschichte der jüdischen Kommunisten in der DDR*. Köln 2000.

Haury, Thomas: *Antisemitismus von Links: Kommunistische Ideologie, Nationalismus und Antizionismus in der frühen DDR*. Hamburg 2002.

Henke, Klaus-Dietmar: Zu Nutzung und Auswertung der Unterlagen des Staatssicherheitsdienstes der ehemaligen DDR. In: *Vierteljahrshefte für Zeitgeschichte*, Institut für Zeitgeschichte München–Berlin, Jg. 41, Nr. 4, 1993, S. 575–587.

Herf, Jeffrey: East German Communists and the Jewish Question: The Case of Paul Merker. In: *Journal of Contemporary History*. Bd. 29, Nr. 4, 1994, S. 627–661.

Herf, Jeffrey: *Zweierlei Erinnerung: Die NS-Vergangenheit im geteilten Deutschland* (aus dem Amerikanischen von Klaus-Dieter Schmidt). Berlin 1998.

Herf, Jeffrey: *Undeclared wars with Israel: East Germany and the West German far left, 1967–1989*. New York 2016.

Hörnig, Hannes: Sozialismus und ideologischer Kampf. Zu den Aufgaben der Geschichtswissenschaft. In: *Zeitschrift für Geschichtswissenschaft*, Bd. 32, Nr. 8, 1984, S. 667–668.

Hoffmann, Christa: *Stunden Null? Vergangenheitsbewältigung in Deutschland 1945 und 1989*. Bonn 1992.

Hürter, Johannes/Mayer, Michael (Hg.): *Das Auswärtige Amt in der NS-Diktatur*. Eldenburg 2014.

Illichmann, Jutta: *Die DDR und die Juden: Die deutschlandpolitische Instrumentalisierung von Juden und Judentum durch die Partei- und Staatsführung der SBZ/DDR von 1945 bis 1990*. Frankfurt am Main 1997.

Isphording, Bernd/Keipert, Gerhard/Kröger, Martin (Hg.): *Biographisches Handbuch des deutschen Auswärtigen Dienstes: 1871–1945*. Paderborn 2014.

Joseph, Detlef: *Nazis in Der DDR. Die deutschen Staatsdiener nach 1945 – woher kamen sie?* Berlin 2002.

Joseph, Detlef: *Die DDR und die Juden. Eine kritische Untersuchung*. Berlin 2010.

Kappelt, Olaf: *Braunbuch DDR. Nazis in der DDR.* Berlin 2009.

Kegel, Gerhard: *Ein Vierteljahrhundert danach. Das Potsdamer Abkommen und was aus ihm geworden ist.* Berlin 1971.

Kerff, Wolfgang/Seydewitz, Horst (Hg.): *Wörterbuch der Außenpolitik.* Berlin 1965.

Kistenmacher, Olaf: Vom „Judenkapital" zur „jüdisch-faschistischen Legion in Jerusalem". Zur Entwicklung des „Antizionismus" in der Kommunistischen Partei Deutschlands in der Weimarer Republik 1925–1933. In: *Maulwurfsarbeit. Aufklärung und Debatte, Kritik und Subversion.* Hrsg. von associazione delle talpe und Rosa-Luxemburg-Initiative. Bremen/Berlin 2010, S. 84–95.

Klenner, Hermann: *Formen und Bedeutung der Gesetzlichkeit als einer Methode in der Führung des Klassenkampfes.* Berlin 1953.

König, Bernhard W. von: *Handbuch des deutschen Konsularwesens*, 2. Ausgabe, Berlin 1878.

Kraske, Erich: *Handbuch des Auswärtigen Dienstes.* Halle (Saale) 1939.

Kraske, Erich: *Handbuch des Auswärtigen Dienstes.* Auf Veranlassung des Auswärtigen Amtes völlig umgearbeitet von Wilhelm Nöldeke. Tübingen 1957.

Kuhlemann, Jens: *Braune Kader. Ehemalige Nationalsozialisten in der deutschen Wirtschaftskommission und der DDR Regierung (1948–1957).* Gekürzte, sich aktualisierende Internetausgabe der gleichnamigen Dissertation. Jena 2005.

Kuschel, Franziska/Maeke, Lutz: Ein Neubeginn. Das Innenministerium der DDR und sein Führungspersonal. In: *Hüter der Ordnung. Die Innenministerien in Bonn und Ost-Berlin nach dem Nationalsozialismus.* Hrsg. von Frank Bösch/Andreas Wirsching. Göttingen 2018, S. 182–237.

Kuschel, Franziska/Maeke, Lutz: Konsolidierung und Wandel: Die Personalpolitik des MdI bis 1969. In: *Hüter der Ordnung. Die Innenministerien in Bonn und Ost-Berlin nach dem Nationalsozialismus.* Hrsg. von Frank Bösch/Andreas Wirsching. Göttingen 2018, S. 238–266.

Lapp, Peter Joachim: *Der Ministerrat der DDR. Aufgaben Arbeitswese und Struktur der anderen deutschen Regierung.* Wiesbaden 1982.

Lapp, Peter Joachim: *Georg Dertinger, Journalist – Außenminister – Staatsfeind.* Freiburg 2005.

Leide, Henry: *NS-Verbrecher und Staatssicherheit: Die geheime Vergangenheitspolitik der DDR.* Göttingen 2006.

Lemke, Michael: Kampagnen gegen Bonn. Die Systemkrise der DDR und die West-Propaganda der SED 1960–1963. In: *Vierteljahrshefte für Zeitgeschichte.* Jg. 41, Nr. 2, 1993, S. 153–174.

Lipsitz, Edmund Y. (Hg.): *Canadian Jewry Today: Who's who in Canadian Jewry.* Downsview, Ontario 1989.

Lozek, Gerhard/Meier, Helmut/Schmidt, Walter/Berthold, Werner (Hg.): *Unbewältigte Vergangenheit: Handbuch zur Auseinandersetzung mit der westdeutschen bürgerlichen Geschichtsschreibung*. Berlin 1970.

Lust, Peter: *Two Germanies: Mirror of an Age*. Montreal 1966.

Mader, Julius: Das belastete BRD-Botschafter-Corps. Eine Dokumentation. In: *Dokumentation der Zeit*. Institut für Internationale Politik und Wirtschaft Berlin, Berlin, Nr. 22, 1971, S. 10–16.

Mählert, Ulrich: Willi Stoph – Ein Fußsoldat der KPD als Verteidigungsminister der DDR. In: *Genosse General! Die Militärelite der DDR in biografischen Skizzen*. Hrsg. von Hans Ehlert/Armin Wagner. Berlin 2003, S. 279–303.

Matthes, Philip Alexander: David und Goliath. Der Anerkennungslobbyismus der DDR in den USA von 1964 bis 1974. In: *Umworbener Klassenfeind: Das Verhältnis der DDR zu den USA*. Hrsg. von Uta A. Balbier/Christiane Rösch. Berlin 2006, S. 47–48.

Matthes, Philip Alexander: *Puppet Regime vs. Lead Nation*. Inauguraldissertation zur Erlangung des Doktorgrades der Philosophischen Fakultät der Universität zu Bonn. Bonn 2011.

Mentel, Christian/Weise, Niels: *Die zentralen deutschen Behörden und der Nationalsozialismus. Stand und Perspektiven der Forschung*. Hrsg. von Frank Bösch/Martin Sabrow/Andreas Wirsching, Institut für Zeitgeschichte München–Berlin, Zentrum für zeithistorische Forschung Potsdam, München/Potsdam 2016.

Mertens, Lothar: Die SED und die NS-Vergangenheit. In *Schwieriges Erbe. Der Umgang mit Nationalsozialismus und Antisemitismus in Österreich, der DDR und der Bundesrepublik Deutschland*. Hrsg. von Werner Bergmann/Rainer Erb/Albert Lichtbau. Frankfurt am Main 1995, S. 194–211.

Mertens, Lothar (Hg.): *Lexikon der DDR-Historiker. Biographien und Bibliographien zu den Namen und Daten wichtiger Personen Geschichtswissenschaftlern aus der Deutschen Demokratischen Republik*. München 2006.

Meyer, Hermann: *Das politische Schriftwesen im deutschen auswärtigen Dienst: Ein Leitfaden zum Verständnis diplomatischer Dokumente*. Tübingen 1920.

Ministerium der Justiz der DDR (Hg.): *Die Haltung der beiden deutschen Staaten zu den Nazi- und Kriegsverbrechen: Eine Dokumentation*. Berlin 1965.

Ministerium für Auswärtige Angelegenheiten (Hg.): *Von Ribbentrop zu Adenauer: Eine Dokumentation über das Bonner Auswärtige Amt*. Berlin 1961.

Ministerium für Auswärtige Angelegenheiten (Hg.): *Nazidiplomaten in Bonner Diensten: Eine Dokumentation des Ministeriums für Auswärtige Angelegenheiten der DDR*. Dresden 1969.

Müller-Enbergs, Helmut/Wiegohs, Jan/Hoffmann, Dieter (Hg.): *Wer war wer in der DDR? Ein Biographisches Lexikon*. Bundeszentrale für Politische Bildung, Bonn 2001.

Müller-Enbergs, H./Wielgohs, J./Hoffmann, D./Herbst, A./Kirchey-Feix, I./Reimann, O. W. (Hg.): *Wer war wer in der DDR? Ein Lexikon ostdeutscher Biographien*. 2 Bde. Berlin 2010.

Muth, Ingrid: *Die DDR-Außenpolitik 1949–1972: Inhalte, Strukturen, Mechanismen*. Berlin 2000.

Nationalrat der Nationalen Front des Demokratischen Deutschland, Dokumentationszentrum der Staatlichen Archivverwaltung der DDR (Hg.): *Braunbuch: Kriegs- und Naziverbrecher in der Bundesrepublik. Staat, Wirtschaft, Armee, Verwaltung, Justiz, Wissenschaft*. Berlin 1965.

Nauhäusser-Wespy, Ulrich: Erbe und Tradition in der DDR. Zum gewandelten Geschichtsbild der SED. In: *Geschichtswissenschaft in der DDR*. Hrsg. von Alexander Fischer u. a. Bd. 1, Berlin 1988, S. 129–153.

Neumann, Herbert/Sallmon, Erwin: *Der Antikommunismus im System des westdeutschen Neokolonialismus*. Dissertation, Berlin 1962.

Office of Military Government for Germany (U. S.): *Who was a Nazi? Facts about the Membership Procedure of the Nazi Party*. Compiled by 7771 Document Center OMGUS, 1947.

Plato, Alexander von: Eine zweite „Entnazifizierung"? Zur Verarbeitung politischer Umwälzungen in Deutschland 1945 und 1989. In: *Wendezeiten – Zeitenwände. Zur „Entnazifizierung" und „Entstalinisierung"*. Hrsg. von Rainer Eckert/Alexander von Plato/Jörn Schütrumpf. Hamburg 1991, S. 7–31.

Radde, Jürgen: *Die außenpolitische Führungselite der DDR: Veränderungen der sozialen Struktur außenpolitischer Führungsgruppen*. Köln 1976.

Radde, Jürgen: *Der diplomatische Dienst der DDR. Namen und Daten*. Köln 1977.

Rathje, Ulf: Der „Zentrale Kaderdatenspeicher" des Ministerrates der DDR. In: *Historical Social Research*. Köln, Center for Historical Social Research, Bd. 21, Nr. 3 (79), 1996, S. 137–141.

Reichel, Peter: *Vergangenheitsbewältigung in Deutschland: Die Auseinandersetzung mit der NS-Diktatur in Politik und Justiz*. München 2017.

Richter, Michael: Vom Widerstand der christlichen Demokraten in der DDR. In: *„Gefährliche politische Gegner": Widerstand und Verfolgung in der sowjetischen Zone/DDR*. Hrsg. von Brigitte Kaff. Düsseldorf 1995, S. 107–124.

Riesenberger, Dieter: *Geschichte und Geschichtsunterricht in der DDR: Aspekte und Tendenzen*. Göttingen 1973.

Sabrow, Martin: *Das Diktat des Konsenses: Geschichtswissenschaft in der DDR 1949–1969*. München 2001.

Sabrow, Martin/Mentel, Christian (Hg.): *Das Auswärtige Amt und seine umstrittene Vergangenheit. Eine deutsche Debatte.* Frankfurt am Main 2014.

Saidel, Rochelle G.: *The Outraged Conscience. Seekers of Justice for Nazi War Criminals in America.* Albany 1984.

Sallmon, Erwin: *Nationaler Befreiungskampf in Nahost. Dargestellt an der Haltung des westdeutschen Imperialismus zur irakischen Revolution und zur amerikanisch-englischen Aggression im Libanon und Jordanien 1958.* Leipzig 1962.

Scholtyseck, Joachim: *Die Aussenpolitik der DDR.* München 2003.

Schoop, Ursula: Butzke, Erich. In: *Biographisches Handbuch der SBZ/DDR. 1945–1990.* Hrsg. von Gabriele Baumgartner. München 1996, S. 99.

Schüle, Annegret/Ahbe, Thomas/Gries, Rainer (Hg.): *Die DDR aus generationengeschichtlicher Perspektive: Eine Inventur.* Leipzig 2006.

Schulte, Jan Erik/Wala, Michael (Hg.): *Widerstand und Auswärtiges Amt. Diplomaten gegen Hitler.* München 2013.

Schulte, Jan Erik/Wala, Michael: Gegen den Strom. Diplomaten gegen Hitler. In: *Widerstand und Auswärtiges Amt. Diplomaten gegen Hitler.* Hrsg. von Jan Erik Schulte/Michael Wala. München 2013, S. 7–10.

Segert, Dieter: *Das 41. Jahr: Eine andere Geschichte der DDR.* Wien 2008.

Simons, John (Hg.): *Who's who in American Jewry*: a biographical dictionary of living jews of the United States and Canada, Volume 3, 1938–1939. New York: Jewish Biographical Bureau, o. J.

Staatsrat der Deutschen Demokratischen Republik (Hg.): *Beiträge zu Fragen der Außenpolitik der Deutschen Demokratischen Republik.* Schriftenreihe des Staatsrates der Deutschen Demokratischen Republik. Nr. 3, 1961. Berlin 1961.

Stange, Irina: Das Bundesministerium des Innern und seine leitenden Beamten. In: *Hüter der Ordnung. Die Innenministerien in Bonn und Ost-Berlin nach dem Nationalsozialismus.* Hrsg. von Frank Bösch/Andreas Wirsching. Göttingen 2018, S. 55–121.

Thompson, Jerry E.: *Jews, Zionism, and Israel: The Story of the Jews in the German Democratic Republic since 1945.* Dissertation, Ann Arbor, Washington State University 1978.

Tillmann, Heinz/Kowalski, Werner (Hg.): *Westdeutscher Neokolonialismus: Untersuchungen über die wirtschaftliche und politische Expansion des westdeutschen Imperialismus in Afrika und Asien.* Berlin 1963.

Tillmann, Heinz: *Deutschlands Araberpolitik im Zweiten Weltkrieg.* Berlin 1965.

Timm, Angelika: *Hammer, Zirkel, Davidstern: Das gestörte Verhältnis der DDR zu Zionismus und Staat Israel.* Bonn 1997.

Tovy, Jacob: All Quiet on the Eastern Front; Israel and the Issue of Reparations from East-Germany, 1951–1956. In: *Israel Studies*. Bd. 18, Nr. 1, Spring 2013, S. 77–100.

Ulbricht, Walter: *Zur Geschichte der neuesten Zeit: die Niederlage Hitlerdeutschlands und die Schaffung der antifaschistisch-demokratischen Ordnung.* Berlin 1955.

United States Government printing Office (Hg.): *Communist Political Subversion: The Campaign to Destroy the Security Programs of the United States Government.* U. S. Government Printing Office 1957.

Untersuchungsausschuss Freiheitlicher Juristen (Hg.): *Untersuchungsausschuss Freiheitlicher Juristen. Zielsetzung und Arbeitsweise.* Berlin-Zehlendorf 1959.

Untersuchungsausschuss Freiheitlicher Juristen (Hg.): *Ehemalige Nationalsozialisten in Pankows Diensten,* Berlin (West) ca. 1965.

Unverhau, Dagmar: *Das „NS-Archiv" des Ministeriums für Staatssicherheit: Stationen einer Entwicklung.* Münster 1998.

Voigt, Johannes H.: *Die Indienpolitik der DDR: Von den Anfängen bis zur Anerkennung (1952–1972).* Köln/Weimar/Wien 2008.

Waibel, Harry: *Diener vieler Herren: Ehemalige NS-Funktionäre in der SBZ/DDR.* Frankfurt am Main 2011.

Waibel, Harry: *Der gescheiterte Anti-Faschismus der SED: Rassismus in der DDR.* Frankfurt am Main 2014.

Waibel, Harry: *Die braune Saat: Antisemitismus und Neonazismus in der DDR.* Stuttgart 2017.

Weber, Hermann/Herbst, Andreas: *Deutsche Kommunisten: Biographisches Handbuch 1918 bis 1945.* Berlin 2008.

Weigelt, Andreas: *Vorwurf: Aktiver Nazi, Werwolf oder Agent: Die Verhaftungspraxis sowjetischer Geheimdienste in und um Bad Freienwalde 1945–1955.* Berlin 2018.

Weltkomitee für die Opfer des Hitlerfaschismus (Hg.): *Braunbuch über Reichstagsbrand und Hitler-Terror.* Basel 1933.

Weltkomitee für die Opfer des Hitlerfaschismus (Hg.): *Braunbuch über Reichstagsbrand und Hitler-Terror.* Berlin 1980.

Wentker, Hermann: *Außenpolitik in engen Grenzen. Die DDR im internationalen System 1949–1989.* München 2007.

Werz, Nikolaus: Diplomatie und Delikatessen. In: *Aus dem politischen Küchenkabinett: Eine kurze Kulturgeschichte der Kulinarik.* Festschrift zum 65. Geburtstag von Professor Jakob Rösel. Hrsg. von Ludmilla Lutz-Auras/Pierre Gottschlich (Hg.). Baden-Baden 2013, S. 51–68.

Wiesenthal, Simon: *Die gleiche Sprache: Erst für Hitler – jetzt für Ulbricht. Pressekonferenz von Simon Wiesenthal am 6. September 1968 in Wien.* Bonn 1968.

Willens, Susanne: *Der entsiedelte Jude. Albert Speers Wohnungsmarktpolitik für den Berliner Hauptstadtbau.* Berlin 2002.

Winzer, Otto: *Die Außenpolitik der DDR im Lichte der Lehren von Karl Marx. Vortrag auf einer wissenschaftlichen Konferenz am 19. Juni 1968 in Berlin anlässlich des 150. Geburtstages von Karl Marx.* Berlin 1968.

Winzer, Otto: *Konstruktive deutsche Friedenspolitik. Bericht über Fragen der Außenpolitik der DDR auf der 12. Tagung des ZK der SED, 27./ 28. April 1966.* Berlin 1966.

Winzer, Otto: *Deutsche Außenpolitik des Friedens und des Sozialismus.* Berlin 1969.

Witzthum, David: Jeckes Journalismus auf Hebräisch – Drei Revolutionen und ihre Bedeutung. In: *Zwischen zwei Heimatländern: die „Jeckes".* Hrsg. von Moshe Zimmermann/Yotam Hotam. Jerusalem 2005 [Hebräisch].

Woitzik, Karl-Heinz: *Die Auslandsaktivität der sowjetischen Besatzungszone Deutschlands: Organisationen, Wege, Ziele.* Mainz 1967.

Wolffsohn, Michael: *Die Deutschland-Akte: Juden und Deutschen in Ost und West; Tatsachen und Legenden.* München 1995.

Wolffsohn, Michael: Jews in Divided Germany (1945–1990) and Beyond. Scrutinized in Retrospect. In: *Being Jewish in 21st-Century Germany.* Hrsg. von Haim Fireberg/Olaf Glöckner. Berlin/Boston 2015, S. 13–30.

Zuckermann, Moshe (Hg.): *Zwischen Politik und Kultur – Juden in der DDR.* Göttingen 2002.

7.3. Abkürzungsverzeichnis

AA	Auswärtiges Amt
AfD	Alternative für Deutschland
BArch	Bundesarchiv
BDM	Bund Deutscher Mädel
BfgA	Bundesanstalt für gesamtdeutsche Aufgaben
BPL	Betriebsparteileitung
BMI	Bundesministerium des Innern
BMiB	Bundesministerium für innerdeutsche Beziehungen
BRD	Bundesrepublik Deutschlands
BStU	Bundesbeauftragter für die Unterlagen des Staatssicherheitsdienstes der ehemaligen Deutschen Demokratischen Republik
CDU	Christlich Demokratische Union

CIA	Central Intelligence Agency
ČSSR	Tschechoslowakische Sozialistische Republik
DAF	Deutsche Arbeitsfront
DDR	Deutsche Demokratische Republik
DIA	Deutscher Innen- und Außenhandel
EK	Exekutivkomitees
FBI	Federal Bureau of Investigation
FDJ	Freie Deutsche Jugend
GI	Geheimer Informator
HA	Hauptabteilung
HJ	Hitlerjugend
IM	Inoffizieller Mitarbeiter
JKI	Kommunistische Jugendinternationale
(KdAW)	Komitee der Antifaschistischen Widerstandskämpfer der DDR
KJVD	Kommunistischer Jugendverband Deutschlands
KP	Kommunistische Partei
KPD	Kommunistische Partei Deutschlands
KPI	Kommunistische Partei Israels
KPÖ	Kommunistische Partei Österreichs
KZ	Konzentrationslager
MAI	Ministerium für Außenhandel und Innerdeutschen Handel
MdI	Ministerium des Innern der DDR
MfAA	Ministerium für Auswärtige Angelegenheiten
MfS	Ministerium für Staatssicherheit
NPD	Nationaldemokratische Partei Deutschlands (BRD)
NDPD	National-demokratische Partei Deutschlands (DDR)
NSDAP	Nationalsozialistische Deutsche Arbeiterpartei
NSKK	Nationalsozialistische Kraftfahrkorps
OSS	Office of Strategic Services
PA AA	Politisches Archiv Auswärtiges Amt
PLO	Palästinensische Befreiungsorganisation
RAD	Reichsarbeitsdienst
RVR	Rumänische Volksrepublik
SA	Sturmabteilung
SAP	Sozialistische Arbeiterpartei Deutschlands
SBZ	Sowjetische Besatzungszone
SD	Sicherheitsdienst des Reichsführers SS
SED	Sozialistische Einheitspartei Deutschlands
SRP	Sozialistische Reichspartei
SS	Schutzstaffel

StUG	Stasi-Unterlagen-Gesetz
SU	Sowjetunion
UdSSR	Union der Sozialistischen Sowjetrepubliken
UNESCO	United Nations Educational, Scientific and Cultural Organization
UNO	United Nations Organization
VAR	Vereinigte Arabische Republik
VdgB	Vereinigung der gegenseitigen Bauernhilfe
VdN	Verfolgte des Naziregimes
VEB	Volkseigener Betrieb
VRP	Volksrepublik Polen
ZAIG	Zentrale Auswertungs- und Informationsgruppe im MfS
ZdF	Zeitschrift des Forschungsverbundes SED-Staat
ZDF	Zweites Deutsche Fernsehen
ZKDS	Zentral-Kaderdatenspeicher
ZfG	Zeitschrift für Geschichtswissenschaft
ZK	Zentralkomitee

8. Anhang

Abstract Deutsch

Diplomatie der Aufarbeitung:
Das Ministerium für Auswärtige Angelegenheiten der DDR
und die nationalsozialistische Vergangenheit

Das Vorhaben setzt sich mit verschiedenen Perspektiven auf die NS-Vergangenheit seitens des Ministeriums für Auswärtige Angelegenheiten der DDR in der Nachkriegszeit auseinander. Nach einer Analyse der Lebensläufe ehemaliger Mitglieder der NSDAP oder anderer NS-Organisationen, die nach 1945 eine diplomatische Karriere in der DDR einschlugen, wendet sich die Untersuchung der Geschichte der ostdeutschen jüdischen Diplomaten zu, wobei die prägende Rolle dieser für die Ausgestaltung einer DDR-Außenpolitik beschrieben wird.

Die politische Einstellung dieser jüdischen Diplomaten zu Israel, zum Zionismus und der ‚jüdischen Welt' nahm bei ihren diplomatischen Aktivitäten einen zentralen Platz ein. Ein Beispiel für die konkrete Auseinandersetzung mit historischen Themen in der Außenpolitik wird dabei die Darstellung der internationalen Kampagnen der DDR gegen ehemalige NS-Verbrecher in der Bundesrepublik sein. Solchen Bemühungen folgte immer die Veröffentlichung von belastendem Material über ehemalige Nationalsozialisten sowie die Kontaktaufnahme und Zusammenarbeit mit internationalen jüdischen Organisationen. Die Auseinandersetzung des ‚ersten sozialistischen Arbeiter- und Bauernstaates auf deutschem Boden' mit der NS-Vergangenheit zeichnet – trotz der anfänglichen eindeutigen Leugnung der Kontinuität dieser Vergangenheit – ein faszinierendes, bis heute nachwirkendes Bild der deutschen Nachkriegsgesellschaft.

Abstract English
The Ministry of Foreign Affairs of the GDR
And the National-Socialist Past

The Dissertation deals with different perspectives on the post-war confrontation with the National Socialist past in the East German Ministry of Foreign Affairs. First, I analyze biographies of former members of the National Socialist Party and of other Nazi organizations who after 1945 developed a diplomatic career in the GDR. I then turn to the story of East German Jewish diplomats and politicians and portray their significant role in designing GDR foreign policy. The political attitude of these Jewish diplomats towards Israel, Zionism, and the Jewish world had a central place in their diplomatic activities. An example of confronting historical issues in actual foreign policies will be given by concentrating on the GDR's international campaigns against former Nazi criminals in the Federal Republic. These efforts were followed by publishing incriminating material on former Nazis and by reaching out to and co-operating with international Jewish organizations. The confrontation of „the first Socialist state of workers and farmers on German soil" with its own past, despite its initial denial of this past, paints a fascinating picture of post-war German society that affects Germany to this very day.